서원호의 진실

김요나

쿰란출판사

들어가면서

    이 글은 한 목회자가 수차례에 걸쳐 강권적으로 소명하신 하나님 아버지의 부르심에 거역하고 세상에서 방황하다가, 마지못해서 부끄러운 순종으로 늦은 나이에 정신없이 목회에 뛰어들어서 허겁지겁 치르고 만 목회생활을 아쉬움으로 뒤돌아보면서 쓴 자전적 소설이다.

    너무나 늦었지만 하나님 아버지의 전능하신 권능으로 내게 또 한 번 목회의 기회가 주어진다면 이 글과 같이 목회를 이루고 싶다는 나의 소망을 기록한 것이다.

    나는 이 글을 지금까지도 목회자로 있게 하신 하나님 아버지께 열매로 드리고자 한다.

    또 한편으로는 끝까지 나의 목회 길에서 동역해 준 아내와 철저한 헌신으로 일관되게 식구 됨의 원리로 목회에 임하고 있는 한밀교회 고향순 목사님, 나의 농촌목회를 위하여 오늘날까지 지원을 잊지 않은 성남 명문교회 김상옥 목사님에게 드리고자 한다.

목차

들어가면서_ 3

하나.
살았다_ 7

둘.
사랑이다_ 107

셋.
축복이다_ 215

하나.
살았다

하나.
살았다

"일어나 네 자리를 들고 걸어가라"(요 5:8).

내가 태어난 곳은 경천이라고 불리는 강줄기와 옥천이라고 불리는 강줄기가 합쳐지면서 만들어진 넓은 백사장이 있는 강 둔치에 조성된 강변 마을이었다. 나의 출생 내력을 족보상으로 들여다보면, 문과에 장원급제하고 사육신이 되신 충의공 김문기 선생님의 자손으로, 파는 충의공파요, 본은 금녕 김씨이다.

우리 집은 비록 산골 마을에 있는 정미소를 운영하여 먹고 살았지만 생활에는 어려움이 없었고, 10남매 중에서 셋째 아들로 태어난 나는 외롭지 않게 성장하였다.

제2차 세계대전과 6·25의 격랑을 겪으면서, 우리나라의 경제정책은 집약경제의 풍조를 보였고, 교육정책은 영재교육 체제로 특징지어질 때였다.

나의 청소년기를 돌이켜 보면 대부분이 선생님 집에서 생활하면서 공부했던 기억들이다. 공부는 물론이고 품행도 다른 학생들의 모범이 되어야 한다는 이유로 나를 담임하는 선생님마다 나의 성장 과정에 깊이 간섭하셨던 것 같다. 선생님들은 각기 전공도 다르고 개성도 다르셨지만, 공통적으로 나를 학업과 품행 모두 모범이 되는 학생으로 만들겠다는 생각을 하셨다. 또 선생님들은 모두 책을 많이 갖고 계셨다.

결과적으로 나는 다른 학생들보다 독서도 많이 하고 공부도 잘하고 품행 또한 모범이 되었지만, 반면에 내 또래의 학생들이 청소년기에 겪어낸 사춘기의 역동성은 묵살된 상태로 얌전하게만 성장하였다.

그래서 그랬을 것이라는 생각이 든다. 나는 고등학생이 되면서부터 자기비판으로 골몰하는 모습을 나타냈다. 그즈음 내 책상머리에는 "나는 나의 삶을 나 스스로 창조한다"라는 어처구니없는 좌우명이 붙었다.

또 한 가지, 그 당시 내가 구상하고 있던 단편소설 '모조인간'의 주제를 두고 생각해 보아도, 내 삶을 깊숙하게 들여다보려고 노력한 흔적을 찾을 수 있다. 모범생이라는 말이 좋은 뜻으로 붙여졌든 부정적인 뜻으로 붙여졌든 간에, 나의 좌우명 속에는 남들의 이목을 의식하고 이루어지는 행위만은 탈피하고자 하는 강한 의지가 깔려 있었다.

나의 대학 시절은 4·19와 함께 시작되었다.

내가 전공과목으로 국문학과를 선택하게 된 것은, 그동안 나를 가르치신 선생님들의 권유도 있었지만, 그 당시에 발간되었던 학생들 문예지에 내 글이 실린 것이 계기가 되어 문학을 하고 싶다는 마음이 강해졌기 때문인 것 같다.

내가 '한밭'이라는 동아리 모임에 나가고 있을 때였다. 내 나름대로 의미를 찾아가고 있던 대학 생활에 찬물을 끼얹는 사건이 발생하였다.

2학년 초에 시골에서 정미소를 경영하시던 장형님이 서울에 올라오셨는데 장형님은 내 자취방에 들어서기 바쁘게 나의 전공과목을 물으셨다. 국문학과라고 대답하자 장형님은 힐문조로 다시 물으셨다.

"그러니까 머리나 기르고 공부한다는 글쟁이가 되는 것 말이냐?"

나는 장형님의 의중에 짐작이 가자 마음이 무거워졌다.
"문학 한다고 모두가 그런 것은 아니고요."
나의 옹색한 답변에 장형님은 발끈하셨다.
"뭐여? 한자리하라고 대학까지 보내주었더니 글쟁이가 말이나 되는 소리여?"
나는 "글을 쓴다는 것은 맞는 말이지만 형님께서 크게 잘못 알고 계십니다"라고 하였지만 장형님은 "내가 나름대로 모두 알아보고 왔씅께 딴소리는 하덜 말고, 법과로 전과를 혀"라고 못을 박으셨다.
그러면서 장형님의 주장이 옳다는 근거로 대학교를 졸업하였다는 장형님의 친구 박 장로의 이야기를 부언하셨다.
"내 친구 박 장로의 말에 의하면, 너를 법과로 보내서 판사나 검사로 만들어야 하는디 글쟁이로 만든다는 것은 권세를 잡을 수 있는 좋은 기회를 놓치고 마는 아까운 일이라고 말했씅께, 그러면서 지금이라도 서둘러서 서울에 올라가서 법과로 전과를 시키는 것이 현명한 일이라고 재촉하는 바람에 내가 만사를 접어두고 올라왔구만."
눈앞이 깜깜해졌다. 나는 궁여지책으로 사설을 늘어놓을 수밖에 없었다. 전과를 하려면 B학점 이상이 되어야 하는데, 나는 학점 미달로 전과를 할 수 없다고 설명을 드렸다. 나로서는 이를 악물고 만들어낸 거짓말이었다.
장형님은 결연한 눈빛으로 나를 주시하더니 "나는 그 삐 학점이라는 말은 모르겠고, 네가 공부를 못해서 전과를 할 수 없다는 말이라면, 네 말은 믿을 수가 없응께 지금 당장 학교에 가서 알아보는 수밖에"라고 하셨다.
불을 끄기 위해 물을 뿌린다는 것이 그만 기름을 부어버린 형국이 되고 말았다는 생각이 들었다. 나는 도리 없이 장형님을 모시고 학교로 갈 수밖에 없었다.

장형님은 학생처 창구를 통해 직원들을 향하여 큰소리로 외치셨다.

"이 학생을 법과로 전과를 시키고자 하여 왔는디 이 학생 성적 좀 알아봅시다."

담당 여직원이 웃으면서 장형님을 맞이하였다. "아버님, 이 학생의 성적이 B학점 이상이 되어야 한다는 것은 알고 계시고요?" 하자, 장형님은 "그 삐 학점 이야기 말고, 이 학생이 법과로 전과할 수 있는지만 알려주셔요" 하셨다.

담당 여직원이 내게 이름과 학번을 물었고, 나는 이름과 학번을 알려줄 수밖에 없었다. 잠시 뒤, 담당 직원은 학적부를 손에 들고 나오면서 장형님에게 자랑스럽게 말했다.

"아버님, 이 학생은 법과로 전과할 수 있는 성적이 충분하게 나왔어요."

직원의 말에 장형님은 의미심장한 미소를 띠면서 "그러닝께 네가 공부 못한다는 말을 나더러 믿으라고?" 하시면서 주먹으로 내 등을 치셨다.

담당 직원은 전과신청서를 내게 주면서 오늘 중으로 창구에 접수하라고 하였다. 이어서 법률학과 연구실 입소시험이 다음주 토요일에 실시될 예정이니, 시험원서와 수험표도 작성하여 전과 신청서와 함께 창구에 제출하라고 알려주었다. 내가 시골 출신인 것을 알고 나를 생각해서 친절하게 알려주는 것 같았다. 장형님이 담당 직원에게 물어보셨다.

"연구실에 들어가면 무엇이 좋은가요?"

"연구실에 입소하게 되면 학교에서 무상으로 공부할 장소와 잠을 잘 수 있는 공간이 주어지고, 명교수님들을 연구실에 초빙하여 이루어지는 특별 강의를 들을 수 있는 특혜가 주어지고, 학교도서관에 장서된 전문 서적들을 마음대로 대본하여서 공부할 수 있도록 특혜가 보장되는 것이 일반 학생들과 다른 점입니다."

장형님이 "그러니까 식사만 제공이 안 되는구만요!" 하자 담당 직원이 "맞아요, 아버님" 했다. 그 말에 장형님은 "식사만 매식하면 되는 것이니,

우리 요나에게는 횡재가 되는구만요" 하시더니 싱글벙글 웃으시면서 "우리 요나한테는 안성맞춤이구만" 하고 덧붙이셨다.

　장형님은 내가 작성한 전과 신청서와 연구실 입소시험 원서와 수험표를 받아서 검토하신 후에 창구에다 직접 제출하시고는 곧바로 시골로 내려가셨다.

　장형님은 내 등을 다독여 주시며 큰 소리로 "다음주 토요일에 실시되는 연구실 입소시험은 합격한 것으로 믿고 갈랑께"라고 하시면서 넉넉한 표정이 되어서 시골로 내려가셨다.

　나는 그날 장형님이 돌아가신 뒤 법학개론과 법철학과 법률사상사 책을 구입해 자취방으로 돌아왔다. 연구실 입소시험은 전공과목 70점에 교양과목 30점 비율로 합격점수를 배정하였다.

　그 와중에 내가 몸담고 있던 국문학과 동아리 모임이 있는 금요일 오후가 되었다. 나는 마지막으로 국문학과 동아리 모임에 나갔다. 동아리 모임은 그 당시 대부분 그랬듯 학교 인근 학사주점에서 모였다. 동아리 모임에 나의 전과 사실이 알려지자 자연스럽게 송별 모임이 되었다.

　나는 여느 때보다는 술이 과한 상태로 동아리 모임에서 나왔다. 달밤이었다. 어둠발이 좁은 골목길을 뒤덮고 있었다. 어둠발 사이를 비집고 내려온 달빛이 내가 오르고 있는 골목길에 징검다리를 놓아주고 있다는 생각이 들었다.

　그때였다. 하늘에서 아름다운 노랫소리가 쏟아져 내려왔다. 몽롱한 취기를 휘젓고 들려오는 노랫소리는 천사들의 합창소리가 되어서 나를 반겼다. 오르막길을 오르고 있던 나는 발걸음을 돌이켜서 천사들의 노랫소리를 따라갔다. 나를 붙들어 온 노랫소리는 혜화동교회에서 들려온 성가대의 찬양 소리였다.

　나는 교회 출입문을 살며시 밀치고 교회 안을 들여다보았다. 출입문 뒤에는 신발장이 놓여 있었다. 술에 취한 상태로 교회를 들어간다는 것이 불경하다는 생각이 들어서 주저하였지만 아름다운 찬송소리가 나를 붙들고 놓아주질 않았다.

나는 도둑고양이 걸음으로 출입문을 밀치고 들어가서 신발장 앞에 무릎을 꿇었다. 찬송소리가 내 가슴을 저미어왔다. 안내를 보시는 여자 집사님이 나를 보시더니 의자로 안내를 하셨지만 나는 술이 취한 사실을 알리고 그대로 있게 해달라고 사정을 하였다. 그분은 내게 성경책과 주보를 가져다주셨다.

합창이 끝나자 곧이어 특송 순서가 되었다. 특송자는 여학생이었다. 그녀의 찬송이 시작되자 갈래갈래 찢긴 내 심령을 어루만져 주는가 싶더니 흐느낌이 되어서 내 심령을 깊숙이 휘저어 놓았다.

나는 신발장 앞에 엎드려서 오열하고 말았다. 나는 눈을 들어서 찬송을 열창하고 있는 여학생을 바라보았다. 내 눈에는 하늘에서 내려온 천사님으로 보였다.

특송 순서가 끝났다. 강대상 위에서 머리가 하얀 노 목사님이 나를 보시고 "신발장 앞에 있는 학생은 일어나십시오" 하셨다. 나는 자리에서 일어나서 목사님을 바라보았다. 목사님은 "강대상 앞으로 나오십시오" 하셨다. 나는 손등으로 눈물을 훔치면서 엉거주춤한 모양새가 되어서 강대상 앞으로 나갔다.

목사님은 나를 꼼꼼하게 살피신 것 같았다. 목사님은 "어째서 신발장 앞에 엎드린 것이오?" 하셨다. 나는 솔직하게 아뢸 수밖에 없었다.

"제가 술에 취한 상태로 교회에 나왔다는 것이 불경스러운 일임을 알고 신발장 앞에서 무릎을 꿇게 되었습니다."

목사님은 또 "어떻게 술에 취한 사람이 교회에는 오게 되었고?" 하고 물으셨다. 내가 "하늘에서 쏟아져 내리는 천사들의 합창소리에 이끌리어서 정신없이 오다 보니 교회였습니다"라고 솔직하게 말씀드렸더니 목사님은 잠시 말씀이 없으시다가 "어떻게 술은 마시게 되었고?" 하고 다시 물으셨다. 나는 "목사님, 이야기가 조금은 긴대요…" 하였다. 목사님이 웃으시자 교인들도 따라서 소리 내어 웃었다.

"오늘은 제가 몸담고 있는 국문학과의 동아리 모임이 있는 날이고요, 이 모임이 제게는 송별 모임이 되었습니다. 이유는 시골에 계신 저의 장형님이 올라오셔서 강권적으로 저를 법률학과로 전과를 시키셨기 때문입니다. 장형님 말씀에 의하면, 글쟁이가 되는 것보다는 권세가 있는 판사님이 되는 것이 더 좋은 일이라고 하셨습니다. 오늘 법과로 전과를 하고 마지막으로 동아리 모임에 나갔더니 자연스럽게 저의 송별 모임과 겹치고 말았습니다. 전과를 하고 떠나는 저에게 동아리원들이 집중하여 술을 권하는 바람에 평소보다 많은 술을 마시게 된 것 같습니다."

목사님께서 내가 한 말을 골똘히 생각하고 계신 것 같아서, 나는 말을 이어갔다.

"저희 장형님은 다음주 토요일에 실시되는 법률학과 연구실 입소시험은 합격한 것으로 믿고 간다고 말씀하시고는 넉넉한 표정으로 내려가셨습니다."

목사님은 "신발장 학생은 평소에 공부를 잘하였던 모양이고?" 하셨다. 나는 "목사님, 저는 지금까지 1등을 한 번도 양보한 적이 없는 우등생과 모범학생으로만 성장하여 왔습니다" 하였다. 교인들이 큰소리로 웃었다.

목사님은 "신발장 앞에서 울고 있는 모습을 보았는데?" 하셨다. 나는 "권세가 있다는 한자리 때문에 강제로 끌려가고 있는 제 모습이 가련하다는 생각을 하고 있는데, 특송을 한 학생의 찬송 소리가 제 마음을 어루만져 주다가 저와 함께 흐느끼는 바람에 같이 울게 된 것입니다" 하였다.

목사님은 또 뜸을 들이시더니, 안내 보시던 여자 집사님을 불러서 나를 맨 앞자리에 앉혀주라고 하셨다. 맨 앞자리에 앉아 있던 교인들이 뒷자리로 물러나 주었다. 목사님은 특송 부르던 여학생을 불러서 내 옆자리에 앉게 하셨다.

목사님이 나를 보시더니 "교회는 처음 출석한 것이고?" 하셨다. 나는 "제가 중학교에 다닐 때까지는 교회에 출석하였고요, 저의 어머니는 권사님이셨습니다" 하였다.

목사님은 "학생이 부를 수 있는 찬송은?" 하셨다. 나는 "찬송가 411장입니다" 하였다. 목사님은 나를 강대상 앞으로 다시 부르시더니 특송을 불렀던 여학생과 함께 나란히 세우시고 찬송가 411장을 함께 찬송할 것을 지시하셨다. 찬송 방법으로 1절은 나에게, 2절은 특송 학생에게, 3절은 나에게, 4절은 함께 합창으로 부르라고 하셨다.

피아노 반주가 시작되었다. 나는 정신을 차리고 심혈을 기울여서 1절을 찬송하였다. 2절을 찬송한 특송 학생의 찬송 소리를 듣고 내 가슴이 또다시 무너져 내렸다. 나는 울면서 3절을 찬송하였다. 특송 학생이 내 손을 잡고 나와 합창으로 4절을 마무리지었다.

목사님께서 특송을 한 여학생에게 물어보셨다. "신발장 학생 찬양 점수는?" 특송 학생은 "목사님, 100점이어요. 저는 찬송을 듣고 은혜를 많이 받았습니다" 하였다. 목사님이 뜸을 들이시더니 "피아노 집사님이 들어본 신발장 학생의 찬양 점수는?" 하셨다. 피아노 집사님은 "목사님, 저도 100점이어요. 저도 찬송을 듣고 은혜 가운데 울었습니다" 하셨다.

나와 특송을 한 여학생이 의자로 돌아가서 나란히 앉았고, 목사님이 교인들을 바라보시자 교인들 모두가 박수로 화답하면서 한목소리로 "100점입니다"라고 외쳤다.

목사님이 카랑카랑한 이북 말씨로 설교제목을 말씀하셨다.

"오늘 증거할 성경 본문 말씀은 요한복음 5장 1절부터 9절까지고, 제목은 '일어나 네 자리를 들고 걸어가라'입니다. 본문 말씀이 행하여진 배경부터 살펴볼까요?

예루살렘 성전 양문 곁에 베데스다라고 하는 못이 있는데 거기에 행각 다섯이 있고, 그 안에 많은 병자로 소경, 절뚝발이, 혈기 마른 자들이 누워 있는 모습이 보이고, 그중에서 38년 된 병자 곁에 주님이 나타나십니다. 본문을 살펴보면 예수님의 말씀과는 관계가 없는 말을 괄호 안에 묶어 놓았습니다.

많은 병자들이 무엇 때문에 못가에 누워 있습니까? 본문 말씀과는 관계가 없는 괄호 안의 조건에 매어서 누워 있다는 것을 알 수가 있습니다. 괄호 안의 조건을 들여다볼까요? '못이 동한 후에 먼저 들어가는 병자는 어떤 병에 걸렸든지 낫게 됨이러라'는 조건이 있습니다.

행각에 누워 있는 많은 병자들이 물이 동할 때 먼저 들어가기 위해서 아귀다툼을 벌이고 있다는 말이 당연하지요?

수단과 방법을 가리지 않고 1등만을 바라보고 달려가는 사람들의 아귀다툼이 끝나지 않는 곳을 우리는 지옥이라고 부르고 있습니다. 우리 주님께서는 아귀다툼이 벌어지고 있는 곳에서 38년 동안 누워 있는 병자에게 다가가셨습니다.

38년 동안 자리에만 누워 있던 병자의 모습이 상상이 됩니까? 자리다툼에 얽매어서 베데스다 못가에 누워 있는 많은 병자들의 모습이 이 세상을 살아가고 있는 내 모습과 닮아 있다는 생각이 들지는 않습니까? 좋은 자리를 차지하기 위하여 무한경쟁 속에서 허덕이고 있는 내 모습이 가련하다는 생각은 들지 않았습니까?

병자에게 자리는 누워 있을 수 있도록 만들어주는 여건이 아닙니까? 세상에서 흔히 말하고 있는 배경 즉 백그라운드를 말하고 있음을 알 수가 있습니다.

우리가 오매불망하고 갈망하는 좋은 자리라는 것들을 들여다볼까요? 세상 사람들의 말대로 황금 만능시대를 살아가고 있는 우리에게 제일 좋은 자리는 돈이 되겠지요! 권세라는 자리도 좋은 자리가 되는 것입니까? 좋은 가문, 좋은 학벌도 좋은 자리라고 세상 사람들은 부러워합니다.

정신을 가다듬고 좋은 자리라는 것들을 다시 살펴봅시다. 우리가 열망하고 있는 자리들이 한결같이 허구라는 사실을 알 수 있습니다.

세상에서 돈이 많으면 무엇 합니까? 1등이 되어야 하지요!

권세가 있으면 무엇 합니까? 1등이 되어야 하지요!

좋은 학벌과 좋은 가문이 있으면 무엇 합니까? 1등이 되어야 하지요!

결국은 좋은 자리라는 것들도 예외 없이 무한경쟁의 아귀다툼 속에서 자유로울 수가 없다는 사실을 알 수 있습니다. 그래서 성경 말씀은 1등을 조건으로 병을 치료하고 있는 베데스다 이야기를 괄호 안에 묶어 놓았습니다.

저는 자리다툼으로 무한경쟁 속에 있는 이 세상을 지옥이라고 말하고 싶진 않습니다. 다만 우리의 삶은 1등만을 고집하고 있는 이 세상 폭군들에게 농락을 당하고 있는 삶이라고 저는 외치고 있는 것입니다. 그러니까 이 세상이 1등 한 사람만의 세상이 아니라는 진실을 외치고 있는 것입니다.

우리 주님께서는 세상을 살아가고 있는 우리가 어떤 모습으로 살아가기를 원하시는지 알아볼까요? 오늘 예배 중에 신발장 학생이 찬송한 찬송가 411장 3절의 노랫말을 보면 '내가 연약할수록 더욱 귀히 여기사'라고 되어 있지요?

우리 주님께서 귀하게 여기시는 연약한 사람, 그러니까 가난한 사람, 어린아이 같은 사람, 핍박을 받는 사람이 복 있는 사람이라고 하셨고, 천국이 보장되어 있다고 선언하신 말씀은 무슨 뜻일까요?

어린아이 같은 사람, 가난한 사람, 이 세상에서 핍박받는 사람들이 베데스다 못가에서는 어떻게 될까요?

우리 주님께서 우리들의 실정도 모르고 하신 말씀일까요?

아닙니다. 우리 주님께서는 베데스다 못가에서 세상 사람들이 1등을 해서 얻는 것보다도 몇천 배나 더 좋은 복과 천국을 연약한 자들에게 보장해 주고 있다는 것을 우리는 잘 알고 있습니다."

하나. 살았다 17

목사님은 나를 주목하시더니 "신발장 학생은 무슨 일로 울게 되었던 것입니까?" 하셨다. 나는 "권세라는 자리를 얻기 위하여 달려가라고 강권하시는 장형님이 가혹하다는 생각이고요, 또 하나는 장형님 말씀에 끌려가고 있는 저 자신이 가련하다는 생각이 들어서요" 하였다.

목사님은 내게 물으셨다. "신발장 학생의 참 소망은 무엇입니까?" 하셨다. 나는 "목사님, 그리고 보니까 저는 참 소망을 생각하여 본 적이 없는 것 같습니다"라고 하였다. 목사님은 내 옆에 앉아 있는 특송을 부른 여학생에게 "그럼 서원이의 참 소망은 무엇인가?" 하셨다. 그 학생도 "저도 참 소망이 무엇인가 생각해 본 적이 없는 것 같은데요?" 하였다.

목사님은 "어쩌다가 똑같은 사람들끼리 만나게 되었을까?"라고 하셨다. 교인들이 큰소리로 웃었다.

목사님은 "우리의 참 소망은 주님만 알고 계십니다. 우리 주님께서는 각자에게 선한 목적을 두고 창조하셨지만 주님의 뜻을 알기 전에는 우리가 주님의 그 선한 목적을 알 수 없는 가운데 살고 있기 때문입니다" 하셨다.

목사님의 설교 말씀은 계속되었다.

"본문 말씀 중에 주님께서 묻고 계시는 '네가 낫고자 하느냐'라는 질문은 우리들의 참 소망을 두고 이루어진 질문임을 알 수 있습니다. 나의 온전한 모습과 나의 선한 목적은, 나를 창조하신 주님만 알고 계시기 때문입니다. 그래서 우리의 참 소망은 내게 소망하시는 주님의 뜻을 이루어 나가는 삶이라고 말할 수밖에 없습니다.

본문 중에서 주님이 하신 질문에 대한 우리의 올바른 답변은 '주여, 낫고자 합니다'라는 말이 아닐까요?

본문에서 답변하고 있는 38년 된 병자의 답변을 살펴볼까요?

'주여, 물이 동할 때 나를 못에 넣어줄 사람이 없어서 내가 가는 동안에 다른 사람이 내려가나이다'라고 대답하고 있습니다. 자기 행위에 대하여 책임을 지지 않고 남의 탓으로 돌리면서 변명으로 일관하고 있다면 이 사람을 산 자로 볼 수 없다는 말이 옳지요? 죽은 자에게는 책임을 물을 수가 없기 때문입니다. 그래서 공동묘지에 가보면 '이유 없는 무덤은 없다'는 말이 당연시되고 있다고 생각합니다. 죽은 자에 대한 우리들의 처방으로 공동 산에다 묻어주어야 한다는 말이 옳은 말이지요?

38년 동안 죽어서 자리에 누워 있었던 병자에 대한 우리 주님의 처방을 살펴보겠습니다.

주님께서는 먼저 '일어나라'고 하십니다. '너는 죽지 않았다'는 확인을 해 주신 것입니다. 생명이 되신 주님의 말씀이 주어지는 순간 모든 것이 살아 있다는 말씀은 진리였습니다. 산 자의 하나님으로 계시는 하나님은 창조주 하나님이시기 때문입니다.

우리 주님의 두 번째 처방은 '네 자리를 들고'입니다. 자리가 무엇일까요? 세상을 살아갈 때 우리가 의지하고 누워 있기에 알맞은 것들은 앞에서도 살펴보았지만 돈, 권세, 가문 등 소위 삶의 배경들이 되는 것들임을 알 수 있습니다. 우리가 자리를 들고 주님을 따라서 갈 때, 자리가 크면 들고 가기가 힘들다는 것은 당연한 일이겠지요?

우리 주님의 세 번째 처방은 '걸어가라'입니다. 달려간다는 것은 1등 하기 위함이라는 말이 맞고, 우리가 주님을 앞질러서 달려간다면 주님을 의지하고 떠나온 베데스다 못가로 다시 돌아가는 결과가 되고 말기 때문입니다.

길이요, 생명이요, 진리 되신 주님을 따라가는 사람은 주님의 발자취를 보면서 가야 할 길이기 때문입니다. 그 길이 참 소망으로 가는 길입니다."

목사님은 말씀 증거를 마치고 82장 찬송을 하셨다. 이어서 411장 찬송을 하셨고, 411장 찬송을 할 때는 특송을 한 여학생이 내 손을 잡아주더니 3절을 할 때는 내 손을 잡고 흐느꼈고, 나는 나도 모르게 입에서 "아멘" 소리가 튀어나왔다.

나는 '나도 이제부터는 내 자리를 들고 주님 발자취만 보고 걸어가는 참 소망의 삶을 살아가리라' 다짐하며 특송을 불렀던 여학생의 손을 힘주어 잡아주었다.

광고시간에 목사님은 교인들로부터 확인을 받으셨다.

"오늘 날짜로 우리 교회에 출석한 신발장 학생을 우리 교인으로 등록해 주어도 좋겠습니까?"

교인들이 박수로 환영해 주었다. 특송을 한 여학생이 밝게 미소를 띠고 "꼭 승리하세요" 하면서 내 손을 잡고 흔들어 주었다. 나도 그 여학생의 손을 맞잡고 "꼭 승리하는 것을 보여드리겠습니다" 하였다.

목사님은 나를 보고 웃으시면서 "신발장 학생이 다음 주에 교회에 나올 때는 법률학과 연구실에서 자고 나오는 것이 맞겠습니까?" 하셨다. 나는 "목사님, 아마도 연구실에서 자고 교회에 출석한다는 말이 맞을 것입니다" 하였다. 교인들이 내 말을 듣고 일제히 박수를 보내주었다.

나는 목사님과 특송한 여학생의 배웅을 받으면서 술이 말끔하게 깬 상태로 교회를 나왔다. 칠흑 같은 어둠을 헤치고 얼굴을 내밀고 있는 둥근 달이 내가 걸어가는 오르막길을 밝게 비춰주고 있었다.

나는 자취방에 들어서자마자 길게 누웠다. 만감이 교차하는 가운데 밝게 미소를 띤 특송을 한 여학생의 얼굴이 떠올랐다. 아름답고 밝고 당당하고 속이 깊은 여학생이라는 생각이 꼬리를 물고 맴돌았다.

다음 날부터 나는 법학도가 되어서 법률학과 강의실에서 공부를 하였다. 교인들에게 법률학과 연구실에서 자고 교회에 출석하는 것이 맞을 것이라고 큰소리쳤던 말들이 강박관념이 되어서 나를 긴장시켰다. 자기 말에 책임을 질 수 없는 사람은 죽어 있는 자라고 일러주신 목사님의 말씀이 연자 맷돌이 되어서 내 가슴을 짓누르고 있는 것만 같았다.

법률학과는 A와 B, 두 반으로 100명이 넘었다. 그중에서 연구실 입소인원은 16명이었다. 더구나 법률학과 학생들이 지난 1년 동안 시험 준비를 해왔다는 사실이 부담되었다. 하지만 지금까지 살아오는 동안에 1등을 한 번도 양보한 적이 없는 나의 우월 본능에 해볼 만한 일이라는 생각이 들었다.

특히 특송을 불렀던 여학생이 "너무 무리하지는 마세요"라고 챙겨주던 말이나 내 손을 잡고 꼭 승리하라고 손을 흔들어 주던 말소리가 귓가에 맴돌면서 나는 뜻밖의 힘이 솟아나는 느낌을 받았다. 나는 벼락치기 공부라도 열심히 해보겠다고 다짐했다.

한 주간이 지나고 연구실 입소시험이 있는 토요일 오후가 되었다. 시험이 마무리된 그날 오후 늦은 시간에 학생처 게시판에 내 이름이 합격자로 발표되었다.

주일 날 예배시간에 나는 가벼운 마음으로 혜화동교회에 출석하였다. 안내를 보시는 여자 집사님이 나를 알아보시고 웃으시면서 "연구실 입소시험은요?" 하셨다. 나는 당당하게 "합격하였습니다"라고 하였다. 집사님은 내게 박수를 보내주셨다.

특송한 여학생이 나를 발견하고 달려왔다. 나는 여학생의 손을 잡아주면서 "덕분에 합격하였습니다" 하였다. 여학생은 내 손을 잡고 깡충깡충 뛰더니, 내 손을 이끌고 목사님 방으로 갔다. 목사님은 내가 연구실 입소시험에 합격한 사실을 이미 알고 계신 것 같았다. "이러다가 우리 신발장 학생이 자리에 매일까 봐 두려운데?" 하셨다. 목사님은 커피를 내오셨다.

나는 특송한 여학생 이름이 맹서원이라는 것과 서울대학교 음악대학 학생 신분이라는 것과, 아버지가 유명한 피아니스트로서 미국에 있는 명문 음대 교수님으로 계신다는 것을 알았고, 서원 씨는 한국에 남아서 큰아버지가 되는 혜화동교회 목사님과 함께 살고 있다는 것도 알았다.

나는 그 주일에 혜화동교회 찬양대원으로 등록을 하였고, 서원 씨와 자연스럽게 스스럼없는 친한 사이로 성도의 교제가 시작되었다.

한 해가 훌쩍 지나가고 서원 씨와 나는 대학교 졸업반이 되었다.

나는 그해 봄에 실시된 보통고시에 합격하였다. 대학교 측에서도 재학생으로 보통고시에 합격한 나를 귀한 일로 성원해 주었다.

수요일 오후가 되었다. 그날은 찬양대원들 찬양 연습이 있는 날이었다. 나는 교회로 나갔다. 서원 씨는 찬양대원들과 함께 연습 중에 있다가 나를 발견하고 달려나왔다. 나는 서원 씨에게 보통고시에 합격한 것을 알려주었다. 서원 씨는 내 손을 잡고 기뻐하며 나의 보통고시 합격을 축하해 주었다.

서원 씨는 내 얼굴을 유심하게 들여다보더니 "그러니까 선생님은 군수님이나 서장님이 되셔서 학교를 졸업하게 되었다는 말이 되는데요?" 하였다. 나는 "그런 것은 생각해 본 적도 없는데요?" 했다. 서원 씨는 "선생님은 모르세요. 세상 사람들이 선생님을 조용하게 놓아둘 것 같아요?" 하였다. 서원 씨 표정이 평소와는 다르게 심각하다는 생각이 들었다. 나는 서원 씨에게 "목사님에게는 말씀드리지 마세요" 했다. 서원 씨는 "왜요?"라고 큰 소리로 물어오더니 목소리가 다시 밝아졌다. 그러고는 큰 소리로 웃었다. "그까짓 것 한자리 안 하시면 그뿐이지"라고 하면서 내 손을 이끌고 당회장실로 들어갔다.

목사님은 신문 공고를 통해서 내가 보통고시에 합격한 사실뿐 아니라 수석으로 합격하였다는 것까지 알고 계셨다. 목사님은 나를 안아주시고 등을 다독여주셨다. "쓰실 분은 하나님이시니 하나님의 뜻을 기다려보는 수밖에" 하시면서 서원 씨 표정을 살피시는 것 같았다.

목사님은 서원 씨와 나에게 커피를 만들어주셨다. 서원 씨는 커피를 마신 후에 목사님에게 승낙을 구하였다. "오늘 오후 시간에 선생님과 같이 영화 보는 것 허락해 주실 거지요?" 하였다. 목사님은 미소를 띠면서 "허락하지 않으면 서원이 등쌀에 내가 온전치 못할 것 같은데? 오늘이 무슨 날?" 하셨다. 서원 씨는 "수요일 밤 예배드리는 날이요" 하였다. 목사님은 "예배시간에 늦지 않는다는 조건으로 허락한다"라고 하셨다. 서원 씨는 밝게 "예. 목사님, 시간은 지키겠습니다" 하였다. 당회장실을 나온 나와 서원 씨는 찬양대원들에게도 양해를 구하였다.

서원 씨는 내 손을 잡고 가벼운 발걸음이 되어 영화관으로 직행하였다. 우리는 "메밀꽃 필 무렵"이라는 영화를 관람하였다.

영화가 끝나자 서원 씨는 내 표정을 살피면서 "이야기의 주제가 바뀌어서 연출되고 있다는 생각이 들었는데요?" 하였다. 내가 "사랑의 진실을 바탕으로 한 열매 이야기로?"라고 되묻자, 서원 씨는 "사랑의 진실이 마치 열매의 부산물처럼 연출되고 있다는 생각 때문에요!" 하였다. 나는 "내가 그려갈 때는 사랑의 진실을 통해서 맺어가는 열매 이야기로 이끌어가겠습니다" 하였다.

순간 서원 씨는 내 목을 끌어안더니 재빠르게 입술을 내 볼에 밀착하였다. 서원 씨는 얼굴이 상기되어서 내 등 뒤로 몸을 숨기더니 작은 주먹으로 내 등을 콩콩 두드렸다.

서원 씨는 내 손을 힘주어서 잡아끌고 혼수상가로 들어갔다. 서원 씨는 이불과 방석과 베개를 사서 포장을 곱게 하고는, 한 손에는 포장된 꾸러미를 들고 한 손으로는 내 손을 잡고 택시에 올랐다.

택시가 우리 학교 정문에 도착하자 서원 씨는 목에다 교수 신분증을 걸었다. 내 손을 잡고 정문을 통과하자 이불꾸러미를 내게 들리고 법률연구실을 향해서 갔다. 서원 씨는 연구실 출입이 교수로만 제한되어 있는 우리 학교 교칙을 알고 미리 준비한 것 같았다.

서원 씨는 서울 음대에 재학하는 동안 조교수로 일을 볼 때 발급된 교수 신분증을 호재로 활용한 것 같았다. 서원 씨는 연구실에 들어와서는 나의 동료들에게 손을 흔들어서 인사를 나누었다.

서원 씨는 내 책상 의자에 방석을 두고 내 침대 위에 이불과 베개를 올려놓더니, 내가 덮었던 이불은 곱게 개어서 베개와 함께 포장을 하였다.

그리고 내가 침대 머리에 부착하여 둔 "일어나 네 자리를 들고 걸어가라"는 성구 앞에 서더니 한동안 기도하는 자세로 머물렀다.

연구실 동료들은 손을 잡고 침실에서 나온 우리 둘을 부러운 눈으로 바라보았다. 나는 한 손에 이불꾸러미를 들고 한 손으로는 서원 씨 손을 잡고 연구실을 나왔고, 서원 씨가 남은 한 손으로 동료들에게 손인사를 보냈다.

우리는 연구실 앞에 있는 잔디 구장으로 달려갔다. 서원 씨와 나는 잔디 구장 가에 설치된 긴 의자 위에다 이불꾸러미와 신발을 벗어두고 맨발이 되어서 서로 손을 잡고 잔디 구장을 맴돌았다.

서원 씨 입에서는 조용조용 "트로이메라이"가 흘러나왔다. 구장을 덮고 있는 초록빛 잔디는 우리 발에 밟히면서도 포근한 감촉을 통해서 우리 두 사람에게 생기를 부어주고 있다는 생각이 들었다.

잔디 구장에서 나온 서원 씨와 나는 학교 정문 앞에 있는 식당에 들렀다. 내가 아침저녁으로 고정적으로 식사를 하는 곳이었다. 서원 씨와 나는 이른 저녁 식사를 마치고 교회로 직행하였다.

서원 씨는 내가 들고 온 이불꾸러미를 교회 신장 위에 올려두었다. 나는 "이 이불을 어떻게 하려구요?" 하였다. 서원 씨는 "버릴 수는 없잖아요? 예배 후에 제가 목사관으로 가지고 가서 세탁하려구요. 세탁해서 제가 보관하고 있을까 해요"라고 대답했다. 순간 내 가슴속에는 따사로운 어머니의 온기로 넉넉해지는 감동이 치밀어 오르는 듯했다.

서원 씨는 밝게 미소를 띠면서 내 손을 잡고 당회장실로 들어갔다. 목사님이 반기시며 "영화는 좋았고?" 하셨다. 서원 씨가 "네"라고 짧게 대답했다. 목사님은 "그러고는?" 하셨다. 서원 씨는 "혼수상가에 들러서 이불하고 방석하고 베개를 사서 들고 선생님 연구실에 가서 깔아드리고 왔습니다" 하였다. 목사님은 큰소리로 웃으시더니 "서원이가 연구실에다 펼쳐 놓고 온 행위가 무슨 의미라는 것은 알고 있고?" 하셨다. 서원 씨는 "왜 몰라요? '너희들은 선생님을 넘겨다보지 말 것, 그리고 너희들은 선생님을 잘 지켜라. 선생님은 내 것이니까'라는 뜻으로 펼쳐놓고 왔습니다"라고 대답하였다.

목사님은 미소를 띠고 내 얼굴을 살피고 계신 것 같았다. 나는 "서원 씨와 같은 뜻으로 받아들였습니다. 잠자리를 서로 신경써 주는 결혼할 사이라는 의미로요!" 하였다. 목사님은 내가 한 말을 듣고 서원 씨 표정이 상기되어 가는 것을 보신 것 같았다. 나는 용기를 내어서 한술 더 떴다. "서원 씨와 저는 연구실을 나와서 제가 아침저녁으로 식사를 하고 있는 식당에 들러서 저녁 식사를 같이하였습니다. 식사가 끝나고 서원 씨가 식당 아주머니 손을 잡고는 '아주머니 수고비는 제 가슴속에다 간직하고 가겠습니다'라는 말하는 것을 듣고 저는 너무 기뻐서 눈물이 울컥하고 치밀어 올랐습니다"라고 말했다.

목사님은 내 말을 들으시고 넉넉한 표정이 되시더니 내 손을 잡아주시고는 성경책을 챙겨 들고 예배실로 들어가셨다. 서원 씨와 나도 서둘러 성가대 자리로 가서 예배 준비를 하였다.

❋ ❋

가을 학기로 접어들자 연구실 분위기가 달라지고 있었다. 연구생들의 외출 외박이 잦아지면서 빈자리가 늘어났다. 무더운 여름방학 중에도 기를 쓰고 지켜지던 자리들이 비어가는 것을 보니 연구실 동료들도 졸업 분위기에 휩쓸리고 있다는 생각이 들었다.

나는 시험 준비 때문에 전공과목에만 치중하다가 손도 대지 못했던 토인비의 《역사의 연구》 상하권 전부를 도서관에서 빌려서 읽기 시작했다. 분량은 많았지만 참 좋은 책이라는 생각을 가지고 정독하였다.

서원 씨도 졸업을 앞두고 바빠진 것인지 주일날이 되어도 잠깐 내 곁을 스쳐가는 정도로 아쉬움을 남기곤 하였다. 이러다가 서원 씨를 놓치고 졸업장만 챙겨 드는 꼴이 되는 것이 아닌가 하는 불안감이 나를 괴롭혔다.

드디어 고대하던 주일날이 돌아왔다. 오늘은 서원 씨를 납치해서라도 서원 씨에게 내 마음을 전달하자고 다짐을 하면서 교회로 갔다. 나는 "서원 씨가 없이는 살아갈 수가 없는 나를 발견하였습니다"라는 대사를 마음속으로 되풀이하면서 서원 씨와 단둘이 되는 기회를 살피고 있었다.

나는 서원 씨 주변을 맴돌다가 이때다 싶어서 서원 씨 손을 덥석 잡았다. "저, 그러니까…"라고 내가 운을 떼자마자 서원 씨는 기다리고 있었다는 모양새로 급하게 말문을 열었다.

"내일은 우리 학교 교생들 야유회가 있는데 선생님도 같이 가실 수 있도록 시간을 좀 내어주셔요."

내가 쾌재를 부르면서 "그러니까 그렇지 않아도…"라고 다시 말을 꺼내기 무섭게 서원 씨가 내 손을 잡더니 밝게 큰 소리로 웃었다.

"내일 오전 10시까지 청량리역 앞으로 나오셔요."

나는 서원 씨가 건 마술에라도 걸린 모양으로 고분고분하였다.

다음날 10시에 나는 청량리역으로 나갔다. 서원 씨는 같은 학교 교생 두 명과 함께 역 앞에 있는 벤치에 앉아 있다가 나를 발견하고 반기면서 내 손을 잡고 기뻐하였다. 서원 씨가 "출발은 개인적으로 하고, 집결지는 강촌역으로 되어 있어요"라고 했다.

기차 시간이 되어서 우리는 개찰구로 나갔다. 내 기차표는 서원 씨가 미리 준비해 둔 것 같았다.

나는 서원 씨 반코트를 손에 들고 서원 씨 옆자리에 앉았다. 서원 씨는 우리와 마주보고 앉아 있는 교생들에게 나를 소개하였다. "우리 김 선생님은 내가 출석하고 있는 교회에서 같은 찬양대원으로 계신 분이세요"라고 했다. 한 여학생이 나를 보고 "서원이와 같은 교생들이에요" 하였다.

차창 밖에는 가을 정취가 물씬 펼쳐지고 있었다.

먼 산은 벌써 붉은 색깔로 물들어 있고, 철길 따라서 흐드러지게 피어난 코스모스가 손을 흔들면서 우리를 환영하여 주고 있는 것만 같았다. 강줄기를 따라서 가슴을 시원스럽게 열어젖히고 우리를 맞아주는 산자락을 뒤로하고 열차는 시원스럽게 달려갔다. 강촌역에는 먼저 도착한 교생들이 운집하여 있었다.

서원 씨는 노랑 바탕의 하단에 해바라기 꽃들이 다투어서 피어난 원피스 차림이었다. 대형 해바라기 꽃들이 서원 씨가 움직일 때마다 서원 씨를 감싸 안고 나를 주시하고 있는 것만 같았다.

우리는 강변에 설치된 대형 가설 천막 안으로 들어갔다. 천막 안에는 전면에 가설무대가 설치되어 있고, 중앙에는 적당한 거리를 두고 자리 잡은 탁자들이 놓여 있었다.

교생들은 끼리끼리 탁자를 중심으로 자리를 잡았다. 우리는 열차를 같이 타고 온 교생들과 같은 탁자에 앉았다. 탁자마다 다과와 음료수가 준비되어 있었다. 지도교수님의 인사말이 끝나자 사회 보시는 교수님이 순서를 맡아서 장기자랑 시간으로 이어져 갔다.

서원 씨는 사회 보시는 교수님에게 합창을 신청하고 내 얼굴을 바라보았다. 나는 "내가 낄 자리가 아닌 것 같습니다" 했다. 서원 씨는 "괜찮아요, 저를 위한다는 생각으로 합창을 불러주세요. 좋아하시는 노래는?" 하였다. 나는 "'트로이메라이'로 하면 안 될까요?" 했다. 순간 서원 씨 표정이 상기된 것 같았다.

사회 보시는 교수님이 우리 차례를 알려왔다. 서원 씨는 힘을 주어서 내 손을 잡고 무대 위로 올라갔다. 사회 보시는 교수님이 서원 씨를 먼저 소개하셨다.

"맹서원 씨는 전국 대학생 콩쿠르 대회에서 장원을 하였고, 이어서 미국 카네기홀의 초청을 받고 독창회를 가진 후에 세계적인 관심을 일으킨 음악계의 떠오르는 샛별입니다. 합창하실 분은 성명 미상이고 약력도 미상인 미남자입니다."

노래가 시작되었다. 서원 씨의 노래는 잔잔하면서도 그윽하게 흘러갔다. 메조소프라노가 지니고 있는 특유의 힘과 강한 호소력으로 가슴을 휘젓고 지나가는가 하더니 애절한 흐느낌이 되어서 마무리가 되었다. 내 노래는 바리톤이 가지고 있는 부드러움으로 바닥에 깔리다가, 질풍이 휘몰아치는 테너의 고음으로 천상으로 솟구치더니 애절한 흐느낌이 되어서 심령들을 휘저어놓고는 마무리되었다.

순간 전 관중의 기립박수가 시작되었고, 앵콜 송 요구가 줄기차게 이어졌다.

내가 무대를 내려오고 있는데 지도교수님이 오시더니 내 손을 잡고 무대 위로 다시 올라가셨다. 그러고는 내게 정중하게 앵콜 송을 부탁하셨다. 나는 서원 씨를 바라보면서 "내 고향 남쪽 바다" 하였다.

서원 씨와 내 노래가 시작되었다. 내 손을 잡고 나를 바라보고 있는 서원 씨의 큰 눈에는 눈물이 가득하게 고였다. 나는 서원 씨를 양손으로 붙들고, 나의 심혈을 쏟아부었다.

우리 노래가 끝나고 또 한 차례 앵콜 송 요구가 함성이 되어서 쏟아지더니, 흥분한 교생들이 무대 위로 뛰어 올라왔다. 순간 가설무대는 아수라장으로 변하고 말았다. 사회 보시는 교수님이 장내 질서를 호소하였으나 흥분한 교생들은 아랑곳이 없었다.

그 순간 장내 조명이 모두 소등되었다. 이어서 안내 방송이 조용한 목소리로 들려왔다. "무대 위에 있는 교생들은 모두 내려오십시오" 하였다. 사회 보시던 교수님 목소리가 아니었다. 무대 위에서 웅성이던 교생들이 무대에서 내려가자 장내가 조용해졌다.

다시 조명이 켜지자 지도교수님이 무대 위로 올라오셨다. 서원 씨와 나는 무대 한쪽으로 밀려나서 다음 행동을 궁리 중에 있었다.

나는 무대 위에 주저앉아 있는 서원 씨를 발견하고 안아서 일으켜 세웠다. 그런데 서원 씨가 다시 주저앉고 말았다. 서원 씨 발을 살펴보았으나 발에는 이상이 없는 것 같았다. 그 순간 나는 서원 씨의 하이힐 뒤축이 부러져서 무대 위에 떨어져 있는 것을 발견하였다. 지도교수님이 서원 씨 발목을 만져보시자 통증을 호소하였다. 지도교수님이 나에게 서원 씨 발목이 삔 것 같으니 서원 씨를 안고 무대 위에 잠시만 머물러 달라고 요청하셨다.

나는 사회 보시던 교수님이 가지고 올라오신 의자에 서원 씨를 앉히고 그 의자 뒤에 섰다. 지도교수님이 교생들을 향하여 "저는 서울 음대 학장 ○○○입니다"라고 본인 소개를 하시고 말씀을 이어가셨다. "여러분이 두 분의 노래를 듣고 흥분한 것은 당연한 일입니다. 하지만 당사자들에게 불쾌감을 주게 된 것은 큰 실수라고 생각합니다. 저는 여러분의 설렘을 탓하고 싶은 생각은 추호도 없습니다" 하셨다. 장내가 조용하게 진정되어 갔다. 학장님은 말씀을 계속하셨다.

"저는 학교 음악을 책임지고 있는 한 사람으로서 짚고 넘어가야 할 말이 있어서 마이크를 들게 되었습니다. 먼저 맹서원 씨의 노래는 음악인들이 주목하고 있다는 사실을 밝혀드립니다. 그녀의 미모나 미성 때문에 주목한 것이 아닙니다. 맹서원 씨의 음계가 메조소프라노이지만 변성 없이 소프라노를 자연스럽게 구사하고 있다는 점에서 놀라움을 금할 수 없기 때문입니다. 인간의 음계로서는 한계를 뛰어넘는 신의 소리로 인정하기에 이른 것입니다. 남성분의 음계도 바리톤이지만 이분도 변성 없이 자연스럽게 테너를 구사하고 있습니다. 이분의 노래는 신의 소리가 아닌 인간의 혼에서 흐느끼고 있는 소리라고 말해주고 싶습니다.

우리의 심령을 휘저어놓는 소리지요? 여러분들을 흥분의 도가니로 이끌어 간 비밀이 여기에 있었습니다. 두 사람의 소개는 여기서 멈추고자 합니다.

한 가지만 더 부언한다면, 우리가 뜻하지 않게 어떤 보물을 발견하였을 때, 욕심이 나면 가만히 숨겨두고 집에 돌아가서, 자기가 가지고 있는 것을 전부 팔아서 사라는 성경말씀을 전해드리고자 합니다. 잘못하면 우리가 욕심내고 있는 보물을 시장바닥으로 몰아가는 실수를 범할지도 모른다는 우려를 기억해 주었으면 합니다."

학장님은 서원 씨를 보고 "서원 씨는 내가 한 말을 알고 있지?" 하셨다. 서원 씨는 작은 목소리로 "네. 학장님, 잘 알고 있습니다" 하였다.

학장님은 내 손을 잡고 힘주어서 당부하셨다.

"우리 서원 씨를 잘 지켜주십시오."

그리고 서원 씨를 부축하여 내 등에 업혀주셨다. "밖에 나가면 사회를 보시던 교수님이 승용차로 병원까지 데려다줄 것입니다" 하면서 손을 흔들어 주셨다.

나는 서원 씨를 업고 가설무대를 내려왔다. 교생들이 모두 일어나서 손을 흔들면서 환송해 주었다.

서원 씨와 나는 사회를 보시던 교수님의 승용차를 타고 춘천 시내에 있는 정형외과로 갔다. 교수님은 서원 씨 손에 봉투 하나를 전해주면서 "학장님이 주신 봉투입니다"라고 말하고 병원을 나가셨다.

서원 씨는 X레이 검사부터 받았다.

담당 의사 선생님은 뼈에는 이상이 없다는 소견이셨다. 간호사분이 주사를 놔준 뒤 발목에 연고를 바르고 깁스 밴드를 채워주었다. "당분간 보행은 금지 사항이고, 수시로 밴드를 풀고 연고를 바른 후에 발목부터 허벅지까지 주물러 주십시오" 했다.

나는 치료비를 정산하기 위하여 창구로 갔다. 치료비는 15만 원이 나왔다. 창구직원은 내게 35만 원을 반환해서 내주고는, 안내하셨던 교수님이 치료비로 창구에 맡겨두신 50만 원 중에서 치료비를 공제하고 남은 돈이라고 일러주었다.

나는 서원 씨를 업고 병원을 나왔다. 서원 씨는 점심부터 먹자고 하였다. 나는 택시를 타고 버섯전골을 잘하는 식당으로 안내를 부탁하였다. 택시 기사님은 우리를 버섯전골 식당 앞에서 내려주었다. 나는 식당 주인에게 환자 때문이라고 설명을 하면서 앉아서 식사할 수 있는 곳으로 안내를 부탁하였다.

식당 주인은 우리를 내실로 안내해 주면서 서원 씨에게는 방석과 베개까지 내어주었다. 잠시 후에 주문한 버섯전골이 나왔고 우리는 맛있게 먹었다.

식사 후에 서원 씨는 베개를 베더니 조심스레 누웠다. 나는 식당 주인에게 양해를 구하면서 식대를 미리 계산하였다. 식당 주인은 미소를 지으면서 편안하게 쉬었다 가라고 하면서 자리를 비켜 주었다.

서원 씨를 굽어보고 있는데 서원 씨가 눈을 번쩍 뜨더니 "교생들 등쌀에 혼이 나가는 줄 알았어요!" 하였다. 나는 "발목 통증은 좀 나아진 것이요?" 하고 물었다. 서원 씨는 "통증은 심하지 않은데 기분 나쁘게 저려 오는 것 같아요" 하였다.

내가 "학장님이 내 노래에 대해서는 마지못해서 서원 씨 덤으로 끼워준 것이 아니요?" 하자 서원 씨가 깜짝 놀라며 "학장님은 그런 분이 아니세요. 옳으면 옳다 하시고 그르면 그르다고 하시는 분이세요. 저에 대한 평가는 카네기홀 독창회를 가진 후에 음악 평론가들의 말을 인용하신 것이고요"라고 하였다. "나에 대한 평가는?" 하자, 서원 씨가 "학장님께서 잘 보신 것입니다!" 하였다. 나는 "서원 씨까지?" 했다. 서원 씨는 "저는 선생님을 처음 만날 때부터 알고 있었습니다, 선생님이 불러주신 찬송가 411장을 듣고 울고 있던 저를 보지 못하신 것이에요?" 하였다.

서원 씨가 말을 이어갔다. "오늘따라 제가 조바심이 발동된 것은 교생들에게 선생님을 빼앗길까 염려가 되어서요" 하였다. 나는 웃으면서 "내 마음도, 내 혼도, 서원 씨 것이라고 고백하고 야유회를 온 것인데?"라고 했다. 서원 씨가 급하게 끼어들며 "왜 몸은 빼시는 것인데요?"라고 정색을 하였다. 나는 큰소리로 웃으면서 "몸도"라고 했다.

서원 씨는 나의 전부를 요구하고 있는 것이다. 서원이라는 여자가 야무지고 당찬 사람이라는 생각이 들었다.

서원 씨가 재빨리 내게 입술을 맞추었고 큰 눈에 눈물이 가득하게 고였다.

나는 서원 씨를 안고 등을 다독여주었다. 그러고는 내 다리를 편 다음 내 다리 위에 서원 씨 다리를 올리고 깁스 밴드를 풀었다. 서원 씨 발등에는 검은 반점이 앉아 있었다. 나는 발등에 연고를 바르고 손으로 주물러 주었다. 장딴지가 긴장으로 단단하게 뭉친 것 같았다. 내가 "좀 어때요?" 하자 서원 씨는 "한결 시원한 것 같아요" 하였다.

나는 용기를 내어서 의사 선생님이 일러준 대로 무릎을 주물러 주다가 허벅지를 주물렀다. 서원 씨 전신에 진저리가 지나가는가 싶더니 내 볼에 밀착하고 있던 서원 씨 볼이 불덩이처럼 뜨거워졌다.

순간 서원 씨는 "선생님, 그만!" 하였다. 나는 당황하여서 서원 씨 허벅지를 주무르던 내 손을 빨리 치웠다. 내가 "의사 선생님 말만 믿고 한 일인데?" 하자 서원 씨는 "저도 알고 있어요!" 하였다.

내가 "발목에 통증이 온 것이요?" 하자 서원 씨는 "전혀 아닌데요!"라고 하였다. 나는 알 수가 없다는 생각을 하면서, 서원 씨 발목에 연고를 듬뿍 바르고 깁스 밴드를 채웠다.

내가 "병원에 오면서 보았는데 쿼바디스…" 하자 서원 씨가 "저도 보고 싶었는데요" 하였다. 그러고는 물끄러미 나를 바라보더니 "혹시 선생님 가슴속에 제가 자리 잡고 앉아 있는 것은 아닐까요? 그러고 보니 오늘 저와 합창할 때 선생님 애창곡이 저와 같다는 사실을 깨닫고 깜짝 놀랐습니다. '트로이메라이'와 '내 고향 남쪽 바다'는 카네기홀에서 제가 불렀던 애창곡들이었거든요"라고 하였다.

나는 바로 서원 씨의 말을 받아 말했다.

"저는 목사님 말씀이 자꾸만 떠오르고 있습니다. '어쩌다가 똑같은 사람들끼리 만나게 되었는고?'라고 하시던….

나를 물끄러미 바라보고 있던 서원 씨는 교수님이 주고 가신 봉투를 꺼내 열어보았다. 봉투에는 50만 원과 쪽지가 들어 있었다. "돈을 발견하고 부담이 될 것 같아서 몇 자 적어서 알려드립니다. 돈은 같이 온 남자친구와 데이트하는 데 보태서 사용하시라고 아버지 같은 마음으로 딸에게 준 돈이고, 또 하나는 다음에 찾아오실 때 남자친구도 함께 보여주셨으면 하는 바람으로 적고는 있지만, 어디까지나 나의 희망사항이니 부담은 갖지 마시라는 말을 전하여 드립니다"라고 적혀 있었다.

서원 씨는 돈과 쪽지를 내게 보여주었다. 나는 "왜 나를 보자고 하시는데요?" 했다. 서원 씨는 "학장님 댁에는 성능이 뛰어난 녹음실을 갖춰져 있는데 학장님이 저와 선생님의 노래를 녹음하시고 싶으신 것 같아요. 학장님은 이렇게 녹음하신 테이프를 교육용으로 사용하세요" 하였다.

서원 씨는 돈과 편지를 손가방에 넣고는 한쪽 발로 일어섰다. 그러고는 "쿼바디스!" 했다. 나는 식당 주인에게 감사하다는 인사를 하고 식당을 나왔다. 때마침 손님을 싣고 도착한 택시에 올라서 쿼바디스를 상영하고 있는 영화관으로 안내를 부탁하였다.

내가 서원 씨를 업고 입장권을 구입하여 영화관에 들어서는데 관람객들이 쏟아져 나왔다. 나는 지정 좌석을 찾아갔다. 본 영화를 상영한다는 벨 소리가 울렸는데도 자리는 대부분 비어 있었다. 상영시간대가 어중간하여 관람객이 적다는 생각이 들었다.

서원 씨는 내 손을 끌어가더니 두 손으로 안고 영화를 관람하였다. 시간이 지나면서 아예 두 다리를 내 무릎 위에 올려놓더니 머리도 내 가슴에 기대어왔다. 나는 두 팔로 편안하게 안아주었다.

영화가 끝났다. 밖에는 어둠이 내리기 시작했다. 서원 씨는 양팔로 내 목을 힘주어서 안고 내 볼에 뺨을 밀착하였다.
"그래도 저녁은 먹어야 하지 않을까요?"
나는 대기 중에 있는 택시에 서원 씨를 안고 오르면서 "저녁을 먹을 조용한 식당으로 안내를 부탁합니다"라고 했다. 택시 기사님은 호수를 낀 숲속에 자리 잡은 호젓한 전원 식당으로 안내해 주었다.
나는 서원 씨를 안고 식당에 들어서면서 환자가 있으니 앉아서 식사할 수 있는 자리로 안내해 달라고 하였다. 식당 주인은 창밖으로 호수가 보이는 조용한 방으로 우리를 안내하고 주문을 받은 뒤 서둘러서 방을 나갔다.
서원 씨는 몸무게를 분산시키려는 듯 양팔로 내 목을 안고 가슴을 내 가슴에 밀착시켰다. 서원 씨는 작은 소리로 "이대로 조금만 더…" 하였다. 나는 서원 씨를 안고 방을 맴돌았다. 서원 씨 양볼이 불덩이처럼 뜨거워졌다. 내 숨소리가 거칠어지자 서원 씨 입에서는 가느다란 신음소리가 나왔다. 나는 당황하여 서원 씨를 조심하여 방 자리에 내려놓았다. 서원 씨의 큰 눈에 눈물이 가득하게 고였다. 나는 손수건을 꺼내서 눈물을 닦아 주면서 "발목에 통증이 심해진 것이오?" 했다. 서원 씨는 아니라고 하면서 내 가슴에 얼굴을 묻었다.
나는 서원 씨 발을 내 다리 위에 올리고 깁스 밴드를 풀었다. 연고를 듬뿍 발라주고 발목을 주무르다가 장딴지를 집중하여 주물러 주었다. 서원 씨는 미소를 지으면서 "참 시원해요!" 하였다.
주문한 한식이 들어왔다. 나는 서원 씨를 안아서 방석 위에다 앉혀주었다. 우리는 저녁밥을 맛있게 먹었다.
식사를 마치고 창밖을 바라보았을 때는 어둠이 깔려 있었다. 호수는 어둠 속에 얼굴을 숨긴 채 검은 물결만 일렁이고 있었다.
문득 시외버스 막차 시간이 지나간 사실을 깨닫고 나는 깜짝 놀랐다. 나는 손목시계를 바라보면서 "시간이 이렇게 많이 지나가다니!" 했다. 서원 씨는 내 얼굴을 유심히 보면서 "시외버스 막차 시간이 지난 것이지요?" 하였다. 나는 "나 때문이오. '쿼바디스'가 낭패를 가지고 올 줄이야" 했다. 서원 씨는 "저도 영화를 보자고 하였는데요?" 하였다.

식당 주인이 빈 그릇을 챙겨서 나가면서 "좋은 밤 되세요. 옆문을 열면 침실이 있구요, 욕실은 침실 안에 있는 쪽문을 열면 있습니다" 하였다.

서원 씨가 급하게 입을 열었다. "전화기를 빌릴 수 없을까요?" 하였다. 식당 주인은 "전화기는 침실 안에 있는 탁자 위에 있고요, 수화기를 드시면 연결해 드리겠습니다. 통화료는 추가됩니다" 했다.

나는 옆문을 열어보았다. 아담한 침실이 있었다. "나는 이런 사실을 전혀 몰랐는데" 하자, 서원 씨도 "전혀 몰랐다는 것은 저도 마찬가지인데요?" 하였다. 그리고 내 손을 끌어갔다.

나는 서원 씨를 안고 침실로 들어갔다. 서원 씨는 목사님에게 전화를 하여 시간이 늦어서 자고 가게 되었는데 염려 말고 편히 주무시라고 하였다.

어둠에 붙들려서 길을 잃고 헤매던 뻐꾸기가 친구를 찾는 듯한 애절한 울음소리가 멀어져 가고 있었다.

수화기를 내려놓고 돌아앉은 서원 씨가 등을 내 가슴에 기대어왔다. 나는 꼬막처럼 오목조목한 서원 씨 손만 만지작거렸다.

서원 씨가 얼굴을 돌려 나를 바라보더니 "먼저 목욕을 하세요" 하였다. 나는 서원 씨를 안아서 침대에 누이고 베개를 고여 주었다.

나는 더운물로 목욕을 한 뒤 욕조에 새로 더운물을 받아두고 침대로 와서 서원 씨 발목에서 깁스 밴드를 푼 뒤 서원 씨를 안고 욕실로 들어갔다.

서원 씨는 원피스를 벗어서 내게 내밀었다. 나는 옷을 받아서 옷걸이에 걸고 돌아섰다. 서원 씨는 속치마와 팬티를 벗어서 손에 들고 욕조 의자에 앉아서 풍성한 가슴을 속치마로 가리고 내 얼굴을 유심히 살피는 듯했다.

나는 서원 씨 손에서 속옷을 받아서 옷걸이에 걸었다. 서원 씨는 알몸이 되어서 한쪽 발로 자리에서 일어나더니 내 가슴에 안겼다.

  서원 씨를 안아서 욕조에 넣어주고 돌아선 나는 맥박도 호흡도 거칠게 요동쳤다. 내 가슴은 거친 숨을 내뿜고 있고, 내 심장은 금시라도 폭발할 것처럼 심하게 두근거렸다. 나는 욕실 문을 닫아주고 침대 모서리에 기대고 앉아서 거친 호흡을 다스렸다.

  욕실에서는 간간이 물소리만 들리더니 인기척을 보내왔다. 나는 욕실 문을 열고 들어갔다. 서원 씨는 속치마만 걸치고 욕조 난간에 앉아 있었다. 나는 말없이 서원 씨에게 등을 내밀었다.

  서원 씨는 한참 뜸을 들이더니 양손으로 내 등을 돌렸다. 나의 앞가슴으로 안으라는 것 같았다. 나는 서원 씨를 바라보고 앉았다. 서원 씨는 양팔을 벌려서 내 목을 안았다.

  나는 양손으로 서원 씨 엉덩이를 받쳐 안고 일어났다. 순간 서원 씨가 다리로 내 허리를 감쌌다. 나는 서원 씨를 안고 침실로 들어왔다. 서원 씨는 볼을 내 뺨에 밀착하여 오더니 "잠시만 이대로요…" 하였다.

  서원 씨를 안고 침실을 맴돌아가는데, 내 목을 감싸고 있던 서원 씨 양팔이 풀리자 풍성한 가슴이 내 앞가슴을 타고 미끄러져 내렸다. 반응을 보이기 시작한 내 본능 위에 서원 씨의 화산이 올라탔다. 그러자 서원 씨의 볼이 불덩이처럼 뜨거워졌다. 나의 숨소리도 거칠어져 갔다. 내 가슴 위로 서원 씨의 가슴을 타고 내리는 진저리가 느껴지고 있었다. 나는 몽롱한 중에 서원 씨를 안고 방안을 맴돌아갔다.

  그때 서원 씨의 입에서 작은 신음소리가 들려왔다. 나는 서둘러서 침대 위에 서원 씨를 내려놓고는 침대 위로 올라가서 다리를 길게 펴고 서원 씨의 삔 발을 올려놓았다. 나는 서원 씨 발목에 연고를 듬뿍 바르고 양손으로 주물러 가면서 "통증은 좀 나은 것이오?" 했다. 서원 씨는 "많이 좋아진 것 같아요" 하였다.

  나는 발목부터 장딴지를 정성을 들여 주물러주었다. 서원 씨는 "시원해요" 하더니 손으로 입을 가리고 웃었다.

나는 무릎을 주무르다가 용기를 내어서 허벅지를 주무르기 시작했다. 순간 서원 씨는 전신에 진저리가 지나는 듯 깜짝 놀라서 무릎을 세웠다. 나도 덩달아 놀라서 주무르던 손을 멈추었다.

나는 서원 씨 발목에 연고를 듬뿍 바르고 깁스 밴드를 다시 채워준 뒤 서원 씨를 침대 위에 반듯하게 누인 뒤 이불을 덮어주고는 침대를 내려왔다.

나는 침대 옆 방바닥에 이부자리를 펴고는 이불을 머리까지 올리고는 길게 누웠다. 그러고는 마음속으로 숫자를 헤아리면서 억지로 잠을 청하였다. 잊고 있던 뻐꾸기 울음소리가 아스라하게 다시 들려왔다. 서원 씨 침대에서는 숨소리도 들리지 않았다.

얼마나 되었을까. 잠결에 들려오는 서원 씨 목소리를 듣고 정신이 번쩍 들었다. "침대에 올라와서 주무셔요" 하였다. 나는 "괜찮은데요" 하였다. 서원 씨는 "제가 잘 수가 없어서요" 했다.

나는 침대로 올라가서 서원 씨 옆에 나란히 누웠다. 서원 씨는 나를 보고 옆으로 누웠다. 나도 서원 씨를 보고 옆으로 누웠다. 서원 씨는 내 팔을 끌어다가 팔베개를 하더니 내 가슴을 열고 얼굴을 묻어왔다.

나는 서원 씨 귀에 "내가 바보 같지요?" 했다. 서원 씨는 "나도 나를 모르겠어요, 어쩌자는 것인지…" 하였다. 나는 "우리 둘 다 똑같이 처음이라 그런 것 같아요!" 했다. 서원 씨가 고개를 끄덕였다.

내가 먼저 말문을 열었다. "학장님이 낮에 들려준 '보물을 발견하거든 가만히 숨겨두고 집에 가서 자기가 가지고 있는 것을 전부 팔아서 그 보물을 사라'는 성경말씀이 자꾸만 생각이 납니다" 했다. 서원 씨는 주먹을 쥐고 내 가슴을 토닥였다.

나는 서원 씨 머리에 코를 묻고 잠을 청하였다. 서원 씨도 내 가슴에 코를 묻고 깊은 잠에 빠져든 것 같았다. 아스라하게 들려오는 뻐꾸기 울음소리를 따라가다가 나도 잠이 들었다.

　아침 6시가 되었다. 서원 씨는 가슴이 열려 있는 채로 깊은 잠 속에 있는 것 같았다. 눈앞에 드러난 풍성한 두 가슴은 백옥으로 빚어놓은 조각상처럼 눈이 부셨다. 나는 얼떨결에 뽀얀 서원 씨 가슴에 얼굴을 묻었다. 나도 모르게 흐르는 눈물이 서원 씨 가슴을 적셨다. 잠에서 깨어난 서원 씨는 두 손으로 내 얼굴을 안고는 내 입술을 깊숙이 흡입하여 갔다.

　서원 씨가 침대에서 일어났다. 나는 실내등을 켜고 서원 씨 발목에 연고를 듬뿍 바른 다음 깁스 밴드를 채워주었다. 발등에 자리 잡은 검은 멍자국이 조금은 옅어진 것 같았다.

　나는 두 다리를 길게 뻗고 서원 씨 발을 올린 다음 장딴지를 주물러주었다. 서원 씨는 내 귀에다 작은 소리로 "참 시원해요!" 하면서 얼굴이 밝아졌다. 나는 장딴지를 지나서 과감하게 허벅지까지 주물러주었다. 서원 씨 전신에 또 한 차례 진저리가 지나가더니 몸이 불덩어리가 되었다. 서원 씨 몸은 잘 조율된 피아노 건반 같다는 생각이 들었다. 서원 씨의 큰 눈에 눈물이 가득 고였다.

　나는 주무르던 손을 멈추고 서원 씨를 안고 욕실로 들어가서 세수를 시킨 다음, 해바라기 원피스를 입혔다. 나는 서원 씨에게 "죽도록 사랑하기 때문에 죽도록 지켜야 한다는 딜레마에 빠진 것 같습니다"라고 우리 둘이서 겪고 있는 상황을 설명해 주었다. 서원 씨는 주먹으로 내 가슴을 가볍게 두드렸다.

　나는 서원 씨를 업고 카운터로 나왔다. 내가 숙식비를 계산하고 있는데 택시가 들어왔다. 나는 서원 씨를 안아서 택시에 태우고 시외버스 터미널로 갔다.

　터미널에서는 서울로 가는 첫차가 출발을 서두르고 있었다. 나는 급하게 승차권을 구입한 후에 서원 씨를 업고 버스로 올라갔다. 창가에 있는 우리 좌석에 나란히 앉자마자 버스가 곧바로 출발하였다.

차창 밖으로는 선잠에서 깨어난 검푸른 소양강이 경춘가도를 따라서 흘러가고 있고, 켜켜이 막아서고 있는 산굽이들이 뽀얀 물안개를 뿜어내고 있었다. 아침 햇살을 받아 신비한 색깔로 물들어 있는 산자락을 두르고 자리 잡은 산골 작은 마을이 물안개를 머리에 이고 잠에서 깨어난 것 같았다.

길가에는 코스모스 꽃들이 화사한 미소에 아쉬움을 담아서 나와 서원 씨에게 손을 흔들고 있는 것 같았다. 우리가 타고 있는 시외버스는 아랑곳없이 경춘가도를 질주하여 나갔다.

나는 서원 씨를 업고 청량리 터미널에서 내렸다. 터미널에서 가까운 해장국 집에 들어가서는 아침 식사를 주문하였다. 나는 의자 위에 서원 씨 발을 올리고 깁스 밴드를 풀었다. 발등에 앉은 멍자국이 많이 옅어진 것 같았다.

나는 연고를 바르고 밴드를 채워주었다. 서원 씨는 "선생님, 감사합니다. 괜한 일로 저 때문에 곤욕만 치르게 한 것 같아서 마음이 무겁습니다" 하였다. 나는 미소를 띠고 "무슨 중대한 일을 치른 것 같기도 하고! 하여간에 저는 여상한 일은 아니라는 신비한 느낌 속에 있습니다" 했다. 서원 씨도 작은 소리로 "저도요, 분명하게 달라진 것이 있다는 느낌도 들고! 어쨌든 감사하고 있습니다" 하였다.

나는 서원 씨와 같이 지난밤에 중대한 일이라도 치르고 온 사람들처럼 해장국을 맛있게 먹었다.

식사 후에 나는 서원 씨와 같이 택시를 타고 혜화동 목사관 골목 입구에서 내렸다. 택시에서 내린 서원 씨는 한 발로 일어나더니 까치걸음으로 발을 옮겨가면서 "감사하였고요!" 하더니 손을 흔들어서 작별을 고하였다.

나는 서원 씨 앞에 등을 내밀었다. 서원 씨는 의아한 눈으로 나를 바라보더니 큰 눈이 더 커졌다. 서원 씨는 "집사님을 오시라고 소리칠 생각이었는데요" 하였다. "내가 무엇을 잘못하고 있는 것이요?"라고 묻자 서원 씨는 "아니요!"라고 강하게 부인하더니 내 등에 업혔다. 나는 서원 씨를 업고 목사관 거실에 들어섰다. 목사님도 집사님도 놀란 눈으로 우리를 바라보셨다.

나는 어제의 일을 하나하나 말씀드렸다.

"어제 서원 씨 야유회에 저도 같이 가게 되었는데, 게임 도중에 서원 씨가 발목에 부상을 입고 춘천에 있는 병원에서 치료를 받았습니다. 치료를 받고 늦은 점심을 먹은 뒤 때마침 '쿼바디스'를 상영하고 있는 극장에서 영화를 관람하였고, 저희 두 사람은 늦었지만 저녁은 먹기로 했습니다. 그런데 저녁을 먹은 뒤 시계를 보니 서울 가는 시외버스 막차 시간이 30분이나 초과되어 있었습니다. 저희 둘 다 막차 시간을 놓친 것은 누구의 책임도 아니라고 생각했습니다. 서원 씨와 저는 이 나이가 되도록 처음 데이트를 해보았기에 그럴 수 있다고 서로를 위로해 주었습니다. 힘은 들었지만 저희는 오누이처럼 손만 잡고 잠을 잤습니다. 저에게 이런 일은 곤욕이라는 생각이 들었구요, 만용이라는 생각도 지울 수가 없었습니다. 저는 서원 씨를 진심으로 사랑합니다. 저희 두 사람의 결혼을 승낙해 주시기를 간절하게 원합니다."

목사님은 내 이야기를 들으시고 큰 소리로 웃으셨다.

"두 사람이 서로 사랑하고 있다면 무엇이 문제가 되는데?"

나는 지체하지 않고 "두 사람의 사랑이 진실하다는 것을 하나님께로부터 인정을 받자는 생각이 저의 두 사람의 공통된 생각입니다"라고 했다.

목사님은 나를 안아주셨다. 그러고는 내 등을 다독여주시며 "오늘부터 신발장 학생의 목사관 출입을 무제한으로 허락한다"라고 하셨다.

지금까지 묵묵하게 듣고만 있던 서원 씨가 큰 소리로 "목사님, 감사합니다. 아버지, 감사합니다" 하면서 한 발로 목사님 가슴을 파고들더니 큰 소리로 울음을 터트렸다. 목사님은 양팔을 벌려서 서원 씨를 안고 "그렇게도 좋아?" 하셨다. 나도 "목사님, 감사합니다" 했다.

나는 서원 씨를 긴 의자에 앉히고 발목에 채웠던 깁스 밴드를 풀었다. 서원 씨 발등에 자리 잡은 멍 자국이 많이 가신 것 같았다. 나는 정성껏 연고를 바르고 발목에 다시 밴드를 채워주었다. 나는 "오늘까지는 보행을 시도하지 말아주십시오" 했다. 내가 자리에서 일어나자 목사님은 나를 안고는 내 등을 다독여주셨다.

나는 서원 씨와 목사님의 배웅을 받으면서 목사관을 나왔다. 나는 흥분되는 마음을 다스리며 학교 연구실에 도착하였다. 연구실 동료들은 외출에서 돌아온 나를 의외라는 눈초리로 바라보았다. 나는 아무렇지도 않다는 뜻으로 손을 흔들어서 답해 주고 내 책상으로 갔다.

나의 연구실 생활은 졸업 기분으로 들뜬 주위 분위기와는 다르게 비교적 차분하였다. 나는 읽고 있던 토인비의 《역사의 연구》를 정독하는 데 몰두하였다.

서원 씨도 졸업을 앞두고 학교생활이 바빠진 눈치였다. 주일날이 되면 찬양대석에서 서로 손을 마주 잡고 반가워하다가 밝게 웃어주는 것이 전부였다.

나는 이러다가 서원 씨를 놓칠지도 모른다는 불안한 생각이 자꾸만 들어서 결단을 내리기로 했다.

내게는 어머니 임종 시에 받은 순금 2돈짜리 쌍가락지가 있었다. 그것은 유일한 유산이었다. 어머니가 기도하실 때마다 끼시던 반지였기에 우리 형제는 그 반지를 기도 반지라고 불렀다.

그 반지는 일찍이 나의 친할머니가 되시는 맹씨 할머니가 기도하실 때마다 끼시던 것을 나의 어머니께서 유산으로 받아 기도할 때마다 끼셨던 것이다. 어머니가 돌아가실 때 그것을 어린 나에게 주셔서 나도 기도할 때마다 그 반지를 몸에 지니게 되었다.

나는 그 기도 반지로 서원 씨와 나의 결혼을 기약하는 징표가 되는 걸혼반지를 미리 제작하였다. 내 딴에는 그것이 서원 씨를 놓치지 않는 유일한 방법이라고 생각한 것이다.

온갖 생각들로 복잡한 정신을 가다듬으며 읽고 있던 책을 펼쳐 드는데 서원 씨가 나의 학교 연구실을 찾아왔다. 동료 연구생들이 모두 자리에서 일어나서 박수로 맞이하였다. 그러고 보니 서원 씨는 우리 연구실을 단골로 방문하는 유일한 방문객이었다. 학교 방침에 연구실 출입을 교수님들로만 철저하게 제한하고 있었기 때문이었다.

미모의 젊은 여성이 연구실을 찾아왔다는 것은 기상천외의 사건이 아닐 수 없었다. 서원 씨는 박수로 환영해 주는 연구생들의 손을 일일이 잡아주었다. 그러고는 쇼핑백에 담아온 서원 씨의 녹음 테이프를 연구생들에게 나누어주었다.

서원 씨가 "미국 카네기홀 제작 팀이 그동안 제가 애창했던 곡들을 모아서 제작한 저의 테이프입니다"라고 하자 한 연구생이 "값이 꽤 비쌀 것 같은데요?" 하였다. 서원 씨는 "판매용이 아닙니다. 교육용으로만 사용한다는 단서가 붙어 있고요, 미국에 1,000개, 한국에 1,000개로 제작된 한정판 테이프입니다" 하였다.

그리고 서원 씨는 연구생들에게 양해를 구하였다.

"선생님 모시고 급하게 찾아뵐 분이 계셔서요. 선생님 모시고 가겠습니다."

나는 서원 씨 손에 이끌려서 학교 연구실을 나왔다.

교문을 벗어나자 서원 씨가 말문을 열었다. "내가 돈을 받고 팔려간 기분이 들어서 속이 상하였지만 선생님 체면을 생각하고 꾹 참고 나왔다는 사실을 선생님은 아셔야 합니다" 하였다.

나는 서원 씨 손을 힘주어서 잡아주었다. 그러고는 내 코트 주머니에 넣고 "내 꼬막이 얼면 낭패지!" 하였다.

서원 씨는 택시를 잡더니 "녹번동이요" 하였다.

택시는 우리를 싣고 창경원을 지나서 삼청동 앞을 지나더니 자하문 고개를 넘어갔다. 택시가 녹번동 골목길을 헤치고 들어가다가 아담한 양옥집 앞에서 머물렀다.

서원 씨는 내 손을 잡고 대문 옆에 설치된 초인종을 눌렀다. 대문이 열리자 서원 씨는 "학장님, 서원이가 왔습니다"라고 큰 소리로 외쳤다.

거실에서 나오신 학장님에게 나와 서원 씨는 나란히 인사를 드렸다. 학장님은 내 손을 붙들고 반가워하시면서 거실로 들어가자고 하셨다.

학장님은 "서원 씨 발은?" 하면서 서원 씨 발을 보셨다. 서원 씨는 "거뜬하게 완치되었어요, 감사하였습니다" 하였다.

학장님은 탁자 주위로 자리를 권하시면서 커피를 쟁반에 받쳐 들고 나온 중년 부인을 소개하셨다.

"우리 집사람입니다."

나와 서원 씨는 자리에서 일어나서 인사를 드렸다. 사모님은 "서원 씨 친구분이 좋게도 생기셨네" 하면서 반가워하셨다.

학장님은 "오래 앉아 있으면 세상 이야기가 나올 것만 같고, 바로 직행합시다" 하시면서 지하에 있는 녹음실로 안내하셨다.

조명이 밝혀지자 녹음 제작을 위해 마련된 각종 기자재들이 눈에 들어왔다. 그런 녹음실 분위기가 내게는 낯설게만 느껴졌다.

학장님은 피아노 건반을 여시면서 마이크 없이 육성으로 부르는 노래부터 시작한다고 알려주시면서 "먼저 서원 씨부터!" 하셨다. 서원 씨는 "학장님, 토스카요" 하였다. 학장님의 피아노 전주곡이 시작되자 서원 씨는 "토스카"를 열창하였다. 나는 "학장님, 저도 토스카요" 했다. 내 노래가 끝나자 학장님과 서원 씨가 박수를 쳤다.

학장님은 "곧바로 녹음 제작에 들어갑니다. 각자 마이크를 손에 들고 편한 마음으로 자연스럽게" 하셨다. 그리고 바로 "서원 씨부터 토스카" 하셨다. 서원 씨 녹음 제작이 끝나자 이어서 "친구분도 토스카" 하셨다. 나의 노래도 끝났다. 나와 서원 씨는 번갈아가면서 녹음을 하였고, 마지막에는 좋아하는 찬송가를 녹음하였다.

녹음이 끝나자 학장님이 말문을 여셨다.

"아쉽지만 오늘은 여기까지만 녹음하고, 교육용이라는 것은 두 분이 아실 것이고, 각 사람 앞으로 20개씩 보내주겠습니다."

우리는 학장님을 따라서 거실로 나왔다. 학장님은 "서원 씨를 볼 때마다 소천하신 서원 씨 어머니가 생각이 납니다. 모녀가 생김새부터 목소리까지 판박이가 되어서! 이제 두 분은 가보시죠. 황금 같은 두 사람의 데이트 시간을 늙은이가 방해하고 싶진 않으니까" 하셨다.

우리는 대문 앞까지 나오셔서 배웅해 주시는 학장님과 사모님의 환송을 받으면서 학장님 댁을 나왔다.

한길에 나온 우리는 택시에 오르면서 "조용하게 식사할 수 있는 식당으로 안내 부탁드립니다" 하였다. 택시기사님은 자하문 계곡을 깊숙하게 흐르고 있는 시냇가에 지어진 산장 식당으로 우리를 안내해 주었다.

서원 씨는 식당 벽에 게시된 차림표를 보더니 "삼계탕이 있네" 하였다. 나는 식당 주인에게 삼계탕을 주문하였다. 식당 주인은 "날씨가 선선하지요? 계곡 가에 지어진 조용한 방으로 안내하여 드릴게요" 하더니 계곡 가에 별채로 지어진 한옥으로 우리를 안내해 주었다.

방 자리는 정갈한 한지로 되어 있고, 난방이 되어 있어서 따뜻하였다. 서원 씨는 반코트를 벗어서 옷걸이에 걸고, 내 코트도 받아서 옷걸이에 나란히 걸었다.

나는 서원 씨 손을 잡고 소파에 앉으면서 "졸업이 얼마 남지 않았지요?" 했다. 서원 씨는 "제가 하고픈 말이네요" 하였다.

나는 "그래서 나는 고민을 하다가, 결단을 내릴 수밖에 없었습니다" 하면서 서원 씨 손을 내 손 위에 올려놓고 꼬막을 후비어 갔다. "서원 씨가 없어도 내가 이 세상을 살아갈 수 있을까 하는 문제였습니다."

서원 씨가 큰 눈을 뜨고 내 얼굴을 유심하게 살폈다. 나는 차분하게 말을 이었다.

"나는 그것은 불가능하다는 판단을 내린 것이오. 그래서 내 딴으로는 무리를 해서 결혼반지를 만들어서 징표를 삼기로 했습니다."

나는 코트 주머니에서 결혼반지를 꺼냈다. 순금 한 돈으로 만든 결혼반지였다.

나는 서원 씨 손을 잡고 "조금은 미련하고 촌스럽다는 생각이 들지는 몰라도 내 마음을 글로 남기기 위해서는 달리 방법이 없다고 판단한 것입니다" 하면서 서원 씨 왼손 무명지에 반지를 끼워 주었다.

서원 씨에게 끼워준 반지 안에는 '김요나가 사랑하는 맹서원 씨에게'라는 문구가 새겨져 있었다. 그리고 나는 '맹서원이가 사랑하는 김요나 씨에게'라는 문구가 새겨져 있는 내 반지를 서원 씨 손에 들려주었다.

나는 서원 씨를 안고는 "다이아 반지도 아닌데…" 하면서 울먹였다. 서원 씨는 "다이아 반지 몇천 개보다도 더 귀한 반지예요" 하면서 내 가슴에 얼굴을 묻고 서럽게 울었다.

"선생님 저도요, 선생님 없이는 살 수가 없다는 생각을 오래전부터 했어요."

나는 서원 씨를 가슴으로 안고 일어나서 방안을 맴돌아 주었다. 나는 나의 전부를 주고 서원 씨를 얻었다는 생각이 들었다. 밖에서 들려오는 인기척에 서원 씨를 내려놓았다.

우리가 주문한 삼계탕이 인삼주와 곁들여서 나왔다. 서원 씨는 내 잔에다 인삼주를 따라주었다. 나도 서원 씨 잔에 인삼주를 따라 주었다. 우리는 삼계탕을 맛있게 먹었다.

식사가 끝나자 서원 씨는 서둘러서 겉옷을 챙겨 입더니, 내 손을 잡고 귀가를 서둘렀다. 택시에 오른 서원 씨는 상기된 얼굴로 택시 기사님에게 "혜화동으로 가주셔요" 하였다.

목사관에는 목사님도 집사님도 계셨다. 목사님이 먼저 말문을 여셨다. "녹음은 잘 끝났고?"

서원 씨는 "네, 목사님"이라고 짧게 대답하고는 서원 씨 코트와 내 코트를 옷걸이에 걸었다.

서원 씨는 흥분을 숨기지 못한 채로 "선생님이 오늘 결혼반지를 해주셨어요" 하면서 손가락에서 반지를 뽑더니 목사님에게 보여드리면서 "반지 안쪽에 글씨가 새겨져 있어요" 하였다.

목사님은 소리를 내어서 읽어가셨다. "김요나가 사랑하는 맹서원 씨에게"라는 문구를 확인하시더니 서원 씨에게 반지를 주시면서 "그렇게도 좋아?" 하셨다. 목사님은 "우리 요나 것도?"라고 물으시면서 나를 바라보셨다. 나는 "네, 목사님, 저두요" 하면서 내 반지를 목사님에게 보여드렸다. 목사님은 또 소리를 내어서 읽어가셨다. "맹서원이가 사랑하는 김요나 씨에게."

목사님은 내 등을 다독이며 반지를 돌려주시면서 "두 사람의 연결에 하나님께서 직접 간섭하고 계신다는 것도 알고 있고?" 하고 물으셨다. 나는 "네 목사님, 저희도 잘 알고 있어요" 했다. 목사님께서는 "무리를 해서 결혼반지부터 제작한 우리 요나의 고충을 목사로서 또한 아버지로서 충분히 알고 있다" 하시면서 나를 안아주셨다.

밖에는 어둠이 내리기 시작하였다. 목사님은 "너무 걱정하지 마, 하나님께서 함께하시는 만남이라는 사실을 잊지 말고" 하시면서 서원 씨를 바라보셨다. 서원 씨가 내 곁으로 오더니 내 손을 잡고 "모두 잘될 것이라고 믿고 있습니다. 먼저 식사부터 해요" 하면서 식탁으로 이끌었다.

나는 식사 후에 서원 씨의 배웅을 받으면서 목사관을 나왔다. 어둠이 짙게 깔리기 시작한 골목길에 으스스한 찬 기운이 휩쓸고 지나갔다. 멀리서 개 짖는 소리가 아스라하게 들려왔다.

연구실은 평소와는 다르게 소란스러운 분위기였다. 동문의 밤을 커플 모임으로 갖자고 의논 중에 있었다. 동문의 밤은 선배 동문들이 주선하여서 법대 학장님께 알려온 일이라고 했다. 시간은 다음 주 토요일 오후 6시고, 장소는 조선호텔 연회장으로 정하였다고 하였다.

나는 서원 씨를 숨겨두고자 커플을 찾아보았지만 뾰족한 수가 없었다. 보물은 숨겨두라는 성경말씀에 계속 부담을 느꼈지만 결국 서원 씨를 공개하기로 마음을 굳혔다.

다른 동문들도 큰소리는 치고 있지만 몰래몰래 외출이 잦아진 것을 보면 커플 모임이 말같이 쉬운 일은 아닌 것 같다는 생각이 들었다. 커플이 없는 사람은 동문회 등록이 거부되며, 궁여지책으로 할머니라도 모시고 나오라는 방침이고 보면 마음이 쓰이는 것은 모두가 같다는 생각이 들었다.

나는 서원 씨와 동문의 밤을 의논하기로 마음을 굳히고 한 주간을 보냈다. 나는 주일날 찬양대석에서 서원 씨와 의논을 할까 생각해 보았지만, 목사님과 서원 씨가 함께 있을 때 승낙을 받는 것이 옳다는 생각에 목사관으로 찾아갔다.

목사님과 서원 씨는 거실에 들어서는 나를 보고 반갑게 맞이하였다. 의외라는 눈빛으로 나를 주시하고 있는 서원 씨를 향하여 "목사님, 그리고 서원 씨, 승낙하여 주십시오" 했다. 목사님은 서원 씨를 바라보고, 서원 씨는 목사님을 바라보았다.

나는 뜸을 들이다가 "동문 선배님들이 동문의 밤을 열어준다고 하는데 커플 모임으로 모인다고 합니다. 저 혼자서는 동문회 등록 자체가 불가능하구요. 커플이 없는 사람은 궁여지책으로 할머니라도 모시고 나오라는 방침 때문에 결혼 전에는 숨겨 둔 보물로 지켜주고 싶은 서원 씨를 할 수 없이 공개하기로 하였습니다"라고 했다.

목사님이 큰 소리로 웃으셨다.

"우리 요나 입장이 난처하게 되었군. 나는 할머니가 일찍이 소천하셔서 홀아비 신세고, 서원이는 하나님께 사랑의 진실을 확인받기 전에는 꺼릴 것이 분명한데 난처하게 되었구만."

서원 씨가 "목사님, 제가 나가면 안 될까요?" 하면서 간절한 목소리로 말했다.

목사님이 반문하셨다.

"사랑하는 커플 자격으로, 아니면 할머니 자격으로?"

내가 먼저 대답하였다.

"목사님, 사랑하는 사람으로요, 그리고 결혼할 사람으로요."

서원 씨도 서둘러서 대답하였다.

"목사님, 저도 사랑하는 사람으로요, 그리고 결혼할 사람으로 나가면 안 될까요?"

서원 씨는 큰 눈에 눈물이 글썽하여서 목사님을 바라보았다. 목사님은 또 한 번 큰 소리로 웃으셨다.

"나는 두 사람의 사랑은 이미 확인된 것으로 믿는다. 요나가 서원이를 업고 목사관에 들어온 순간! 두 사람은 동문의 밤에 나가서 즐겁게 보내고 와. 지난번처럼 업고는 들어오지 말고."

서원 씨는 "목사님, 감사합니다" 하면서 소리 내어서 흐느꼈다. 목사님은 손등으로 눈물을 닦아주시면서 "그렇게도 좋아?" 하셨다. 나도 목사님께 감사 말씀을 드렸다.

목사님은 "동문의 밤은 언제 열리는데?" 하셨다. 나는 "다음 주 토요일 오후 6시고요, 장소는 조선호텔 연회장입니다" 했다.

목사님은 골똘하게 생각하시더니 "지난번에 서원이가 콩쿠르 대회에서 장원할 때는 미국에 있는 서원이 애비가 해바라기를 사주었고, 이번에는 내가 하나 더 해주고 싶은데…" 하셨다.

서원 씨가 반색을 하면서 물었다.

"보아 두신 거라도 있으셔요?"

목사님은 "있지! 지금 우리 다 같이 명동으로 나가자. 두 사람 덕분에 외식도 하고" 하셨다.

기뻐서 눈물이 글썽해진 서원 씨는 까치걸음으로 목사님 서재로 가서 목사님 나들이옷을 챙겨 들고 나왔다.

서원 씨와 나는 양쪽에서 목사님 손을 하나씩 붙들고 명동 나들잇길에 나섰다. 목사님 발걸음이 멈춘 곳은 명동에서도 유명한 양장점 앞이었다. 목사님은 쇼윈도에 있는 예쁜 인형에게 입혀진 물결무늬 원피스를 보시더니 "지금도 있고만!" 하시면서 양장점 안으로 들어가셨다.

양장점 주인은 40대쯤으로 보이는 젊은 여자분이셨다. 목사님은 주인에게 쇼윈도에 있는 물결무늬 원피스를 보여달라고 하셨다. 양장점 주인은 물결무늬 원피스를 들고 나오더니 서원 씨와 함께 탈의실로 들어갔다.

잠시 후에 양장점 주인이 서원 씨에게 물결무늬 원피스를 입혀서 나왔다. 큰 눈에 오똑한 코, 도톰한 입술에 둥근 턱, 백옥처럼 뽀얀 서원 씨의 살결이 물결무늬 원피스에 감싸여서 나타났다. 서원 씨의 모습은 여신처럼 도도하면서도 시원하였고 포근한 느낌을 주었다.

양장점 주인은 서원 씨의 모습을 보더니 탄복을 하였다. 양장점 주인은 자신이 여성 패션 잡지의 주간을 맡고 있는데, 지금까지 옷 임자를 찾고 있었다고 하였다. 양장점 주인은 목사님에게 양해를 구한 다음 제안을 하였다. 여성 패션 잡지에 서원 씨 사진이 실리는 것을 허락해 주시면 옷값은 무료로 제공하겠다는 제안이었다.

서원 씨는 내 표정을 살폈다. 나는 목사님에게 "괜찮을까요?" 했다. 목사님은 미소를 띠고 서원 씨를 바라보셨다. 서원 씨는 "저는 좋은데요?" 하였다. 목사님은 나를 보시고 "본인은 좋다고 하는데" 하셨다.

양장점 주인은 우리를 촬영실로 안내하더니, 먼저 서원 씨를 세우고 배경을 바꾸어 가면서 여러 각도에서 촬영을 하였다. 이어서 나와 서원 씨를 세우고 여러 각도에서 촬영을 하였다. 마지막으로 목사님을 중심으로 가족사진을 촬영하였다.

촬영이 끝나자 양장점 주인은 서원 씨가 촬영 시에 입은 물결무늬 원피스를 비롯하여 여러 종류의 블라우스며 각종 머리띠며 스카프까지 상자에 담아서 곱게 포장을 한 다음 서원 씨한테 내밀었다. 서원 씨는 탈의실에서 별도로 인터뷰를 한 모양이었다.

목사님은 옷값으로 봉투에 10만 원을 넣어서 양장점 주인한테 내밀었다.
"내 나름대로 옷값으로 챙겨온 돈입니다."

양장점 주인은 한사코 거절하더니 봉투에서 만 원짜리 한 장을 꺼내 들고 "옷값으로 감사하게 받겠습니다"라고 했다. 우리는 양장점 주인에게 인사를 하고 양장점을 나왔다.

골목 어귀에 평양냉면 간판을 달고 영업을 하고 있는 식당에 들어가서 냉면으로 점심을 먹은 후에, 목사님은 혼자서 집으로 돌아가겠다는 말씀을 하시고는 "마음에 드는 영화라도 보고 와"라는 말씀과 함께 돈암동행 전동차에 오르셨다. 따뜻한 목사님의 사랑에 울컥하는 감동을 느꼈다.

서원 씨와 나는 대한극장에서 "벤허"를 관람하였다. 서원 씨는 영화를 보는 내내 내 손을 움켜잡고 놓아주질 않았다.

영화가 끝나자 택시에 오른 서원 씨는 나를 학교 연구실에 내려주고는 목사관으로 돌아갔다. 나는 전쟁터에 나가서 이기고 돌아온 개선장군이라도 되는 듯이 의기양양한 가운데 교정을 활보하여 연구실로 돌아왔다.

드디어 토요일 오후가 되었다.

나는 목사관으로 달려갔다. 목사님과 집사님은 심방 중이셨고, 서원 씨는 물결무늬 원피스로 갈아입고 내가 오기만을 기다리고 있었다.

나는 서원 씨와 함께 곧바로 조선호텔로 가서 커플 등록 접수를 맡은 교수님에게로 갔다. 교수님은 서원 씨를 알아보고는 "작년에 대학생 성악 콩쿠르 대회에서 장원을 한 맹서원 씨가 맞지요?" 하셨다.

나는 서원 씨와 함께 등록된 커플들을 살펴보았다. 등록된 커플들 가운데 모 재벌의 딸과 모 은행장의 딸이 눈에 띄었고, 그러고는 대부분이 회장님 딸이고, 교수님 딸은 딱 한 사람이 있는 것 같았다.

서원 씨는 내 얼굴을 살펴보았다. 나는 커플 등록 대장에다 '하나님의 딸 맹서원'이라고 기록하였다. 교수님은 의미심장한 미소를 우리 두 사람에게 보내셨다.

나는 서원 씨 손을 잡고 행사장으로 들어갔다. 접수를 보시던 교수님이 주신 커플 반지와 좌석표를 가지고 배정된 자리를 찾아갔다. 서원 씨는 커플 반지를 손가락에 끼고 남자 것으로 제작된 반지는 내게 내밀었다.

대법관 ○○○라고 소개를 받고 올라온 동문회장의 개회사가 끝나자 접수를 보시던 교수님의 사회로 동문의 밤이 시작되었다.

장기자랑 시간에 독창도 있었고 합창도 있었지만 장내 분위기는 냉랭하였다. 사회를 보시는 교수님이 우리 커플을 지명하셨다. 나는 서원 씨 손을 잡고 무대 위로 올라갔다.

사회자가 "재학 중에 보통고시를 전국 수석으로 합격하였고, 이어서 고등고시에 도전하고 있는 우리의 호프 김요나 씨를 소개합니다" 하시더니 이어서 "커플 등록에 하나님의 딸로 등록된 맹서원 씨는 작년 대학생 성악 콩쿠르 대회에서 장원을 하였고, 미국 카네기홀의 초청을 받고 독창회를 가진 바 있는 음악계의 떠오르는 샛별입니다" 하셨다.

나와 서원 씨는 동문들의 박수를 받으면서 마이크 앞에 섰다. 서원 씨는 내게 작은 소리로 "트로이메라이" 했다. "트로이메라이" 원어 송이었다.

서원 씨가 1절을 시작하였다. 메조소프라노 특유의 힘과 넘쳐나는 성량과 강한 호소력으로 잔잔하게 시작이 되었다. 넓은 홀을 압도하여 버리는 폭발적인 힘에 의해 천상으로 치솟아 오르더니 애절한 흐느낌으로 마무리가 되었다. 나 또한 바리톤의 무겁고 부드러운 저음으로 바닥을 헤매다가, 질풍노도와 같은 추세로 천상을 향하여 솟구치는 힘으로 심령을 휘저어놓고는 흐느낌으로 마무리하였다.

순간, 전 동문의 기립박수가 시작되었다. 특히 여자들은 괴성을 질러대면서 환호성을 보냈다. 나와 서원 씨의 합창이 끝났다.

열광하는 동문들의 앵콜 송 요구로 "내 고향 남쪽 바다"를 불렀다. 우리들의 앵콜 송은 전 동문들의 합창으로 마무리되었다.

동문들의 박수 물결을 헤치고 서원 씨와 나는 간신히 우리 자리로 돌아왔다. 그런데 여자들 대부분이 몰려들더니 우리를 에워쌌다. 명분은 서원 씨의 물결무늬 원피스를 구경한다는 구실이었지만, 내 손을 이끄는 여자들은 사진을 촬영하느라 정신이 없었다. 사회자가 장내 질서를 유지해 달라고 소리소리 외쳤지만 그들은 아랑곳하지 않았다.

그때 나는 서원 씨 귀에다 "우리 그만 탈출해서 화장실에서 봅시다"라고 속삭였다. 서원 씨는 사회자에게 "화장실이요!" 하면서 뛰어나갔다. 나도 뒤를 이어서 "화장실 좀 다녀오겠습니다"라고 외치면서 연회장을 빠져나갔다. 화장실 앞에서 나를 기다리고 있던 서원 씨가 내 손을 잡더니 호텔 밖으로 달려나갔다.

나와 서원 씨는 대기 중에 있는 택시에 올라 한강 유원지로 가달라고 했다. 택시 기사님은 우리를 뚝섬유원지에 내려주었다.

나는 숲속에 숨겨져 있는 벤치를 찾아갔다. 서원 씨는 "이제야 숨통이 열리는 것 같네!" 하면서 나를 바라보았다. 나는 서원 씨를 안아서 내 무릎에 앉혔다.

서원 씨는 "여자들이 미친 것 아니에요? 자기 남자친구들은 팽개치고 남의 남자 손을 잡고 왜 저러는 건지 모르겠어요" 하였다.

나는 소리를 내어 웃었다.

"서원 씨 물결무늬 원피스에 반한 것 같던데요?"

"내 원피스에 반하였으면 원피스를 만져 볼 일이지 뜬금없이 선생님

손은 왜 잡고…."

나는 "우리가 탈출한 것은 잘한 일이라는 생각이 듭니다. 그 여자들 향수 냄새 때문에 숨통이 막힐 지경이었으니까요" 하면서 양팔을 벌려서 서원 씨를 힘주어 안아주었다. 서원 씨의 풍성한 가슴에 진저리가 지나가고 있는 것이 느껴졌다.

"항상 노브라인데요?"

서원 씨는 "내게 맞는 것이 없었다고요, 인제 되었어요?" 하였다. 나는 "너무나 좋아서 하는 소린데 무안을 주고…" 하고 웃었다.

서원 씨가 양손으로 내 목을 끌어가더니 입술을 밀착하여 왔다.

"그 여자들에게 선생님을 빼앗길까 봐 두려웠다고요."

"서원 씨가 나를 찜하여 놓은 지가 언제인데 불안해요, 더구나 내가 사랑을 고백한 결혼반지까지 끼고서."

서원 씨는 "그래도 불안하다구요" 하였다.

수목 사이로는 짙은 어둠이 드리웠고, 어둠을 헤치고 노란 가로등 불빛이 흘러내렸다. 서원 씨는 메고 있던 손가방을 열고 책 한 권을 꺼내더니 읽어가기 시작하였다.

서원 씨가 "나무가 항시 하늘로 향하듯이" 하자, 나도 뒤질세라 "발은 땅을 딛고도 우리 별을 쳐다보면서 걸어갑시다" 했다. 서원 씨는 책을 가리면서 "친구보다 좀 더 높은 자리에 있어 본댔자" 하였다. 나는 하늘을 쳐다보면서 "또 미운 놈을 혼내준다는 일" 했다. 서원 씨는 내 얼굴을 바라보면서 "그까짓 것이 다 무엇입니까?" 하였다. 나도 서원 씨 얼굴을 바라보면서 "술 한 잔만도 못한 하찮은 일입니다" 하였다.

서원 씨는 "시가 하도 좋아서 샀는데 선생님은 달달 외우시고…" 하였다. 나는 "그래서 내가 좋아하는 것이 당연한 일이고!" 하였다. 서원 씨는 주먹을 쥐고 내 가슴을 콩콩 두드렸다.

"설마 이제야 아는 것이요, 아니면 모르는 척하는 것이요? 그래서 나는 서원 씨가 죽도록 좋은 것입니다. '어쩌다가 똑같은 사람들끼리 만나게 되었는고?' 하시던 목사님 말씀을 설마 잊은 것이요?"

서원 씨는 내 얼굴을 물끄러미 바라보았다.

"맞다, 그러니까 내가 특송 부르던 밤 예배 시간에!"

나는 서원 씨를 힘주어서 안아주었다. 서원 씨 엉덩이에 눌려서 곤욕을 치르고 있던 내 본능이 화가 나서 설쳐댔다. 서원 씨도 감지한 모양이었다. 서원 씨 가슴을 타고 진저리가 지나가더니 서원 씨 볼이 불덩이같이 뜨거워졌다. 서원 씨는 내 가슴을 열고 얼굴을 묻었다.

나는 서원 씨를 가슴으로 안고 자리에서 일어났다. 그러고는 한강 둔치를 향해서 달려갔다. 서원 씨의 해맑은 웃음소리가 강줄기를 타고 멀리멀리 흘러갔다. 휘황찬란한 불빛 속으로 검은 어둠이 녹아내리고 있다. 서원 씨의 "트로이메라이"가 검푸른 강줄기를 따라서 하염없이 헤엄쳐 나갔다.

나는 서원 씨를 안고 달리고 달려 공원 주차장에 와서야 내려주었다. 그리고 대기 중에 있던 택시를 타고 혜화동 목사관으로 직행하였다.

서원 씨 손을 잡고 거실로 들어섰다. 집사님이 저녁상을 차리고 계시자 서원 씨는 곧바로 주방으로 들어갔다. 목사님이 기도실에서 나오시면서 의아한 눈빛으로 나를 바라보셨다.

서원 씨가 주방에서 나오면서 일장 연설을 시작할 모양새였다.

"사회를 보신 교수님의 말에 의하면 재학생 중에서 보통고시에 합격한 사람은 선생님 한 사람뿐인 것 같았고요, 커플 등록 대장에 의하면 동문들이 무슨 재주가 있는지는 몰라도 커플들이 한결같이 돈 많은 재벌들 딸 아니면 무슨 은행장 딸이고, 대부분이 무슨 회장님들 딸이었으며, 국회의원 딸도 있었고, 교수님 딸은 딱 한 사람이었어요."

목사님은 웃으시면서 "서원이는 누구 딸이라고 적었는데?" 하셨다. 서원 씨는 "선생님이 '하나님 딸 맹서원'이라고 적으셨어요" 하였다.

목사님이 "그리고 또?" 하고 물으시자 서원 씨는 "저하고 선생님은 '트로이메라이'를 합창으로 불렀고요, 앵콜 송으로는 '내 고향 남쪽 바다'를 불렀어요. 또 이어서 외쳐대는 앵콜 송 요구를 간신히 뿌리치고 우리 자리로 왔는데, 여자들이 우리 자리로 모여들더니 선생님 팔을 붙들고 사진 촬영하느라고 난장판이 되고 말았지 뭐에요" 하였다.

내가 끼어들었다. "서원 씨 물결무늬 원피스가 예쁘다고 촬영한 것을…" 하자 서원 씨는 "그렇다면 내 손을 끌어가야 맞는 일이 아닌가요? 어째서 남의 남자 손을 잡고 난리냐구요? 자기 짝들은 혼자서 외롭게 자리를 지키고 있는데!" 하면서 내 얼굴을 바라보았다.

목사님이 소리를 내서 웃으셨다. 그러고는 "그다음은?" 하셨다. 서원 씨는 "선생님이 내 귀에 대고 '그만 탈출하는 것이 맞지?' 하시더니 '화장실 앞에서 만나는 것 잊지 말고!' 하였다고요" 한 뒤에 목사님의 장단에 말을 이었다. "잠시 후에 저는 호텔 화장실 앞에서 선생님을 만나서 대기 중이던 택시에 탔어요. 택시가 출발하는데 연회장에서는 '조용들 하고 제자리로 돌아가십시오'라고 외치는 마이크 소리가 밖까지 들려왔고요" 하였다. "그다음엔?" 하는 물음에 서원 씨는 나직하게 "우리 둘 다 어디 갈 곳을 알아야지요, 한강 유원지밖에는…" 하였다.

목사님이 서원 씨를 안고 다독이셨다. 나는 그 순간 목사님이 가슴으로 울고 계신다는 것을 알았다. 집사님은 우리를 식탁으로 안내하셨다. 목사님은 내 손과 서원 씨 손을 잡고 기도를 하셨다.

"사랑과 은혜가 많으신 하나님 아버지, 우리 아버지의 깊은 뜻이 계셔서 아들과 딸을 불러주신 것을 믿습니다. 우리 아버지의 선하신 계획을 아들과 딸이 속히 알게 하셔서, 참 소망 가운데서 아버지의 뜻을 이루어 나가는 아들과 딸이 될 수 있도록 축복하여 주시기를 간절하게 기도드리옵니다. 우리 주 예수 그리스도 이름으로 기도드렸습니다. 아멘."

저녁 식사로 순두부 해물탕이 나왔다. 바지락과 새우가 곁들여진 해물탕은 맛이 시원하였다. 서원 씨와 나는 밥을 두 공기나 비웠다.

식사 후에 목사님은 잡지사에서 보내온 연말 특집 패션 잡지를 들고 나와 서원 씨에게 건네주셨다. 잡지 표지에는 서원 씨와 내가 손을 잡고 미소 짓고 있는 사진이 실려 있었다. 서원 씨의 물결무늬 원피스에 초점을 두고 있는 사진이지만 구도가 인물 사진으로도 손색이 없다는 생각이 들었다. 서원 씨와 나는 더없이 밝은 미소를 띠고, 서로 사랑을 주고받는 넉넉한 표정을 하고 있었다.

목사님이 말문을 여셨다.

"나는 두 사람이 사랑이 확인된 배필로 믿고 있다. 특별히 하나님께서 함께하시는 배필이라는 확신이 왔다. 이제 서원이는 임지가 결정되어서 시골 학교로 떠나게 되고, 우리 요나가 대학교를 졸업하고 일반인 신분으로 학교를 떠나고 나면, 두 사람은 불가피하게 헤어질 수밖에 없는 상황을 받아들여야 할 것이다. 그리고 내게는 사랑하는 아들과 딸을 동시에 떠나보내는 아픔이 주어지겠지."

목사님은 잠시 말을 끊으셨다.

"해결책은 두 사람의 결혼을 서둘러 주는 일이지만, 한자리하기만을 학수고대하고 있는 시골에 있는 형제들을 설득시킬 만한 방법이 있을 것 같질 않다."

목사님은 또 말씀을 중단하셨다가 "나는 하나님께서 강권적으로 간섭해 주시기만을 간절히 기도할 뿐이다. 나는 하나님께서 직접 간섭하신다고 믿는다. 두 사람은 어떠한 상황 속에서도 사랑의 끈을 굳건하게 잡고 있어야 한다는 것을 잊어서는 안 될 것이다. 하나님께서 함께하신다"라고 당부하셨다.

목사님은 말씀을 마치고 기도실로 가셨고, 나와 서원 씨는 목사관을 나왔다. 나는 서원 씨의 배웅을 받으면서 연구실로 향했다.

밤 10시가 되어갔다. 골목길에는 칠흑 같은 어둠이 휘감고 있었다. 드디어 결단할 때가 온 것 같았다.

나는 이를 악물고 연구실로 들어갔다. 동료들의 시선이 곱지 않았다. "왜 말없이 사라졌는데?" 하였다. 나는 "마누라 빼앗길까 봐서 찜하여 두느라고"라고 답해주었다. 동문들 표정이 땡감을 씹은 것같이 되었다.

내 책상 위에는 편지가 한 통 배달되어 있었다. 시골에 계신 장형님의 편지였다.

내가 전과한 지 일주일 만에 법률학과 연구실 입소시험에 합격한 일과 재학생 신분으로 보통고시 전국 수석 합격이라는 선물을 안겨드려 장형님의 기분이 승승장구하는 차에, 중앙은행 총재가 하나밖에 없는 외동딸과 나의 혼사를 맺자고 종친 어르신들을 통해서 의사를 전달해 온 것이었다. 집안끼리 잘 알고 있는 사이이니 양가 안사람들과 당사자 간에 상견례가 끝나면 곧바로 결혼을 시켜 주자는 은행 총재의 요청을 받고, 장형님의 기분은 한껏 고조되어 있었다.

상견례 날은 9월 20일 오전 11시고, 장소는 을지로에 있는 아스토리아 호텔 커피숍이라고 하였다.

은행 총재 측도 장형님도 상견례가 궁금해서 두 가정은 공히 녹음을 하기로 약속이 되었고, 녹음은 호텔 측에서 공정하게 하는 것으로 되어 있다고 하였다.

다음 날 아침, 나는 식사를 마치고 시골로 내려가서 장형님에게 서원 씨와의 관계를 진실되게 알리기로 마음을 굳히고 출발하기 전에 먼저 목사님을 찾아뵈었다. 서원 씨는 벌써 학교에 나갔고 목사관에는 목사님과 집사님만 계셨다.

나는 목사님에게 급히 시골집에 다녀오겠다고 아뢰었다. 나는 의아한 눈빛으로 물어오시는 목사님께 장형님의 편지를 보여드렸다.

목사님은 편지를 꼼꼼하게 읽어보신 후에 "어떻게 하려고?" 하고 물으셨다. 나는 "장형님에게 서원 씨와의 관계를 사실 그대로 알려드리려고 합니다"라고 했다. 목사님은 나를 보시더니 웃으시더니 "시골 장형님더러 모범생의 외도를 믿으라고? 법과로 전과하면서 겪은 일이 아닌가? 서원이 만나서 확인하겠다고 쳐들어오실 것이 분명한데, 서원이가 받을 상처는 생각해 보았고?"라고 하셨다.

목사님은 "은행장도 시골 장형님도 똑같이 한자리 차지하겠다고 아귀다툼이 벌어지고 있는 상황인데 진실이 어디 있고, 순수함이 안중에나 있을까? 더구나 은행장 딸은 미국 유학생이라고 했지? 은행장도 그 집 딸도 결혼 전의 이성 관계는 당연한 일로 생각하고 문제 삼지도 않을 텐데?" 하셨다.

나는 눈앞이 깜깜해 오는 것을 느꼈다. 주님께서 한 제자에게 하신 말씀이 떠올랐다. "죽은 자에게 저희 죽은 자를 맡기고 너는 나를 따르라" 하신 말씀이 들려왔기 때문이다.

나는 목사님 무릎에 얼굴을 묻고 울 수밖에 없었다. 목사님은 내 등을 다독이며 조용하게 일러주셨다.

"주님께서 알고 계신 일이야. 너무 걱정하지는 마. 하나님께서 간섭하실 거야. 나는 그 사실 하나만을 믿고 있어."

그리고 한참 만에 "요나는 나를 목사님이라고 부르고 있지?" 하셨다. 나는 "네, 목사님. 네 자리를 들고 걸어가라 하신 주님의 말씀을 들려주신 목사님이요" 했다.

목사님은 "요나가 나를 목사님이라고 부르는 것은 나를 하나님의 사자로 알고 있다는 의미인 것도 알지? 하나님의 사자는 하나님 일을 하는 사람이라는 것도?" 하셨다. 그렇다는 내 대답에 목사님은 말씀을 이어가셨다.

"요나는 나를 아버지라고도 부르고 있지?"

"네, 아버지."

목사님은 "아버지라는 말 속에는 자식이 죽도록 버려둘 수 없다는 뜻이 숨겨져 있다는 것도 알지?" 하셨다. 나는 또 목사님 무릎에 엎드려서 흐느꼈다.

목사님은 결연한 목소리로 말씀을 이어가셨다.

"지금부터는 하나님의 사자인 내 말에 따라야 한다. 그리고 간절한 마음으로 하나님 아버지께 직접 기도하는 일도 게을리하지 말고."

말씀을 마친 목사님은 내 손가락에서 결혼반지를 빼시더니 내 손에 있는 손가방도 챙기셨다. 그리고 "반지도 손가방도 이 일이 끝날 때까지 내가 보관을 한다" 하셨다.

목사님은 "오늘부터는 학교 연구실을 절대로 벗어나지 말 것, 서원이와 만남이나 통화는 절대로 금지할 것, 식사 세 끼는 집사님이 학교 정문에 맡겨두면 찾아갈 것, 서원이에게는 이 사건 자체를 비밀로 할 것, 그리고 특별하게 조심할 일은 오늘부터 이발, 면도, 옷차림은 절대로 변화를 시도하지 말 것"이라고 자상하면서도 단호한 어조로 말씀하셨다. 그리고 한 번 더 강조하셨다.

"이 순간부터 요나의 모습에 조금이라도 변화를 주면 안 된다는 것을 명심해야 해. 특히 상견례를 앞두고 새옷을 준비하고 새 구두를 맞추고 이발을 하라고 난리법석이 나도 두려워하거나 당황하지 마. 하나님께서 함께하시고, 어쩌면 하나님께서 직접 손을 쓰실 거야."

목사님은 나를 안아주시면서 "공부도 하던 대로 해가고, 조심할 것은 절대로 앞서가지 말아야 해. 오늘은 기왕에 나왔으니 점심을 먹고 들어가지. 서원이가 학교에서 올 때가 되어가니 서둘러서 식사를 마치고 연구실로 들어가도록 해" 하셨다.

나는 서둘러서 점심 식사를 마치고 목사관을 나와서 연구실로 돌아왔다.

학교 정문 경비실에 숭인동 작은누나가 맡겨둔 쪽지가 있었는데, 그것을 손에 들자 씁쓸한 기분이 되었다. 상견례 날 입고 갈 옷과 구두를 맞줘야 하니 작은누나 집으로 속히 들러 달라는 전갈이었다.

나는 연구실 내 책상에 엎드려서 서원 씨와 나를 지켜 달라고 하나님 아버지께 기도를 드렸다.

드디어 상견례 날이 돌아왔다.

나는 서둘러서 목사관으로 달려갔다. 서원 씨는 이미 등교한 후였다. 목사님은 내 모습을 꼼꼼하게 살피시더니 나를 가슴에 안고 기도를 하셨다. 내 머리는 고사하고 턱수염까지 덥수룩하게 자라 있었고, 연구실에서 입던 작업복에 운동화를 신고 있었다.

목사님은 "됐다, 이대로 간다" 하셨다.

나는 약속 시간에 맞추어서 호텔로 갔다. 호텔 앞에서 나를 기다리고 있던 작은누나가 나를 보고 반겼다. 누나는 내 손을 잡더니 "우리 천사님 꼴이 가관이네. 내가 학교 정문에 맡겨둔 쪽지는 받아 보았고?" 하였다.

나는 신중한 표정으로 말을 꺼냈다.

"누나 쪽지를 받고 그건 아니라는 생각이 들었어. 연구실에 처박혀서 세상과는 담을 쌓고 공부하는 학생이 정장을 하고 기생오라비가 되어서 나타난다는 일이 더 쑥스러운 일이 아닌가? 결혼을 못해서 안달이 난 것도 아닐 바에야, 약혼식이나 결혼식이라면 몰라도, 상견례라면 있는 모습대로 보여주는 것이 옳은 일이라고 생각해."

작은누나는 "우리 천사님 말을 듣고 보니 맞는 말이네"라고 하였다.

나는 작은누나 손을 잡고 호텔 커피숍으로 갔다. 호텔 커피숍에서는 경비원까지 동원된 싸움판이 벌어져 있었다. 드레스 차림에 머리를 노랗게 물들인 처녀와 카운터에서 근무하는 여자 종업원 사이에 싸움이 벌어진 것이었다.

노랑머리 처녀는 "이까짓 잡지가 무슨 대수라고, 잡지 값만 물어주면 되는 것 아닌가?"라고 하였다. 그러자 종업원이 대들며 "잡지 값이 문제가 아니라, 손님께서 무료할까 해서 제가 서비스 차원에서 제공한 잡지를 손에 들자마자 찢어서 카운터에 던지셨으니, 그 내막을 알자는 것이 아닙니까? 손님 행동이 갑질의 횡포가 아니라면 도대체 손님의 폭력이 이해할 수 있는 일이냔 말입니다" 하였다.

카운터 위에는 연말 특집으로 나온 패션 잡지 표지가 찢어진 채 놓여 있었다. 그것은 나와 서원 씨가 다정하게 손을 잡고 미소 짓고 있는 사진이 담긴 표지였다.

노랑머리 처녀가 혈기가 등등해서 소리쳤다.

"그래서 잡지 값을 물어준다는데 왜 건방지게 손님에게 말대꾸야?"

이때 한복으로 곱게 정장을 한 중년 부인이 오더니 카운터 직원을 다독여서 달랬다. 부인은 강제로 노랑머리 처녀를 이끌고 자리로 돌아갔다. 분해서 울고 있는 여직원을 달래던 경비원 아저씨도 돌아갔다.

작은누나는 노랑머리 처녀와 함께 앉아 있는 부인에게 "혹시 상견례로 오신 은행장님 사모님이 아니신지요?" 했다. 부인이 반기자 나는 작은누나와 같이 그분을 마주 보고 나란히 앉았다.

부인은 안절부절못하고 있고, 옆에 앉아 있는 노랑머리 처녀는 오만상을 찌푸리고 나를 노려보고 있었다. 깡마른 체구에 신경질적으로 뒤틀린 얼굴은 살쾡이가 되어서 두리번거렸다.

그런데 처녀가 움직일 때마다 풍기는 강한 향수 냄새가 나의 재채기를 유발하고 말았다. 나는 천식을 앓는 환자가 되어서 고개를 숙인 채 재채기를 계속하였다. 재채기로 콧물과 눈물까지 흘렸다. 나는 작은누나가 주는 손수건을 받아서 눈물과 콧물을 닦아냈다.

작은누나가 먼저 말문을 열었다.

"조금 전까지도 학교 연구실에서 공부하고 있던 동생을 데리고 나왔습니다. 내년 3월로 시험 날짜가 잡힌 고등고시 시험 준비 때문에 짬을 낼 수가 없었습니다. 본인 말에 의하면 있는 모습 그대로 보여주는 것이 좋을 것 같다고…" 하다가 작은누나는 말을 중단하고 나를 바라보았다. 험

하나. 살았다

악해져 가는 처녀의 얼굴을 바라보고 말을 하다가 말꼬리를 흐리고 만 것 같았다.

나는 처녀가 풍기고 있는 향수 냄새로 몸살을 앓고 있는데 재채기는 멎을 줄을 몰랐다.

나를 꼬나보고 있던 처자가 더 이상 못 견디겠다는 듯이 자리를 박차고 일어났다. 처자는 나를 보고 "헤이 갓뎀" 했다. 나는 얼떨결에 "아임 쏘리" 하였다. 처자는 이어서 "유아 푸어 어글리 보이" 했다.

나는 나도 모르게 벌떡 일어나서 처자를 쏘아보았다. 그 순간 먼저 가지 말라고 당부하시던 목사님 생각이 나서 나는 머리를 숙이고 "죄송합니다" 하였다.

지금까지 나를 바라보면서 참고 있던 작은누나가 "죄송합니다"라고 하면서 처녀에게 머리를 숙이는 나를 보고 울분이 폭발하고 말았다.

"이봐요, 갓뎀이 무슨 말이야? 나는 무식해서 영어는 할 줄 몰라도 그 말이 욕이라는 것 정도는 알고 있어."

처자 어머니가 사색이 되어서 안절부절못했다. 드디어 작은누나의 독설이 시작되었다.

"천사 같은 내 동생을 보고 갓뎀이라고? 이 양색시나 어울릴 여자야! 네 썩은 동태 눈깔로 천사 같은 내 동생이 보일 리가 없지! 갓뎀 어글리 푸어 보이? 이 숙주나물 같은 여자야! 네 조상신 숙주 팔아서 양놈들한테 빌붙었더냐?"

처녀의 어머니는 딸의 손을 잡아끌어 자리에 앉히면서 딸 등을 손으로 쳤다.

그때 작은누나가 내 손을 잡아끌어 자리에서 일으켰다.

"가자! 잘된 일이다."

강제로 작은누나에게 이끌려서 커피숍을 나오는데, 카운터에 있던 여직원이 내 손에 녹음기를 들려주면서 "전부 녹음되어 있어요. 선생님, 잘

된 일입니다" 하였다. 나는 뒤돌아서서 부인에게 머리를 숙여 인사를 하고는 작은누나 손에 이끌려서 호텔을 나오고 말았다.

나는 대기 중인 택시에 올라서 숭인동 작은누나 집으로 왔다.

내가 누나 집 거실로 들어서는데 시골에서 올라온 장형님이 내 멱살을 잡더니 오른손으로 내 얼굴을 가격하였다. 나는 코피를 흘리면서 작은누나 가슴에 쓰러지고 말았다.

작은누나는 손수건으로 내 코피를 닦아주다가 코피가 멎지 않자 목욕수건으로 닦다가 대성통곡을 하더니 호텔에서 녹음하여 온 녹음기를 큰 소리로 틀어놓았다.

"녹음된 소리나 들어보고 미쳐서 날뛰던가, 이 무식한 짐승아!"

작은누나는 방바닥을 치면서 울어댔다.

양가에서 호텔에 부탁한 녹음은 잘되었다. 녹음된다는 사실을 알고 있던 처녀는 영어로 욕을 하였고, 녹음된다는 사실을 모르고 있던 작은누나는 우리말로 욕을 했다는 차이가 있을 뿐이었다.

하지만 장형님 귀에는 작은누나의 욕만 들리고 처녀가 영어로 지껄여댄 말은 들리지 않아서 녹음된 소리는 장형님의 화를 달래기는커녕 더욱 증폭시키는 역할을 하고 말았다.

녹음기가 역효과만 일으키게 되자 작은누나의 울분은 장형님에게로 폭발하고 말았다. "어째서 우리 천사에게 주먹질이냐? 우리 천사가 네 새끼라도 되는 것이냐? 아니면 네가 장가라도 가는 것이냐?" 하더니 넋두리로 바뀌고 말았다. "네가 우리 천사 학비라도 보탠 일이 있더냐? 큰언니하고 내가 학비도 마련하였고, 제대로 네가 챙긴 일이 있으면 대어 봐" 했다.

나는 작은누나를 안고 대성통곡을 하며 "누나, 조금만 더 참아 주면 안 되는 거야?" 하였다.

장형님은 "이 새끼가 상대방 처녀한테 죄송하다고 빌고 있는 소리가 안 들려?" 하였다. 작은누나는 "그 여자가 하는 욕은 안 들려? '이 지옥

갈 새끼야! 가난뱅이 불한당 같은 새끼야!' 하면서 생살 찢는 소리로 지껄이는 그 여자의 욕은 안 들리냐고!" 하면서 대성통곡을 하였다.

장형님은 치밀어 오르는 울화를 참지 못하여 발로 방바닥을 굴렀다. 그러고는 "문둥이들이 몰려가더니 하늘에서 준 복을 발로 차버리고 왔구만" 하더니 "나는 오늘부로 너희 둘하고는 결별이다" 하면서 시골로 내려가셨다.

장형님이 내게 손찌검을 하게 된 근본 원인은 그쪽 어머니가 장형님에게 걸어온 전화 때문인 것 같았다. 사람을 무시하고 작업복 차림으로 나타난 내 모습을 구실 삼아서 처녀가 한 욕을 합리화한 것 같았다.

그러나 이 사건의 진짜 원인은 호텔에서 제공한 패션 잡지에 있다는 생각이 들었다. 잡지 표지에서 서원 씨와 내가 다정하게 미소 짓고 있는 모습을 보고 처자의 심중에서 열불이 폭발하고 말았다는 생각이 지배적이었다.

호텔 측에는 처자의 열불이 엉뚱하게도 갑질녀의 횡포로 비치게 되었고, 나의 작은누나의 눈에는 몰상식한 여자의 추태로 비쳐지는 바람에 엉뚱한 싸움 속으로 휘말리고 말았다는 생각이 들었다.

사건의 발화점이 되고 만 패션 잡지의 표지에서 서원 씨와 나를 미소 짓게 하신 하나님 아버지의 오묘하신 솜씨가 영광을 받으시기에 합당하다는 생각으로 나는 감사기도를 올렸다.

작은누나는 나를 욕실로 데리고 들어가 타월에 물을 적셔서 내 얼굴을 정성스레 닦아주면서 말문을 열었다.

"어머니만 살아 계셨어도 오늘 같은 추한 일은 일어나지 않았을 거야. 어머니가 '우리 천사 배필은 필히 가난한 집 규수와 짝을 지어 주어라' 하셨던 유언을 내가 잊은 것이 잘못이었어. 나도 속물이 되어서 잠깐 머리가 돈 것이지. 은행장 외동딸이라고 하니까 돈만 보였고 어머니 유언은 팽개친 거지. 앞으로 네 결혼 문제를 우리 남매들과 의논할 생각은 접어둬."

나는 소리 내 울고 있는 작은누나를 다독이며 말했다.
"누나, 걱정하지마. 나는 어머니 유언대로 지켜갈 것이니까."

나는 녹음기를 챙겨 들고 혜화동 목사관으로 왔다. 목사관에는 목사님과 집사님이 계셨다. 서원 씨는 학교에서 아직 돌아오지 않았다.

나는 탁자 위에 녹음기를 틀어서 올려놓았다. 목사님은 미동도 없이 녹음된 내용을 꼼꼼하게 듣고 계셨다. 목사님은 "패션 잡지가 하나님의 방법이었고!" 하시고는 나를 안아주셨다. 집사님은 박수를 치셨.

나는 "이제는 결혼을 서둘러야 할 때라고 생각이 들었습니다"라고 했다. 목사님은 "지금부터는 요나가 소신껏 끌고 나가. 시골에 있는 장형님도, 나도 신경 쓰지 말고. 하나님께서 함께하신다. 순간이라도 잊어서는 안 되는 일은 하나님께서 강권적으로 이끌고 계시는 삶이라는 사실이다"라고 하셨다.

학교에서 돌아온 서원 씨가 거실로 들어섰다. 목사님은 탁자 위에 있는 녹음기를 내게 주시면서 "서원이와 같이 2층 서원이 방으로 가서 녹음된 내용도 같이 듣고, 결혼 문제도 의논해서 저녁 식사 때까지 내려와" 하셨다.

나는 목사님이 내주신 반지와 가방을 들고 서원 씨와 같이 2층 서원 씨 방으로 올라갔다.

서원 씨는 내 손에 반지가 없는 것을 보고 "내 반지는?" 하였다. 나는 주머니에서 반지를 꺼내서 보여주었다. 왜 반지를 끼지 않고 있었냐고 묻는 서원 씨에게 나는 녹음기를 틀어서 책상 위에 올려놓으며 "이것 때문이에요"라고 말했다. 서원 씨는 녹음기 소리에 귀를 기울였다.

나는 서원 씨에게 시골에서 보내왔던 장형님의 편지도 보여주었다. 서원 씨 표정이 울상이 되어 "오늘이 상견례 날이고?" 하였다.

나는 녹음기를 다시 틀어주었다.

"무엇 때문에 이 여자가 화가 난 거예요?"

"패션 잡지에 실린 나와 서원 씨의 사진을 보았기 때문이지요."

서원 씨는 그 잡지는 누가 주었는지 물었다. 나는 호텔 커피숍에 비치된 잡지를 직원이 서비스 차원에서 여자에게 제공한 것인데, 하필이면 표지에서 나와 서원 씨가 다정하게 웃고 있는 모습을 보고 그 여자가 열불이 치밀어 올라서 잡지를 찢어 카운터에 던지면서 싸움이 벌어진 것이라고 설명해 주었다.

서원 씨는 "그런데 그 여자는 왜 영어로 욕을 한 건데요?" 하고 물었다. 나는 "은행장도 시골 장형님도 상견례가 궁금해서 호텔 측에다 녹음을 부탁하였는데, 그 사실을 안 여자가 영어로 욕을 한 것이죠" 했다. 서원 씨는 주먹을 쥐고 내 가슴을 두드렸다.

나는 "우리 결혼을 서둘러야 할 것 같아요. 다음에는 또 어떤 문제가 기다리고 있을지 모르잖아요. 이번에는 목사님과 내가 처리했지만 다음 번에는 서원 씨도 동원되어야 할지 모른다는 불안한 예감이 들어요. 하나님께서 지켜주시고 함께해 주신다는 믿음에는 흔들림이 없지만, 목사님도 나도 이런 일로 시달리는 것은 우리 삶에 득이 될 수 없다는 생각입니다"라고 했다.

저녁 식사시간에 거실로 내려가자 목사님이 반기면서 "서원이하고 이야기는 잘되었고?" 하고 물으셨다. 나는 "학교를 졸업하기 전에 결혼을 서둘러야 한다는 점에서는 합의가 되었고요, 구체적인 날짜는 숭인동에 사시는 작은누나와 의논해서 결정하기로 하였습니다" 했다.

서원 씨가 거들었다.

"목사님, 저도 선생님과 같이 숭인동 누님 집에 가면 안 될까요?"

목사님은 "안 될 거야 없지. 같이 가면 이야기가 더욱 진지해질 것 같은데?" 하셨다.

나는 서원 씨와 다음 날 오후에 같이 숭인동 작은누나 집을 방문하기로 약속하고 저녁을 먹은 뒤 학교 연구실로 돌아왔다.

골목에 짙게 깔린 어둠이 모든 것을 숨겨둔 채 시치미를 떼고 있다는 생각을 하면서 연구실로 들어갔다. 나는 책상에 엎드려서 하나님 아버지께 오늘 일에 대해 감사드렸다.

다음 날 오후에 나는 서원 씨와 같이 숭인동 작은누나 집을 방문하였다. 작은누나는 혼자 집에서 성경책을 읽고 있었다.

서원 씨는 선물로 사 가지고 온 포도 상자를 작은누나에게 건네면서 "누님, 감사합니다. 서원이입니다. 진즉 찾아뵙고 인사를 드려야 했는데 학교 일 때문에 바쁘다 보니 인사가 늦어졌습니다" 하였다.

작은누나는 의아한 눈빛으로 나와 서원 씨를 번갈아 바라보았다. 서원 씨는 "어제 상견례장에서 누님께서 선생님과 저를 지켜주신 일이 감사해서 오늘 찾아왔습니다" 하였다. 작은누나는 알 것도 같다는 표정으로 반기는 모습이 되었다.

내가 거들었다.

"서원 씨는 내가 알고 지내던 여자 친구였다가 서로 사랑하는 사이가 되었고, 두 사람이 졸업을 앞두고는 결혼을 하자고 뜻을 모아가고 있는 중이었어요. 그 와중에 뜬금없이 상견례장으로 몰아붙인 장형님에게 설명도 못 드리고 곤욕을 치렀는데, 누나가 잘 처리해 주어서, 우리 두 사람은 누나를 하나님께서 보내주신 수호천사님으로 감사하다가…."

내 말이 끝나기도 전에 누나가 큰 소리로 웃는 바람에 내 설명은 중단되고 말았다.

작은누나는 서원 씨를 보고 "내가 무슨 수호천사, 녹음된 것이랑 들어보았고?" 하였다. 서원 씨가 "네, 얼마나 시원한지 제 가슴이 뻥하고 뚫렸습니다" 하고 대답하였다.

누나는 "수호천사라는 사람이 욕을 해도 되는 것이고?" 하였다. 서원 씨가 "새색시가 자신의 머리가 될 사람이라는 것도 알아보지 못하고 욕을 하는 것은 용납할 일이고요? 제가 현장에 있었다면 막돼먹은 여자의 머리를 모두 다 뽑았을걸요?" 하였다.

누나가 웃으면서 "나는 가짜 수호천사이고 서원 씨가 진짜 천사인데?" 했다. 서원 씨는 "당연한 일이 아닌가요? 처음 본 여자에게 그 모진 욕을 다 듣고도 '죄송합니다'라고 말한 선생님은 진짜 천사님인 것을 보여주셨지만요" 하였다.

누나는 서원 씨 손을 잡고 흔들면서 큰 소리로 웃었다. 누나는 서원 씨가 마음에 드는 모양이었다.

누나는 서원 씨와 나란히 소파에 앉더니 "서원 씨 성씨는?" 하였다. 서원 씨는 "맹가예요" 하였다. 순간 누나는 깜짝 놀란 눈빛이 되더니 "평소의 소망은?" 하였다. 서원 씨는 "열매를 많이 맺는 것이 저의 소망이에요, 웃기지요?" 하였다.

순간 누나는 자리에서 벌떡 일어나더니 "세상에 이런 일도 다 있네!" 하면서 내 얼굴을 쳐다보았다.

놀라서 내 얼굴만 쳐다보고 있는 서원 씨와 감격해서 내 얼굴만 쳐다보고 있는 두 사람을 위해 내가 거들어줄 때가 왔다는 생각이 들었다.

나는 먼저 작은누나를 위해 "서원 씨는 서울 음대 졸업반이고, 여학교에 보직 신청서를 제출하고 임직 결정을 기다리는 중이에요. 부모님은 미국에 있는 대학교에 교수로 계시다가 어머님은 먼저 소천하셨구요. 서원 씨는 미국이 싫다고 혜화동교회 목사님으로 계시는 큰아버지 집에서 신앙도 지키고 공부도 하였어요. 저하고는 혜화동교회에서 같은 찬양대원으로 있으면서 서로 사랑하는 사이가 되었고, 우리 두 사람이 나란히 대학교를 졸업하게 되는 내년에 결혼하자고 약속한 사이입니다" 했다.

나는 이어서 서원 씨와 누나를 번갈아 보며 말했다.

"작은누나가 서원 씨 성을 듣고 놀란 것은 우리 가족들이 존경하는 친

할머니 성씨가 맹씨였기 때문인데, 할머니는 국가로부터 효열비를 하사받은 덕인이셨고, 특별한 것은 신앙심이 깊은 기도의 할머니로 우리 가족의 존경을 받고 있었기 때문이에요. 할머니의 기도 내용이 훌륭한 열매를 많이 맺게 해달라는 소망을 담고 있었다고 전해지고 있는데, 서원 씨의 성씨가 맹씨라고 밝힌 데다가 평소의 소망이 열매 맺는 것이라고 하니, 작은누나는 내 색싯감으로 맹씨 할머니가 다시 태어나셨다는 생각으로 놀랄 수밖에 없었던 것이지요?"

내 물음에 작은누나는 서원 씨를 바라보고 고개를 끄덕이고, 서원 씨는 누나를 바라보고 고개를 끄덕였다.

나는 설명을 이어갔다.

"우리 마음속에 회한으로 앙금이 되어버린 서글픈 기억 하나를 이 순간에 말하게 되어 가슴 아프게 생각합니다. 우리 어머니 임종 시에 있었던 큰 형수와 작은 형수의 분란 이야기입니다.

우리 어머니는 우리 가족이 보물처럼 소중하게 생각하고 있는 맹씨 할머니의 기도 반지를 할머니 임종 시에 유산으로 물려받았습니다. 기도 반지는 순금 2돈으로 만들어진 쌍가락지였지요. 할머니는 기도 반지를 며느리인 어머니에게 유산으로 물려주셨습니다. 큰 형수님과 작은 형수님은 어머니가 돌아가실 때엔 그 기도 반지를 당연히 두 며느리에게 유산으로 물려주실 것으로 생각하고 있었는데, 엉뚱하게도 어린 중학생이던 요나의 색시 될 사람에게 물려준다는 유언이 시작되자 두 형수님이 울고불고 난리가 났고, 두 형님까지 합세하여 어머니 유언의 철회를 요구하기에 이르렀습니다.

어머니의 임종을 참관하셨던 어머니의 담임목사님과 집안 어른들은 두 형님과 두 형수님을 밖으로 내보냈고, 어머니는 교회에서 권사님 직분을 가지고 있던 큰누나의 품에 안기어서 유언을 남기게 되었습니다. 첫째 말씀은 요나는 천사였다는 고백이었고, 둘째 말씀은 기도 반지는 큰누나가 보관하고 있다가 요나가 대학교에 들어갈 때 주라는 말씀이고, 셋째 말씀은 요나 색시가 될 처자는 필히 가난한 집 규수로 짝지어 주라는 말씀이었습니다.

어머니는 유언이 끝나자 울고 있는 내 손을 잡아주시면서 '우리 천사님이 우시면 누가 달래줄꼬?' 하면서 운명하셨습니다."

내 이야기가 끝나자 서원 씨는 서럽게 울었다. 내가 만들어준 우리 결혼반지에 숨겨진 비밀을 알게 되자 서러움이 북받친 것 같았다.

작은누나는 결연한 표정이 되더니 "이 결혼은 서두를 수밖에 없다. 이 결혼은 하나님께서 간섭하고 계신다는 깨달음이 왔다. 일단 결혼 날짜를 다음 달 4일로 잠정하고 큰누나와 함께 혜화동교회 목사님을 찾아뵙고 결정하기로 하자"라고 말했다.

이 말에 서원 씨는 작은누나 품에 뛰어들며 "누님, 감사합니다" 하면서 흐느꼈다. 작은누나는 서원 씨를 안아주면서 등을 다독였다.

작은누나는 "열매를 많이 맺어가는 기도의 어머니가 되어 줄 것으로 믿는다"라고 말하면서 내 손을 끌어다가 서원 씨 손 위에 올려주었다.

우리는 작은누나의 배웅을 받으면서 혜화동 목사관으로 돌아왔다. 서원 씨가 목사님께 "결혼은 서둘러서 치르는 것이 맞다고 하셨고요, 큰누님과 같이 목사님을 찾아뵙고 결혼 날짜는 정하자고 하셨어요"라고 말씀드렸다.

목사님이 "작은누님께서는 서원이를 예뻐하시고?" 하고 물으시자 서원 씨는 "우리 천사가 사랑한다면 천사가 분명하다고 안아주셨어요" 하였다.

서원 씨는 뜸을 들이다가 목사님과 내 얼굴을 번갈아 바라보면서 말을 꺼냈다.

"오늘 작은누님 댁에서 알게 된 가장 특별한 이야기는 선생님 어머니께서 임종 시에 남기신 유언이에요."

서원 씨는 목사님이 의아한 표정으로 바라보시자 설명을 다시 이어갔다.

"선생님 어머니 임종은 담임목사님과 문중 어르신들이 참관하는 중에 이루어졌는데요, 권사님 직분자이신 큰누나 품에 안기어서 어머니 유언이 시작되었다고 해요. 첫째는 요나는 천사였다는 고백이었고요, 둘째는 요나 색시가 될 처자는 필히 가난한 집 규수를 찾아서 짝지어 주라는 당부였고요, 셋째는 어머님이 기도할 때마다 몸에 지녔던 기도 반지는 큰누나가 보관하고 있다가 요나가 대학교에 들어가면 주라는 당부였다네요. 그러고는 울고 있는 요나 손을 잡아주시면서 '우리 천사님이 우시면 누가 달래줄꼬?'라는 말씀을 끝으로 운명하셨다고 해요."

목사님은 서원 씨가 들려준 어머니의 유언을 가슴속에 새기시는 것 같았다. 목사님은 나를 보시더니 두 형님과 두 형수님도 어머님이 유언하실 때 함께 계셨는지 물으셨다. 모두 함께 계셨다고 하자 목사님은 다시 그분들이 교회에 다니셨는지 물으셨다. 내가 "두 분 형님과 두 분 형수님은 교회를 나가지 않으셨습니다"라고 대답하자 목사님은 깊이 생각하시더니 나를 안아주셨다.

나는 목사님과 서원 씨의 배웅을 받으면서 목사관을 나왔다.

나는 정신도 못 차리게 휘몰아가던 몇 주간의 소용돌이를 헤치고 나왔다는 해방감으로 넉넉해졌다. 나는 학교 강의도 열심히 들었고, 연구실 생활에도 열심을 되찾았다.

토요일 오후가 되었다.

큰누나와 작은누나가 학교 정문에 와서 나를 찾았다. 나는 정문에서 보낸 연락을 받고 정문으로 달려갔다. 큰누나가 나를 안더니 흐느끼셨다. "우리 천사님이 곤욕을 당하는데 도움도 주지 못하고…" 하시면서 말도 맺지 못하고 울음을 터뜨렸다. 나는 누나들을 모시고 목사관으로 갔다.

목사님도 서원 씨도 반갑게 맞이하였다. 큰누나가 먼저 말문을 열었다. "영적으로는 목사님이 저희의 아버지가 되시니 딸이 아버지에게 문안을 올립니다" 하면서 머리를 숙였다. 작은누나가 "저도 언니와 같은 생각으로 문안을 올립니다" 하면서 머리를 숙였다.

큰누나는 서원 씨 손을 잡고 놓을 줄을 모르셨다. 작은누나가 목사님에게 "우리 언니가 맹씨 할머니를 가장 많이 닮았다고 저의 형제들은 말하고 있습니다" 했다.

큰누나는 서원 씨에게 물었다.

"우리 천사 어디가 그렇게 마음에 들어요?"

서원 씨는 "순수하고 진실하지 않나요?" 하였다. 목사님이 "저도 요나한테 마음을 다 주어서 헤어진다면 저도 힘들 것 같습니다"라고 하셨다. 큰누나가 환한 웃음을 지으며 "감사합니다"라고 하였다.

목사님이 말씀을 이어가셨다.

"제게는 둘의 만남에 하나님께서 함께하신다는 깨달음이 있습니다. 저는 두 사람의 처음 만남에서부터 오늘에 이르기까지 꼼꼼하게 살펴보았습니다."

그러자 큰누나가 반지 이야기를 꺼냈다.

"결혼반지로는 순금으로 제작된 두 돈짜리 쌍가락지가 요나에게 있습니다. 저희 맹씨 할머니께서 끼셨던 기도 반지인데 어머니께서 유산으로 받아서 기도 반지로 끼시다가, 어머니 임종 시에 요나 색시 될 사람에게 물려준 반지입니다."

이에 목사님은 "귀하고 기념될 일입니다. 두 사람에게 결혼반지로 제작해서 주는 것이 소천하신 어머니께나 형제분들에게도 좋을 것 같습니다"라고 대답하시고 잠시 숨을 고른 뒤 다시 말씀을 이으셨다.

"예복은 한복으로 하는 것이 좋을 것 같습니다. 결혼식은 10월 4일 오후 2시에 저희 혜화동교회 예배실에서 하는 것이 좋을 것 같습니다. 두 분 형님과 두 분 형수님들은 누님들께서 알아서 처리해 주십시오. 지난번 상견례 사건 때문에 두 분 형님은 오해가 남아 있으리라는 생각이 듭니다. 믿음 안에서 찬송과 기도로 이루어진 은혜로운 결혼이었으면 하는 바람이 있습니다."

목사님은 또 "두 사람 예복은 한복으로 제가 애비 된 도리로서, 한편으로는 목사로서 해주고 싶으니 허락해 주십시오. 신혼여행은 제 승용차로 오붓하게 다녀올 수 있도록 해주고 싶습니다. 신혼 방은 서원이가 사용하고 있는 2층 방에서 살면 되구요. 식사도 지금처럼 목사관에서 한식구로 살아가게 하는 것이 좋을 것 같습니다. 아직은 학생 신분들이니까요. 미국에 있는 서원이 애비 되는 사람은 결혼식에나 참석할 것 같구요. 두 분 누님들은 꼭 오셔야 합니다. 기다리고 있겠습니다" 하셨다.

큰누나는 "우리 천사들을 지켜 달라고 기도드리겠습니다"라고 하면서 목사님에게 머리를 숙여서 인사를 드렸다. 작은누나도 내 손과 서원 씨 손을 잡고 눈물을 지었다.

큰누나와 작은누나는 목사님과 나와 서원 씨의 배웅을 받으면서 결혼식 날 보기로 하고 목사관을 출발하였다.

나도 서원 씨도 차분하게 학교생활을 계속하였고, 교회 생활에도 변함이 없었다. 교인들은 목사님의 광고로 우리 두 사람의 결혼을 알고 있었다.

10월 4일, 드디어 우리의 결혼식 날이 되었다.

미국에서는 서원 씨 아버지가 오셨고, 주례는 서울 음대 학장님이 서 주셨다. 큰누나와 작은누나가 오셨고, 시골에 계신 두 형님과 두 형수님은 오시지 않았다. 혜화동교회 교인들이 모두 나와서 축복해 주었다.

결혼식이 끝나고 나와 서원 씨는 목사님과 미국 아버지와 큰누나와 작은누나에게 폐백 인사를 올리고 목사님께서 내어주신 승용차를 타고 신혼여행을 가기 위해 춘천으로 출발하였다. 서원 씨가 작은 목소리로 "전원 식당!" 하였다. 어둠이 내리기 시작한 의암댐이 가슴을 열고 우리 두 사람을 맞이하여 주는 것만 같았다.

고향집을 찾아온 설렘으로 서원 씨와 나는 전원 식당에 도착하였다. 식당 주인이 반갑게 맞이하였다. 나는 식당 주인에게 전에 우리가 들었던 방을 이용하는 것이 가능한지 물었다. 식당 주인은 싱글벙글 웃으면서 안내해 주었다.

잠시 후 우리 방에 한식이 차려졌다. 그리고 식당 주인이 특별히 우리 두 사람의 신혼의 밤을 축하해 주는 뜻으로 인삼주를 들고 왔다. "두 분이 합환주로 사용하시라고 저희 식당에서 손수 담은 인삼주를 가지고 왔습니다" 하면서 식당 주인은 나에게 인삼주병을 전달하고는 서둘러서 방을 나갔다.

내가 서원 씨 잔에 인삼주를 따라주자 서원 씨도 내 잔에 인삼주를 따라주었다. 내가 말문을 열었다.

"춘향전에 보면 합환주는 세 번에 나누어서 홀짝홀짝 마시는 것으로 되어 있습니다."

서원 씨는 내 옆으로 옮겨 앉았다. 나는 서원 씨를 내 무릎에 앉히고 내 잔을 서원 씨 입술에 대었다. 서원 씨는 홀짝홀짝 세 번에 나누어서 마시더니, 자신의 잔을 내 입술에 대었다. 나도 세 번에 나누어서 홀짝홀짝 마셨다.

식사가 끝나자 서원 씨는 욕실에 들어가 욕조에 물을 받았다. 나는 욕실에 들어가 서원 씨 옷을 벗겨서 옷걸이에 걸었다. 서원 씨도 내 옷을 벗겨서 옷걸이에 걸었다.

불빛에 드러난 서원 씨의 나신은 백옥으로 빚은 조각상처럼 매끈하였고, 뽀얀 살결이 만들어놓은 아름다운 곡선들이 매혹적이었다.

나는 가슴으로 서원 씨를 안았다. 서원 씨는 양팔을 벌려서 내 목을 안더니 욕실을 나와서 방에 들어서자 내 목에서 양팔을 풀고 내 등을 안았다. 서원 씨의 풍만한 가슴이 내 가슴을 타고 미끄러져 내렸고, 서원 씨 볼이 불덩이처럼 뜨거워졌다.

나는 서원 씨의 엉덩이를 양손으로 받치고 방안을 맴돌았다. 내 본능에도 반응이 시작되었다. 내 본능 위에 서원 시의 화산이 올라타자 내 호흡이 거칠어졌다. 서원 씨의 진저리가 내 가슴을 타고 내려갔다. 시간이 지남에 따라서 내 양손은 자꾸만 서원 씨의 엉덩이를 파고들었다.

서원 씨의 양팔에 힘이 주어지더니 또 한 차례 진저리가 지나갔다. 내 본능은 아우성이었다. 나는 거친 숨을 몰아쉬면서 계속하여 방안을 맴돌아갔다. 서원 씨 입에서 작은 신음소리가 시작되더니 얼굴을 내 가슴에 묻었다.

나는 실내등을 소등하고 침대 위에 서원 씨를 반듯하게 누이고, 더워진 내 몸을 실었다. 서원 씨의 양팔이 내 허리를 힘주어서 안았다. 그때 서원 씨의 화산 입술이 열리면서 내 본능을 흡입하였다. 나는 무자비한 폭력을 발동해서 화산 내부로 침투해서 쳐들어갔다. 순간 서원 씨의 전신이 움찔하더니 화산 분화구가 열렸다. 나의 본능은 깊숙하게 분화구를 헤집고 들어갔다.

서원 씨의 신음소리가 잦아든다 싶더니 서원 씨 전신으로 흘러가는 진저리가 또 한 번 느껴졌다. 그때 서원 씨의 화산이 폭발하고 말았다. 내 본능도 급해진다 싶더니 뒤따라서 폭발하였다. 그러고는 혼돈이 찾아왔다. 이어지는 나의 여진을 따라서 서원 씨의 진저리도 다스려졌다.

넉넉한 포만감으로 한동안의 정적이 지나갔다.

서원 씨가 몸을 일으켜 세우더니 실내등을 밝혔다. 조명 속에 드러난 서원 씨의 나신은 눈이 부시도록 아름다웠다. 서원 씨는 하얀 손수건을 꺼내어 화산 주변의 선혈을 닦아냈다. 그러고는 지혈제를 분화구에 투입하였다. 이어서 진통제를 먹는 것 같았다.

나는 젖은 타월로 서원 씨의 알몸을 닦아주었고, 안아서 침대 위에 누이고 이불로 감싸주었다. 나는 혼자서 욕조에 몸을 담그고 간단하게 목욕을 마쳤다.

나는 서원 씨 곁에 나란히 몸을 누이고 팔베개를 해주었다. 내가 서원 씨 쪽으로 돌아누우며 "통증은 다스려진 것이요?" 하고 묻자 서원 씨도 나를 보고 돌아누우면서 "거의 다스려진 것 같아요" 했다. 나는 서원 씨를 힘주어서 안아주었다. 서원 씨는 작은 소리로 "선생님, 감사합니다" 하더니 내 가슴에 머리를 묻었다.

아스라하게 소쩍새 울음소리가 멀어져 갔다. 서원 씨도 나도 달콤한 피곤에 휩싸여서 깊은 잠속으로 침몰하여 들어갔다. 나는 서원 씨의 머리에 코를 묻고 기분 좋은 머리 내음에 넉넉한 마음이 되어갔다.

다음 날 아침 6시가 되었다.

내가 눈을 떠보니 서원 씨는 잠옷 차림으로 옷가방을 챙기고 있었다. 나는 "더 주무시지 않구요?" 했다. 서원 씨가 "너무나도 감사해서 피곤도 졸음도 모두 다 도망치고 말았어요. 욕조에다 물을 받아두었어요" 하였다. 나는 서원 씨 손을 잡고 욕실로 들어가면서 "같이 하면 안 되는 것입니까?" 했다.

서원 씨는 웃으면서 내 옷을 벗기기 시작했다. 나도 알몸이 되어서 서원 씨 옷을 벗겨서 옷걸이에 걸고는 서원 씨를 안고 욕조로 들어갔다.

서원 씨의 알몸은 백옥으로 만든 조각상처럼 뽀얀 살결에 풍만한 가슴이 숨 막히게 아름다웠다. 서원 씨가 내 가슴에 기대어 오더니 내 무릎 위에 앉았다.

나는 양팔로 서원 씨의 풍만한 가슴을 안았다. 그리고 "상처는? 통증은? 모두 다 괜찮은 것이요?" 했다. 서원 씨는 "일반 상처하고는 다릅니다. 상처는 거의 아물었을 거고요. 그리고 처녀막이 있던 부위에는 새로운 성감대가 형성되어서 조금만 지나면 통증은 사라지고 쾌감으로 바뀔 것입니다. 오늘 하루만 조심하면 선생님 없이는 살아갈 수가 없는 서원이로 새롭게 태어날 것입니다"라고 말하면서 입을 가리고 웃었다.

서원 씨는 목욕 수건에 비누칠을 진하게 하더니 내 몸 전신을 꼼꼼하게 닦았다. 그러고는 목욕 수건에 비누칠을 새로 하여서 나에게 내밀었다. 나는 비누칠을 한 목욕 수건을 받아들고 "이러다가 화산에 비눗물이라도 들어가면?" 했다. 서원 씨는 웃으면서 "내 화산 입구에는 입술이 있지요. 내가 그 입술을 다물면 어떤 것도 침노할 수 없는 구조로 되어 있기 때문에 안심해도 됩니다" 하였다.

그러더니 서원 씨는 "선생님께서 내 화산 입구에 있는 입술을 열었다는 사실은 기적에 가까운 사건입니다" 하면서 눈물을 지었다. 내가 의아한 눈으로 바라보자 "한가할 때 자세히 알려드리겠습니다" 하였다.

나는 서원 씨에 받은 목욕 수건으로 서원 씨 몸을 꼼꼼하게 닦았다. 목욕이 끝나고 우리는 서로 옷을 입혀 주었다. 부부가 되었다는 것은 '서로 옷을 입혀가는 사이로 변화되었다'는 의미라는 생각이 들었다.

"작은누나에게 한 말과 같이 열매를 많이 맺는 것이 서원 씨의 소망이요?"

내 질문에 서원 씨는 "설마 내가 거짓말을 했다고 생각하는 것은 아니지요?" 하였다. "나야 좋지만! 몇 명이나?" 하는 내 물음에 서원 씨는 소리를 내어서 웃으면서 "주시는 대로요" 하였다.

나는 "특별한 이유라도 있는 것이요?"라고 물었다.

서원 씨가 길게 뜸을 들이더니 "선생님은 10남매 가운데서 성장하셨다고 했지요?" 하였다. 나는 "맹씨 할머니 기도의 열매라고 생각합니다" 대답했다.

서원 씨는 "저는 홀로 계시는 하나님을 생각하고 울 때가 많이 있었어요. 얼마나 외로우실까 하구요" 하였다. 내가 "서원 씨가 혼자서 자라난 이유 때문일까요?" 하자 서원 씨는 "그런 점도 있겠지만, 성경말씀에 열매는 하나님께서 우리에게 주시는 선물이고, 하나님께는 영광이 된다고 되어 있지요" 하였다.

나는 "당신은 꼭꼭 숨겨두고 나 혼자만 몰래몰래 가지고 싶은 나의 보물이요!" 하며 서원 씨를 안고 깊이 입을 맞추었다.

 옷가방을 챙긴 후 서원 씨 손을 잡고 카운터로 나왔다. 식당 주인에게 감사를 드리면서 숙박비를 계산한 뒤 차에 올라서 서원 씨에게 "남쪽으로 갈까요, 북쪽으로 갈까요?" 하고 물었다. 서원 씨는 큰 소리로 "북쪽으로!" 하였다.

 나는 차를 출발하였다. 잠에서 깨어난 검푸른 녹색의 산굽이들이 아침 안개를 머리에 이고 얼굴을 내밀고 있었다.

 켜켜이 감싸고 도는 산자락을 헤치고 달려가다 보니, 어느덧 우리 차는 경포대 호숫가에 도착하였다. 아침 8시였다.

 나는 상점에 들러서 우유와 초콜릿을 사고 주인한테 조용한 민박집이 있는지 알아보았다. 바닷가 백사장을 바라보는 소나무 숲속에 숨겨진 집이면 좋겠다고 하자, 상점 주인이 웃으면서 약도를 그려주었다.

 우리가 찾아간 민박집은 바닷가 백사장 위에 모래언덕으로 두르고 있는 소나무 숲속에 숨겨진 외딴집이었다. 마당에 차를 세우고 옷가방을 내리는데 아저씨 한 분이 나오셨다. 내가 "민박을 할까 하구요"라고 말하자 아저씨는 반갑게 맞이하면서 우리 가방을 받아 들고 거실로 들어가셨다.

 내가 서원 씨 손을 잡고 아저씨를 따라서 안으로 들어서는데 식사 중이던 아주머니가 우리를 반갑게 맞이하셨다. 아주머니는 아저씨한테서 가방을 건네받아 우리가 거처할 방에다 가방을 들여놓고 나오셨다.

 아주머니는 "이 시간에 도착하였으면 식사 전이 분명하지요"라는 말과 함께 서원 씨 손을 이끌고 식탁으로 가셨고, 나도 서원 씨 손을 잡고 식탁으로 갔다. 구수한 가자미 구이가 우리의 식욕을 돋우어 주어서인지 우리는 밥 한 공기를 금세 비우고 더 주신 밥까지 맛있게 다 먹었다.

 아주머니는 수더분한 강원도 말씨로 서원 씨를 살갑게 챙기셨다. 서원 씨가 "아주머니는 교인이 맞지요?" 하였다. 아주머니는 미소를 띠면서

"나 혼자만이요!" 하셨다. 아주머니가 반기면서 "새댁은?" 하셨다. 서원 씨는 "저희는 둘 다요" 했다. 아주머니는 "하나님께서 귀한 분들을 보내 주셨네요" 하셨다.

서원 씨는 "우리 두 사람이 합심해서 기도해 드리고 싶으니 급한 소원이 있으시면 말씀하여 주셔요" 하였다. 아주머니는 깜짝 반기시면서 아들과 딸이 나란히 대학교를 다니는데 이번 학기 등록금이 마련되지 않아서 걱정이라고 하셨다. 서원 씨는 아주머니 손을 잡고 "감사합니다" 하였다.

나는 거실 바닥에 앉아서 낚시채비를 하고 있는 아저씨한테 "바다에 나가시게요?" 했다. 아저씨는 "물때가 좋아서 나가 보려구요" 하셨다. 나는 "저희도 함께 가면 안 될까요?" 하였다. 아저씨는 쾌히 승낙하시더니, 우리 두 사람이 사용할 도구들도 챙기셨다.

나는 서원 씨를 보고 "우리도 아저씨 따라서 고기를 잡으러 바다에 나갈까요? 우리 둘이 합심해서 아주머니 아들과 딸의 등록금으로 쓰일 고기를 잡게 해 달라고 기도하게요" 했다. 서원 씨가 방긋 웃으며 고개를 끄덕였다.

아주머니는 서원 씨가 낚시할 때 입을 몸뻬와 챙이 넓은 모자까지 챙기셨다. 나는 내 와이셔츠를 서원 씨한테 입혔다. 서원 씨는 종종걸음으로 내 손을 잡고 따라나섰다. 나는 배에 오르면서 "괜찮겠어요?" 했다. 서원 씨는 "아주 좋아요" 하면서 배 위에서 깡충깡충 뛰어 보였다.

아저씨 배는 포구를 나서서 앞으로 나아갔다. 한참을 달려 배가 바다 가운데로 나오니 아저씨는 사방에 보이는 지형지물을 가늠하면서 낚시 포인트를 찾으셨다. 넓은 바다가 모두 같아 보여도 바다 속에는 천차만별로 고기마다 사는 집들이 구분되어 있기 때문이었다.

배가 가다 멈추기를 여러 차례 반복하더니 드디어 닻을 내렸다. 나와 아저씨는 갯지렁이를 미끼로 끼우고, 서원 씨 낚싯바늘에는 생새우를 꿰어서 바다로 던져넣었다. 나와 아저씨 낚시에는 가자미가 분주하게 올라왔다.

　드디어 서원 씨 낚시에도 어신이 왔다. 고기가 줄을 차고 나가자 계속하여 줄을 풀어주었다. 나는 내 채비를 난간에 묶어두고, 서원 씨 낚싯줄을 잡고 가늠해 보았다. 엄청난 힘으로 차고 나가던 고기가 돌아섰다. 나는 양팔로 신속하게 줄을 감아올리고, 서원 씨는 얼레에다 줄을 감아갔다. 수면 위로 떠오른 고기는 들창문만 한 대형 광어였다. 아저씨가 대형 뜰채로 고기를 뜨고 나까지 힘을 보태서 간신히 선상으로 고기를 올렸다.

　서원 씨는 좋다고 고기 꼬리를 만지다가 고기 꼬리에 장딴지를 맞고는 팔을 휘저으면서 내 가슴속으로 안겨들었다. 순간 와이셔츠 단추가 2개나 열리는 바람에 풍만한 가슴이 절반가량 노출되고 말았다. 나는 서원 씨를 안고 간신히 단추를 채워주었다. 내 와이셔츠가 서원 씨의 풍만한 가슴을 감당하지 못하고 미어질 것같이 부풀어 올랐다. 나는 서원 씨 귀에 대고 "조심하지 않고요…" 했다. 서원 씨는 내 팔을 꼬집으면서 곱게 눈을 흘겼다.

　아저씨는 서원 씨 채비에 또 생새우를 꿰어서 바다에 드리워 주셨다. 서원 씨와 나는 합심해서 아주머니 아들과 딸의 등록금으로 쓰일 고기를 잡게 해 달라고 하나님 아버지께 기도를 드렸다. 기도를 서원 씨와 나의 "트로이메라이"에 실어 하늘로 올려보냈다.

　갯지렁이를 꿴 내 채비와 아저씨 채비에도 가자미가 정신없이 올라왔다. 서원 씨 채비에 또다시 어신이 왔다. 서원 씨는 고기 힘도 가늠하지 못하고 계속 줄을 풀어주고 있었다. 내가 서원 씨 낚싯줄을 잡고 고기 힘을 가늠하고 있는데 고기가 돌아섰다. 나는 서원 씨에게 줄을 빨리 감으라고 소리치면서 낚싯줄을 양손으로 감아올렸다. 아저씨는 대형 뜰채를 바다에 내렸다.

　수면 위로 모습을 드러낸 고기는 초대형 재방어였다. 아저씨가 뜰채에다 고기를 담기는 했지만 미처 들어올리지 못하고 고군분투하셨다. 나까지 힘을 보태 간신히 고기를 선상으로 올렸다. 고기는 유선형의 매끈하고 날씬한 아름다운 재방어였다. 나는 아저씨의 도움을 받아서 간신히 재방어를 물 칸에 넣었다. 물 칸이 재방어로 가득하게 찼다.

아저씨는 서원 씨 채비에 또 생새우 미끼를 꾀어서 바다에 드리워 주었다. 서원 씨가 아저씨로부터 채비를 받아들자 또 입질이 왔다. 서원 씨가 줄을 당겼다. 차고 나가는 고기 힘을 이길 수가 없어서 줄을 계속 풀어주더니 다시 감기 시작하였다. 서원 씨의 눈빛이 결연한 각오로 차 있었다. 나는 줄을 잡아주지 않고 서원 씨 이마에 흐르고 있는 땀만 손수건으로 닦아 주었다. 드디어 고기가 수면 위로 떠올랐다. 대형 광어였다.

아저씨의 도움으로 광어를 떠서 물 칸에 넣고는 난간에 묶어놓은 내 채비를 들어보았다. 요동도 없이 엄청난 무게로 올라왔다. 수면 위에 떠오른 괴물은 멍석만 한 크기의 대왕 문어였다. 아저씨는 대형 뜰채로 대왕 문어 머리를 담고 내 도움을 받아서 선상으로 올렸다. 아저씨는 선실에서 모기장을 들고 올라오시더니 문어를 모기장으로 싸매고 줄을 달아서 물 칸에 드리우셨다.

나는 서원 씨 채비에 생새우를 꿰어서 바다에 드리워주고는 "트로이메라이"에 우리 두 사람의 합심기도를 담아서 하나님 아버지께 올려보냈다.

서원 씨 채비에 바로 입질이 왔다. 이번에는 고기와 싸우고 있는 서원 씨를 지켜보기로 하였다. 나는 속으로 "아버지!" 하고 불러보았다.

서원 씨는 제법 능숙하게 채비를 다루어갔다. 고기는 얼마 지나지 않아서 수면 위로 모습을 드러냈다. 서원 씨가 "고래다!" 하고 큰 소리로 외치자 이번에는 서원 씨가 입고 있던 와이셔츠 단추가 모두 떨어져 나갔다. 서원 씨의 가슴이 완전히 노출되고 말았다.

아저씨가 선실로 황급히 내려가시더니 검은 우비를 가져다가 내게 주시고는 얼른 선미 쪽으로 가셨다. 서원 씨는 계속하여 낚싯줄을 잡고 있고, 나는 서원 씨 등에 걸쳐준 우비를 붙들고 있을 수밖에 다른 도리가

하나. 살았다

없었다.

고래 같은 재방어는 서원 씨가 조심조심 줄을 감자 서원 씨의 마술에라도 걸린 모양으로 뱃전에 와서 얌전하게 붙었다. 아저씨가 신속하게 밧줄을 챙겨 들고 오셔서 재방어 꼬리를 재빨리 묶으셨다.

재방어가 뱃전에 묶여 있는 것이 확인되자 나는 서원 씨를 안고 선실로 내려갔다. 나는 서원 씨가 입고 있던 와이셔츠를 벗겨서 내가 입고, 서원 씨에게는 내가 입고 있던 와이셔츠를 입혔다.

나는 가슴이 요동치고 있는 서원 씨를 양팔로 안고 선실을 맴돌아주었다. 나도 모르게 내 뺨을 타고 내리는 눈물을 서원 씨는 옷자락을 들추어서 닦아주었다. 우리 둘만의 절실한 신혼여행이 내 가슴을 아프게 하고 있다는 생각이 들었다. 서원 씨는 입술로 내 얼굴에 있는 눈물자국을 지워내더니, 내 손을 잡고 선상으로 올라갔다.

밧줄에 꼬리가 묶인 재방어는 얌전하게 뱃전에 몸을 기대고 있었다. 아저씨는 배에 시동을 거셨다. 내가 의아한 눈으로 아저씨를 바라보자 아저씨는 "고기도 만선이 되었고, 시간도 늦은 것 같으니 그만 돌아가려구요" 하셨다.

나는 급하게 물었다. "물에 있는 재방어는요?" 아저씨는 "그대로 가는 도리밖에는 없어요. 고기 줄을 길게 해서 서서히 운항하는 방법으로 재방어를 살려야죠" 하셨다. 아저씨는 닻을 올리고 고기 줄을 길게 주더니 배를 출발시켰다.

서원 씨는 개선장군이라도 되는 것처럼 활기를 보여주었다. 큰소리로 웃기도 하고, 내 볼에다 과감하게 뽀뽀도 해주었다. 마음 아파하고 있는 내 마음을 위로해 주려는 서원 씨의 마음이 느껴져서 나는 서원 씨 손을 힘주어 잡았다.

서원 씨는 "낚시라는 것이 이처럼 매력이 넘치는 일이라고는 상상도 못 하였는데요?"라고 감탄도 곁들였다. 내가 거들어주었다. "정신과 병원장이신 최신애 박사님이 내린 낚시에 대한 정의를 보면 '우리들의 잠재의식 속에 남아 있는 원시적 수렵 본능의 충족이다'라고 말했구요, 내게는 은밀하게 나 혼자서 즐기고 있는 유일한 취미입니다"라고 했다. 서원 씨는 "그래서 내게 힘이 솟는 것일까요?" 하면서 깡충깡충 뛰었다.

우리 배는 포구에 정박하였다. 아저씨는 고기 줄을 당겨서 재방어를 뱃전에 붙이고 활어차를 불렀다. 포구에 대형 활어차가 도착하였다. 밧줄에 매달린 채로 기중기에 들려서 올라간 재방어 큰놈은 60킬로가 나갔고, 대형 뜰채에 담겨서 올라간 작은 재방어는 40킬로가 나갔다. 대형 활어차는 재방어 두 마리만 싣고 부리나케 양식장으로 달려갔다고 아저씨가 일러주셨다. 아저씨는 활어차 한 대를 추가로 불러서 광어, 대왕문어, 가자미를 싣고 동승해서 포구를 떠나가셨다.

우리를 마중 나오신 아주머니는 배를 꼼꼼하게 단도리를 하신 뒤 우리와 함께 집으로 돌아왔다. 서원 씨는 아주머니와 함께 점심상을 차렸다.

잠시 뒤 아저씨가 웃음꽃이 활짝 피어서 들어오셨다. 재방어는 양식장 대형 수족관에서 산란을 준비하고 있는데 값을 몰라서 수금을 못했고, 광어하고 가자미하고 대왕 문어 값으로 500만 원을 수금하여 오셨다. 아주머니는 아이들 등록금이 3분의 1이나 마련되었다고 기뻐하셨다.

서원 씨와 나는 점심을 먹고 우리 방으로 왔다. 우리는 간단하게 목욕을 마치고 침대 위에 나란히 누워서 잠을 청하였다. 나는 서원 씨에게 팔베개를 해주면서 "피곤하지요?" 했다. 서원 씨는 내 가슴에 코를 묻고 고개를 끄덕이더니 금방 잠이 들었다. 바닷바람이 창틈을 비집고 스며들더니 비릿한 바다 내음을 남기고 스쳐 지나갔다. 아련하게 멀어져가는 갈매기 울음소리를 따라가다가, 나도 서원 씨 머리에 코를 묻고 깊은 잠속으로 빠져들었다.

나는 방문을 두드리는 소리를 듣고 잠에서 깨어났다. 오후 7시였다. 아주머니가 방문 뒤에서 "저녁 드셔요" 하셨다. 나는 서원 씨 손을 잡고 거실로 나갔다. 아저씨도 식탁에 자리를 하고 계셨다.

우리가 식탁에 자리를 하고 앉자 아저씨가 "선생님들, 혹시 용왕님께서 보내주신 분들이 아니세요?" 하셨다. 나는 웃으면서 "아닌데요, 하나님께서 보내주셔서 왔는데요!" 했다. 아저씨는 "어찌 되었든지, 여선생님이 작은 가자미 낚시로 60킬로가 나가는 재방어를 잡았다는 내 말을 믿는 사람은 한 사람도 없었으니까요. 양식장에 팔려간 재방어 값이 천만 원으로 계산되었구요. 그러고 보니 낮에 잡은 고깃값이 모두 1,500만 원이 되어서, 우리 아들과 딸 등록금이 한 푼도 틀리지 않고 마련되었구만요" 하셨다.

서원 씨는 손뼉을 치며 좋아하였다. 나는 서원 씨 손을 잡고 마음속으로 감사기도를 드렸다. 서원 씨 큰 눈에 가득 고인 눈물을 닦아주면서 나는 마음속으로 또 한 번 아버지를 불러보았다.

아저씨와 아주머니는 싱글벙글 기뻐하셨다. 아저씨는 오늘 낮에 한 낚시가 꿈이 아닌가 하는 생각이 자꾸만 든다고 하셨다. 나는 컵에다 약주를 따라서 아저씨한테 권하였다. "꿈이 아니니까 약주 드시고 정신 차리세요" 했다.

식사 후에 아저씨는 낚시채비를 또 챙기셨다. 이번에는 밤낚시를 가실 요량으로 준비를 하신 것 같았다. 의아한 눈으로 바라보고 있는 서원 씨한테 아주머니가 말문을 열었다.

"선생님들 기도로 아이들 등록금은 마련되었는데, 선생님들에게 감사할 돈이 없어서 밤에는 저도 하나님께 기도를 드리면서 낚시를 해 볼까 하구요."

서원 씨는 내 얼굴을 바라보면서 간절하게 물어오는 눈빛이 되었다. 나는 아저씨를 바라보았다. 아저씨는 "우리 집사람이 뜬금없이 밤낚시를 가자고 하는 바람에…" 하셨다.

아저씨 눈빛은 할 수만 있다면 밤낚시도 함께 가주었으면 하는 것 같었다. 아저씨 생각에는 우리 두 사람이 용왕님께서 보내주신 사자라는 생각을 지울 수가 없는 모양이었다. 나는 속으로 하나님 아버지를 또 불러보았다.

나는 서원 씨를 바라보면서 "힘들지 않을까요?" 했다. 서원 씨는 "저는 문제가 없는데요, 선생님은?" 하였다. 나는 서원 씨 마음을 읽고 손을 잡아주었다. "낮에 많이 자두었으니까, 밤에는 아주머니를 따라가 볼까요?" 했다. 서원 씨는 내 팔을 잡으며 고개를 끄덕였다.

아주머니는 반가워서 눈물이 글썽해져서 서원 씨가 밤에 입고 낚시할 누비바지와 겨울 돕바를 내오셨다. "밤에는 바닷바람이 생각보다 더 차요" 하셨다.

아저씨는 발걸음 가볍게 우리 일행을 거느리고 배에 올랐다. 우리 배는 한바다로 나가더니, 낮에 낚시했던 포인트에 닻을 내리고, 발전기를 가동해서 선상에 설치된 조명등을 모두 밝혔다. 우리 배 주변이 대낮처럼 밝아졌다.

먼저 오징어 낚시를 시작하였다. 낚싯대마다 오징어가 왕성하게 입질을 해댔다. 나와 서원 씨는 조용하게 "트로이메라이"에 기도를 실어서 밤바다에 띄워 보냈다.

아저씨는 제일 먼저 서원 씨 채비를 방어낚시로 교체하고, 미끼로 오징어를 크게 잘라 바늘에 꿰어서 바다에 드리워 주었다. 하지만 한참이 지나도 서원 씨의 방어낚시에는 입질이 오지 않았다.

아저씨가 오늘 밤에는 방어낚시를 접고 모두가 오징어낚시로 일관해서 마무리하는 게 좋겠다고 생각하여, 다시 오징어낚시 채비를 들고 서원 씨에게로 가는데 서원 씨의 방어낚시 채비에 드디어 어신이 왔다.

낚싯줄을 차고 나가는 기세로 보아서 방어 같다는 생각을 하고, 나는 뜰채를 준비해서 서원 씨한테로 다가갔다. 서원 씨는 수면에 떠오른 고기를 보고 "재방어다"라고 큰 소리로 외쳤다. 나는 신속하게 재방어를 떠서 물 칸에 넣었다. 대형 재방어는 아니어도 4~5킬로쯤 나가는 재방어였다.

아저씨는 서원 씨 낚시에 또 오징어 미끼를 꿰어서 바다에 드리웠다. 드리우기가 무섭게 또 입질이 왔다. 이번에도 재방어였다.

아저씨는 오징어를 잘게 썰어서 밑밥으로 뿌려주고 우리들 낚시채비를 모두 재방어낚시 채비로 교체하였다. 아저씨 낚시는 철수하고 세 사람의 미끼를 달아주는 일과 뜰채로 고기를 떠주는 일만 전담하셨다.

재방어가 정신없이 올라왔다. 아저씨는 "고기가 떠오르고 있으니까 수심 30미터에 고정해 주세요" 하셨다. 아저씨가 아주머니 낚시와 본인의 낚시를 수심 30미터에 고정하였고, 나도 서원 씨와 내 낚시를 수심 30미터에 고정하였다.

재방어 입질이 왕성해지자 나도 뜰채를 준비해서 내 고기와 서원 씨 고기를 뜰채로 뜨고, 아저씨도 낚시를 하면서 아주머니 고기와 아저씨가 잡은 고기를 뜰채로 떴다. 우리 모두에게 정신없이 재방어가 입질을 해주었다.

밤 12시가 되었다. 아저씨는 낚시 종료를 선언하였다. 물 칸이 재방어로 가득하게 차오르자 재방어를 잡아서 선상에 방치하게 되었기 때문이다. 아저씨는 배에 시동을 걸고 바쁘게 포구로 달려갔다.

낚시가 종료되자 서원 씨는 내 가슴에 쓰러지더니 곧바로 깊은 잠에 빠져들었다.

아저씨는 활어차 운송회사에 연락해 활어차 두 대를 포구에 대기시켰다. 우리 배가 포구에 정박하자 기중기가 신속하게 내려와서 대형 뜰채로 재방어를 뜨더니, 저울에 달기 무섭게 활어차에 실었다. 활어차 두 대가 재방어를 가득 싣고 아저씨를 동승해서 포구를 떠났다.

나는 깊이 잠이 든 서원 씨를 업고 배에서 내렸다. 아주머니는 배 단도리가 끝나자 앞장서서 집으로 달려가셨다. 나는 깊은 잠에 빠져 있는 서원 씨를 침대에 누이고 누비바지랑 돕바는 벗겨서 침대 아래에 던져두고 이불로 포근하게 감싸주었다. 아주머니는 누비바지와 긴 잠바를 챙겨들고 흐느끼면서 우리 방을 나가셨다.

나도 옷을 벗어서 침대 밖에 던져두고는 서원 씨를 가슴에 안고 팔베개를 해주었다. 내 입에서 감사기도가 흘러나왔다. 갈매기 울음소리가 가물가물 멀어져 가더니 나도 서원 씨 머리에 코를 묻고 깊은 잠속으로 끌려 들어갔다.

다음날 아침 8시, 서원 씨가 내 가슴을 흔들어서 깨웠다. 나는 서원 씨를 가슴에 안고 침대에서 일어나서 욕실로 들어갔다. 욕조에 더운물이 가득히 넘칠 때까지 나는 서원 씨를 안고 욕실 안을 맴돌아 주었다.

나는 서원 씨를 안고 욕조에 들어가 내 무릎 위에 앉히고 비누칠을 진하게 한 타월로 서원 씨 전신을 닦아주었다. 서원 씨도 비누칠한 타월을 받아서 내 전신을 닦아주었다. 하루 동안 어부수업을 혹독하게 받은 피곤도 말끔하게 씻어낸 것 같았다.

서원 씨가 내 가슴을 파고들었다. 나는 "아침밥 먹고는 출발해야지요" 했다. 내 본능도, 서원 씨 화산도 서로 반기다가 샐쭉하여 돌아섰다. 서원 씨는 주먹으로 내 가슴을 톡톡 치더니 마른 수건으로 내 몸을 닦은 후에 옷을 입혀갔다. 나도 마른 수건으로 서원 씨의 젖은 몸을 닦아주고 옷을 입혔다. 부부가 되었다는 것은 서로 알몸을 인정해 주고 서로 옷을 입혀가는 사이라는 생각이 또 들었다.

우리는 나란히 거실로 나갔다. 서원 씨는 아주머니를 도와서 아침 식탁을 준비하였다. 아저씨가 거실에 들어섰다. 나는 "벌써 배에 가셨다가 오신 거예요?" 했다. 아저씨는 싱글벙글 웃으시면서 "바닷가 백사장에 있는 모래 둔덕 아래다가 선생님들 쉬었다가 가시라고 텐트를 설치하고 왔구만요" 하셨다.

나는 서원 씨를 바라보았다. 서원 씨는 "마음씨 좋은 아주머니, 아저씨 집에서 우리 여행을 마무리하지요" 하였다. 아저씨가 반기면서 "저의 집에

쉬려고 오셨는데 고기 잡아 주시느라고 수고만 하시다가 보내드릴 수가 없었구만요" 하셨다. 나도 웃으며 "저도 하나님 사시는 집에서 용왕님 타령만 하고 있는 아저씨를 두고는 떠날 수가 없다는 생각을 하고 있었구만요" 했다.

아주머니는 반가워서 박수를 치시고, 서원 씨는 우리 방으로 달려가더니 성경책을 가지고 나왔다. 내가 성경책을 받아서 탁자 위에 올려놓자, 아주머니는 안방으로 달려가서 성경책을 가지고 나오셨다.

나는 아저씨 손을 잡고 이끌어서 아주머니 옆자리에 나란히 앉혔다. 서원 씨는 내 옆자리로 와서 앉았다.

내가 말문을 열었다.

"부부가 되어서 한 몸을 이루어서 사는 것도 중요하지만, 더 중요한 것은 부부가 한마음이 되는 것입니다. 몸이 한 몸을 이루었으면 마음도 하나 되는 것이 당연한 것이 아닐까요?"

서원 씨가 "아멘" 하였다.

"한 배를 타고 가는데 사공이 둘이면 배가 산으로 간다는 성현들의 말씀을 우리는 잘 알고 있습니다. 배가 산으로 가서 어쩌자는 것입니까?"

내 말에 아저씨 표정이 심각해졌다. 나는 아저씨를 보면서 "이번 일을 두고 생각해 볼까요?" 하자 아저씨 표정이 거의 울상이 되었다.

아저씨가 말문을 여셨다.

"우리 아들놈도 딸내미도 교회를 열심히 나가고 있구만요. 이번에는 저도 나가야지요. 이런 체험을 하고도 모르는 척할 수는 없는 노릇이지요."

아주머니가 거들었다.

"저나 우리 아이들이 신앙을 지켜온 것은 아이들 아버지 덕이구만요."

나는 전초전을 마감하고 성경책을 펼쳐 들었다.

"지금부터 하나님 말씀을 읽어드리겠습니다. 마음을 가다듬고 귀를 집중해서 두려운 마음으로 들어 주십시오."

나는 마태복음 18장 19절 말씀을 읽어드렸다.

"진실로 다시 너희에게 이르노니 너희 중의 두 사람이 땅에서 합심하여 무엇이든지 구하면 하늘에 계신 내 아버지께서 저희를 위하여 이루게 하시리라."

나는 거듭해서 또박또박 한 번 더 읽어드렸다. 아주머니는 서원 씨와 함께 "아멘" 하셨다. 아저씨도 훌쩍이면서 "아멘" 하셨다.

나는 말을 이어갔다.

"우리 각자는 지문이 다른 것같이 생각이 다른데 합심이 가능할까요? 불가능하다는 것이 정답입니다. 하지만 딱 한 가지 방법으로 가능합니다. 내가 주님을 영접해서 하나 되어 있고, 당신도 주님을 영접해서 하나 되어 있다면 주님을 통해서 합심이 가능합니다. 한마디로 요약해서 두 사람이 믿고 있다면 합심이 가능합니다. 어제 일을 생각해 볼까요? 저의 집사람은 낚시에 '낚'자도 모르는 왕초보자입니다. 그렇지만 저와 같이 하나님 아버지께 합심하여 구하였더니, 고래같이 큰 재방어를 작은 가자미 낚시로 잡은 것을 우리는 직접 보게 된 것입니다. 누가 우리 일을 믿을 수 있겠습니까? 그러나 우리는 믿어야 하고, 믿을 수밖에 없습니다. 만일에 믿지 않는다면 본인이 정신병원에 가야 할 입장이 되기 때문입니다."

서원 씨도, 아주머니도, 그리고 아저씨는 흐느끼면서 "아멘" 하셨다. 찬송가 455장을 부르고 말씀을 마쳤다. 아저씨는 찬송 중에도 계속하여 "아멘"을 하셨다.

우리는 모두 한자리에서 아침 식사를 하였다. 식사가 끝나고 나와 서원 씨는 반바지 차림에 대형 비치타월만 챙겨들고 아주머니를 따라서 바닷가 백사장으로 달려갔다. 서원 씨의 하얀 블라우스가 바람결을 타고 깃발이 되어서 나부꼈다.

드넓은 백사장이지만 모래 언덕이 주위를 가려주어서 아늑한 느낌이 들었다. 아담한 텐트로 햇빛을 가리어서 시원하였고, 돗자리 위에는 도톰한 요며, 홑이불이며 베개까지 갖추어진 것이 신방과 같았다. 채반에는 포도와 수박, 캔맥주까지 준비되어 있었다.

아주머니는 우리가 텐트 안으로 들어가자 서둘러서 집으로 돌아가셨다. 가시면서 "점심밥은 1시에 이곳으로 내어오겠습니다" 하셨다. 따끈한 가을볕에 백사장은 금방 달구어진 것 같았다.

텐트 안 공기는 훈훈하고 상쾌하였다. 서원 씨는 도톰한 요 위에 비치타월을 깔고 길게 누웠다. 나도 서원 씨 옆에 누워서 팔베개를 해주었다.

먼저 서원 씨가 말문을 열었다. "선생님, 아침 설교는 시작이 끝이 된 느낌이고요?" 하였다. 나는 가슴을 세우고 "결국은 같은 말이지만 끝은 '이 비밀이 크도다'였습니다" 했다. 내 가슴을 토닥이는 서원 씨의 큰 눈에 눈물이 가득하게 고였다. 갈매기들이 우리 텐트 위를 배회하면서 시끄럽게 울더니 멀어져 갔다.

서원 씨는 내 가슴을 밀어서 반듯하게 누였다. 그러고는 내 가슴 위로 올라와서 엎드리더니 가슴을 밀착해 왔다. "아닌데?" 하더니, 내 윗도리를 벗기고 서원 씨는 블라우스를 벗고 다시 내 위에 엎드려서 물장구를 쳤다. 또 한 번 "이것도 아닌데?" 하더니 홑이불을 뒤집어쓰고는 "내가 비밀을 알아봐야지!" 하면서 내 반바지와 팬티를 벗겼다. 나는 재빠르게 서원 씨 반바지와 팬티를 벗기고 반듯하게 누워서 내 가슴에 엎드려 있는 서원 씨를 안았다. "나도 비밀을 알아봐야지."

순간 서둘러서 서원 씨의 물장구가 시작되었다. 드디어 나의 본능도 화가 치밀어서 투정이라도 부리듯이 서원 씨 화산을 밀치고 들어올렸다. 계속되는 서원 씨의 물장구를 따라서 서원 씨의 작은 신음소리가 시작되었다. 서원 씨 가슴을 타고 거친 진저리가 한 차례 지나가더니 화산 입술이 열리고 말았다.

나는 서원 씨를 반듯하게 누이고 몸을 실어갔다. 내 허리를 안고 있던 서원 씨 양팔에 힘이 주어졌다. 서원 씨 전신에 거칠게 진저리가 지나가고 있었다. 서원 씨의 용트림이 시작되더니 서원 씨의 신음소리가 흐느낌으로 바뀌었다. 드디어 화산이 폭발하였다. 다급해진 내 본능도 폭발을 서두르는 것 같았다. 번쩍하고 불이 켜지는 느낌과 함께 내 본능도 폭발하고 말았다.

혼돈이 왔다. 이어서 상쾌한 피곤이 휩쓸고 지나갔다.

나는 서원 씨를 힘주어 안으면서 "비밀은 알아낸 것이오?" 했다. 서원 씨는 "쉽게 알 수 있는 비밀이라면 크다고 할 리가 없겠지요?" 하면서 내 가슴을 콩콩 두드렸다.

텐트 밖으로 나온 우리는 모래 언덕에 비치타월을 깔고 나란히 등을 기대고 앉았다. 따뜻한 모래 열기가 내 등에 전달되었다. 우리의 신혼여행이 넉넉해진 것 같았다.

"오늘이 우리 신혼여행의 끝인가?"

내 말에 서원 씨가 내 얼굴을 보고 돌아앉으며 "우리 여행의 시작인 것 같은데요?" 하였다. 우리 둘의 삶은 시작과 끝이 같다는 생각이 들었다.

서원 씨가 먼저 말문을 열었다.

"내일 집에 돌아가면, 목사님이 선생님을 학교 연구실에서 나와 내 방에서 함께 지내게 하시겠지요?"

서원 씨가 말을 이어갔다.

"목사님께서는 하나님 아버지의 뜻을 알기 전에는 우리들의 진로에 대하여 함구하실 것 같아요. 지난번에는 황금의 자리에서 지켜주신 하나님 아버지의 팔을 확인하셨고, 이번에는 권세의 자리에서도 선생님을 지켜주시는 하나님 아버지의 팔을 확인하시고 선생님의 진로를 말씀하실 것 같은데요?"

나는 "우리가 참 소망을 찾아서 가는 길을 아는 도리가 그 방법이 유일하기 때문이 아닐까요?" 했다.

나는 내 가슴에 파고든 서원 씨를 안고 있는 팔에 힘을 주어서 내 목을 안고 있는 서원 씨의 허리를 안고 자리에서 일어났다. 그리고 백사장으로 달려갔다. 내가 두 손으로 서원 씨 엉덩이를 받쳐 안아 올리자, 서원 씨는 재빨리 양발로 내 허리를 감싸면서 양팔로 내 등을 껴안았다.

나는 백사장 위에 깊이 찍혀가고 있는 발자국마다 서원 씨의 해맑은 웃음소리로 채워가면서 달리고 또 달렸다. 한참 만에 거친 숨을 몰아쉬며 서원 씨를 솔밭 가운데 설치된 긴 의자에 내려놓고 나도 자리하고 앉았다.

서원 씨가 나를 물끄러미 바라보며 "지난번 일은 시골 장형님께서 만들어낸 일이지만, 이번에는 아닐 것 같다는 생각이 자꾸만 들어요" 하였다. 나는 "먼저 가지 말라는 목사님 말씀에 순종해서 가던 길을 가는 수밖에요!" 했다. "권세의 자리는 들고 가기가 더 힘들 것 같아요" 하는 서원 씨에게 나는 "우리는 할 수 없어도 하나님께서는 능히 하실 수 있다는 믿음으로 가던 길을 가야겠죠. 먼저 가지 말고요" 했다.

멀리서 아주머니 인기척이 들려왔다. 웃으며 다가온 아주머니는 점심밥이 담긴 채반을 우리가 앉아 있는 긴 의자 위에 내려놓으셨다. 나는 아주머니를 보고 "저희가 신혼여행 중에 아주머니를 만난 것은 하나님의 은혜입니다" 하였다. 아주머니는 미소를 지으시면서 "선생님들은 하나님께서 저희 집에 보내주신 천사님들이라는 생각을 지울 수가 없는데요" 하셨다.

점심 식사 후에 서원 씨와 나는 바닷가로 달려갔다. 파도들이 하얀 이빨을 드러내고 우리에게로 달려오는 것만 같았다. 우리가 파도를 보고 도망치자 성난 파도는 모래 위에다 이빨 자국을 만들면서 포효했다. 서원 씨의 하얀 블라우스가 깃발이 되어서 나부꼈고, 밝은 웃음소리가 갈매기 울음소리에 실려 가없는 수평선으로 비상하는 듯했다. 그리고 서원 씨가 부르는 "트로이메라이"가 바람에 실려서 멀리멀리 수평선을 넘어갔다.

텐트로 돌아온 우리는 돗자리 위에 나란히 누웠다. 햇볕에 달구어진 더운 모래가 우리 등을 따뜻하게 어루만져주었다. 나는 서원 씨에게 팔베개를 해주었다. 서원 씨가 내게로 돌아누우면서 말문을 열었다.

"시간도 많고, 장소도 쾌적하니 전원 식당에서 미루어둔 이야기를 시작할까요?"

나는 고개를 끄덕여 주었다.

"제가 고등학교 3학년이 되던 해에 신체검사가 실시되었어요. 장소는 전문 산부인과 병원이었고, 검사항목은 자궁 검사였어요."

서원 씨는 내 표정을 살펴보더니 말을 이었다.

"내 차례가 되어서 간호사가 손으로 내 자궁을 여는데 내 자궁이 입술을 다물고 열어주질 않았어요. 간호사가 의사 선생님에게 보고를 드리자 의사 선생님은 자궁 여는 기계를 동원해 다시 시도해 보라고 하셨죠. 그래서 간호사가 내 자궁에 기계를 삽입해서 열어보려고 했지만 결국 자궁이 기계의 삽입 자체를 거부해서 검사가 불가능하다는 보고를 드리게 되었구요.

그러자 의사 선생님이 간호사를 내보내고 나와 상담에 들어갔어요. 의사 선생님은 내게 50개 항목이 넘는 질문지를 주시면서 진실되게 작성하라는 주의를 주셨어요. 내 답변 중에서 중요한 것을 들어보면, 첫째는 영육 간에 흡족하게 원하는 일이 아니면 내 자궁을 덮고 있는 입술은 열리지 않는다. 둘째는 내가 스스로 열고자 해도 선한 의도가 아니면 나도 열지 못한다. 그래서 자위행위는 불가능하다고 적었고요. 셋째는 남자를 경험한 적은 없고 그래서 처녀막은 잘 보존되어 있다고 적었어요. 의사 선생님은 내 이야기를 듣고, 나 같은 경우는 여자 100만 명 중에 1명꼴로 의학계에 보고된 특별한 경우라고 설명을 해주면서, 특별히 유의할 점은 내가 100퍼센트 남자를 원해도 남자가 100퍼센트 원하지 않을 때와, 남자가 100퍼센트 나를 원해도 내가 100퍼센트 원하지 않을 때에는 내 화산 앞에 있는 입술이 열리지 않는다고 설명해 주셨어요. 결론은 내가 의학계에서 말하는 '성녀'로 태어난 것이라는 말이었어요.
　의사 선생님은 나 같은 경우에는 독신으로 살아가는 것이 현명하다는 말로 마무리를 하셨지요. 만일 나의 신체조건을 정상으로 받아주는 남자를 만나거든 신께서 보내주신 배필로 생각하고 감사하면서 살아가라고도 했고요. 그리고 내 자궁 해부도와 의학계에 보고된 사례들을 복사해서 봉투에 넣어 주고 비밀리에 간수하라는 충고도 해주셨고요."
　서원 씨는 얼굴을 내 가슴에 묻고 서럽게 흐느꼈다. 나는 손수건을 꺼내서 눈물을 닦아주면서 힘껏 안아주었다.
　나는 내게도 서원 씨와 비슷한 1000만 분의 1의 이야기가 있는데, 적당한 시간에 들려주겠다고 약속을 했다. 서원 씨는 내 가슴을 헤치고 코를 묻더니 깊은 잠 속에 빠져들었다.
　백사장은 따뜻한 가을빛을 품고 있다가, 따끈한 열기를 우리 등에 전달해 주었다. 나도 서원 씨 머리에 코를 묻고 잠을 청하였다. 갈매기들의 울음소리가 잠결에 섞여서 아스라하게 들려왔다. 포근하고 따사로운 백사장의 온기를 덮고 나와 서원 씨는 달콤한 꿀잠 속에 취해서 한없이 끌려 들어갔다.
　오후 7시가 다 된 시간에 나는 낮잠에서 깨어났다. 서원 씨는 좋은 꿈이라도 꾸고 있는 듯 만면에 미소를 띠고 깊은 잠 속에 있는 것 같았다.
　'서원 씨는 나의 천사다! 그리고 아름다운 나의 여자다!'
　나는 손가락을 펴서 도톰한 서원 씨 입술에 접촉해 보았다. 서원 씨가 큰 눈을 번쩍 뜨더니 양손으로 내 목을 안고 입을 맞추었다.
　나는 서원 씨를 안아서 내 무릎 위에 앉혔다. "더 주무시게 둘 걸 깨웠나?" 서원 씨는 "아니에요, 저녁 식사 때가 다 되었는데요" 하면서 채반에 빈 그릇들을 챙겨서 민박집으로 향하였다.
　나와 서원 씨가 거실에 들어서자 아저씨와 아주머니가 반갑게 맞아주셨다. 나는 서원 씨 손을 잡고 욕실로 들어가서 간단하게 세수만 하고 거실로 나갔다.

저녁 식사가 준비되어 있었다. 아저씨가 안 보여서 아주머니께 여쭤보니 백사장에 설치했던 텐트와 돗자리를 챙기러 나가셨다고 하셨다.

나는 서원 씨와 같이 저녁밥을 맛있게 먹었다. 식사가 끝나갈 때쯤 아저씨가 거실에 들어서면서 "양식장으로 팔려간 재방어는 산란 준비에 들어갔다고 기뻐들 하구요, 어젯밤에 잡은 재방어는 오늘 낮에 경매에 부쳐서 2,600만 원에 낙찰을 보았구만요. 저희가 잡은 재방어 소문이 전해지자, 경포대 일대에 있는 어선들이 다투어서 현장에 출동해서 온 바다를 헤매고 다녔지만, 재방어는 고사하고 가자미도 못 잡고 돌아와서는 저를 추궁하는 바람에, 저는 설명도 못 드리고 도망오고 말았습니다" 하셨다.

서원 씨가 아저씨 손을 잡고 당부하듯 말하였다.

"저희 두 사람이 어제 낮에 잡은 재방어는, 아주머니의 기도 요청으로 저희 두 사람이 합심해서 하나님께 기도해서 잡은 재방어고요, 어젯밤에 잡은 재방어는 아주머니와 저희들, 그러니까 세 사람이 합심해서 하나님께 기도하여서 잡은 재방어라는 사실을 믿으셔야 합니다. 아저씨 눈으로 직접 보셨고 아저씨가 직접 만져 보신 재방어들이 아닌가요?"

아주머니는 아저씨 손을 잡고 "아멘" 하셨다. 서원 씨와 나는 두 분에게 박수를 보냈다.

나는 서원 씨 손을 잡고 우리 방으로 왔다. 서원 씨는 침대 위에 오르더니 반듯하게 누웠다. 나도 서원 씨에게 팔베개를 만들어주면서 나란히 누웠다. 서원 씨는 가슴을 열고 내 손을 이끌어다가 풍만한 자신의 가슴 위에 올려주면서 "항상 만져보고 싶었지요?" 하였다. 나는 "잘 알면서요…"라는 말과 함께 두 손으로 서원 씨의 가슴을 매만졌다.

서원 씨는 나를 바라보면서 "허물이 허물 되지 않고 자랑이 자랑 되지 않는 곳을 향하여" 하였다. 나는 "한식구가 되어서 서로 먹여주고 서로 입혀주는 곳을 향하여" 했다. 서원 씨는 "벌거벗어도 부끄럽지 않은 사이" 하였다. 나는 "내 뼈 중의 뼈요 살 중의 살인 사람"이라고 했다.

나는 서원 씨를 안아서 내 가슴 위에 올려놓았다. 서원 씨는 내 귀에 입을 대고 "세상 1등 자리를 팽개치고 특등 자리를 노리는 사람" 하였다.

나는 서원 씨를 안고 일어나서 심각한 얼굴로 "그 특등 자리는 무엇인데?" 하였다. 서원 씨는 미소를 지으면서 "그 자리는 하나님만 아시는 자리! 그래서 하나님께서 계획하시고 하나님께서 이루어 가시는 자리" 하였다.

나는 서원 씨를 침대 위에 앉혀놓고 일어났다. 나는 긴장하면서 "그 자리는 하나님의 사자 자리 같은데?" 했다. 서원 씨는 느긋하게 "아마도" 하였다. 나는 깜짝 놀라서 "목사님은 앞서가지 말라고 신신당부하셨는데?" 했다.

나는 서원 씨를 안고 욕실로 들어갔다. 욕조에 더운물이 차오를 때까지 나는 서원 씨를 안고 욕실 안을 맴돌아 주었다.

나의 숨소리도 서원 씨의 숨소리도 거칠어질 때 나는 서원 씨를 바닥에다 내려놓았다. 서원 씨는 내 옷을, 나는 서원 씨 옷을 서둘러 벗겨서 옷걸이에 걸고 나란히 욕조에 들어갔다. 서원 씨가 나를 바라보고 내 무릎 위에 앉아서 양팔로 내 목을 껴안았다. 서원 씨와 내가 쌍둥이가 되어서 어머니 태반 속에 나란히 들어 있다는 생각이 들었다.

우리의 신혼의 밤은 그렇게 또 깊어갔다.

다음 날 아침 8시가 다 되어서야 나는 잠자리에서 일어났다. 서원 씨는 벌써 일어나서 아주머니와 같이 아침상을 준비하다가, 잠에 취해 있는 나를 흔들어서 깨웠다. 나는 세수부터 하고 나들이옷으로 갈아입은 뒤 거실로 나갔다. 식탁에는 아저씨와 아주머니도 앉아 계셨다.

나는 서원 씨와 같이 아침밥을 맛있게 들고 감사를 표하였다.

"저희 신혼여행이 아저씨와 아주머니 덕분에 아름답게 마무리가 되어서 기쁩니다."

아저씨는 "힘들게 낚시만 하시게 하다가 보내드리게 되어서 마음이 무거운데요" 하셨다. 나는 "혹시라도 그런 생각은 하지 마십시오. 하나님께서 함께하시는 귀한 집에서 보내게 된 일을 영광으로 생각합니다"라고 했다.

나는 그동안의 숙박비를 계산해서 만들어진 봉투를 아저씨께 드렸다.

아저씨나 아주머니는 봉투를 받아들고는 어떻게 할 줄을 몰라 하셨다. "그렇지 않아도 저희도 봉투를 만들었는데요, 양식장에 팔려간 재방어 값만 넣었습니다" 하셨다. 나는 "아드님과 따님 학비에 보태어 쓰셔요" 하면서 봉투를 다시 돌려 드렸다.

서원 씨가 옷가방을 챙겨 들고 나왔다. 아주머니는 서원 씨 손을 잡고 "선생님은 아시지 않습니까? 이 돈이 감사로 만들어졌다는 것을!" 하시면서 눈물을 지으셨다. 아저씨가 거들었다. "저희들 차지가 3,000만 원이 넘어요. 우리 아이들 대학교 졸업할 때까지 들어갈 학비는 챙겨진 셈이구만요" 하셨다. 그러자 서원 씨는 돈이 내포하고 있는 의미를 생각하고 아주머니한테서 돈을 받아서 손가방에 챙겼다. 아저씨는 거듭해서 "교회는 꼭 나갈 거구만요"라고 다짐을 하셨다.

서원 씨는 아저씨와 아주머니 손을 잡고 나를 보더니 기도를 하였다. 나도 합심해 주었다. 기도가 끝나자 "하나님께서 함께하십니다. 꼭 승리하세요!" 하면서 손을 흔들어 주었다. 아저씨와 아주머니 배웅을 받으면서 우리는 민박집을 떠났다.

그런데 한길로 나오자마자 젊은 사람이 우리 차를 세우더니 "어제 낚시로 재방어를 잡은 선생님들이 맞지요?" 했다. 그렇다고 하니 명함을 건네왔다. 양식장 직원이었다.

"저희 사장님께서 선생님들이 민박집에서 나오시면 모시고 오라고 하셔서 선생님들이 나오시기만 기다리고 있었습니다."

서원 씨가 "같이 가요. 재방어가 산란을 준비한다는데, 궁금하기도 하네요" 하였다. 나는 젊은이가 운전하는 차를 따라서 양식장에 도착하였다. 현판에는 '국립수산자원연구소'라고 쓰여 있었다.

건물 안으로 들어간 나와 서원 씨는 곧바로 산란장으로 안내를 받았다. 산란장은 자연 상태를 그대로 옮겨 놓은 것 같은 초대형 수족관으로 만들어져 있었고, 수족관 안에는 자연환경과 비슷하게 해초류들이 자라고 있었다. 수족관 주위에는 사장님을 비롯하여 연구관들과 많은 직원들이 운집해 있었다. 사장님이 반갑게 우리를 맞이하였다. "저희가 풀지 못한 문제들이 많아서 결례를 무릅쓰고 모셔오라고 하였습니다" 하시면서 명함을 내밀었다. 서원 씨가 "저희에겐 명함은 없구요…" 하면서 서울 음대 교수 신분증을 보여주었다.

산란장에는 한풀이 타령조의 민속 음악이 흘러나오고 있었는데, 서원 씨 귀에는 몹시 거슬렸다. 사장님이 말문을 여셨다.

"어제부터 오늘까지 계속해서 수족관을 회유하고 있는 재방어를 보고서 산란 준비 동작이라는 데는 공감하였지만, 끝없이 같은 동작만 반복하고 있는 재방어를 알 수 없다는 생각이 들어서요. 연구관들이 나름대로 방법을 시도하였지만 전혀 변화의 조짐이 안 보여서 선생님들을 모시게 된 것입니다."

서원 씨는 산란장에 마이크 시설이 되어 있는지 물었다. 한 연구관이 그렇다고 대답하자 서원 씨는 지금 나오고 있는 음악을 중단하고, 마이크에서 나가는 노래를 연결하여 달라고 부탁하였다.

서원 씨는 내 손을 붙들고 간절한 눈빛으로 나를 바라보더니 기도를 담아서 "트로이메라이"를 열창하였다. 나도 곧바로 뒤를 이어서 합창하여 주었다. 수족관 전체가 우리 노랫소리로 압도되어 버렸다. 저음으로 부드럽게 깔아가던 나의 바리톤이 서원 씨의 도움을 받아서 천상으로 솟구치더니 잔잔한 흐느낌이 되어서 지상으로 다시 돌아왔다.

순간 수족관을 회유하던 재방어의 움직임에 변화가 시작되었다. 수컷이 암컷을 안고 횡으로 회전이 시작되더니 하얀 분비물을 수면에 쏟아놓기 시작하자, 암컷은 거대한 몸을 수면 위로 치솟아 오르더니 꼬리로 수면을 후려치면서 포도송이 같은 알을 분출해서 수초마다 매달아갔다. 숨을 죽이고 바라보고 있던 연구원들이 일제히 박수를 쳤다.

우리의 노래는 서원 씨의 테이프로 교체되었다. 미국 카네기홀에서 제작한 것이었다. 암컷의 산란 점프는 점점 힘을 더해가는 것 같았다. 한 시간이 넘게 산란 점프가 계속되더니, 암컷이 수면 아래로 잠겨들자 수컷도 잠겨들었다. 사장님에게서도 연구소 직원들에게서도 일제히 박수가 터져 나왔다.

사장님은 나와 서원 씨 손을 잡고 흔들어 주시더니 사장실로 들어갔다. 연구관들도 모두 따라왔다.

사장님은 나와 서원 씨를 위해 사장실 한쪽에 마련된 대형 타원형 원탁에 자리를 만들어주셨다. 연구관들도 탁자에 빙 둘러앉았다. 직원들이 다과를 내왔다. 사장님이 먼저 말문을 여셨다.

"결례를 무릅쓰고 두 선생님을 모시게 된 것은 우리 연구원들도 저도 풀지 못한 문제가 있어서였습니다. 하나는 작은 가자미 낚시로, 더구나 가는 낚싯줄로 60킬로가 되는 재방어를 잡을 수 있는가라는 문제구요, 둘째는 고기에 아무 상처도 없이, 특히 낚싯바늘이 박힌 입술에도 상처 하나 없이 잡을 수가 있는가라는 문제구요, 셋째는 산란이 준비된 고기가 2일간을 같은 동작만 되풀이할 뿐 산란이 시작되지 않은 이유가 궁금하였습니다."

서원 씨가 자리에서 일어났다.

"고기를 잡은 사람이 저이다 보니, 답변할 책임도 저에게 있다고 생각을 하고 제가 답변을 드리고자 합니다. 여러분 중에는 박사님도 계시고 학업 중에 있는 연구원도 계시는 것으로 알고 있습니다. 저도 이미 신분을 밝힌 바와 같이 학생들을 가르치고 있는 학자 중의 한 사람입니다. 제가 여러분을 가르치거나 설득할 능력이 없다는 것도 잘 알고 있습니다.

저는 우리가 겪고 있는 비상식적인 경험들을 이해하기 위하여 한 과학자가 한 말을 인용해서 설명을 드리고자 합니다.

물리학자로서 노벨상을 수상한 바 있는 프랭크 윌첵이 저술한 《뷰티풀 퀘스천》이란 책에서 보면 '그러므로 우리 인간은, 자연의 신성한 과정을 가능한 한 비슷하게 흉내 내면서 유한과 무한을 결합하는 데 힘써야 한다'라고 역설하고 있습니다. 우리가 추구하고 있는 지식이라는 것도 보편타당성의 추구가 아닙니까? 단적으로 본다면 확률에 지나지 않지요? 그런 의미에서 본다면 윌첵의 주장은 참된 진리를 찾아서 고민하고 있는 과학자라는 생각이 들었습니다. '유한과 무한의 결합'이라는 말이 다분히 추상적이지만 우리가 더 이상 접근할 수도 없다는 것을 깨달았습니다. 저는 윌첵의 말 속에서 우리가 고민하고 있는 문제가 포함되어 있다는 생각이 들어서 인용하였습니다.

이번에는 성경에 기록된 하나님의 말씀을 직접 들여다볼까요? 창세기 1장 28절에 '그들에게 복을 주시며 하나님이 그들에게 이르시되 생육하고 번성하여 땅에 충만하라, 땅을 정복하라, 바다의 물고기와 하늘의 새와 땅에 움직이는 모든 생물을 다스리라' 하십니다.

오늘 우리가 고민하고 있는 문제는 '바다의 고기와 하늘의 새와 땅에 움직이는 모든 생물을 다스리라'는 말씀이 되겠습니다. 하나님께서 우리에게 복으로 주신 말씀은 전능하신 하나님께서 보장이 되신다는 뜻이 아닙니까?"

나는 서원 씨의 말에 "아멘" 하였다. 이어서 사장님도 "아멘" 하셨다.

서원 씨는 잠시 숨을 고른 후 분명한 어조로 말했다.

"우리가 품고 있는 의문에 대한 답은 너무도 분명하고 간단합니다. 하나님께서 보장하고 계시는 복을 이끌어낸 것은 선생님과 저의 합심기도였습니다."

사장님과 연구관들의 눈이 휘둥그레졌다. 나는 "아멘" 하였다.

서원 씨는 "저와 선생님이 함께 부른 노랫소리를 듣고 산란이 시작되었다는 것이 저의 답변에 대한 설명이 되지 않겠습니까? 저희 둘이서 합창하여 부른 노래 속에는 선생님과 제가 합심해서 드리는 기도가 실려 있었습니다. 저희 기도를 재방어가 감지할 수 있도록 노래 속에다 실었을 뿐입니다" 하였다.

서원 씨는 이어갔다.

"물론 저의 기도는 하나님께 드렸지만 하나님께서는 노래 속에 실려 있는 기도를 직접 재방어가 들을 수 있도록 간섭하셨다고 믿고 있습니다. 제가 윌첵의 말을 장황하게 늘어놓은 이유가 여기에 있다고 생각합니다."

사장님도 연구관들도 조용히 경청하였다.

"저의 답변에 대한 사족을 달아보면 다음과 같습니다. 저희 두 사람은 신혼여행 중에 있습니다. 저희가 묵었던 민박집은 아주머니가 믿는 사람인데, 아들과 딸의 등록금 때문에 기도 중에 있는 것을 알게 되었습니다. 저희 두 사람은 아저씨가 부리는 고깃배를 타고 고기를 잡아서 아주머니 기도를 돕기로 결단하고 낚시를 하면서 합심하여 기도하였습니다. 저도 선생님도 베드로가 주님의 말씀에 순종해서 많은 고기를 잡은 성경말씀을 마음속에 간직하고 기도를 드렸습니다. 저는 아저씨가 만들어주신 채비를 바다에 드리우고 선생님과 함께 기도를 담아서 '트로이메라이'를 시작하였습니다.

저희 노래가 뜨거워지는데 어신이 왔습니다. 저는 조심조심 낚싯줄을 감아가는데 재방어 수컷이 따라와서 잡게 되었고요. 아저씨는 또 채비를 만들어서 바다에다 드리워 주셨습니다. 저는 곧바로 어신을 받고 더 조심해서 낚싯줄을 감고 있는데 이번에는 재방어 암컷이었습니다. 큰 고기가 조용히 따라오더니 뱃전에 몸을 의지하고 있었습니다. 아저씨는 재빠르게 밧줄로 재방어 꼬리를 묶어서 포구까지 조심해서 끌고 오신 것입니다. 이상이 저의 기도에 대한 사족이었습니다."

이번에는 사장님이 제일 먼저 "아멘" 하셨다.

연구원 한 사람이 찬송가 40장을 찬송하자 연구소 직원들이 합창을 하였다.

서원 씨는 카네기홀에서 독창회를 가질 때 열창한 "트로이메라이"를 카네기홀 기술진들이 녹음하여 제작한 테이프를 연구원들에게 나누어주면서 앞으로도 재방어 산란이 시작되면 이 테이프를 틀어주라고 당부하였다.

사장님이 말문을 여셨다. "또 하나는 사무적인 문제입니다. 우리가 산란 중에 있는 재방어를 활어 집에서 구입하는 가격으로 매입하였는데, 산란 중에 있는 재방어 값이 아니라는 생각이 들었구요, 그렇다고 저희는 산란 중에 있는 재방어 값을 아는 것도 아니고요." 하셨다.

서원 씨는 사장님 손을 잡으면서 "사장님, 감사합니다. 사장님의 진심이 담긴 고민을 하나님께서는 알고 계십니다. 저희가 기증한 것으로 해드리면 되지 않겠습니까?" 하였다.

사장님은 반가워하셨다. 직원이 서류를 가지고 왔다. 나와 서원 씨는 우리가 잡은 재방어를 연구소에 기증한 것으로 서류를 만들고 서명 날인을 해 주었다.

우리는 연구소에서 준비한 늦은 점심을 먹었다. 식사 후에 사장님은 기도하면서 만든 봉투라고 하면서 내게 봉투 하나를 주셨다.

나와 서원 씨는 사장님과 연구관들의 배웅을 받으면서 연구실을 나와서 서울을 향해 출발하였다.

겹겹이 막아서는 산굽이를 지나고 수없이 많은 산모롱이를 지나서 서원 씨와 나는 이름도 모르는 휴게소에 들렀다. 우리는 아이스크림을 사 와서 차 뒷자리에 나란히 앉아 먹으며 이야기를 나누었다.

"선한 소망을 따라서 담대한 마음으로 발걸음을 내디뎠더니 생명에 싸인 사랑들이 열매로 맺혀간다는 깨달음이 왔습니다"라는 서원 씨 말에 나는 "아멘" 하면서 한마디 거들었다. "민박집 일도, 연구실 일도 하나님께서 하신 일이고, 우리가 한 일이라고 기억되는 것은 서원 씨를 안고 뒹굴었던 일밖에 없다는 생각이 들었습니다" 하자 서원 씨가 내 가슴을 콩콩 두드리면서 "누가 짝지어 주셨는데요" 하였다.

나는 서원 씨 테이프를 틀고 볼륨을 올렸다. 가슴이 뻥 뚫리는 것만 같은 아름다운 노래이고 기도였다!

다시 서울로 출발하였다. 헤치고 나서면 또다시 휘감아드는 산자락을 수도 없이 헤치고 나왔더니, 어느덧 춘천 시가지가 눈에 들어왔다. 전원식당을 지나서 가슴을 열고 맞이하는 의암댐을 지나서 강촌다리가 우리를 반기고 들었다.

내 귀에는 교생들의 환호하는 소리가 박수 소리에 섞여서 들려오는 것만 같았다. 갈채! 싫지만은 않은 소리라는 생각이 들어서 나도 모르게 미소가 나왔다. 서원 씨는 미소 짓고 있는 내 모습을 보더니 "교생들의 박수 소리가 들려오고 있지요?" 하였다. 나는 "아뇨" 하며 시치미를 떼었다.

서원 씨는 결연한 목소리로 "내 삶을 그 박수 소리가 끌어간다면 나는 이 세상에 없는 사람이라는 말이 진실이 될 거예요. 내가 친아빠를 따라서 미국에 있는 명문대학교에 들어가지 않은 이유는 간단한데, 바로 그 박수 소리에 끌려가는 광대놀음이 싫었기 때문이에요. 그것이 미국 아버지를 떠나서 혜화동교회 목사관에서 살게 된 유일한 이유지요" 하였다.

나는 길가에 차를 세우고 서원 씨를 안아주며 말했다. "조금도 염려하지 말아요. 나도 꼭 승리하는 모습을 보여줄 것입니다. 나는 나의 전부를 주고 서원 씨와 결혼을 하게 된 사람이라는 것을 믿어주었으면 합니다. 서원 씨를 하나님께서 100만 분의 1로 막아 놓으신 것처럼, 나는 1,000만 분의 1로 막아놓으셨기 때문에 서원 씨가 아니고는 나를 남자로 가져갈 사람은 이 세상에 없다는 사실을 믿어주어야 합니다" 했다. 서원 씨 큰 눈에 눈물이 가득하게 고였다.

나는 "우리는 한 몸 한뜻을 이루어서 온전한 사랑을 이루어가는 부부가 되어야 한다고 믿고 있습니다. 그 길에서 참 소망의 삶을 이루어갈 수 있다고 깨달았기 때문이고, 주님의 새 계명을 이루어가는 삶의 바탕이 된다고 믿고 있기 때문입니다" 하면서 서원 씨를 힘주어 안아주었다.

나는 이어서 "이번 신혼여행은 우리 두 사람이 합동과 합심의 비밀을 담대한 마음으로 실험해 본 여행이라고 생각해요" 하면서 서원 씨를 살펴보았다. 서원 씨는 연신 "아멘"으로 화답하였다.

서원 씨가 말했다. "선생님께서 오늘이 우리 여행의 끝인가 하면서 아쉬워하셨을 때 제가 우리 여행의 시작이라고 말한 것은 여행을 좋아하기 때문이고, 우리가 여행을 좋아하는 것은 자유함 때문이 아닌가요? 매임도 없이 훨훨 구름에 달 가듯이 말이에요" 하였다.

내가 이어갔다.

"길은 외줄기 남도 300리, 술 익는 마을마다 타는 저녁놀, 구름에 달 가듯이 구름에 달 가듯이 가는 나그네."

서원 씨가 박수를 쳤다.

나는 "그래서 나는 서원 씨가 좋은 것이고" 하자, 서원 씨는 "그래서 저는 선생님이 좋은 것이고요" 하였다. 나는 큰 소리로 웃으면서 서원 씨를 힘껏 안아주었다. 나는 다시 차에 시동을 걸고 서울을 향하여 출발하였다.

우리는 경동시장에 들러서 과일도 종류별로 많이 사고, 해물탕을 끓일 재료도 넉넉하게 샀다. 이어서 서원 씨는 양장점으로 가서 순실 집사님이 입을 정장을 짙은 감색으로 사고, 하얀 블라우스에 스카프까지 구입하여 곱게 포장하였다. 이름도 없이 빛도 없이 앞만 바라보고 달려온 집사님의 아름다운 헌신의 삶을 서원 씨도 나도 가슴 아파했고, 사랑에 빚진 자로서 우리가 풀어야 할 과제로 가슴에 안고 살고 있었다.

드디어 목사관에 도착하였다. 목사님도 집사님도 거실 문을 열고 뛰어

나오시면서 반갑게 맞이하셨다. 나는 거실로 짐을 옮기고 2층 서원 씨 방으로 올라가서 한복으로 갈아입고 거실로 내려왔다.

나는 서원 씨와 같이 안방으로 가서 목사님께 큰절을 올렸다. 목사님은 "여행은 좋았고?" 하셨다. 서원 씨가 "즐거웠습니다. 큰 보람도 있었고요" 하였다. 나도 "만족스럽고 즐거웠습니다" 했다.

목사님은 우리 손을 양손에 잡고 거실로 나오셨다.

"2층 서원이 방은 침대만 더블로 바꾸었다. 애비는 오늘부터 잠은 2층 서원이 방에서 자고, 밥은 목사관에서 먹고, 학교 연구실은 주간에만 사용하는 것으로 바꾸어야 할 것 같다."

목사님은 이어가셨다.

"공부는 하던 대로 이어가고, 연구실에 있는 짐은 그대로 두고."

서원 씨는 선물로 사온 옷상자를 집사님에게 드렸다. 기뻐하시는 집사님을 보며 나도 거들었다.

"저희 두 사람의 마음을 담은 작은 정표입니다. 큰 것은 다음으로 미루었습니다."

목사님이 찬송가 82장이 흘러나오는 서재 문을 열어둔 채 거실로 나오셨다. 음대 학장님이 내 노래를 녹음해서 보내주신 것이었다. 목사님이 "서원이는 더 건강해진 것 같고, 더 예뻐진 것 같다" 하셨다.

주방에서 서원 씨가 "목사님이 좋아하시는 해물탕 끓여드릴게요" 하면서 서재에서 흘러나오는 내 찬송 소리에 맞추어서 합창을 했다.

서원 씨가 끓인 해물탕으로 식구들이 다 같이 점심을 맛있게 먹었다. 서원 씨는 계속하여 이것저것 물어보시는 목사님의 마음을 읽고 웃으면서 "더없이 행복하고 보람 있는 신혼여행이었어요" 하고 대답하였다.

집사님은 거실에서 머뭇거리고 계시는 목사님에게 서원 씨가 건네준 손지갑을 전달하였다. 그 손지갑 속에는 서원 씨가 전원 식당에서 첫날밤을 치르면서 준비해온 하얀 손수건이 들어 있었다. 목사님은 손지갑을 받아들고 서재로 들어가셨다.

서원 씨는 목사님께서 초조하게 기다리고 계신 것이 무엇인가를 알고 있었다. 목사님은 서원 씨가 가지고 있는 비밀봉투에 담긴 내력을 알고 계셨기 때문이었다.

나는 서원 씨 손을 잡고 2층 서원 씨 방으로 왔다. 침대가 널찍한 더블 침대로 바뀌었고, 이부자리도 모두 새것으로 바뀌었다.

서원 씨는 욕조에 더운물을 받아두고 나를 불렀다. 우리는 욕조로 함께 들어갔다. 나는 물속에서 서원 씨를 무릎에 앉힌 채 욕조 벽에 기대고 앉았다. 나는 양손으로 서원 씨의 풍만한 가슴을 껴안았다. 부부가 되어 서로의 알몸을 시인해 주고 서로 사랑으로 옷 입혀가는 삶에 감사했다.

비밀 속에서 알록달록하게 그리어가던 역동적인 나의 대학 시절도 마지막 해를 보내고 새봄을 맞이하였다. 그해 2월 15일을 전후해서, 서원 씨와 나는 부부가 되어서 대학교를 졸업하였다. 서원 씨의 초임지는 전북 부안읍에 있는 부안여고로 결정되었다.

둘.

사랑이다

둘.
사랑이다

"여호와께서 요셉과 함께하시므로 그가 형통한 자가 되어"(창 39:2).

서울 음대 학장님도 서원 씨의 결단을 꺾지 못하고 백기를 들고 말았다. 서원 씨를 학교에 남아 있게 하려고 재학 시절부터 조교수의 신분을 주어서 회유책을 써보았지만 허사가 되고 만 셈이었다.

서원 씨의 몸은 은밀하게 불어나고 있었다. 산부인과 의사의 소견으로는 임신 6개월에 사내아이라는 판단이 나왔다. 서원 씨의 임신을 가장 기뻐하는 사람은 목사님이셨다. 나는 서원 씨와의 혼인 신고를 목사님과 의논하였지만 목사님은 아이가 출생할 때까지 미루고 싶다고 하셨다. 서원 씨와 나는 목사님 생각에 따르기로 하였다.

서원 씨는 부안여고로부터 2월 20일까지는 출근하라는 통지를 받았다. 나의 고등고시 날짜도 3월 25일로 공고가 나왔다. 목사님은 학교 연구실에서 나온 나에게 목사님 서재를 공부방으로 사용할 수 있도록 해 주셨다.

서울 음대에서는 서원 씨가 부안여고에 출근하는 날 서울 음대 교수의 신분으로 호남지방에 거주하는 음악 특기생들을 모아서 특활시간을 맡아달라고 서원 씨와 나에게 특임장을 보내왔다. 호남지방에 있는 음악 인재들을 발굴하겠다는 학장님의 속사정도 있었지만, 목사님께서는 서원 씨와 내가 정식으로 결혼한 사실을 세상에 알리는 방법으로 여겨 의논된 것 같았다. 내 입장에서는 홀몸도 아닌 서원 씨를 낯선 초임지에 미혼자의 신분으로 보내는 일이 마음에 쓰였는데, 잘된 일이라는 생각이 들어서, 학장님의 요구를 쾌히 승낙하였다.

나는 2월 20일 새벽에 집사님께서 챙겨주신 이른 아침 식사를 마치고, 목사님께서 내어주신 승용차에 서원 씨와 함께 나란히 올라서 부안여고를 향해서 출발하였다. 서원 씨는 찬송가 427장을 틀어놓고 기도하는 자세로 눈을 감고 있었다.

서울 시가지를 벗어나서 한강 다리를 건너온 하행도로는 비교적 한가한 편이었다. 내가 "혼자서 가는 길이 아니라는 사실을 잊지 마시고, 내 몸은 비록 서울에 남아 있지만 내 마음은 항상 서원 씨 곁에 함께 있다는 것을 알아주었으면 합니다"라고 하자 서원 씨는 내 손을 다정스레 잡았다.

나는 서원 씨와 내가 함께 부른 "내 고향 남쪽 바다"로 노래를 바꾸어 틀었다. 그리고 곰곰이 생각해 보았다. '서원 씨에게는 어찌하여서 온 세상 사람들이 열광해서 쫓아가고 있는 박수 소리가 저승사자가 부르는 소리로 들리는 것일까?' 나는 함부로 들여다볼 수 없는 서원 씨만의 성역이 있다는 생각으로 숙연한 마음이 되었다. 허물이 허물 되지 않고 자랑이 자랑 되지 않는 곳이 과연 있을지 의구심도 들었지만 나는 하나님께 기도하기로 하고 마음을 다잡아갔다.

우리는 10시가 조금 지나서 부안여고에 도착하였다. 차를 교내 주차장에 세워두고 서원 씨와 나는 교무실로 들어갔다. 대부분의 선생님들은 수업에 들어가셨고, 수업이 없는 서너 분의 선생님들만 자리를 지키고 있었다. 서원 씨가 먼저 인사를 건네자 선생님들이 알아보시고 반가워하셨다.

한 선생님의 안내로 교감 선생님 방을 찾았다. 50대로 보이는 여자 교감 선생님이 서원 씨와 나를 알아보시고 반갑게 맞이하셨다.

"김요나 선생님과 맹서원 선생님이 맞지요?"

나와 서원 씨는 나란히 서서 교감 선생님에게 인사를 드렸다. 교감 선생님은 "서울 음대 학장님이 두 분의 신상에 대해서는 자상하게 말씀을 하여 주셨습니다. 두 분이 결혼한 사이라는 것과 맹 선생님이 임신 중이어서 이번 행사를 서둘러서 치르게 되었다는 사정도요. 그리고 혼인 신고가 늦어진 이유까지도요" 하셨다. 학장님의 세밀한 배려를 접하고 서원 씨와 나는 깜짝 놀랐다.

교감 선생님은 우리를 교장 선생님 방으로 안내하셨다. 교장 선생님은 머리가 하얀 할아버지셨다. 교장 선생님은 내 손을 잡고 반갑게 맞이하셨다. "오늘이 첫 출근 날인데, 큰일을 맡겨서 마음이 무겁습니다. 서울 음대에서 기자재 일부와 경비까지 지원된 행사입니다" 하셨다. 나는 서원 씨가 학장님을 존경하는 이유를 알 것 같다는 생각이 들었다. 나는 교장 선생님에게 염려 마시라는 인사를 드리고 교장실을 나와서 교무실로 왔다.

내가 서원 씨 책상에 서원 씨와 나란히 앉자 여선생님들이 몰려와서 책상을 에워쌌다. 한 여선생님은 우리가 실린 패션 잡지를 들고 와서 우리 모습을 확인하는 것 같았다. "어머나, 실물이 더 미남이시다" 하였다. 다른 여선생님들은 소리를 내어서 웃으셨다. 나는 다듬어지지 않은 여선생님들의 표현들이 신선하다는 느낌이 들었다.

교감 선생님은 선생님들을 자리로 보내시고 임시 교무회의를 시작하셨다.

"선생님들은 오늘 오후에 실시되는 행사에 관심을 가져주시고요, 오후 시간은 우리 학교 전교생이 참가하는 수업시간이 되므로 일반 학과 수업은 중단해 주십시오. 이번 행사는 대학교 측의 지원을 받아서 인재 발굴 차원에서 시행되고 있다는 점과 맹서원 선생님은 부안여고에 부임하셨지만 오늘 행사만큼은 음대 교수님의 신분으로 행사에 임하시는 것이라는 점을 유념하셔 주었으면 하는 저의 바람도 함께 알려드립니다."

교감 선생님은 행사 순서지를 서원 씨에게 주시면서 수정사항이 있으면 12시까지 수정해 달라고 하셨다. 그 후 교무회의를 마쳤다.

서원 씨는 우리 학교 학생 중에 피아노를 치는 학생이 있는지 물어보았다. 여중 2학년 담임선생님이 손을 들고 "작년 말에 실시된 호남지방 중고등부 음악 콩쿠르 대회에서 피아노 연주로 장원을 한 백성은이 있습니다" 하였다. 서원 씨는 성은이를 만나보고 싶다고 하였다. 2학년 담임선생님이 교실로 가서 성은이를 교무실로 데려왔다.

성은이는 둥근 얼굴에 눈이 큰 귀여운 학생이었다. 서원 씨와 나는 성은이를 데리고 행사 준비로 바쁜 학교 강당으로 갔다.

서원 씨는 성은이 손을 잡고 "성은이는 교회에 나가고 있지?" 하였다. 성은이는 "선생님이 어떻게 아셨어요? 아빠가 목사님이신데요" 했다. 서원 씨는 "성은이라는 이름을 보구서!" 하면서 성은이를 안아주었다.

"먼저 찬송가 40장부터 쳐볼까? 악보 없이 칠 수 있을까?"

"할 수 있어요, 선생님."

찬송가 40장의 전주곡이 나가자 서원 씨는 마이크를 조절한 후에 열창하였다. 성은이의 피아노 기량은 완벽하다는 느낌을 주었다. 강당이 서원 씨 찬송으로 압도되어 버렸다. 2절부터는 나도 합창해 주었다. 찬송이 끝나고 나도 성은이를 안아주었다. 성은이의 얼굴이 상기되었다.

시간이 오전 11시가 되었다. 12시까지는 순서지 수정이 완료되어야 한다는 생각을 하고 이른 점심부터 먹기로 하였다.

서원 씨는 "성은이도 점심 먹어야지" 하였다. 성은이는 "저는 도시락이 있는데요?" 했다. 나는 성은이를 보고 "오늘은 선생님이랑 같이 먹자" 하였다. 서원 씨는 성은이 손을 잡고 교문을 나왔다. 서원 씨가 성은이에게 뭐가 먹고 싶은지 물으니 성은이가 "짜장면이요" 하더니 얼굴이 홍당무가 되어서 서원 씨 뒤로 숨었다. 나는 "괜찮아. 선생님도 성은이 덕분에 짜장면 먹을까?" 했다.

음식이 나오기 전에 서원 씨는 순서지를 수정하였다. 부안여고에 보내진 순서지는 학장님께서 만드셨다는 것을 알 수 있었다. 서원 씨는 찬송가 40장을 추가해서 순서지를 만들었다.

점심 식사를 마치고 서원 씨는 성은이 손을 잡고 여학생 옷가게로 갔다. 서원 씨는 성은이 원피스에 머리띠며 허리띠며 신발까지 고르더니 옷에 맞추어서 스타킹까지 골랐다. 성은이를 새 옷으로 갈아입히고, 입고 있던 교복은 쇼핑백에 담았다. 밝은 분홍 바탕에 목장 풍경이 원피스 하단에 그려진 예쁜 옷이었다. 초원에서 춤추고 있는 목장 아가씨의 이미지였다. 성은이는 예쁜 여학생이었다. 서원 씨는 성은이를 안아주었다.

우리는 성은이 손을 잡고 나란히 교무실로 들어갔다. 선생님들이 성은이를 보고 박수를 보냈다. 서원 씨는 수정된 순서지를 교감 선생님께 드리고, "성은이는 선생님과 함께 강당으로 가서 순서지를 보고 한 번씩만 연습해 줄까?" 하였다.

나는 성은이와 같이 강당으로 갔다. 강당 앞자리는 음악 특기생들로 채워지고 있었다. 성은이는 피아노 건반을 열고 열심히 연습하였다. 나는 성은이 옆에 앉아서 마이크 없이 노래를 불러주었다. "트로이메라이", "대니보이", 구노의 "아베 마리아"에 중점을 두었다.

성은이 피아노 소리는 담대해졌고 기교도 넘쳐났다. 내가 불러준 구노의 "아베 마리아"를 듣고 성은이 눈에서는 눈물이 흘렀다. 나는 손수건을 꺼내서 눈물을 닦아주고 피아노 옆에 앉아서 듣기만 하였다.

오후 2시가 가까워지자 강당이 학생들로 가득하게 채워졌다. 부안여고 재학생들이 입실하였다. 나는 성은이의 손을 잡고 준비실로 갔다. 준비실에는 교감 선생님도 서원 씨도 와서 대기 중이었다.

시간이 되자 교감 선생님의 사회로 행사가 시작되었다. 교감 선생님은 서원 씨의 약력을 소개하고 나를 소개하였다. 피아노 반주로 성은이가 소개될 때는 학생들이 박수로 환영하였다.

서원 씨와 나의 합창으로 "트로이메라이"가 시작되면서 특활시간이 시작되었다. 서원 씨의 메조소프라노가 가지고 있는 힘과 강한 호소력에 나의 바리톤이 가지고 있는 부드러움이 하모니를 이루어서 장내 분위기를 압도해 버렸다.

강당 의자 옆에다 의자를 놓고 참관하시던 선생님들 모두가 기립박수를 치셨다. 학생들도 모두 자리에서 일어났고 우레 같은 박수 소리가 강당에 넘쳐났다. 두 번째 특별 순서로 구노의 "아베 마리아"가 열창되었다. 심령 심령을 어루만져 가다가 함께 울어버린 애절한 절규는 강당 전체를 울음바다로 만들었다.

장내 질서가 정리되자 서원 씨는 특별 순서에 대한 평가에 들어갔다.

"제일 먼저 살펴볼 일은 우리 두 사람이 불러준 노래의 음계입니다. 저는 메조소프라노이고 선생님은 바리톤이라는 것은 쉽게 알 수가 있습니다. 우리나라와 미국 음악계에서 공통으로 관심을 가지게 된 것은 두 사람의 음계가 변성도 없이 자연스럽게 확장해 갈 수 있다는 점입니다. 일반인들로서는 구사하기가 힘든 음계의 확장이라는 점입니다. 따라서 두 사람의 노래는 저음부에서의 호소력과 고음부에서의 호소력이 배가되어서 듣는 사람의 정서에 감동의 폭을 증폭시키는 효과를 만들어주고 있다는 것입니다. 어떤 학자가 '음악은 질서 위에서 춤추는 낭만'이라고 정의한 바 있습니다. 정서의 폭을 확장하는 일은 음악교육에서 간과할 수 없는 중요한 분야라는 점에서 특별 순서의 성격을 설명드렸습니다."

서원 씨의 특별 순서에 대한 평가 뒤에 음악 특기생들의 기량 발표시간이 이어졌다. 음악 특기생들의 발표에 대한 평가는 각 학교의 음악 선생님들이 참가해 주었다. 대학교에서 내려온 기술진들은 녹음 제작에 심혈을 기울였다.

오후 6시가 되어서야 특활시간이 모두 종료되었다. 각 학교의 음악 선생님들과 특기생들이 모두 돌아갔다. 나도 성은이 손을 잡고 서원 씨와 같이 교무실로 돌아왔다. 교감 선생님은 나와 서원 씨와 성은이의 수고를 치하하여 주셨다. 교장 선생님은 내 손을 잡고 흔들면서 감사를 표하였고, 선생님들은 박수를 쳐서 감사했다.

교감 선생님은 바로 이어서 긴급 교무회의를 시작하였다.

"긴급 안건은 오늘부로 우리 학교에 부임하신 맹서원 선생님의 하숙집을 구하는 문제입니다. 선생님들께서는 좋은 의견들을 허심탄회하게 말씀해 주시면 감사하겠습니다. 맹 선생님은 홀몸도 아닌데 부군은 학교 일 때문에 바로 올라가셔야 할 입장이 되어서 불가불 하숙을 구하시게 된 것입니다."

웅성댈 뿐 의견을 제시해 주는 선생님은 없었다.

그때 성은이가 손을 번쩍 들고 "저희 집이 좋을 것 같은데요?" 했다. 교감 선생님이 성은이를 바라보시자 성은이는 "다른 집보다 비교적 조용한 편이고요, 엄마와 아빠는 외국에 계시기 때문에 저하고 할머니만 살고 있는데, 할머니는 요리 전문가이셔서 식사도 잘 대접할 것 같고요" 했다.

성은이 담임선생님이 거들었다.

"저도 같은 생각입니다. 성은이 아버지는 목사님이신데 작년 말에 필리핀에 선교사로 파송되어서 지금은 성은이 하고 할머니만 살고 있고요, 특기할 점은 성은이 할머니는 전주한옥마을에서 전통 한국요리 부요리장을 지내신 분입니다. 또 하나는 성은이가 사용하고 있는 건넛방에 피아노가 있어서 음악선생님 하숙집으로는 적격이라는 생각이 듭니다."

선생님들은 이구동성으로 "딱이구만요!" 했다. 서원 씨도 좋다고 했다. 긴급 교무회의는 곰소에 집이 있는 교감 선생님이 퇴근 시간에 우리와 같이 가서 성은이네 집을 둘러보는 것으로 약속을 한 뒤 종료하였다.

나는 차에 시동을 걸고 퇴근 준비를 해서 성은이와 같이 나온 서원 씨를 뒷자리에 나란히 태우고 학교에서 출발하였다. 교감 선생님도 우리 차를 보고 따라오셨다. 성은이네 집은 변산해수욕장을 바라보고 지어진 벧엘교회 뒤에 있는 조용한 집이었다.

교감 선생님이 말문을 여셨다.

"집이 너무 좋다. 그런데 할머니는 알고 계시고?"

"아니요, 지금 말씀드리려구요."

성은이의 대답에 교감 선생님은 웃으시면서 "성은이는 선생님들 모시고 여기서 기다리고 있어야겠다" 하고는 혼자서 거실로 들어가셨다.

잠시 후에 교감 선생님은 할머니를 모시고 거실에서 나오셨다. 교감 선생님은 "나는 집으로 갈 것이니 성은이는 선생님들을 잘 모셔주렴" 하시면서 승용차에 올라 출발하셨다.

성은이 할머니는 서원 씨 손을 잡고 반갑게 맞이하시더니 앞장서서 거실로 들어가셨다. 나도 서원 씨와 같이 거실로 들어갔다.

성은이 할머니는 성은이처럼 둥근 얼굴에 둥근 턱을 하신 인자한 모습이었고, 귀티가 있는 미인이셨다. 할머니는 서원 씨 손을 잡고 "하나님께서 귀한 선생님을 보내주셨네요" 하셨다.

할머니는 걸레를 손에 들고 건넛방으로 가셨다. 서원 씨가 얼른 할머니 손에서 걸레를 받아들고 방을 닦았다. 방은 노랑 빛깔의 한지 장판으로 틈이 안 보여서 정갈한 느낌을 주었다. 난방은 전기 판넬로 되어 있어서, 성은이가 스위치를 올리자 금방 따뜻한 기운이 올라왔다. 들창 아래에는 피아노가 놓여 있고, 들창을 올리자 광활한 변산해수욕장이 한눈에 들어왔다. 옆으로 쪽문을 열고 보니 욕실이 있었다. 욕조는 2인용으로 아담하였고, 전기온수기가 설치되어 있어서 목욕은 언제든 가능하겠다는 생각이 들었다. 방 한쪽에는 옷장이 놓여 있고, 벽지는 벽돌색으로 따뜻한 느낌을 주었으며 아직은 깨끗하였다.

할머니가 옷장에서 성은이 옷을 챙기시는데 서원 씨가 말렸다. "어차피 성은이와 둘이서 사용할 방이구요, 선생님은 학교 일 때문에 서울을 떠나실 수가 없으셔서 이곳은 어쩌다 한 번이나 다녀가실 거예요" 했다.

할머니하고 성은이는 저녁 식사 준비 때문에 거실로 나갔다.

밖에는 어둠발이 엷게 깔려들고 있다. 서원 씨는 옷가방을 열고, 옷장 한쪽에다 옷을 정리하였다. 서원 씨 옷정리가 끝나자 서원 씨와 나는 거실로 나갔다.

식탁에는 저녁상이 준비되어 있었다. 고사리를 넣고 끓인 조기 매운탕이 감칠맛이 났다. 나와 서원 씨는 공깃밥을 더 먹었다. 식사 후에 내온 숭늉에서 어린 시절 어머니의 숭늉 맛이 느껴져서 내 가슴을 훈훈하게 하였다.

식사 후에 서원 씨와 나는 우리 방으로 건너왔다. 서원 씨는 욕조에 더운물을 받았다. 나는 비누칠을 진하게 한 타월로 서원 씨 전신을 닦으며 말했다.

"내가 서원 씨에게 해줄 수 있는 일이 별로 없는 것 같아서 안타까울 뿐이요."

서원 씨는 "혹시라도 그런 생각은 마셔요. 저의 선한 소망을 이루어가는 데도, 선생님의 도움 없이는 열매를 맺을 수가 없는 서원이라는 것을 잘 알고 계시잖아요? 설마 우리 두 사람의 만남이 1,000만분의 1로 만나게 된 귀한 만남이라는 사실을 잊으신 거예요?" 하였다.

"그러고 보니 1,000만분의 1로 서원 씨를 만나게 된 내 이야기를 들려드릴까요? 잠을 자기에는 이른 시간인 것 같은데."

내 말에 서원 씨가 고개를 끄덕였다. 나는 서둘러 서원 씨 몸을 닦아주고는 잠옷을 입혀주었다. 서원 씨도 내게서 마른 수건을 받아서 내 몸을 닦은 뒤 잠옷을 입혀주었다.

나는 서원 씨를 안고 방으로 와서 난방 스위치를 올리고 요 위에 서원 씨를 누였다. 나도 서원 씨 옆에 누어서 팔베개를 고여 주며 말문을 열었다. "이야기가 조금은 기니까 중간에 껴들지는 말구요" 했다. 서원 씨는 옆으로 누워서 나를 바라보고 고개를 끄덕였다.

"작년 여름 방학 기간에 일어난 일입니다. 방학이 없었던 연구실 동료들은 각자 거출로 작은 회식 자리를 만들었지요. 술기운이 돌자 음담패설이 시작되더니 동료들이 자기 여자 친구들과의 성관계에 대한 얘기를 하게 되었습니다.

유별나게 나 혼자서만 침묵으로 일관하자 한 동료가 나를 보고 동정남이 아닌가를 추궁하였습니다. 그러자 얘기가 우리 중에 동정남이 있을지도 모른다는 것으로 돌아섰지요. 동료들이 한결같이 자기 여자 친구들과의 성관계를 장황하게 늘어놓고 있는데, 유독 나 혼자만 입을 다물고 있었으니 그랬던 것이지요.

의문에 싸인 동료들이 나를 집중해서 심문하기에 이르렀고, 나는 웃으면서 동정남이 아니니까 헛수고하지 말라는 으름장을 놓았지만 그들의 질문은 집요하게 이어졌습니다. 동료들의 질문이 거의 해부학적 수준으로 성관계를 파고들자, 나는 손을 들고 말았습니다.

나의 고백이 드러나자 동료들은 술자리를 서둘러서 끝내고 전원이 종로 3가 뒷골목을 찾아가게 되었습니다" 하면서 나는 서원 씨 표정을 살펴보았다.

서원 씨는 호기심 어린 눈으로 나를 바라보더니 계속하라는 신호를 보냈다. 나는 말을 이어갔다.

"당시 종로 3가 뒷골목은 국가에서 홍등가라고 해서 지정해주고 관리하고 있던 사창가였습니다. 동료들은 나를 중앙에 두고 어깨동무를 하였고, 좁은 골목길을 누비고 가면서 '동정 사시요!'라고 외쳐댔습니다. 그러자 좁은 골목에서 서로 마주 보고 있던 대문들이 열리면서 젊은 여자들이 골목길로 쏟아져 나왔습니다. 골목길에서는 나를 차지하기 위한 각축전이 벌어지더니 결국에 나는 여자들에게 붙들려서 한 집에 끌려갔고, 동문들도 모두 나를 따라서 들어왔습니다. 동문들은 여자들을 짝으로 삼아서 방을 차지하고 들어가더니 방문을 열어두고, 나를 끌고 들어간 여자와 나의 동태를 살펴보고 있었습니다. 내가 들어간 방문 밖에서 여자들 간에 또 한 차례 다툼이 있더니, 결국에는 한 여자의 차지가 되었습니다. 그 여자들 사이에는 동정남을 만나는 일이 귀한 일로 신성시되고 있다는 사실을 알게 되었습니다"라고 말하고는 나는 또 뜸을 들였다.

서원 씨는 내 손가락을 비틀면서 계속하라는 신호를 보냈다. 나는 이어갔다.

"나를 차지한 여자는 내 앞에서 옷을 벗고는 알몸이 되어서 나를 바라보고 있다가 내게서 반응이 없자 내 옷을 벗겨 갔습니다. 나는 거부할까 생각도 해보았지만 동료들이 방문을 열고 보고 있다는 생각이 들어 포기하고 여자에게 맡기기로 하였지요. 여자는 능숙한 솜씨로 내 옷을 벗기더니 내 가슴을 파고들었습니다. 나는 방에 펼쳐진 이불 속으로 들어가서 내 알몸을 숨겼지만 그 여자는 내가 덮고 있는 이불속으로 파고들더니 입술을 동원해서 나의 전신을 공격하기 시작하였습니다. 내 가슴부터 본능까지요. 그래도 아무 반응이 없자 여자는 온몸을 비벼댔고 마치 발광을 하는 것 같았습니다. 마지막에는 여자가 손을 동원하여 내 본능을 집중해서 공격하였지만, 그래도 아무 반응이 없자 밖에다 대고 소리를 쳤습니다. '언니들, 들어와 봐. 도통 소식이 없어'라고 소리치자 여자들이 3명이나 들어와서 모두 알몸이 되더니 자기들이 가지고 있는 기량을 총동원해서 발광들을 했습니다. 그래도 내 본능에 소식이 없자 그 여자들이 다들 자리에서 일어나더니 나를 저주하기 시작했습니다. 꼴값도 못하는 고자 놈한테 당했다고 하더니 방에다 침을 뱉고 나가버렸습니다."

서원 씨는 눈에 눈물이 가득하게 고인 채 울상이 되더니 "그러고는 어떻게 되었어요?" 하였다.

나는 이어갔다.

"나는 정신없이 옷을 입고 밖으로 뛰어나갔고, 다른 방에서는 동료들이 방문 뒤에서 웃는 소리가 들려왔습니다. 나는 동료들한테 미안한 생각도 들고, 나 자신이 걱정도 되어서 정신없이 골목길을 달려서 한길로 나오고 뛰쳐나왔지요. 그리고 눈에 띄는 병원으로 들어가서 의사 선생님한테 내 증상을 이야기하였더니, 전문의가 따로 있다고 일러주면서, 병원 약도를 내게 그려주었습니다. 소개받은 병원은 비뇨기과 병원이었습니다. 나는 의사 선생님에게 오늘 사창가에서 내가 겪은 이야기를 들려드렸더니 질문용지를 주시면서 정직하게 작성하라고 하셨지요. 의사 선생님은 내가 작성한 질문지를 검토하시더니 바로 신체검사에 들어갔습니다. 처음에는 기구를 동원한 물리적 검사가 시도되었지만 내 본능에 아무런 반응이 없자, 두 번째로 전자기기를 동원해서 내 머리와 내 심장과 내 본능에 설치하고 검사를 하였어요. 그때 내 본능에 반응이 시작되었고요. 간호사가 내 본능의 확장 수치를 기록하다가, 내 본능의 확장이 내 배꼽을 지나가자 기록을 중단하고 의사 선생님을 바라보았고, 의사 선생님은 검사기의 작동을 중단시키고 남자 중의 남자라고 하면서 웃으셨어요."

서원 씨는 흐느끼면서 내 가슴을 토닥이며 "선생님은 성남이셨던 것을!" 하였다. 나는 내 이야기를 끝내고 비뇨기과 병원에서 증명해 준 서류 봉투를 손가방에서 꺼내서 서원 씨한테 내밀었다.

"의사 선생님은 나 같은 경우가 남자 1,000만 명 중에서 한 명꼴로 의학계에 보고된 특수한 사례라고 말해 주면서 배필을 찾는다면 영적으로, 육신적으로, 정신적으로 100퍼센트 일치된 배필을 찾아야 하는데, 그럴 확률이 너무나 낮다고 하면서, 독신으로 사는 것이라는 현명할 거라고 말쏨하셨습니다."

서원 씨는 내 서류 봉투를 받아서 자상하게 검토하더니, 서원 씨가 검사받은 비뇨기과 병원과 같은 병원이라는 말과 함께, 서원 씨 서류 봉투와 내 서류 봉투를 함께 손가방에 챙겼다. "제가 보관하고 있는 것이 좋을 것 같아서요" 하였다. 나는 고개를 끄덕여 주었다.

서원 씨는 내 가슴을 파고들면서 서럽게 울었다. 나는 서원 씨를 가슴으로 안고 일어나서 방안을 맴돌아 주었다.

"나를 남자로서 차지할 여자는 서원 씨가 유일하다는 내 말이 진실하다는 것을 알게 되었지요?"

서원 씨는 작은 주먹으로 내 가슴을 콩콩 두드렸다.

나는 서원 씨를 요에 누이고 팔베개를 해주면서 "허물이 허물 되지 않고, 자랑이 자랑 되지 않는 곳을 향하여"라고 조용하게 외쳐 주었다. 서원 씨는 "아멘" 하였다.

서원 씨는 내 가슴을 헤치더니 코를 묻고 잠을 청하였다. 나도 서원 씨 머리에 코를 묻고 잠을 청해보았지만 쉽게 잠이 들 것 같지 않아서 살며시 고개를 드는데 서원 씨 팔이 내 목을 끌어갔다.

"상견례 날에 녹음한 것을 들어보면, 향수 냄새 때문에 곤욕을 치르는 장면이 있던데 향수 냄새에 대하여 알레르기 반응이라도 있는 건가요?" 하였다. 나는 웃으면서 "알레르기 반응은 아니고 고약한 고정관념일 것입니다. 아까 말했듯이 내가 동료들에게 끌려간 홍등가에서 네 여자로부터 곤욕을 치렀을 때 그 여자들에게서 한결같이 풍기는 냄새가 그 향수 냄새였거든요. 동문의 밤에도 여자 커플들로부터 그 향수 냄새가 나를 탈출하게 만들었구요. 교생들 야유회 때도 교생들에게 에워싸일 때 그 향수 냄새가 나를 괴롭혔습니다" 했다.

서원 씨는 정색을 하고 "선생님이 잠잘 때마다 내 머리에 코를 묻는 이유는 무엇인가요?" 하였다. 나는 "내 머릿속에 각인된 그 추한 향수 냄새를 정화시키는 일일지도 모르지만, 내게는 참으로 서원 씨의 머리 냄새가 좋아서입니다" 했다.

서원 씨는 한참 뜸을 들이더니 "그런데 3월 25일 실시되는 고등고시 시험은 어떻게 하실 것인가요?"라고 물으면서 내 표정을 꼼꼼하게 살폈다.

나는 "내게는 별다른 의미가 없는 일입니다. 보통고시가 의미가 없는 일이었던 것과 같아요" 했다. 서원 씨는 "공부는 열심히 하시면서요?" 하였다. 나는 "그건 주어진 일에 최선을 다하는 나의 속성 때문이지요. 'whatever is right'(세상에 있는 일들은 무엇이나 옳다)라고 세상일을 바라보신 포패 신부님의 말에 공감하고 있기 때문일 것입니다. 목사님께서도 하나님의 뜻을 분명하게 알기 전에는 속단하고 먼저 가지 말라고 하시지 않았어요?" 했다.

나는 이어서 "걱정하지 마요. 그까짓 것, 한자리 안 하면 그뿐 아닌가요?"라고 했다. 서원 씨는 "권세의 자리는 황금의 자리보다 들고 가기가 더 어려울 것 같아서요" 하였다. 나는 "우리는 할 수 없어도 하나님께서는 능히 하신다는 믿음으로 앞서가지 않기로 다짐한 일입니다" 했다.

나는 다시 서원 씨에게 팔베개를 해주면서 가슴에 안아주었다. 서원 씨는 내 가슴에 코를 묻고 다시 잠을 청하는 것 같았다. 나도 서원 씨 머리에 코를 묻고 다시 잠을 청하였다. 들창을 두드리던 바람 소리가 멎자 선녀탕 계곡에서는 뻐꾸기 울음소리가 다시 들려왔다.

다음 날 나와 서원 씨가 잠에서 깨어난 것은 아침 7시가 다 되어서였다. 서원 씨와 나는 부리나케 세수를 하고 거실로 나가 서둘러서 아침 식사를 마치고 차로 갔다. 나는 "시간이 늦어서 오늘은 차로 학교까지 두 분을 모셔야 할 것 같습니다" 하면서 차에 시동을 걸었다.

차가 한길로 나가자 남학생 둘이서 달려왔다. 성은이가 차 문을 열어주면서 학생들을 차에 태웠다. 나는 "성은이 친구들?" 하고 물었다. 성은이가 "우리 교회에 나오는 친구들이에요" 하였다.

부안읍에서는 성은이 안내를 받아 남학생들을 내려주었다. 남학생들은 내게 고맙다는 인사를 하더니 성은이를 보고 손을 흔들면서 골목으로 사라져갔다.

나는 부안여고에 서원 씨와 성은이를 내려주고 집으로 돌아왔다. 내가 거실로 들어가자 할머니가 커피를 내오셨다. 나는 "어머님 것두요" 하면서 할머니 얼굴을 바라보았다. 순간 나는 깜짝 놀라서 자리에서 일어나고 말았다. 할머니 눈에 눈물이 가득하게 고여 있었다.

나는 "어머님 가슴속에 말도 못하는 고통스러운 비밀이 있지요?" 했다. 할머니는 "우리 성은이가 불쌍해서 어쩌면 좋아요?" 하시면서 오열하셨다.

할머니는 가슴속에서 편지 한 통을 꺼내시더니 내게 주셨다. 필리핀에서 발송된 국제우편이었다. 나는 편지를 받아들고 꼼꼼하게 읽어갔다.

필리핀에 있는 선교교회에서 봉사하고 있는 우리 교포의 편지였다. 성은이 아버지와 어머니가 전도지로 이동하다가 산악 도로에서 교통사고를 당하여 두 분이 동시에 사망하였다는 편지였다. 시신은 화장을 해서 유골은 선교교회 앞에 있는 보리수나무 아래에다 수목장을 했다는 내용도 적혀 있었다.

나는 할머니 손을 잡고 같이 울 수밖에 없었다. 할머니는 내 손을 부여잡고 대성통곡을 하셨다. "이런 사정도 모르고 있는 성은이, 불쌍해서 어쩌면 좋아요?" 하셨다.

나는 할머니를 보고 "당분간 성은이 부모님의 사망 소식은 성은이에게 절대 비밀로 지켜주십시오. 성은이 문제는 맹서원 선생님과 의논을 해서, 제가 친딸로 길러가겠습니다"라고 했다. 성은이 할머니는 몸을 바르게 하시더니 "선생님, 죄송합니다" 하셨다. 나는 할머니에게 "감사합니다. 말씀을 잘해 주셨어요" 했다.

나는 천천히 말을 이어갔다.

"하실 수만 있다면 저를 살아서 돌아온 아들로, 맹서원 선생님을 살아서 돌아온 성은이 어머니로 생각해 주셨으면 합니다. 저와 맹서원 선생님이 어머님과 성은이를 만나게 된 것은 우연이 아니라는 생각이 듭니다. 하나님께서 함께하시는 만남이라는 생각이 자꾸만 듭니다."

할머니는 일어나시더니 욕실로 가셨고, 나는 거실을 나와서 집 앞에 있는 벧엘교회로 갔다.

나는 예배 의자에 엎드려서 기도를 드렸다. 나와 서원 씨가 함께하는 여정이 성은네 집과 벧엘교회에서 머물렀다는 생각이 들었다. 나는 하나님께서 선한 뜻을 두시고, 우리 두 사람의 소망 가운데서 인도해 주시기를 간절한 마음으로 기도드렸다.

기도 중에 성은이 아버지와 어머니가 하시던 목회를 나와 서원 씨가 계속해서 이루어가는 일이 우리에게 주어진 사명이 아닌가 하는 생각이 자꾸만 떠올랐다.

인기척이 있어서 눈을 떠 보니 아주머니 한 분이 강대상을 닦고 계셨다. 아주머니가 내게 인사 겸 말을 걸어오셨다. "오늘은 수요일 밤 예배를 드리는 날이 되어서요." 하셨다. 나는 "목사님은 계시고요?" 했다. 아주머니는 "목사님이 안 계신 지가 한참 되었구만요" 하셨다.

나는 교회를 나와서 포구로 내려갔다. 지서리 마을은 한길 아래 해안 코지에 자리 잡고 있는 20여 호의 작은 마을이다. 마을 코지 앞에는 포구가 있고, 포구에는 어선도 보였다. 포구 가에는 '포구 식당'이라는 간판을 달고 있는 식당도 보였다.

나는 마을 구경을 마치고 집으로 다시 돌아왔다. 성은이 할머니는 점심상을 차려두고 계셨다. 할머니가 만드신 파전이 구미를 당겼고, 더덕장아찌는 깊은 맛을 더해 주었다. 나는 "귀한 더덕장아찌가 아닙니까?" 했다. 할머니는 "집 뒤로 가면 선녀탕 계곡이 되는데 산책 나갔다가 더덕을 만나서 캐왔구만요" 하셨다.

나는 "식사 후에 저도 가보고 싶은데, 같이 가시면 안 될까요?" 했다. 할머니는 대답 대신 미소만 지으셨다.

선녀탕 계곡은 기암괴석이 병풍처럼 두르고 있는 절벽 아래로 널따란 마당바위에 욕조 모양의 물웅덩이가 조성되어 있고, 계곡을 따라서 작은 폭포들로 물넘이가 조성되어 있어서, 부녀자들의 야외 목욕탕으로는 적격이라는 생각이 들었다.

길은 험해도 아기자기한 운치를 자아내고 있는 호젓한 산책로는 심산협곡에 들어왔다는 느낌을 주었다. 길가에는 이름도 모르는 야생화들이 다투어서 피어나고 있었다. 나는 줄기가 마른 도라지 꽃대를 발견하고 호미로 뿌리를 캤다. 뿌리가 튼실하고 제법 굵은 놈이었다. 내가 도라지를 캐면서 더덕 뿌리를 스친 모양이었다. 할머니는 더덕 냄새를 따라가시면서 자세하게 살피더니 마른 더덕 넝쿨을 발견하시고, 내게서 호미를 가져다가 땅을 파셨다. 더덕 향기가 진동하였다. 할머니가 더덕을 캐신 주변에는 더덕들이 군락을 이루어서 자라 있었다. 할머니는 더덕을 한 움큼이 넘게 캐셨다.

할머니와 같이 선녀탕 계곡물에 발을 담그고 더덕과 도라지를 씻는데 내 발밑에서 가재가 도망치더니 작은 돌멩이 아래로 들어갔다. 나는 할머니와 같이 작은 돌멩이들을 들추어 가면서 가재를 잡았다. 할머니는 바구니 한쪽에 가재를 담고, 한쪽에는 더덕과 도라지를 담아서 들고 집으로 왔다. 집에는 서원 씨도 성은이도 학교를 파하고 돌아와 있었.

서원 씨는 할머니 손에서 더덕 바구니를 받아들고 살피다가 더덕과 도라지를 보고는 "멀리 가신 거예요?" 하더니, 가재를 발견하고는 깜짝 놀랐다. 나는 "바로 집 뒤에 있는 선녀탕 계곡에요. 선녀탕이라는 이름에 걸맞게 부녀자들이 야외 목욕하기에는 안성맞춤인 곳이더라구요" 했다.

서원 씨는 할머니를 바라보면서 "금년 여름에는 성은이하고 선녀탕에서 목욕을 하면 좋을 것 같은데요?" 하였다. 할머니가 "어디가요, 그럴 수가 없게 되었구만요. 선녀탕 계곡 안에다 도선암에서 독선각이라는 포교원을 건축하고 원생들 20여 명이 기거한 후로는, 목욕할 엄두도 못 내는 형편이 되었구만요" 하셨다.

할머니는 뜸을 들이다가 "소천하신 성은이 할아버지는 목회도 하셨지만 글도 쓰시는 분이 되어서, 선녀탕 계곡을 보시고 이곳에다 집을 지으셨는데, 독선각 때문에 허사가 되었다는 생각을 지울 수가 없구만요" 하셨다. 나는 힘을 주어서 말했다. "어머님, 걱정하지 마셔요. 우리 아버지한테 선녀탕 계곡을 찾아달라고 기도하겠습니다" 했다.

성은이가 달려오더니 "선생님, 꼭이요! 꼭 돌려달라고 기도해 주세요" 하였다. 나는 성은이를 안고 "꼭 찾아줄 것을 약속한다"라고 했다.

저녁상이 차려졌다. 더덕구이에 도라지무침과 가재 볶음은 별미였다. 저녁 식사가 끝나자 나는 벧엘교회 이야기를 꺼냈다.

"벧엘교회 목사님이 안 계신다구요?"

내 말에 할머니가 "교인도 얼마 되지 않지요. 오시는 목사님마다 생활이 어려워서 두 달을 넘기지 못하시고 떠나기를 반복하더니, 이제는 노회에서도 어려운지 목사님을 보내주지 않고 있는 실정이지요" 하셨다.

내가 "이제는 떠나지 않아도 되는 강도사님이 오셨으니 잘된 일인 것 같습니다" 했다. 서원 씨는 깜짝 놀란 눈빛이 되었다.

"어떻게 아셨어요?"

"아버지 목사님한테 들었는데요?"

서원 씨는 "서울 혜화동교회에서 찬양으로 봉사하면서 야간 신학을 이수한 사실이 있었는데!" 하였다. 할머니가 듣고는 "하나님께서 준비하신 일 같아요" 하셨다.

내가 "오늘 밤 예배는 강도사님께서 이끌어가실 책임이 있다는 말이 맞는 말이지요?" 했다. 그러자 서원 씨도 "피아노는 성은이가 맡아준다는 말이 맞는 말이고요?" 하였다. 성은이는 밝게 웃으면서 "네, 강도사님, 순종해 드리겠습니다" 했다. 우리는 다 같이 한결같은 감사와 기쁨으로 박수를 쳤다.

예배시간이 되어서 서원 씨는 성은이 손을 잡고, 나는 할머니를 모시고 나란히 교회로 나갔다. 교회에는 낮에 청소를 하시던 아주머니를 비롯하여 남자 어르신 한 분과 여자 어르신 한 분이 더 있었고, 아침에 내 차를 같이 타고 학교에 갔던 남학생 둘이 있었다.

성은이가 피아노 건반을 열고 앉았고, 서원 씨는 소강대상으로 나아갔다. 나는 할머니를 모시고 두 분 여자 어른과 나란히 앞줄에 앉았고, 우리 뒤에는 남자 어르신이 두 남학생과 함께 자리하고 앉았다.

서원 씨는 강대상으로 나오더니 교인들에게 인사말부터 시작하였다.

"저는 서울 혜화동교회에서 강도사로 봉사했던 맹서원입니다. 오늘 날짜로 성은이네 학교에 부임해서 공부를 가르치고, 성은이와 함께 집으로 돌아오면서 벧엘교회 실정을 알게 되었습니다. 성은이 설명을 듣고 가슴이 아팠습니다.

교회는 어느 한 사람의 힘으로 이끌어가는 곳이 아니라고 생각합니다. 교회는 성도님들이 지체가 되어서 예수님을 세워가는 곳이라고 믿고 있습니다. 그런 뜻에서 여러분이 합동해서 벧엘교회를 지켜온 일이 귀한 일이라고 여기며 저는 감사를 하였습니다.

저와 함께 출석한 선생님도 여러분과 함께 벧엘교회를 세워가기 위해서 예수님의 지체로 나오셨습니다. 우리는 주님 안에서 한 몸을 이룬 지체들로서 한 식구라는 사실을 명심하시고, 허물이 허물 되지 않고, 자랑이 자랑 되지 않는 벧엘교회를 세워가실 것을 기원드리면서 인사에 갈음합니다."

교인들이 박수로 화답하였다.

성은이 피아노 반주로 준비찬송 30장을 부르고, 교인들의 신앙고백이 이루어졌다. 서원 씨는 증거할 말씀으로 신약성경 누가복음 20장 38절을 봉독하였다. 오늘 말씀 제목은 "산 자의 하나님"이라고 하였다.

설교송으로 찬송가 82장을 교인들과 함께 불렀고, 이어서 서원 씨가 성은이에게 구노의 "아베 마리아"라고 곡명을 일러주더니, 나에게 함께 불러줄 것을 부탁하였다. 서원 씨와 나는 손을 잡고 나란히 서서 뜨겁게 열창하였다. 할머니의 흐느낌을 시작으로 모두 다 울고 말았다.

서원 씨의 말씀 증거가 시작되었다.

"말씀 증거에 들어가기 전에 먼저 '산 자'의 개념부터 알아보겠습니다. 우리가 알기로는 산 자란 호흡이 있는 자 또는 심장이 움직이는 자로 되어 있습니다. 성경을 볼 때 산 자는 생명이 되시는 주님을 영접한 자로 되어 있습니다. 우리는 주님을 영접한 자를 믿는 자라고 하지요? 좀 더 나가면 부활의 주님을 영접한 자로 알고 있습니다. 우리 주님은 생명의 주님도, 부활의 주님도 되시기 때문입니다. 생명이 되시는 주님을 영접한 자는 산 자가 될 수밖에 없다는 말이 당연하지 않습니까?

한편으로 죽어도 산다는 성경의 약속은, 부활의 주님을 영접하고 있는 자들에게 주어지는 당연한 특권으로 되어 있기 때문입니다. 따라서 생명이 되시는 예수님을 영접하지 않은 자들을 죽은 자로 보신 예수님의 말씀은 진리가 될 수밖에 없다고 보는 것입니다.

성경 본문 중에서 예수님께서 한 제자에게 '나를 따르라' 하시자, 그 제자는 부모를 장사 지내고 따라가겠다고 말합니다. 그러자 예수님께서는 '저희 죽은 자는 죽은 자들에게 맡기고 너는 나를 따르라'고 하십니다. 주님을 영접하지 않은 자들을 죽은 자로 보신다는 주님의 생각을 드러내는 말씀이라고 생각합니다.

우리 생각에 죽은 자를 장사지내는 일은 마땅히 산 자들만 할 수 있다고 굳어 있기 때문에, 우리는 주님의 말씀을 듣고 의아한 생각을 금할 수가 없습니다. 우리가 산 자라고 생각하는 사람들도 생명의 주님을 영접하지 않았다면 '살아 있어도 죽은 자'라고 말씀하신 주님의 생각에 아멘 하시게 되시기를 기원합니다.

지금부터는 산 자의 특성을 알아보겠습니다.

첫째로 산 자는 복 있는 자입니다. 복의 근원 되시는 주님을 영접한 자이기 때문입니다. 따라서 산 자의 특성은 '생육하고 번성하여 땅에 충만하게' 되어 있는 자입니다. 한마디로 열매 맺는 삶이 주어진 사람입니다. 열매는 주님께서 우리에게 복으로 주신 상급이고, 주님께는 영광으로 되어 있기 때문입니다.

두 번째로 산 자의 특성은 역동성에 있습니다. 역동성이란 공을 벽을 향해 던졌을 때 튕겨 나오는 힘을 말한다고 합니다. 공이 어느 쪽으로 튕겨 나올지 알지 못하는 가운데 움직이는 힘이고, 꿈틀거림입니다.

그래서 산 자에게는 모험도 따르고, 위험도 따르고, 시험도 따릅니다. 그럼에도 불구하고 산 자에게는 넉넉하게 승리가 보장되어 있습니다. 산 자가 영접해서 그 안에 계시는 이가 전능하신 하나님이시기 때문입니다.

세 번째로 산 자의 특성은 형통성입니다. 대표적인 예로 믿음의 조상이 되신 야곱의 아들 요셉의 경우입니다. '여호와께서 요셉과 함께하시므로 그가 형통한 자가 되어서' 노예 신분에서 애굽 총리가 되더니 이스라엘을 구원한 자로 승격되는 이야기를 우리는 잘 알고 있습니다. 그래서 우리 주님께서는 우리에게 말씀하셨습니다. '믿는 자에게는 능치 못할 일이 없다'라구요.

네 번째로 산 자의 특성은 사랑이 있는 자입니다. 우리가 영접한 주님은 사랑이시기 때문입니다. 우리가 산 자로 이 세상을 살아가고 있다는 말은, '우리는 서로 사랑할 수밖에 없는 사람들로 태어났다'는 사실을 시인하는 사람들에게 주어지는 특권이라고 말씀드리고자 합니다.

우리 주님께서 우리에게 주신 새 계명에서 '서로 사랑하라 내가 너희를 사랑한 것같이 너희도 서로 사랑하라'고 하신 말씀은, 산 자들에게 주어진 불가피한 지상명령임을 깨닫고, 서로 사랑하여 주님께서 우리에게 주신 새 계명을 삶 속에서 실천해 가는 우리가 되자고 기원하면서 말씀 증언을 줄이고자 합니다."

서원 씨는 찬송가 82장을 찬송하면서 예배를 마쳤다.

예배가 끝나자 성은이는 교인들 앞으로 나와서, 나와 서원 씨에게 일일이 교인들을 소개해 주었다.

성은이의 소개로 교인들과의 인사가 끝나자 성은이 할머니는 교인들을 모두 집으로 초대하셨다. 서원 씨와 성은이는 큰 채반에다 참외와 포도를 가득하게 내왔다. 이장님 댁도 부녀회장님도 열심히 참외를 깎더니 큰 쟁반에 담아서 식구들 앞에 내왔다.

성은이 할머니가 "강도사님이 사 오신 포도하고 참외예요" 하셨다. 이장님이 "우리가 강도사님을 대접해야 하는 것인데, 주객이 바뀌었다는 생각을 지울 수가 없습니다" 하셨다. 나는 이장님 손을 잡고 "목사님도 계시지 않은 교회를 합심해서 지켜오신 이장님과 부녀회장님에게 감사를 드리는 저희 두 사람의 인사로 받아주십시오" 하였다. 교인들은 박수를 쳤다.

이장님은 과일을 맛있게 드시더니 자리에서 일어나시더니 "바람결이 심상치 않아서 배 단도리 때문에 저는 먼저 일어나야 할 것 같습니다" 하셨다.

나는 이장님을 대문 밖까지 배웅하여 드리고는 혼자서 건넛방으로 왔다. 할머니가 나를 따라 들어오셨다. 나는 할머니한테 방석을 내드리고는 조용히 말씀을 드렸다.

"당분간은 강도사님에게도, 성은이에게도, 성은이 부모님 이야기를 비밀로 하여 주시는 것이 좋을 것 같다는 생각이 듭니다. 강도사님과 할머니와 성은이의 관계가 그늘도 없이 밝은 관계로 이루어져 가야 한다는 생각 때문입니다."

나는 말을 이어갔다.

"강도사님은 영력이 강하신 분입니다. 벌써 알고 있다고 보시는 것이 옳다고 봅니다. 오늘 설교 제목으로 '산 자의 하나님'이라는 말씀을 두고 볼 때 저에게 오는 느낌입니다. 우리 모두에게 천만다행으로 생각되는 일은, 저나 강도사님이 할머니와 성은이를 만나게 된 일들이 하나님의 선하신 뜻 가운데서 이루어졌다는 깨달음을 가지고 있다는 사실입니다."

할머니는 자리에서 일어나시더니 "선생님, 감사합니다" 하셨다. 나는 "강도사님에게는 제가 짬을 보아서 말씀드리는 것으로 하겠습니다" 했다.

할머니께서 방을 나가시자 나는 길게 누워서 만 가지 상념에 시달리다가 잠이 들었다.

서원 씨가 흔들어서 깨우는 바람에 나는 잠에서 깨어났다. 늦은 밤이었다.

"옷도 벗으시고 요도 깔고 이불도 덮고 주무셔야죠."

"피곤했던가 봅니다. 서원 씨를 기다리다가 나도 모르게 깜박 잠이 들었네요."

서원 씨는 내 겉옷을 벗기더니 잠옷으로 입혀주었다. 나는 요를 펴고 잠자리를 보고 있는 서원 씨를 안아서 겉옷을 벗기고 잠옷으로 입혀주었다.

나는 서원 씨와 나란히 누워서 팔베개를 해 주었다.

"무슨 이야기가 밤이 늦도록 이어진 것이요?"

서원 씨는 "교회 운영 문제도 있고요, 그러고는 서로 알아가는 이야기들이요. '3자 3국 동맹'이라고 하면 무슨 국제회의 명칭 같지요? 사실은 아름다운 결혼 서약의 이야기랍니다" 하였다.

나는 호기심이 발동되었다. 서원 씨는 나의 호기심을 붙들고 긴 설명을 시작하였다.

"먼저 3자의 의미는 성은이 어머니의 이름 문명자의 끝 자와 이장님 댁의 이름 오달자의 끝 자와 영철이 어머니의 이름 김신자의 끝 자가 모아져서 3자가 되었고요, 3국은 성은이 아버지의 이름 백운국 씨의 끝 자와 이장님 이름 임영국의 끝 자와 영철이 아버지의 이름 김성국의 끝 자가 모여서 3국이 된 것이랍니다. 이들 3자 3국은 황해도 해주에서 태어나서 개성사범학교에서 함께 공부한 동문들로서, 이들이 사범학교 졸업반이 되면서 결혼을 약속한 커플들이라고 하네요.

그 당시에 이북의 정가에서는 사회주의 사상체제를 강화한다는 목적으로 대대적인 사회주의 사상 정화운동이 펼쳐졌는데, 이북의 공산주의자들은 이남의 자유주의자들의 독버섯을 제거한다는 명분으로 학생들에게도 자아비판을 강제로 실시했다고 해요. 3자 3국 동맹은 당시 사범학교 내에서도 꽤 유명세를 타고 있어서 학생들의 입에서도 회자되고 있었기에, 3자 3국 동맹은 우선적으로 자아비판의 대상이 되어서 당국에 고발되고 말았답니다. 서로 사랑했다는 죄로 3자 3국 동맹자들은 사범학교 전교생이 모인 운동장에서 정치보위부의 강령에 따른 자아비판을 해야 했구요. 이 소식을 들은 성국 씨의 아버지와 운국 씨의 아버지가 은밀하게 월남 계획을 수립하게 되었고, 영국 씨의 아버지도 적극 호응하게 되었지만 형편을 고려하여 이북에 잔류하기로 결단을 굳혔다고 해요.

당시 운국 씨의 아버지는 해주장로교회 목사님으로서 당국으로부터 요시찰 인물로 감시 중에 있었고, 성국 씨 아버지는 조선소를 운영하면서 중국과의 해산물 교역에 손을 대고 있을 때여서 대외적인 소식에 밝았다고 하네요. 영국 씨 아버지는 해주초등학교 교장 선생님으로 월남에는 공감하면서도 공인이라는 신분 때문에 은밀하게 움직이는 데 위험이 따랐고 나이도 많아서 영국 씨 혼자서 월남하기로 결정하였답니다.

문제가 되었던 것은 3자들이 동행하는 일이었습니다. 3자들 본인은 월남에 쾌히 동의하면서 사안의 중대성과 위험성을 고려해서 가족들에게는 비밀리에 추진하기로 하였지요.

때마침 성국 씨 아버지가 운행하고 있던 교역선이 중국 상해로 보낼 해산물을 싣고 조선소 안에 있는 도크에서 대기하고 있었답니다.

출항 시간에 맞추어서 김성국 씨네 식구와 백운국 씨네 식구들은 교역선 어창에 은밀하게 만들어진 밀실로 숨어들었고, 임영국 씨는 약혼자 오달자 씨와 김성국 씨 약혼자 김신자 씨와 백운국 씨 약혼자 문명자 씨를 은밀하게 대동해서 교역선 밀실에 숨어 있던 식구들과 합류가 성사되었지요.

드디어 도크에 정박되어 있던 교역선이 해주 보위부의 검색을 무사하게 마치고 해주를 출항하여 중국 상해를 향해서 달려가게 되었고, 김성국 씨 아버지는 이북의 감시망을 벗어났다는 판단이 들자 선수를 이남으로 돌려서 무작정 최고 속력으로 달려와 한국 경비정을 만나게 되었다고 하네요. 김성국 씨 아버지가 월남 사실을 알리자 한국 경비정이 이들을 보호해서 곰소항에 무사히 정박할 수 있게 하여 주었구요.

밀실에 숨어 있던 식구들이 모두 선상으로 나와서 당국의 입국심사를 마친 뒤에, 이들의 정착지로 결정된 지서리 포구에 정착하게 되었답니다. 당시 지서리 포구는 전쟁 중에 어선들이 모두 소실되어서 배 한 척 없는 포구로 퇴락되어 있었답니다.

김성국 씨네 교역선이 국가에 헌납되고 받은 보상금과 교역선에 선적되었던 수산물을 곰소 수협의 경매를 통해서 넘기고 지급된 경매대금과 국가에서 지급되는 정착금이 모아지자, 김성국 씨네 집은 지서리 포구 가에 넓은 부지를 구입해 식당이 딸린 살림집도 마련하였고, 교회도 신축할 수 있었으며, 채낚기 어선으로 부안1호와 부안2호를 신조해서 세 가정이 살아갈 터전을 마련하였다고 해요. 백운국 씨네 가정은 교회 뒤에 집터를 마련해서 살 집을 마련한 후에 교회를 돌보면서 살게 되었고, 임영국 씨는 포구 가에 살 집을 마련하고 김성국 씨 아버지께서 채낚기 선박으로 제조한 부안2호를 받아서 어업에 종사하게 되었구요.

세 가정에 살 집과 살아갈 터전이 마련되자 3자 3국은 결혼부터 서둘러서 새 가정들이 출발하게 되었고, 백운국 씨와 문명자 씨는 결혼 후에 나란히 신학교에 들어갔으며, 김성국 씨와 김신자 씨는 나란히 사범학교에 진학하게 되었답니다. 임영국 씨와 오달자 씨 부부는 나란히 부안2호를 타고 김성국 씨 아버지가 운영하는 부안1호를 따라다니면서 어업에 종사하게 되었고, 그런대로 임영국 씨네 생활이 안정되자 지서리 이장으로 역임하게 되었다고 합니다.

성은이 아버지와 어머니는 신학교를 졸업하고 벧엘교회를 돌보면서 성은이를 낳아서 부모님을 모시고 살게 되었구요. 영철이 아버지와 어머니는 사범학교를 졸업하고 지서리에서 부모님을 모시고 살면서 부안읍에 있는 학교에 부임하여 근무하였는데, 영철이를 낳아서 돌이 지날 무렵에 부부가 나란히 학교에 출근하다가 교통사고로 두 분이 함께 사망하는 바람에 영철이는 할머니 손에 자라게 되었다고 해요. 한편 임영국 지서리 이장님은 부인 오달자 씨가 유산을 하여 자식도 없이 교회를 지키면서 오늘에 이르기까지 지서리에 남아서 어부로 살아왔다고 하구요."

서원 씨는 3자 3국 동맹의 긴 이야기를 마치고는 내 표정을 살폈다. "부녀회장님과 봉구 학생 이야기가 남았는데, 마저 하여 드릴까요?" 하였다. 나는 그러라는 뜻으로 고개를 끄덕여 주었다.

"고다영 지서리 부녀회장님은 부안읍에 있는 정미소집 셋째 딸로 태어나서 부안여고를 졸업한 후에, 곰소면장과 결혼하여 지서리에다 신혼집을 마련하고 살 때만 해도 잘나가던 삶이라고 모두가 부러워했다네요.

그런데 시간이 지나면서 아이를 갖지 못하는 것 때문에 시가의 구박이 시작되었고, 종래는 이곳에 있는 집과 함께 내침을 받고 소박데기가 되고 나서는 죽고 싶은 생각만 들었답니다. 그 후로 홀로 사는 삶이 시작되었지만 천성이 막힌 데가 없이 시원시원한 성격이라 지서리 마을 만년 부녀회장으로 자리매김을 하게 되었으며, 독거노인들을 돌보면서 국가로부터 지급되는 사례비로 생활을 하고 있다고 하더군요.

봉구라고 불리는 중학생은, 도선암에 업둥이로 들어와서 벧엘교회에서 성은이하고 영철이와 같이 성장한 신기한 사연을 가지고 있는 학생이라고 합니다. 도선암에서는 석청 벌을 전담해서 관리하였는데 별명이 석청 박사로 불리고 있다지요.

3자 3국 이야기는 성은이와 영철이가 이어가고 있는데, 아이를 유산하고는 지금까지도 아이를 갖지 못한 이장님이 봉구와 영철이를 아들처럼 사랑하면서 벧엘교회를 지켜왔다고 합니다."

서원 씨의 한밤중에 발표된 길고 긴 담화는 드디어 끝이 났다.

나는 서원 씨의 말을 이어 "우리도 영철이와 봉구를 아들로, 성은이를 딸로 길러주는 것이 옳다는 생각이 들지 않습니까?"라고 했다. 순간 서원 씨는 멈칫하는 것 같더니 "저도 선생님과 같은 생각을 하고 있었는데… 신기하다는 생각이 드네요" 하였다.

서원 씨는 내 손을 두 손으로 움켜쥐고 내 손가락에서 결혼반지를 뽑아가더니 자기 손가락에 있는 결혼반지에다 나란히 끼워 보았다. "맹씨 할머니의 쌍가락지가 되었다! 열매를 많이 달라고 기도하셨다는 우리 맹씨 할머니의 기도 반지가 되었다"라고 말하면서 손가락을 내게 펴 보였.

나는 "내 반지도 서원 씨한테 마저 줄까요?" 했다. 그러자 서원 씨는 펄쩍 뛰면서 내 결혼반지를 냉큼 뽑아서 내게 내밀었다. "선생님과 합심을 이루어야 할 일은 어떻게 하구요?" 하면서 내 가슴을 가볍게 콩콩 두드렸다.

나는 조용한 목소리로 이어갔다.

"우리 강도사님에게 주신 열매가 내 열매도 된다는 생각에는 변함이 없다는 것이 나의 진실이요!"

서원 씨는 양손으로 내 목을 끌어가더니 길게 입을 맞추었다. 나는 서원 씨를 안아서 누이고 나도 옆에 누어서 팔베개를 해주었다.

"우리가 신혼여행에서 돌아오다가 이름도 모르는 산모롱이 휴게소에 들러서 아이스크림을 사 먹었던 일들이 오늘따라 생생하게 떠오릅니다. 그 아이스크림은 정말 달고 시원했지요."

서원 씨는 의아한 눈빛이 되더니 내 표정을 자세하게 살폈다. 나는 "그때 서원 씨가 내 가슴에 기대어 오면서 '선한 소망을 따라서 담대한 마음으로 발을 내디뎠더니 생명에 싸인 사랑들이 열매로 맺혀간다는 깨달음이 왔다'고 기뻐하였습니다. 나도 그때 같은 깨달음으로 아멘 하였구요"라고 했다.

나는 서원 씨 머리카락을 매만지다가 몸을 일으켜 세우고 앉았다. 서원 씨도 나를 따라서 일어나 앉았다.

내가 "우리 두 사람은 또 한 번 선한 소망을 따라서 담대함으로 발을 내디딜 때가 온 것 같습니다. 무엇보다도 우리 두 사람의 합동과 합심이 요긴하게 되었습니다"라고 하자 서원 씨는 큰 눈이 더 커지더니 나를 주시하였다.

내가 이어갔다.

"오늘 아침에 알게 된 일입니다. 서원 씨와 성은이 등교를 도와주고 집에 돌아온 저는, 성은이 할머니가 오열하고 계신 것을 목격하게 되었습니다. 할머니는 성은이 아버지와 어머니가 필리핀 선교지에서 교통사고로 동시에 사망하였다는 소식을 접하고 울고 계셨던 것입니다."

서원 씨가 심각한 표정으로 골똘하게 생각하더니 말문을 열었다.

"두렵고 떨리는 일이지만 우리 두 사람에게 주어진 일이라는 생각이 들구요, 우리 두 사람의 여행이 성은네 집과 벧엘교회에서 멈추었다는 생각을 지울 수가 없습니다."

나는 서원 씨를 안아 누이고 함께 누워서 조용히 "나도 우리 두 사람에게 하나님께서 주신 과제라고 공감하고 있으면서도 당장은 서원 씨 혼자서 안고 가야 할 일이고 보니 안타까울 뿐입니다"라고 말했다.

서원 씨는 "제가 감당해야 할 십자가라면 피하고 싶은 생각은 추호도 없습니다. 다만 저로서는 사랑의 싸개가 되어서 이들을 열매로 키워가겠지만, 선생님이 내 머리가 되어 주신다는 믿음이 없이는 불가능한 일이라는 생각을 지울 수도 없습니다" 하면서 결연한 눈빛이 되어서 나를 바라보았다.

서원 씨를 힘주어 안아 다독여주고, "서원 씨 열매가 나의 열매라는 나의 생각에 변함이 없습니다"라고 말하면서 나도 내 마음을 다잡아갔다.

내가 "오늘은 여기까지만 합시다. 더 나가면 주님보다 앞서갈까 두렵기 때문이요"라고 하자 서원 씨는 내 가슴으로 파고들면서 "아멘" 하였다. 그리고 "성은이에게는 비밀을 지켜주는 것이 옳겠지요? 어린 성은이가 힘들어할 테니까요"라는 말에 서원 씨는 또 한 번 "아멘" 하였다.

나는 일어나서 욕조에 물을 받았다. 그리고 서원 씨를 안고 욕조에 들어가서 더운물에 몸을 담갔다. 서원 씨는 내 가슴에 등을 기대어왔다. 서원 씨를 내 무릎에 앉히고 양팔로 감싸 안았다. 서원 씨는 "참고 있기가 힘들지 않으셔요?" 하였다. 나는 "힘이 들어도 참아야 하지요! 열매를 위하는 일인데" 했다.

서원 씨는 내 두 손을 꼬옥 감쌌다.

다음 날 아침 7시, 내가 눈을 떠보니 서원 씨가 자리에 없었다. 나는 간단하게 세수를 마친 후에 옷을 갈아입고 거실로 나갔다. 성은이가 반갑게 맞이하였다. 나는 성은이를 안고 거실을 한 바퀴 돌아주었다. "벧엘교회 삼총사님, 나의 서원 씨를 잘 부탁합니다" 했다. 성은이는 깔깔대고 소리를 내어서 웃었다.

순간 할머니 눈에 눈물이 고였다. 할머니는 행여나 서원 씨가 볼까 봐 옷자락을 들추어서 눈물을 닦으셨다. 그리고는 식탁에 아침상을 차리셨다. 더덕구이에 도라지 초고추장 무침에 민어 매운탕으로 아침상도 진수성찬이었다.

아침을 맛있게 들고 차에 시동을 걸었다. 서원 씨는 조수석에, 성은이는 뒷자리에 앉았다. 저만치에 영철이와 봉구가 벌써 나와서 기다리고 있었다. 나는 세 아이를 나란히 뒷좌석에 태우고 거기까지 따라오신 할머니 손을 잡고 인사를 드렸다.

"어머님은 건강 조심하시고요, 하나님은 어머님과 함께 계신다는 생각을 항상 잊지 마십시오."

할머니가 "아멘" 하셨다.

나는 차를 출발시켰다. 나는 차창 밖으로 몸을 내밀고 뒤돌아보면서 길가에 서서 손을 흔들고 계시는 할머니에게 손을 흔들었다.

부안읍에 도착해서 영철이와 봉구를 먼저 내려주고, 부안여고 앞에서 서원 씨와 성은이를 내려주었다. 나는 성은이를 안아주면서 "우리 공주님 예쁘게 자라주세요" 했다. 서원 씨는 성은이 손을 잡고 뒤돌아보면서 학교로 들어갔다. 나는 손을 흔들어 주고는 차에 올랐다.

나는 점심때가 얼추 되어갈 즈음에 혜화동교회 목사관에 도착하였다. 목사님도 집사님도 집에 계셨다.

나는 교회 이야기와 성은이네 이야기를 자상하게 보고드렸다. 목사님은 "교회와 집이 동시에 마련된 셈이구만!" 하셨다. 그러고는 깊은 생각에 잠기셨다. 목사님은 "이제는 학교 연구실을 나와야 할 것 같으니 내 서재를 애비 공부방으로 사용하도록 하지. 시험 날짜는 2주 정도 남았지?" 하셨다. 나는 "예, 목사님" 했다. 목사님은 "공부는 하던 대로 해가면 되고, 앞서가지 말자는 내 말은 기억하고 있고? 더 기다려 보는 수밖에"라고 하시면서 기도실로 들어가셨다.

나는 2층 서원 씨 방으로 올라와서 간단하게 목욕을 하고 잠이 들었다.

나의 목사관 생활은 차분하고 평온한 가운데 안정되어 갔다.

황금의 자리는 하나님 아버지의 강권적인 은혜로 떠나왔지만 지금 나는 권세의 자리에서 머뭇거리고 있다는 생각이 들었다. 왜 목사님은 머뭇거리지 말고 떠나가라고 말씀해 주지 않으실까 하는 의문도 들었지만 목사님 말씀에 순종하기로 하고, 나는 시험 준비에 최선을 다하였다.

만 가지 상념이 오가는 중에도 변함없는 진실은 '서원 씨와 함께 자라고 있는 열매들'이라는 생각이 들었다. 목사님 서재에는 기독교 고전들이 고루 갖추어져 있었지만, 앞서가지 말자고 하신 목사님 말씀에 순종해서 시험공부에 집중하였다.

교회에서 나의 호칭도 신발장 학생에서 요나 선생으로 바뀌었다. 예배 시간에는 목사님께서 주문하신 설교송도 열심히 찬송하였다.

드디어 고등고시 시험 날짜가 왔다. 나는 아침 식사 후에 목사님의 기도를 받았다. 순간 "그까짓 것 한자리 안 하면 그뿐이지"라고 큰 소리로 외치던 서원 씨의 말소리가 들려온 것 같았다. 고시장이 우리 학교 강의실로 지정되는 바람에 나는 평상시에 강의실에 나간다는 마음으로 시험장에 입실하였다.

나는 내 수험번호가 부착된 책상으로 가서 책상 위에 수험표를 두고 앉았다. 시험 감독관들이 고시용 법전과 백지 노트와 필기구를 책상 위에 두고 갔다. 이어서 주의사항을 일러주었다. 시험 시작 벨 소리가 울리면 전면 칠판에 시험문제가 기재된 두루마리가 펼쳐지면서 걸리게 되어 있다고 설명하더니, 시험문제는 쉬운 것부터 논문을 작성해 가라는 말도 일러주었다.

시험 시작 벨이 울리자 시험 감독관은 시험문제가 기록된 두루마리를 신속하게 펼쳐서 칠판에 걸었다. 순간 천장에서 검은 휘장이 내려오더니 시험문제를 가리고 말았다. 나는 시험 감독관을 불렀다. 나는 시험 감독관에게 시험문제를 덮고 있는 검은 휘장을 치워달라는 요청을 하였다.

감독관은 무슨 헛소리를 하느냐고 내 귀에 대고 작은 소리로 경고를 하면서, 내 머리를 두 손으로 잡고 논문을 열심히 작성하고 있는 옆자리를 보여주더니, 한 번 더 헛소리를 하면 퇴장시키겠다고 으름장을 놓고는 다른 곳으로 갔다. 주위를 둘러보아도 다른 수험생들은 열심히 논문을 작성하고 있었다.

나는 내 시력에 문제가 있다는 생각이 들어서 창밖을 바라보았다. 푸른 하늘에 뭉게구름이 떠 있는 것도 잘 보였다. 나는 다시 칠판을 보았다. 두루마리를 가리고 있는 검은 휘장은 요지부동이었다. 순간 나는 내 정신에 문제가 있다는 생각이 들어서 눈을 감고 묵상에 들어갔다.

한참이 지난 후에 정신을 가다듬고 칠판을 다시 바라보았지만 검은 휘장은 그대로였다. 시험 감독관에게 논문이 작성된 노트를 제출하고 시험장을 나가는 수험생도 있었다.

나는 마음을 접고 자리에서 일어났다. 그러다 마지막으로 칠판을 바라보았다. 검은 휘장은 사라졌고, 시험문제가 뚜렷하게 보였다. 두 문제 모두 내가 예상했던 문제들이었다. 급하게 자리에 다시 앉아서 노트를 펴고 필기구를 손에 들었지만 바로 종료 벨이 울렸다. 나는 책상에 엎드려 오열하고 말았다.

나는 시험 감독관의 퇴실 명령에 시험장을 나올 수밖에 없었다. 두려운 생각이 들었다. 시험지를 가리고 있던 검은 휘장이 악몽처럼 내 가슴을 휘감아 들어 자꾸만 나를 괴롭혔다.

나는 정신없이 교정을 벗어나서 학교 정문 앞에 있는 다방으로 들어가서 헝클어진 마음을 손으로 쓸어내리면서 의자에 깊숙하게 앉았다. 나이 많은 다방 여주인이 나를 유심히 살펴보더니 윗티를 만들어서 손에 들고 와서 내 옆자리에 앉았다. "윗티라는 커피입니다. 드시면 조금은 마음이 안정될 거예요" 하였다. 나는 고맙다는 인사를 하고 윗티를 마셨다. 한결 마음이 가라앉은 것 같았다. 나는 다시 한번 고맙다는 인사를 하고 밖으로 나섰다. 발걸음이 쇠뭉치를 매단 것처럼 무거웠다.

목사님은 거실에 들어서는 내 모습을 보시더니 얼른 일어나 내 어깨를 감싸 안으시더니 소파로 이끌어 함께 앉으셨다. 나는 목사님 무릎에 얼굴을 묻고 울음을 터트리고 말았다. 나는 흐느끼면서 "칠판에 시험문제가 걸리는 순간 천장에서 검은 휘장이 내려오더니 시험문제를 가리고 말았습니다" 했다.

목사님은 내 등을 다독여 주시면서 "애비가 그동안 고생이 많았다. 애비를 쓰실 분의 뜻을 알았으니, 오늘부로 애비의 고등고시는 접는다. 더 이상 머뭇거리는 일은 하나님을 시험하는 일만 같아서 나도 두려운 생각이 든다"라고 하셨다. 목사님은 나를 안고 내 등을 다독이시더니 간절한 마음으로 기도를 하셨다.

목사님은 뜸을 들이시다가 내게 물어보셨다.

"애비는 기도하려고 기도원에 가본 적이 아마도 없지?"

그렇다고 하자 목사님이 집사님을 보셨다. 집사님은 "제가 선생님을 모시고 기도원을 다녀오면 좋겠지만 목사님 식사 문제도 있고, 교회 청소 문제가 있어서요. 마침 위암 말기에 있는 임순옥 집사님이 오늘 밤에 오산리 금식 기도원에 기도하려고 간다고 하였습니다" 하셨다.

목사님이 "누구하고 가는데?" 하시자, 집사님은 "박 장로님 승용차로 같이 간다고 하였습니다" 하였다.

목사님은 박 장로님에게 전화를 하셨다. 박 장로님은 회사 일 때문에 밤에 출발하는 것인데 가는 길에 목사관에 들르겠다고 말씀해 주셨다.

목사님이 내게 말씀하셨다.

"숲속에 만들어진 토굴 기도실이 있는데, 혼자서 기도하는 독실이야. 그곳이 애비한테는 좋을 것 같고, 금식은 억지로 하지 않았으면 좋겠다는 생각이다."

집사님은 배낭에 대형 타월과 침낭에 방한 외투까지 챙겨주시면서 "토굴이 밤에는 생각보다 추워요" 하셨다.

이른 저녁 식사를 마치고 일어나는데 박 장로님이 거실로 들어오셨다. 나는 집사님이 챙겨주신 배낭을 메고 장로님을 따라나섰다. 나는 조수석에다 배낭을 두고 뒷자리에 앉아 있는 임순옥 집사님 곁에 앉았다.

박 장로님 차가 창경원을 지나고 삼청동 고갯길을 지나서 자하문 앞을 지나는데, 갑작스럽게 내 가슴이 뜨거워 오더니 내 입술에서 기도가 시작되었다. 나는 집사님 팔을 부여잡고 기도를 계속하였다. 집사님은 큰소리로 "아멘"을 외치셨다. 장로님은 주유소 앞에다 차를 세우신 뒤 뒷자리로 오시더니 우리와 합심하여 기도하셨다.

내 기도가 끝나자 임 집사님은 화장실을 찾으셨다. 장로님이 임 집사님을 부둥켜안고 주유소 화장실로 가셨다. 한참 후에 임 집사님을 부축하고 차로 돌아오신 장로님이 내 손을 잡으시더니 "요나 선생님, 임 집사님 암이 치료되었습니다" 하셨다. 우리는 함께 손을 부여잡고 하나님께 감사 기도를 드렸고, 다시 기도원을 향해 출발하였다.

오산리 금식 기도원에 도착한 뒤 나는 숲속에 있는 12번 토굴 기도실로 안내를 받았다. 나는 3일 금식기도에 들어가기로 했다. 금식 없이 바로 보양식에 들어간 임 집사님은 내가 기도하는 동안은 기도원 예배실에 머물면서 보양하는 것으로 하였다. 박 장로님은 낮에는 회사에 나가시고 밤에만 임 집사님과 함께 기도원 예배실에서 머무는 것으로 하셨다.

박 장로님은 목사님과 같이 월남하셔서 혜화동교회를 개척하신 원로 장로님이셨다. 전기공학을 전공하신 장로님은 처음에는 가전제품을 판매하는 영업에 종사하시다가 지금은 가전제품에 사용되는 부품을 생산하는 작은 회사의 사장님으로 계셨다.

나는 토굴기도 첫날밤을 울면서 보냈다. 다음 날 아침이 되자 박 장로님과 임 집사님이 생수병을 들고 내 기도굴로 찾아오셨다. 나는 생수병을 받고 임 집사님에게 타월을 가져다 달라고 부탁을 하였다.

토굴기도가 이틀 밤이 되는 한밤중이 되자, 나에게 회개가 찾아왔다.

모범생으로서 자랑스럽게 살아온 지금까지의 내 삶들이 추하고 부끄러운 모양으로 들추어졌다. 지나간 삶들을 영화 필름 속에 담아두었다가 내 눈앞에 펼쳐가는 것처럼 선명하고 세세하였다.
　내가 알고 있는 일들은 물론이고, 모르고 지나온 일들까지도 자상하고 선명하게 들추어졌다. 회개는 후회도 반성도 아니었다. 내 감정이 복받쳐서 쏟아놓는 눈물도 아니었다. 추하고 부끄러운 나의 자아에 대한 강권적인 고발이었고 조명이었다.
　눈물 콧물이 무너진 댐에서 쏟아내는 물줄기 같았고, 나의 전신을 쥐어짜는 불순물 같았다. 준비해 온 타월에 집사님이 추가로 주고 가신 타월로도 감당하기 어려웠다. 눈물 없이는 견뎌낼 수가 없는 처절한 회한과 함께 파도처럼 밀려오는 오열이었다.
　아침이 밝아오자 박 장로님은 임 집사님과 같이 생수병을 들고 나의 토굴 기도실을 찾아오셨다. 나는 임 집사님에게 타월을 하나 더 가져다 달라고 부탁을 하였다. 박 장로님은 회사로 나가셨고, 임 집사님이 타월과 화장지를 내게 전달하고 예배실로 가셨다. 나는 또 하룻밤을 눈물 속에서 보냈다.
　끝이 보일 것 같지 않던 나의 회개도 끝이 왔다. 아침 햇살이 토굴에 비쳐들자 잔잔한 평안과 기쁨이 찾아들었다. 나는 토굴을 벗어나서 숲속을 걸어갔다. 온 세상이 아름답고 신선하고 선한 것만 같았다.
　내 입에서는 찬송가 78장이 계속되었다. "참 아름다워라 주님의 세계는…." 나는 찬송을 부르면서 숲길에서 덩실덩실 춤을 추었다.
　박 장로님과 임 집사님이 올라오셨다. 두 분이 아침 햇살을 받아 천사들처럼 아름답게 보였다. 나는 두 분의 손을 다정하게 잡고 흔들면서 반갑게 맞이하였다. 나는 박 장로님께 집으로 돌아가자고 말씀드렸다.
　장로님은 가는 내내 찬송가 78장을 틀어놓고 운전하셨다. 두 분은 나를 혜화동 목사관에 내려주신 뒤 집으로 돌아가셨다.

목사님과 집사님은 반갑게 맞아주시면서 나를 위해 보양식을 내오셨다. 나는 식사 후에 더운물로 목욕을 하고 침대에 길게 누워서 서원 씨 베개에 코를 묻고 깊은 잠속으로 빠져들었다.

오후 1시가 넘어서 목사님의 인기척에 잠에서 깬 나는 급하게 세수를 마치고 목사님과 같이 거실로 내려왔다. 내가 식탁에 자리하고 앉자 목사님은 내 손을 잡고 감사기도를 드리셨다. 내가 집사님이 끓여놓은 보양식을 한 그릇 뚝딱 먹어치우자 집사님은 보양식을 더 주시면서 "저녁 식사 때는 밥을 드릴게요" 하시면서 웃으셨다.

목사님은 내 식사가 끝나자 말문을 여셨다.

"하나님 뜻도 알았으니 이제부터 머뭇거리는 것은 하나님 뜻에 거역하는 일이 되므로 도리가 아니라는 생각이 들었다. 때마침 신학대학원 입학 시험 날이 일주일 후로 다가왔으니 시험은 치르면 되겠고, 또 하나는 애비에게 다다음 주부터 신학대학교 법률학 강의를 맡아달라는 신학교 총장님의 요청에 나는 긍정적으로 답했는데, 애비 생각은 어떤가?"

나는 "순종하여 드리겠습니다"라고 했다.

나는 목사님께서 준비해 오신 신학대학원 입학원서를 받고, 즉석에서 작성해서 목사님께 드렸다. 나는 목사님께서 챙겨주신 시험 준비에 필요한 서적들을 받아서 책상 위에다 정돈하였다. 목사님은 "한 번씩만 읽어두면 될 것 같다. 총장님께서 입학 성적이 제일 좋은 한 사람에게는 입학금이 면제되는 특혜도 주어진다고 하시던걸" 하시면서 웃으셨다.

나는 목사님 서재에 마련된 책상에 앉아서 대학원 시험공부에 즉시 돌입하였다. 나는 혼신의 힘을 다해서 시험 준비를 하였고, 잠도 서재에 있는 안락의자에서 잠깐 눈을 붙이는 것으로 대신하였다.

드디어 시험 날이 되었다. 시험지를 받아들고 답안을 작성해 가는데, 내가 주의해서 공부한 문제들만 출제된 것 같다는 생각이 들었다.

시험이 끝나고 목사님 차를 타고 목사관으로 돌아왔다. 목사님은 웃으시면서 "이번에는 검은 휘장이 시험지를 가리지 않았고?" 하셨다. 나는 "네, 목사님. 이번에는 다행히 제가 눈여겨보아 두었던 문제들만 출제되었다는 생각이 들었습니다"라고 했다.

나는 서재에 틀어박혀서 다음주부터 시작되는 신학교 강의 준비에 심혈을 기울였다. 목사님 서재에는 기독교 고전이 완벽하게 갖추어져 있었다. 나는 본격적으로 교회사를 필두로 조직신학에 전념하였다. 신학은 내게 흥미진진한 학문이라는 생각이 들었다.

목사님이 서재로 들어오시며 "애비가 신학대학원에 1등으로 입학하였다" 하고 말씀하셨다.

"하나님께서 애비의 행동 하나하나에 함께하신다는 사실을 명심하고, 매사에 두려운 마음으로 최선을 다해 줄 것을 바랄 뿐이다."

"네, 목사님. 먼저 가지 않겠습니다."

내가 대답하자 목사님은 "나도 두려운 마음으로 하나님도, 애비도 대하고 있다는 것을 알아주었으면 한다"라고 덧붙이셨다.

목사님은 뜸을 들이시다가 다시 말문을 여셨다.

"박 장로님이 애비가 대학교에 강의를 나가게 되면 차가 있어야 한다면서, 애비한테 승용차를 선물하고 싶다고 하였다. 애비한테는 비밀로 해달라는 부탁을 받고 머뭇거리고 있는 중인데, 애비 생각은 어떤가?"

나는 심각하게 생각하면서 말문을 열었다.

"모범생이 회개하느라고 3일간 울고 왔는데요? 다시 높아질까 두렵습니다."

목사님은 "회개는 하나님의 은혜이지. 이제부터는 모범생의 교만이 아니라, 영적 교만이 더 두렵구만!" 하셨다.

목사님 생각은 어떠신지 여쭙자 목사님은 "받아주는 것이 옳다고 본다. 그 사람들도 은혜 가운데 있는데 상처입지 않도록 보살펴 줄 책임이 애비한테도 있으니까" 하셨다.

나는 "임순옥 집사님 병세는요?" 했다. 목사님은 "아주 건강해지셨고, 교회 청소도 전담하셨다는데?" 하셨다.

나는 "고급 차는 안 된다고 못을 박아 두시고요, 제 생각 같아서는 봉고차를 받았으면 싶은데요? 부안에 있는 우리 식구들이 모두 탈 수 있게요" 했다. 목사님은 내 등을 다독여 주셨다.

다음 날 목사관에 봉고차가 들어왔다. 운전석 유리창에는 벧엘교회라는 차 이름이 새겨져 있었다. 나는 기쁨이 벅차오르는 것을 느꼈다.

나는 주일날 박 장로님을 뵙고 감사를 드렸다. 임 집사님은 내 손을 잡고 흐느끼셨다.

영선이가 예배의자에 앉아 있다가 나를 보고 달려왔다. 나는 영선이를 안아주면서 "내게는 영선이가 노래를 다시 불러준다면 아주 좋겠다" 하면서 영선이를 안아서 찬양대 의자에 앉혀 주었다.

영선이는 박 장로님 외동딸이다. 서원 씨의 개인지도를 받고 음악 특기생이 되어서 특별교육 중에 있다가 교통사고로 발목을 다친 후에는 본인 스스로 노래공부를 접은 아까운 음악 영재였다.

나는 예배 준비를 위해서 교인들과 함께 준비 찬송을 드렸다. 나는 찬송 중에 가슴이 뜨거워 오는 것을 느끼고, 피아노를 치는 집사님에게 찬송가 444장을 부탁하고, 평상시에 관절염으로 고생하고 있던 최영순 집사님을 강대상 앞으로 불러낸 후에, 최영순 집사님 손을 잡고 뜨겁게 찬송을 하였다. 최영순 집사님은 찬송을 하는 중에 큰소리로 "아멘"을 계속하셨다.

나는 찬송이 끝난 후에 교인들을 향하여 "여러분에게는 하나님께서 함께하십니다" 했다. 교인들이 한목소리로 "아멘" 하였다. 예배 준비가 뜨겁게 이루어졌다.

❈ ❈

월요일이 되었다. 나는 봉고차에 목사님을 모시고 신학교 총장님을 찾아뵈었다. 총장님은 반갑게 목사님 손을 잡으시더니 탁자 옆쪽 자리를 권하셨다. 나도 목사님 곁에 앉아 총장님에게 인사를 드렸다.

총장님은 나에게 "대학원 입학을 축하드립니다" 하시면서 내 손을 잡아주셨다. 그러고는 서재로 가시더니 전임 교수들이 만든 교회법에 관한 교안들을 모아서 내게 주셨다. 나는 교안들을 감사하게 받았다.

목사님과 나는 총장님께 인사를 드리고 혜화동교회로 돌아왔다. 나는 서재로 들어가서 총장님이 챙겨주신 교안들을 정리하고는 바로 공부를 시작하였다.

나의 목사관 생활에 변화가 왔다. 2층 서원 씨 방은 목욕할 때만 사용하였고, 대부분 서재에 있는 안락의자에서 공부하다가 잠이 드는 방식으로 바뀌었다. 특히 기독교 고전을 읽어가는 데 심혈을 기울였다.

나의 대학교 강의도 힘을 더해 갔다. 수강생들이 자꾸만 늘어났고, 대학원생 수강자도 늘어났다.

혜화동교회 생활에도 변화가 왔다. 교인들이 나를 부르는 호칭이 신발장 학생에서 요나 선생님으로 바뀐 것은 물론이고, 또 하나는 나의 준비찬송에 영선이가 항상 같이하여 주었다.

혜화동교회에도 변화가 왔다. 준비찬송 중에 최영순 집사님의 관절염이 치유된 사건을 기점으로 교인들의 찬양 열기도 뜨거워졌고, 교회 봉사도 최순실 집사님이 피아노 반주부터 교회 청소와 안내까지 혼자서 도맡아서 처리하던 일들이 교회 청소는 최영순 집사님이 전담했고, 교인 안내는 임순옥 집사님이 전담하였으며, 최순실 집사님은 피아노 반주와 찬양대 지휘에만 전념하면 되었다. 무엇보다도 주일마다 교인수가 늘어나는 현상 때문에 목사님의 설교에도 힘이 더해가는 것만 같았다.

바빠진 생활 속에서도 내게 힘을 더해주고 위로가 되는 일은, 서원 씨가 담임하고 있는 벧엘교회가 한식구로 단단하게 결성되어 간다는 소식이었다.

　서원 씨가 출산예정일이 7월 중순이라고 알려왔다. 이장님댁도 서원 씨와 같이 임신이 되어서 출산예정일도 같다는 소식이었다. 나는 순실 집사님과 같이 동대문 혼수상가에 들러서 서원 씨와 이장님댁 출산 준비물을 똑같이 구입하였다. 대학 본부로부터 7일간의 특별휴가를 허락받게 되어 부안에 내려가는 일을 서둘렀다.

　토요일 아침, 나는 이른 아침을 먹고 목사관을 출발하였다.
　초여름에 접어든 김제 들녘은 온통 초록빛으로, 열매들을 잉태해서 새 생명의 물결이 넘실대고 있었다. 나는 오전 11시경에 지서리 집에 도착하였다. 거실에 들어서는 내 손을 붙들고 서원 씨는 반가워서 울먹였다.
　"너무 보고 싶었어요. 바쁘실 텐데, 어떻게 짬을 내셨어요?"
　"오지 않고는 견딜 수가 없었습니다."
　성은이 할머니도 반갑게 맞이하셨다. 서원 씨는 불어난 몸을 소파에 기대고 앉아서 거동을 삼가하고 있는 중이라고 했다.
　나는 이장님댁 출산 준비물을 챙겨 들고 서둘러 이장님 댁으로 달려갔다. 내가 거실을 들어서자 이장님이 내 손을 붙들고 반가워하셨다. 이장님댁은 출산 준비물을 받고 감사해서 눈물이 글썽해졌다.
　이장님이 말문을 열었다.
　"조금 전에 진통이 살짝 지나갔는데 오늘 중으로는 병원으로 가야 할 것 같습니다."
　나는 "지금 준비해서 한길로 나오십시오. 제가 차로 모시겠습니다. 저도 강도사님과 같이 준비해서 나오겠습니다" 했다.
　출산 소식을 듣고 부녀회장님이 달려오셨다. 나는 부녀회장님에게 인사를 하고 곧바로 거실을 나왔다.
　서원 씨는 성은이 할머니 부축을 받고 차에 올랐고, 나는 출산 준비물을 차에 싣고 한길로 나갔다. 부녀회장님이 할머니를 보고는 "제가 병원에는 따라가기로 하였으니 어머니는 집에 계셔요" 하였다. 부녀회장님은 이장님을 도와서 이장님댁을 차에 올려주고 출산 준비물을 챙겨서 차에 실었다. 서원 씨는 부녀회장님 손을 잡고 "회장님, 감사합니다" 하면서 옆자리를 내어주었다.

　나는 조심하며 차를 운전하였다. 차가 산부인과 병원에 도착함과 동시에 서원 씨는 진통이 시작되어서 부녀회장님과 같이 분만실로 갔고, 나는 이장님을 도와서 이장님댁을 부축하여 입원실에 입원을 시켰다.

　잠시 후에 부녀회장님이 분만실에서 나왔다. "강도사님이 아들을 순산하였어요. 강도사님도 건강하십니다"라고 전해주시고는 분만실로 다시 들어가셨다.

　나는 입원실에 이장님과 이장님댁을 남겨두고, 병원 창구로 가서 아이 출생 증명서를 발급받아서 읍사무소로 달려갔다. 내가 서울 목사님에게 서원 씨의 출산 소식을 전해드리자 목사님은 기뻐하시면서 아이 이름을 신영이라고 지어주셨다. 나는 혼인 신고와 신영이 출생 신고를 동시에 접수한 후에 가족관계 증명서를 발급받아서 병원으로 돌아왔다.

　병실에서 대기 상태로 진통이 오기만을 기다리고 있던 이장님댁은 내 손을 잡고 흐느끼더니 서원 씨 앞으로 편지를 적었다. 이장님댁은 편지를 봉투에 넣어서 내게 맡기고는 다시 잠이 들었다.

　병원에서는 이장님댁 건강 상태를 수시로 체크하였다. 하룻밤이 지나갔다. 오늘 아침에 작은 진통이 한 차례 지나간 후로 이장님댁이 계속하여 잠만 자고 있다고 하면서 이장님은 수심에 찬 눈빛으로 나를 바라보셨다. 나는 이장님 손을 붙잡고 부녀회장님과 같이 병원 근방에 있는 식당에서 아침 식사를 하였다.

　나는 아침 식사 후에 산후 조리실에서 서원 씨를 잠깐 만났다. 서원 씨는 건강하고 밝아 보였다. 나는 서원 씨를 안아주면서 "고생이 많았습니다"라고 했다. 서원 씨는 눈물이 글썽해지더니 내 가슴을 콩콩 두드렸다.

나는 서원 씨에게 우리의 가족관계 증명서를 보여주었다. 서원 씨는 가족관계 증명서를 가슴에 안고 더없이 밝은 표정으로 미소를 지었다. 나는 서원 씨를 침대 위에 누이고 산후 조리실을 나왔다.

나는 부녀회장님과 같이 주일예배를 드리기 위해 지서리 벧엘교회로 갔다. 교회에는 도선암에서 봉구가 어머니를 모시고 출석하였고, 명철 씨도 출석하였다. 나는 부녀회장님 소개로 봉구 어머니와 명철 씨와 인사를 나누었다.

성은이 할머니도 서원 씨의 득남 소식을 듣고 기뻐하셨고, 영철이, 봉구, 성은이는 "삼총사 만세다!" 하면서 큰소리로 외치면서 기뻐하였다. 나는 마음속으로 이것이 서원 씨의 열매라고 되뇌어 보았다.

예배 후에 나는 부녀회장님과 같이 병원으로 다시 돌아왔다. 서원 씨는 산후 조리실에서 나와서 이장님댁이 입원하고 있는 병실로 옮겨져 있었다. 이장님댁은 계속 잠만 자고 있다고 하였다.

밖에는 벌써 어둠발이 내리기 시작하였다.

병원장실에서 이장님을 호출하였다. 잠시 후에 병원장실에서 나온 이장님은 비장한 표정이 되어 있었다. 전신 마취를 통한 개복수술로 분만을 시도할 때가 왔다는 병원장님 말에 전신 마취 동의서를 쓰고 왔다는 이장님 말을 듣고, 서원 씨는 이장님댁을 안고 눈물을 지었다.

밖에는 어둠이 무겁게 뒤덮고 있는데 간호사들이 입원실로 왔다. 이장님댁은 간호사들의 부축을 받고 마취실로 들어가기 전 서원 씨 가슴에 안겨들면서 서럽게 흐느껴 울었다. "우리 은혜는 강도사님 딸로…" 하면서 말도 맺지 못하고 간호사들과 같이 마취실로 들어갔.

한밤중이 되었다.

간호사가 입원실로 달려왔다. "딸을 무사하게 분만하였고요, 산모는 회복실에서 회복 중에 있습니다"라고 말하고 간호사는 총총히 입원실을 나갔다. 우리는 이장님댁이 회복되기만을 기도하면서 밤을 꼬박 새웠다.

아침 10시가 되었다. 황급하게 입원실에 나타난 간호사가 이장님댁의 사망 소식을 전달하고는 급하게 사라졌다. 넋이 나간 이장님 손을 붙들고 서원 씨도 말을 잃은 것 같았다. "아니야, 우리 언니는 죽지 않은 거야!" 하면서 내 가슴을 파고들었다. 서원 씨의 큰 눈에 눈물이 가득하게 고였다. 이장님은 흐느끼면서 병원장실로 달려갔고, 부녀회장님도 뒤따라갔다.

나는 서원 씨를 안고 다독여 주고는 이장님댁이 내게 맡겨둔 편지를 꺼내서 서원 씨한테 내밀었다. 서원 씨는 이장님댁 편지를 손에 들고 서럽게 울었다.

이장님댁은 마지막 편지에서 "험한 세상이지만 강도사님과 함께 한식구가 되어서 천국을 이루어가는 삶을 살고 싶었다"라는 소망과 함께 딸 이름은 은혜라고 불러달라고 적혀 있었다.

자신이 은혜 가운데서 살고 싶은 소망 때문이라고 했다. 그리고 은혜 아빠는 천사였다는 고백을 하고 있었다. 자신이 가고 있는 길을 강도사님은 잘 알고 있다고 다짐하고 있었다. 자신에게 무슨 일이 발생하거든 은혜 아빠를 홀로 두지 말고 꼭 강도사님이 주선해서 재혼시켜 달라고도 했다.

또 하나는 자신이 떠나면 화장을 해서 미나리깡 둑에 심긴 매화 꽃나무 아래에 수목장을 부탁하면서, 그 매화꽃 나무는 강도사님과 자신이 합심해서 열매를 달라고 기도했던 곳이라고 강조하면서 "은혜는 강도사님 딸로…" 하면서 말을 맺지 못하고 편지는 마무리되어 있었다.

서원 씨는 이장님댁 편지를 모두 읽더니 대성통곡을 하였다.

"언니와 나는 늪지 매화 꽃나무 아래서 임신한 사실을 서로 고백하였고, 언니와 내가 합심하여서 기도한 내용은 건강한 열매를 달라는 기도였습니다. 태중에 딸이 임신되었다는 사실을 알고부터는 딸 이름을 은혜라고 불렀고, 은혜만 건강한 딸로 주신다면 자신은 어떠한 희생도 달게 받겠다는 서원기도를 드렸습니다. 언니는 병원 측과도 깊은 대화가 이루어진 것으로 알고 있습니다. 백 번을 생각해도 언니는 죽지 않았다는 생각이 듭니다."

나도 흐느끼면서 "아멘" 했다.

잠시 후에 이장님이 부녀회장님의 부축을 받으면서 입원실로 돌아왔다. 서원 씨는 편지를 봉투에 다시 넣어서 가방에 간수하고 말문을 열었다.

"형부, 울지 마세요. 언니는 죽은 것이 아니고 하나님의 선하신 뜻을 따라서 잠시 우리 곁을 떠났을 뿐입니다. 언니는 죽은 것이 아니라는 것을 편지로 남기셨어요. 언니와 헤어지는 아쉬움을 부인할 수는 없지만 아버지 뜻에 순종하여 드린다는 마음으로 언니를 보내드려야 합니다."

소리도 없이 눈물이 서원 씨 뺨을 타고 흘러내렸다.

이장님은 "나 때문에 벌어진 일입니다. 집사람은 유산을 한 전력 때문에 임신이 어렵다는 것을 알고 지금까지 참고 살아왔는데, 혹시나 하는 나의 어리석은 욕심 때문에 사단이 일어나고 말았습니다" 하면서 대성통곡을 하였다.

부녀회장님도 서원 씨도 나도 이장님을 부여안고 흐느꼈다. 서원 씨는 이장님 손을 잡고 말문을 열었다.

"형부, 울지 마세요. 언니와 나는 늪지 매화 꽃나무 밑에서 합심해서 기도를 드렸습니다. 은혜만 건강한 몸으로 출생시켜 주신다면 어떠한 희생이라도 감수한다는 기도를 둘이서 드렸고요. 언니는 기도를 따라서 먼저 헌신하셨고, 내게는 우리 기도를 따라서 은혜를 딸로 건강하게 길러야 할 헌신이 남아 있다고 생각합니다. 나와 은혜를 생각해서 형부가 더 힘을 내주시면 안 될까요?"

이장님은 "나도 그렇게 해야겠다는 마음은 있지만…" 하면서 말을 맺지 못하고 눈물만 흘렸다.

나는 이장님과 장례 절차를 의논했다. 이장님은 흐느끼면서 "본인이 원하는 대로 해주는 도리밖에요"라고 하였다.

나는 서원 씨와 부녀회장님을 입원실에 대기시키고, 이장님과 같이 병원장실로 갔다. 병원장님은 이장님 손을 잡고 탁자로 안내하였다. 병원장은 말없이 커피를 손수 내왔다.

병원장이 조심스럽게 말문을 열었다.

"산모의 죽음은 아름다운 헌신으로 아기를 구한 사랑이었습니다. 출산을 돕고 있던 간호사님들도 눈물 속에서 이번 출산을 이루어낸 것입니다. 산모가 출산 직전에 '맹서원 강도사님에게'라는 편지를 남기셨습니다."

병원장이 편지를 이장님한테 내밀었다. 이장님은 편지를 받아서 안주머니에 넣고는 병원장님과 장례 절차를 의논하였다. 본인의 원에 따라서 화장하는 것으로 결정되었다.

나와 이장님은 병원에서 내어준 운구차를 따라서 화장장으로 가서 순번을 기다렸다. 나는 점심시간이 다 되어서야 나온 유골함을 안고 늪지 미나리깡으로 가서 매화 꽃나무 아래에다 수목장을 마쳤다. 간신히 이장님을 부축해서 차에 태우고 병원으로 다시 돌아왔다.

병원에 도착한 이장님은 서럽게 울고 있는 서원 씨에게 병원장님한테서 받은 편지를 주었다. 서원 씨가 편지를 받아서 손가방에 넣고 있는데 은혜가 칭얼댔다. 서원 씨는 부녀회장님한테서 은혜를 받아 안고는 젖을 물렸다.

은혜는 어기차게 젖을 빨았다. 서원 씨 뺨에 소리 없이 눈물이 흘러내렸다. 나는 손수건을 꺼내서 서원 씨 눈물을 닦아주면서 "나도 은혜 아빠라는 사실을 알아주었으면 합니다" 했다. 서원 씨는 나를 물끄러미 바라보고 "선생님, 감사합니다" 하였다.

나는 병원 출납 창구로 가서 퇴원 수속을 마무리한 뒤 병원에서 내주는 유아용품들을 챙겨 들고 차에 올랐다. 부녀회장님은 은혜를 아기 바구니에다 재워서 안고, 이장님은 신영이를 아기 바구니에다 재워서 안고 차에 올랐다.

서원 씨는 조수석에 자리를 하고 등받이에 몸을 기대더니 눈을 감았다가 은혜가 칭얼대자 은혜를 안아 가더니 젖을 물렸다. 은혜는 서원 씨 젖을 탐하여 어기차게 빨았다. 소리도 없이 눈물이 이장님 뺨을 타고 흘러내렸다. "형부가 우시면 저는 어떻게 견디라구요?" 하면서 서원 씨도 흐느꼈다.

나는 차를 유아용품 가게 앞에 세우고, 쌍둥이 아기 침대와 쌍둥이 유모차와 목욕용품을 구입하고, 아기 우유도 여유 있게 구입하여 집으로 돌아왔다.

우리 방에다 아기 침대를 설치하고 곤하게 잠이 든 신영이와 은혜를 안고 거실로 나왔다. 성은이 할머니가 이장님 손을 잡아주셨다.

"견디기가 힘들겠지만, 어린 은혜를 생각해서 힘을 잃으시면 안 된다는 것을 명심하시고 기운을 챙기셔야 합니다."

이장님은 "어머니, 감사합니다" 하였다.

부녀회장님은 성은이와 함께 주방에서 산모 미역국을 끓였다. 부녀회장님과 성은이가 준비한 저녁 식사가 식탁에 차려졌다. 나는 이장님 손을 잡고 식탁으로 끌었다. 서원 씨는 신영이와 은혜를 아기 바구니에 재워서 거실 소파에 두고, 부녀회장님 부축을 받고 식탁에 자리하고 앉았다. 부녀회장님은 "누구보다도 강도사님이 강해져야 합니다. 두 아이를 젖을 먹여서 키우신다는 생각을 가지시고, 식사는 3인분을 섭취한다는 생각으로 하셔야 하구요" 하면서 서원 씨 앞에 미역국을 내밀었다. 서원 씨는 "회장님, 감사합니다" 하면서 수저를 들었다.

성은이 할머니는 소주병을 들고 오시더니 이장님 잔에도, 내 잔에도 술을 따라주셨다. 나는 할머니한테도 부녀회장님한테도 술잔을 권하였다.

밖에는 어둠이 짙게 드리웠고, 들창문을 두드리고 있는 바람 소리가 스산하였다. 서원 씨 식사가 끝나자 부녀회장님은 신영이 아기 바구니를 안고, 이장님은 은혜 바구니를 안고, 나는 서원 씨를 부축해서 건넛방으로 왔다.

이장님과 부녀회장님은 두 아이를 나란히 침대에 누이고, 내가 서원 씨 잠자리를 보아주는데, 부녀회장님이 서원 씨와 나란히 잠자리를 펴면서 "오늘 밤에는 제가 강도사님과 같이 자겠습니다" 하셨다. 나는 부녀회장님의 훈훈한 배려에 가슴 벅찬 뜨거운 감사를 느꼈다.

나는 부녀회장님에게 감사를 표하고, 이장님 손을 잡고 거실로 나왔다. 성은이가 할머니 방으로 가면서 "선생님과 이장님은 오늘 밤 제 방에서 주무셔요" 했다. 나는 성은이를 안아주면서 "우리 예쁜 공주님! 마음을 써 주셔서 감사합니다" 했다.

나는 이장님과 함께 성은이 방으로 들어갔다. 성은이는 내 잠자리와 이장님 잠자리를 나란히 보아두고 나갔다.

출생과 사망이 한꺼번에 교차되는 혼란스러운 하루가 어둠에 잠기어서 깊어가고 있었다. 선녀탕 계곡에서는 잠 못 이루고 오열하는 뻐꾸기 울음소리가 아련하게 흐느낌으로 들려왔다.

❋ ❋

지루하고도 긴 밤이 지나고 아침이 밝아왔다.

거실 주방에서는 할머니와 성은이가 아침상을 준비하고 있다. 이장님이 잠에서 깨어나시더니 옷을 챙겨 입으시면서 "바다에 뿌려논 통발이를 걷어올리려구요. 너무 오랫동안 방치해 두었다는 생각이 들어서요" 하였다.

나도 얼른 옷을 챙겨서 입고 이장님을 따라나섰다. 어둠이 채 가시지 않은 아침 바다는 비릿한 바닷바람을 안고서 찬 기운을 뿜어내고 있었다.

통발이에는 제법 큼직한 문어가 여러 마리 들어 있었고, 굵직한 장어들이 대부분을 차지하였다. 산모 미역국에 좋다는 문어만 모아서 모기장 자루에 담고, 장어는 모두 이장님네 수족관에다 모아두었다. 나는 문어 자루를 할머니한테 드리고 이장님과 함께 건넛방으로 갔다.

부녀회장님은 서원 씨를 도와서 아이들 목욕을 시키고 있었다. 신영이도 은혜도 건강한 것 같았다. 목욕이 끝나자 두 아이는 서원 씨 양팔에 안기어서 젖을 먹었다. 신영이와 은혜는 서로 손을 만져가면서 다투어서 젖을 먹는 것 같았다.

젖을 다 먹인 후에 이장님은 은혜를 안고, 나는 신영이를 안고 거실로 나갔다. 나와 이장님은 소파 위에 있는 아기 바구니에 두 아이를 두고 식탁에 자리하고 앉았다.

아침상에는 초고추장 미나리 무침에 삶은 문어가 푸짐하게 올라왔고, 어젯밤에 마시다가 둔 2홉들이 소주병도 함께 나왔다. 부녀회장님은 내 소주잔에도 이장님 소주잔에도 술을 따라주었다. 나는 내 소주잔을 부녀회장님에게 건네고 술을 따라 주었다. 부녀회장님은 "이제야 밥맛이 살아나네" 하면서 내가 권하는 소주잔을 비웠다. 서원 씨도 미역국에 밥을 두 공기나 먹었다. 성은이 할머니는 "강도사님은 앞으로 3인분 식사를 한다는 생각을 잊어서는 안 됩니다" 하고 부녀회장님처럼 또 한 번 당부하셨다.

아침 식사 후에 성은이가 학교 가는 것을 바래다주고 나는 이장님과 같이 이장님 댁으로 갔다. 이장님은 서둘러서 채낚시 준비를 하였다.

"물때가 좋아서 오늘은 광어낚시를 시도해 볼까 하구요."

나는 "저도 형님 따라서 낚시를 가고 싶은데요" 했다. 이장님은 내 낚시채비도 챙겼다.

이장님네 수족관에는 미끼로 사용할 생새우가 넉넉하게 준비되어 있었다. 이장님은 두 사람이 사용할 생새우를 물 함지박에 담아서 배로 나갔다. 먼저 통발이 어장에 도착해서 오늘 아침에 건져낸 통발이를 바다에 투척하고 부표를 띄웠다.

채석강을 뒤로하고 이장님은 우도 앞에 있는 광어낚시 포인트로 달려갔다.

나는 조타실 조수석에 앉아서 말문을 열었다.

"저는 남은 휴가 기간에 형님 따라 다니면서 낚시도 배우고 배 운항도 배웠으면 합니다. 낚시는 취미로 더러 해보았지만 배 운항은 생소해서요."

이장님은 내 얼굴을 유심히 살펴보시더니 "선생님이 어부 하시게요?" 하면서 웃으셨다.

나는 "앞일은 알 수 없는 일이지만 어제 신영이 출생신고를 하고 보니 저희 본적이 지서리가 되었습니다. 지서리는 바다가 있는 마을인데 당연하게 배 운항 정도는 알고 있어야 한다는 생각이 들어서요" 했다.

그러자 이장님은 "강도사님도 신영이도 언젠가는 선생님을 따라서 가지 않겠습니까?" 하였다. 나는 뜸을 들이다가 "그렇게는 될 수 없다는 생각이 들었습니다"라고 했다.

이장님은 우도 앞 광어낚시 포인트에다 닻을 내리고 배를 고정시키더니 의아한 눈으로 나를 바라보았다. 나는 이장님 손을 잡아끌어서 조타실 앞에 나란히 앉았다.

"형님, 제게는 가슴에 숨겨 둔 비밀이 있습니다."

이장님 눈이 커졌다.

"비밀은 가슴속에다 숨겨두는 것이지만 형님한테는 알려드리는 것이 옳다는 생각이 들어서요" 하고는 숨을 고르면서 말을 이어갔다.

"금년 초에 강도사님이 부안여고에 부임하고 성은이 집에다 강도사님 하숙을 정하면서 비밀은 시작되었습니다. 강도사님과 성은이를 학교에 출근시켜 주고 집으로 돌아온 저는 울고 계시는 성은이 할머니를 목격하게 되었습니다. 저는 성은이 할머니로부터 말씀도 못하시고 가슴 속에다 숨겨두고 괴로워하시던 비밀을 듣게 되었습니다.

성은이 할머니가 대성통곡을 하시더니 가슴속에서 편지 한 통을 꺼내서 제게 내밀었습니다. 편지는 필리핀에서 보내온 국제우편이었습니다. 편지 내용은 성은이 아버지와 어머니가 새 전도지로 가시는 도중에 교통사고를 입고 두 분이 모두 사망하였다는 소식이었습니다."

이장님은 내 손을 붙들고 흐느끼기 시작했다.

"영철이 어머니와 아버지도 교통사고로 보내고, 성은이 아버지와 어머니도 교통사고로 한꺼번에 보냈다는 사실이 저는 두렵기만 합니다. 우리 3자 3국이 월남해서 서로 사랑하고 서로 도와가면서 행복을 이루어가자고 굳게 다짐하였지만 결국은 저 하나 남겨두고 모두 떠났다는 사실이 두렵기만 합니다."

이장님은 내 손을 잡고 흐느끼면서 넋두리하듯 말했다.

"교인도 없는 벌판에다 사랑의 교회를 이루어가겠다고 교회부터 세우고, 늪지에다 미나리깡을 만들어서 수확한 미나리를 리어카에 싣고 성은이 아버지는 끌고 성은이 어머니와 우리 집사람은 밀면서 미나리를 팔고 다니던 모습이 눈앞에 선합니다."

나는 이장님 등을 다독이면서 말했다.

"성은이한테는 형님도 당분간 비밀로 해주십시오. 강도사님하고 저는 이 문제를 두고 깊이 대화를 하였습니다. 하나는 강도사님과 내가 성은이를 그늘 없게 길러가는 엄마와 아빠가 되자는 다짐이고요, 또 하나는 벧엘교회를 우리 식구들이 모여서 사랑을 주고받는 교회로 세워가자는 것이었습니다."

이장님은 내 손을 힘주어서 잡으며 "선생님, 감사합니다. 소천한 은혜 엄마를 위해서도, 성은이 부모와 영철이 부모를 위해서도 꼭 이루어져야 할 일이라고 저도 굳게 다짐을 하고, 선생님 두 분의 취지에 저도 최선을 다할 것을 맹세하겠습니다" 하였다.

나도 이장님 손을 잡고 감사했다. 우리의 사랑들이 선한 소망을 향하여 아름다운 헌신으로 결집되어 가고 있다는 깨달음이 오자 내 가슴은 기쁨으로 충만해 갔다.

나는 이장님과 같이 낚시채비에 미끼를 달아서 바다에 드리웠다. 내 채비에 광어가 입질을 하여 올리는데 이장님 채비에도 광어 입질이 왔다. 우리 두 사람은 정신없이 계속되는 광어 입질에 매달렸다.

어느덧 물 칸이 광어로 가득 찼다. 이장님은 더 이상 광어를 물 칸에 넣을 수가 없다고 하며 낚시를 종료하였다. 나는 이장님이 내민 배 키를 받아서 배에 시동을 걸고, 이장님은 닻을 올렸다. 나는 이장님의 자상한 지시를 따라서 배를 운행하여 지서리 포구에 배를 안전하게 정박시켰다.

부녀회장님이 리어카에 큰 고무통을 싣고 포구로 나와서 대기 중에 있었다. 이장님은 나와 부녀회장님을 배에서 내리게 하더니 아는 횟집에 들러서 고기를 팔아 오겠다면서 지서리 포구를 떠나갔다.

나는 빈 리어카와 큰 고무통을 이장님 댁에다 두고 부녀회장님과 같이 집으로 향하였다. 나는 부녀회장님을 보고 간곡한 말로 서원 씨와 같이 두 아이를 양육하여 주었으면 감사하겠다고 운을 뗐다.

부녀회장님은 미소를 띠면서 말문을 열었다.

"그렇지 않아도 강도사님하고 약속이 되어 있는데요? 두 아이 돌 때까지는 강도사님과 같이 생활하는 것으로 약속이 되어 있습니다."

나는 엉겁결에 부녀회장님 손을 덥석 잡고는 "감사합니다!"라고 했다. 나도 모르게 눈물이 뺨을 타고 흘러내렸다. 부녀회장님은 손수건을 꺼내 내게 주면서 "너무 염려 마셔요, 강도사님과 제가 의논해서 잘 이끌어 가겠습니다" 하였다.

서원 씨는 건넛방에서 할머니와 같이 아이들 목욕을 시키고 있었다. 부녀회장님은 아이들 목욕을 거들었다. 서원 씨가 "형부는 어데 있고요?" 하였다. 부녀회장님이 "아는 횟집에 들러서 고기를 팔아 오겠다고 배로 떠났습니다" 했다.

부녀회장님이 은혜를 안고 내가 신영이를 안고 점심을 먹기 위해 거실로 나서는데 이장님이 들어섰다. 부녀회장님이 이장님을 보고 챙겼다.

"고깃값은 많이 받아오셨습니까?"

이장님은 얼굴에 미소를 띠고 말했다.

"700만 원을 받아왔구만요. 내 평생에 처음 맞이한 대박입니다. 선생님과 함께 고기잡이를 한다면 한 달 안에 벼락부자가 되겠다는 생각이 들었습니다."

부녀회장님과 성은이 할머니는 깜짝 놀라는 표정이었지만 서원 씨는 미소를 띠면서 나를 바라보았고, 나도 의미심장한 미소를 서원 씨한테 보냈다.

이장님이 이어갔다.

"그래서 오늘 수입을 식구 수를 따라서 나누었습니다. 내 몫이 100만 원이고, 신영이네 식구 몫이 600만 원이 되었습니다."

그러자 부녀회장님이 맞받아서 "계산이 잘못된 것 같은데요?" 하였다. 이장님이 웃으면서 "맞습니다. 부녀회장님은 은혜와 같이 신영이네 식구에다 포함시켰습니다" 했다. 순간 부녀회장님 표정이 상기되었다.

내가 거들면서 "형님 셈법은 하나님께서 주신 복을 셈할 때 사용되는 셈법입니다" 하자 성은이 할머니와 서원 씨가 "아멘" 하였다. 나도 "아멘" 했다.

성은이 할머니가 "이장님 혼자서 끓여 자실 이유가 없지 않을까요? 복 있는 우리끼리 한데 모여서 한식구로 사는 것이 더 좋을 것 같다는 생각이 드네요" 하셨다. 나도 부녀회장님도 서원 씨도 박수로 환영하였다. 이장님은 눈에 눈물이 맺힌 채로 "어머니, 감사합니다" 했다.

나는 남은 휴가 기간에 이장님과 같이 고기잡이도 하고, 늪지에 있는 미나리깡을 손질하는 데 시간을 보내기도 하였다.

휴가 마지막 날, 주일예배가 끝난 뒤 서원 씨와 나는 신영이와 은혜를 안고, 성은이와 영철이와 봉구가 나란히 앞줄에 앉고, 성은이 할머니와 이장님과 부녀회장님과 명철 씨와 봉구 엄마가 뒤에 나란히 서서 사진 촬영을 하였다.

사진 촬영이 끝나고 나는 부녀회장님에게 "부녀회장님이 강도사님과 같이 지내게 된 일이 저에게는 가장 기쁜 일입니다" 했다. 부녀회장님은 "제가 좋아서 하는 일이니까 너무 부담은 갖지 마십시오" 하였다. 내가 부녀회장님에게 "회장님, 감사합니다. 하나님께서 기뻐하십니다"라고 하니 부녀회장님의 얼굴이 발그레해졌다.

점심 식사 후에 나는 식구들의 배웅을 받으면서 지서리를 출발하였다.

서원 씨가 이루어낸 아름다운 헌신을 중심으로 우리 식구들의 선한 소망들이 열매가 되어서 모아져 가고 있다는 생각이 들자 가슴속 깊이 감사가 넘쳤다.

❈ ❈

오후 5시가 조금 지나서 나는 서울 혜화동교회 목사관에 도착하였다. 목사님도 집사님도 반가워하셨다.

나는 탁자 위에 우리 가족관계 증명서와 함께 식구들 사진을 올려놓았다. 목사님은 내 등을 다독여 주시면서 "애비가 수고 많았다" 하셨다.

나는 지서리 벧엘교회의 근황을 자상하게 설명해 드렸다. 목사님은 눈을 감으시고 깊은 생각에 잠기더니 말없이 기도실로 들어가셨다.

나는 욕조에 더운물을 받아서 몸을 씻고 거실로 다시 내려왔다. 목사님은 아직 기도실에 계셨다. 집사님은 저녁상을 식탁에 차려 놓고 기도실로 가서 인기척을 하셨다. 목사님이 기도실에서 나오시더니 "서원이가 힘들 것 같다"라고 하셨다.

저녁 식사를 서둘러 마치고 밤 예배시간에 맞추어서 교회로 나갔다. 영선이가 찬양대석에 앉아 있다가 나를 보고 뛰어나오더니, 눈물이 글썽하여 내 가슴에 안겼다. 나는 영선이를 안아주면서 "영선이가 선생님 보고 싶었던 거로구나" 하였다. 나는 영선이와 같이 교인들 앞에 나와서 준비찬송을 하였다.

나는 찬송 중에 가슴이 뜨거워 오는 것을 깨닫고 교인들을 꼼꼼히 바라보았다. 예배석 맨 뒤에 있는 할머니한테 내 시선이 멈추었다. 나는 찬송을 뜨겁게 드리면서 영선이를 데리고 할머니 앞으로 갔다. 나는 영선이한테 "할머니 무릎!" 하였다. 영선이가 할머니 무릎에 손을 올리자 나는 "하나님께서 함께하십니다" 했다. 할머니는 큰소리로 "아멘" 하시더니, 영선이 손을 잡으시고 "하나님, 감사합니다. 이 늙은이까지 돌보셨습니다" 하셨다.

나는 영선이와 함께 교인들 앞으로 다시 나와서 뜨겁게 찬송을 하였다. 목사님의 설교 말씀도 뜨겁게 증거 되신 것 같았다.

❖ ❖

다음 날 오전 강의를 마치고 내 방에서 쉬고 있는데 총장님 방에서 호출이 왔다. 총장님 방에는 목사님도 와 계셨고, 어젯밤 예배 때 관절염을 치유 받은 할머니도 와 계셨다. 내가 의아한 눈으로 할머니를 보고 "할머니는…" 하자 할머니가 반갑게 내 손을 잡으시고 "맞아요! 어젯밤 예배시간에 교수님한테 무릎 관절염을 치유 받은 늙은이가 맞습니다" 하시면서 미소를 띠셨다.

총장님이 말문을 여셨다.

"제 어머니 되십니다. 여자 목사님으로 평생을 목회에 종사하시다가 연로하셔서 저의 집에서 저와 같이 계셨습니다. 어제는 시골에서 목사님으로 계시는 외삼촌이 위암 말기로 사경을 헤매는 외숙모님을 모시고 올라오신 것을, 어머님께서 외삼촌 내외를 모시고 교수님을 찾아가게 된 것입니다. 어머님께서는 외숙모님이 치유된 것을 감사하시려고 혜화동교회 밤 예배에 시간에 찾아가셨다가 평생을 관절염으로 고생하신 무릎 관절염을 깨끗하게 치유받으시고 감사해서 목사님과 교수님을 모시게 된 것입니다."

할머니가 거드셨다.

"교수님이 내 동생댁 암과 내 무릎을 온전하게 고쳐주셨으니 나도 교수님 발을 온전하게 고쳐주고 싶은데, 승낙해 주실 것으로 믿어도 되지요?"

나는 어리둥절해서 목사님을 바라보았다. 목사님은 웃으시면서 "노목사님께서는 애비가 타고 있는 차가 부안에 있는 벧엘교회 차라는 것을 아시고 하시는 말씀이다" 하셨다. 나도 웃고 총장님도 웃으셨다.

할머니는 내 손을 잡고 주차장으로 가셨다. 총장님 차 옆에 똑같은 승용차로 새 차가 주차되어 있었다. 운전수석 유리창에 '이래'라는 글자가 새겨져 있었다. 할머니가 차 키를 건네주셨다. 나는 얼떨결에 차 키를 손에 들고 총장님과 목사님을 바라보았다. 총장님이 박수를 치시자 목사님도 치셨다.

할머니는 나와 같이 새 차에 오르셨다. 총장님은 목사님을 태우고 앞서서 주차장을 빠져나가셨다. 나는 차에 시동을 걸고 총장님 차를 따라갔다.

할머니가 나를 보시면서 "차가 마음에 들어요?" 하셨다. 나는 "목사님! 제게는 너무 과분한 차라는 것을 아시지요?" 했다. 할머니는 웃으시면서 "넉넉합니다" 하셨다. 내가 "목사님, 이번에도 제 발이 아닌 것은 매일반인데요?" 하자 할머니는 뜸을 들이다가 말씀하셨다. "이번에는 목사님 차가 맞습니다. 이래교회가 신학교 강당으로 사용되고 있을 뿐이고요. 신학교와는 별도로 제가 이루려던 교회입니다. 이래교회가 신학교 밖에 있다는 것이 이상하지 않던가요?" 하셨다.

총장님이 차를 한식 요리 집 앞에 세우셨다. 나도 총장님 차 곁에 주차하였다. 식당에서는 총장님 사모님이 우리를 반갑게 맞이하셨다.

할머니가 사모님께 "에미야, 총장님은 목사님과 자리를 만들어드리고,

교수님은 우리와 같이 자리를 만들어라" 하셨다. 총장님이 웃으면서 거드셨다. "어머님이 교수님을 놓아주실 것 같질 않습니다"라고 하셨다.

궁중 요리로 버섯전골이 나왔다. 식사가 끝나갈 무렵에 할머니가 말문을 여셨다. "에미를 벧엘교회로 유학을 보내고 싶은데, 교수님 생각을 말씀해 주실 수 있겠습니까?" 하시더니 조심스럽게 "열매 맺는 비법을 배워 오라고요" 하셨다.

내가 난처한 표정이 되자 사모님이 이어가셨다.

"어머님은 강도사님의 설교를 들어보시고 '바로 이것이다'라고 탄복하시더니 저를 벧엘교회에 보내기로 마음을 굳히신 것 같아요. 이래교회 부흥을 계획하시면서 특별히 식구 됨의 원리를 통해서 허물이 허물 되지 않고 자랑이 자랑 되지 않는 목회 원리를 전수받아 오라는 당부를 하셨어요."

나는 의아해서 "강도사님 설교는 어떻게 듣게 되었는데요?" 했다. 사모님은 "강도사님 설교를 녹음한 것을 혜화동교회 목사님에게 보내드렸는데, 혜화동교회 목사님과 어머님은 평소에 절친한 동역 관계이셨거든요" 하셨다.

나는 할머니를 보고 "목사님! 벧엘교회는 신학교가 아닙니다" 하였다. 할머니는 "그래서 며느리를 유학을 보내기로 결정한 것입니다" 하면서 웃으셨다. 웃다 보니 총장님 식사도 모두 끝나신 것 같았다.

우리는 다시 신학교로 돌아왔다. 목사님과 나는 총장님 식구들의 배웅을 받으면서 목사님은 총장님 어머니가 내게 선물하신 승용차를 운전하시고, 나는 봉고차를 운전해서 혜화동 목사관으로 돌아왔다. 목사관 주차장에는 승용차를 주차시키고 봉고차는 교회 앞에다 주차하고 목사관으로 돌아왔다.

나는 거실에 들어서면서 목사님께 "이제 봉고차는 벧엘교회에 주어도 될 것 같은데요?" 했다. 목사님은 웃으시면서 "애비 생각은 처음부터 벧엘교회 차로 받은 것으로 아는데?" 하셨다. 나는 "식구는 자꾸만 늘어나는데 생활권이 부안읍이다 보니 차가 필요할 것 같아서요" 했다. 목사님은 "언제 다녀오려고?" 하셨다. 나는 "강의가 없는 이번 주 토요일 오후에 갔다가 주일 보고 오후에 돌아오면 될 것 같습니다" 했다.

목사님은 집사님을 바라보셨다. 나는 "박 장로님과 의논하여 보려구요. 서원 씨가 영선이를 보고 싶어 하니까, 영선이도 함께 갔다가 왔으면 해서요" 했다.

나는 부안에 내려가는 일을 박 장로님과 의논하였다. 박 장로님은 쾌히 승낙하시면서 임순옥 집사님도 함께 가기로 했다.

고대하던 토요일 오후가 되었다. 나는 서원 씨가 일러준 이삿짐을 봉고차에 싣고 영선이를 조수석에 태웠다. 박 장로님은 승용차에 임순옥 집사님을 태우고 목사관을 출발하였다. 녹색 물결로 지평선을 이루고 있는 호남평야를 가르면서 차가 달려갈 때는 영선이 노래가 저절로 흘러나왔다.

우리 차는 이른 석양 무렵에 지서리에 도착하였다.

서원 씨는 두 아이를 쌍둥이 유모차에 태우고 교회 앞에서 기다렸고, 성은이는 영철이, 봉구와 함께 서원 씨를 감싸고 서서 우리를 기다리고 있었다.

봉고차가 교회 앞에서 멎자 영선이가 잽싸게 차에서 내려 서원 씨 가슴에 안겨들었다. 서원 씨는 영선이를 안고 등을 다독이면서 "영선이가 하도 보고 싶어서 선생님한테 부탁했지"라고 하였다.

서원 씨는 박 장로님과 순옥 집사님을 반갑게 맞이하였다. 할머니도 부녀회장님도 이장님도 나오셔서 서로 인사를 나누었다. 나는 서원 씨 손을 잡고 "바람이 찬데 거실에 계실 것이지!" 하면서 서둘러서 아이들을 안고 거실로 들어왔다.

식구들이 모두 거실에 모였다. 신영이와 은혜를 아기 바구니에 담아서 부녀회장님과 순옥 집사님이 안고 소파에 자리하고 앉았다. 성은이와 봉구와 영철이가 할머니를 도와서 거실 바닥에다 큰 상 세 개를 펴고 저녁 식사를 차리자 두 분은 얼른 아기 바구니를 나와 이장님에게 맡기고 저녁 준비를 도왔다.

박 장로님의 식사 기도로 다 같이 저녁 식사를 한 뒤 모두 박 장로님을 중심으로 탁자에 둘러앉아서 이야기꽃을 피웠다. 성은이가 영선이 손을 잡고 성은이 방으로 가자 영철이와 봉구도 따라나섰다.

창밖으로는 어둠이 짙게 깔려들고 있었다. 선녀탕 계곡에서는 밤 뻐꾸기 울음소리가 은은하게 들려오고 있었다. "밤이 꽤 늦은 것 같은데 장로님도 쉬셔야 하고" 하면서 이장님이 자리에서 일어나셨다. 성은이 할머니가 "박 장로님 내외분은 이장님네 건넛방에서 주무시면 되겠고, 영선이는 성은이하고 자고, 선생님은 이장님과 함께 주무시면 될 것 같은데요?" 하셨다. 임순옥 집사님이 "저는 강도사님 방에서 자면 되구요, 장로님만 이장님과 세 분이서 주무시면 되겠습니다" 하셨다. 장로님이 그러는 게 좋겠다고 하셨다.

나는 서원 씨를 안아주면서 "강도사님도 편히 주무세요" 했다. 서원 씨가 미소를 지으면서 내 가슴을 콩콩 두드렸다.

나는 장로님을 모시고 이장님 댁으로, 영선이는 성은이 방으로, 봉구는 영철이하고 영철네 집으로 갔다. 어둠이 짙게 깔린 골목길에는 포구에서 몰려온 비릿한 바다 내음이 바람결에 실려서 휘몰아가고 있었다.

❋ ❋

아침이 되었다. 이장님은 수족관에서 문어와 우럭을 담아 들고 성은이네 집으로 왔다. 주방에서는 성은이 할머니를 중심으로 부녀회장님과 순옥 집사님 모두 아침 식사 준비로 분주하였다. 박 장로님은 선녀탕 계곡으로 산책을 나가셨고, 나와 이장님은 문어와 우럭을 손질하여 주방에다 전달하였다.

성은이와 영선이는 신영이와 은혜를 안고 거실로 오더니 소파에 자리하고 앉은 서원 씨에게 안겨 주었다. 서원 씨는 두 아이를 양팔로 안고 젖을 물렸다. 신영이와 은혜는 양손으로 젖을 움켜쥐고 탐스럽게 젖을 먹었다.

영철이와 봉구는 거실 바닥에 나란히 큰 상들을 펼치고 성은이와 영선이를 도와서 아침상을 열심히 차렸다. 박 장로님이 산책에서 돌아오시자 우리 식구들은 모두 상에 둘러앉았다. 아침 식사 기도는 서원 씨가 하였다.

미나리 초고추장과 함께 먹는 문어는 별미였다. 얼큰한 우럭 매운탕은 깊은 맛이 돌았다.

박 장로님이 음식 맛에 감탄하며 "내 평생을 두고 제일 맛있는 아침을 먹게 된 것 같습니다" 하셨다. 서원 씨가 자랑스럽게 성은이 할머니를 소개하였다.

"어머님은 한국 전통 음식 요리 요리장을 지내신 분이십니다. 장로님께서 음식 맛을 알아주셔서 감사합니다."

식구들은 아침을 맛있게 들고 거실 소파에 둘러앉아서 박 장로님과 서울 목사님이 함께 월남해서 교회를 개척한 이야기와 이장님이 들려주신 3자 3국 월남 이야기를 흥미진진하게 들었다.

어느새 주일 낮 예배시간이 다 되어 우리 식구들은 모두 교회로 나갔고, 도선암에서 봉구 어머니도 출석하였고, 부안읍에서 명철 씨도 출석하였다.

서원 씨는 내게 예배 인도를 부탁하였다. 나는 극구 반대해서 서원 씨를 강대상으로 올리고, 나는 영선이와 같이 성은이 피아노 앞에 나란히 섰다. 신영이와 은혜는 부녀회장님과 순옥 집사님이 안고 예배 의자에 나란히 자리를 하였다.

준비찬송으로 찬송가 82장을 불렀는데, 나는 영선이 손을 잡고 소강대상 앞에서 나란히 찬송하였다. 영선이의 맑고 청초한 소리에 나의 무겁고 부드러운 소리가 이루어낸 하모니가 아름답게 어우러졌다. 예배송으로 찬송가 30장이 찬송되었고, 박 장로님의 기도로 예배가 시작되었다.

서원 씨는 본문 말씀으로 신약성경 요한복음 4장 29절 말씀을 봉독하고 말씀 제목은 "와 보라"로 발표하였다.

"우리는 자기의 허물이 남에게 보여지는 것을 두려워합니다. 남에게 잘 보이기를 원하기 때문입니다. 우리가 남에게 잘 보이기를 원하는 마음이 있다는 것은, 자기에게 두 마음이 있다는 고백과 같다는 말이 됩니다. 허물을 감추고 좋은 것만 보이는 사람을 우리는 위선자라고 합니다. 성경에서는 외식하는 자로 되어 있습니다. 사랑의 주님으로부터 유일하게 저주가 선언된 사람입니다. 반면에 주님으로부터 참 이스라엘 사람이라고 칭송을 받은 나다나엘은 '마음에 간사가 없다'고 주님은 말씀하셨습니다. 곧 두 마음을 가지고 있지 않은 사람임을 지칭하고 있습니다.

우리는 한마음을 품어서 참 이스라엘 사람이 되어야 한다는 소망을 가지고 있다는 제 말이 맞는 말이지요? 두 마음을 품어서 외식하는 자가 된다는 것은 주님의 저주를 감수하는 자가 되는 끔찍한 일이기 때문입니다.

본문에 등장하고 있는 사마리아에 있는 수가 마을 여인은 '내가 행한 모든 일을 내게 말한 사람'으로 주님을 설명하고 있습니다. 다시 살펴보면, 나의 허물과 나의 자랑까지 모두 알아보고 모두를 거침없이 말해준 사람! 곧 한마음으로 나를 본 사람으로 주님을 설명하였고, 그분이 바로 구세주라고 선언을 하였습니다. '와 보라'는 말 속에는 한마음을 품어서 꺼릴 것이 없는 사람을 알아보기 위해서는, 그 사람이 있는 곳에서 그 사람을 만나보기 전에는 알 수가 없다는 뜻을 포함하고 있습니다. 그래서 여인은 허물도 자랑도 모두 용납해 준 사람을 소개하며 마을 사람들에게 '와 보라'고 외쳤던 것입니다.

말씀을 정리해 보면, 기독교는 체험의 종교라는 뜻이 됩니다. 살아 계실 뿐 아니라 인격적인 주님을 직접 만나보고 들어보기 전에는 알 수 없다는 뜻이 됩니다. 따라서 주님과 함께 한식구 되어서 먹고 입고 기거하기 전에는 주님을 알기가 힘들 뿐 아니라, 주님을 영접해서 한마음 품은 성도 간의 교제도 어렵다는 결론이 됩니다. 성도 간에 서로 교제하는 일은, 주님께서 우리에게 주신 새 계명을 이행하는 일로서, 우리 믿음에 있어 중차대한 일입니다. 성도 간의 교제가 어렵게 된다는 것은 결코 바람직한 일이 아니기 때문입니다.

우리 벧엘교회는 주님의 새 계명을 이행하는 교회로 세워지기 위하여 성도들 간에 서로 사랑하는 삶을 전제로 한식구가 되어서 살아가야 한다는 당위성에 따라서 모아져 가는 교회입니다. 우리 벧엘교회가 허물이 허물 되지 않고, 자랑이 자랑 되지 않는 교회로 세워가기를 기원하면서 말씀증거를 마치겠습니다."

바로 이어서 성은이가 영선이를 보고 간곡하게 부탁하였다. "우리 식구들이 영선이 노래를 듣고 감동을 받은 것 같은데 영선이가 좋아하는 노래로 한 곡만 더 들려주면 좋겠습니다" 하자 모두가 박수로 같은 마음을 표했다.

영선이가 앞으로 나오자 성은이는 피아노로 갔다. 영선이가 마이크를 들고 곡명을 "선구자"라고 말하자 성은이가 전주곡을 내보냈다.

영선이 노래가 시작되었다. 영선이 노래도 서원 씨와 같은 메조소프라노였다. 특유의 힘으로 예배실을 압도하더니 흐느끼는 듯한 호소력으로 치솟아 오르다가 잔잔한 설렘으로 깔아갔다. 간절한 호소력으로 급하게 천상으로 치솟더니 애절한 흐느낌이 되어서 다시 지상으로 내려오면서 마무리가 되었다.

우리 식구들 모두가 뜨거운 박수로 환호하였다. 특히 봉구와 영철이는 일어나서 박수를 쳤다.

나는 광고시간을 이용하여 우리 식구들을 향해서 말문을 열었다.

"박 장로님께서는 우리 식구들이 선한 소망을 향해서 결집되어 가는 아름다운 성도의 교제를 목격하시고, 감사하는 마음으로 벧엘교회에다 우리가 타고 온 봉고차를 기증하기로 하셨습니다. 다 같이 박수로 감사합시다."

내가 자동차 키를 부녀회장님에게 주면서 박수를 치자 우리 식구들 모두가 뜨겁게 박수로 감사하였다.

나는 이어서 "저희는 점심 식사가 끝나는 대로 출발하겠습니다. 박 장로님네 식구들도 이곳에 내려오셔서 한식구로 살아갈 날을 기원드립니다"라고 했다. 우리 식구들은 또 한 번 뜨겁게 박수를 했다.

점심 식사 후 눈물이 글썽해서 나를 보고 있는 서원 씨를 안고 등을 다독여주었다. 나는 운전석에 '이래'라고 표시된 승용차 뒷자리에 박 장로님 내외분을 태우고, 조수석에는 영선이를 태우고 식구들의 환송을 받으면서 지서리 교회를 출발하였다.

우리는 석양 무렵이 다 되어서야 혜화동 목사관에 도착하였다. 목사님도 집사님도 집에 계셨다. 박 장로님은 목사님과 같이 서재로 들어가시고 임순옥 집사님과 영선이는 집사님이 저녁 식사를 준비하고 있는 주방으로 들어갔다. 나는 차에서 이장님이 챙겨주신 문어와 우럭을 꺼내서 주방에 전달하고 욕실에 더운물을 받아서 목욕을 하였다.

창밖에는 옅은 어둠이 내리기 시작하였다. 식사 후에 우리는 밤 예배를 드리기 위하여 교회로 나갔다. 나는 교인들의 환영을 받으면서 영선이와 같이 소강대상 앞에 서서 준비찬송을 하였다. 영선이는 나의 찬양사역에 동참해 주는 없어서는 안 될 중요한 사람으로 자리매김해 갔다.

✽ ✽

나의 서울 생활은 정신없이 바쁜 가운데 여름 방학을 맞이하고 있었다. 혜화동교회의 찬양사역과 신학교 강의로 나는 휴일이 없는 빠듯한 나날들을 보냈다. 내가 수요일 밤 예배를 준비하려고 집사님과 함께 나서려는데 신학교 총장님이 목사관 거실로 들어오셨다.

목사님이 반갑게 총장님 손을 잡고 소파 자리를 권하셨다. 나는 목사님 곁에 자리하고 앉았다. 총장님이 먼저 말문을 여셨다.

"목사님 앞에서 교수님의 승낙을 받아야 할 급한 일이 있어서 염치 불구하고 달려왔습니다. 금년도 하절기 신학교 영성수련회 영성 지도교수로 교수님이 선정되어서 목사님과 교수님의 승낙을 받으려고 왔습니다."

목사님은 "영성훈련 시간 중에 은사 체험 시간이 있기 때문에 신중을 기하신 것 같다" 하시면서 나를 바라보셨다. 나는 "은사 사역은 하나님께서 하나님 영광을 위해서 하시는 일이고요, 저야 당연히 순종해 드리는 것이 옳다고 생각합니다" 했다. 목사님도, 총장님도 "아멘" 하셨다.

총장님이 돌아가신 뒤 목사님이 다시 한번 "아무 문제도 없는 것이 맞고?" 하고 물으시기에 나는 "제가 할 일이 아니라 하나님께서 하실 일이지요" 했다.

나는 수요일 밤 예배 준비 때문에 집사님과 교회로 갔다. 나는 영선이와 함께 교인들 앞에 나란히 서서 준비찬송을 열심히 이끌어갔고, 전 교인이 뜨겁게 찬양을 드렸다. 찬양 도중에 교인들이 자리에서 일어나서 "아멘"을 외쳤다. 임순옥 집사님과 최영순 집사님은 "아멘" 소리마다 찾아가셨다. 찬양이 끝나자 전교인 통성기도가 시작되었다. 예배가 뜨겁게 준비되었다. 목사님 설교말씀도 힘을 받으신 것 같았다.

여름 방학이 돌아왔다.

나는 영성훈련 교재를 준비하였다. 대주제는 "나는 살아 있는가?"로 하였고, 소주제는 "빈손이 능력이다"로 정하였다. 오전 시간에는 주제별 강의와 토론 형식으로 구성하고, 오후 시간에는 은사 체험 시간으로 정하였다.

영성훈련 교안이 책자로 만들어져서 훈련생들에게 지급되자 일반 교회 직분자들과 의료업계와 산업현장에 있는 교인들이 많이 참가해 주었다. 오후 시간대에 실시된 은사 체험 시간에는 많은 환자들이 참가하였고, 환자들은 신학생들이 속해 있는 교회 교인들로 하였다.

영성훈련 마지막 날에는 총회에 소속된 목사님들과 교직자들이 대거 참가하여 학교 강당으로는 수용이 불가해서 야간집회로 운동장에서 마무리를 하였다. 그렇게 2주에 걸친 영성훈련이 모두 끝이 났다.

나는 목사님 차에 동승하고, 집사님은 이래 승용차를 운전해서 목사관으로 돌아왔다. 목사님은 나를 안아주시면서 "애비한테는 가혹한 여름방학이 되었고, 신학교는 축제 분위기였고, 나와 집사님은 안절부절못하다가 보낸 여름 같구나" 하셨다.

나는 집사님이 끓여주신 보양식으로 늦은 저녁을 먹고 깊은 잠에 빠져갔다. 나는 서원 씨가 보고 싶었다. 무리 속에서 외쳐도 보았고, 찬양도 불러보았지만, 내게 찾아드는 이 고독과 한기를 서원 씨는 싸매 줄 것 같다는 생각이 들기 때문이었다. 성은이, 영철이, 봉구가 "아빠!" 하고 부르면서 나를 에워싸는 착각에 시달리기도 했다. 신영이, 은혜가 달려오고 있는 모습들이 잠결에 휩싸여서 스쳐 지나갔다. 무서운 기세로 달려오고 있는 파도가 백사장에 이빨 자국을 만들고는 비릿한 바다 내음을 토하면서 하얀 이빨을 내밀고 포효했다. 비몽사몽 간에 갈매기 소리가 아스라하게 멀어져 갔다.

다음 날 아침에 목사님께서 2층에 올라오셔서 잠속에 있는 나를 깨워주셨다.

"애비, 많이 힘들었지?"
"하나님께서 베풀어 주신 은혜로 견뎌낼 만은 하였습니다."

나는 세수를 하고 목사님을 따라 거실로 내려왔다. 목사님은 "아침에는 애비 입맛 살아나라고 집사님이 해물탕을 끓인 모양이다" 하셨다. 내가 "오늘도 집사님에게 사랑에 빚진 자가 되어서 수저를 들겠습니다" 하자 집사님이 담뿍 미소를 띠고 "영광입니다, 목사님!" 하였다. 나는 깜짝 놀라서 "아직은 목사 아닌데요?" 했다. 집사님은 "저에게는 목사님으로 계신 지가 오래되었는데요!" 하셨다.

식사 후에 목사님이 "여름 방학이 끝나가지?" 하셨다. 나는 "조금 남았습니다. 서원 씨한테 달려가고 싶지만 꾹 참고 읽던 기독교 고전을 읽으려구요" 했다.

목사님이 "총장님은 애비가 대학원을 졸업하는 대로 목사고시를 보게 하고, 목사 안수를 받게 해서 군에 군목으로 보내실 것 같던데?" 하셨다.

나는 "저에게는 잘된 일이라는 생각이 듭니다. 군에 있는 기간이 기독교 고전을 독파하는 기회가 될 것 같습니다. 조직신학도 흥미가 있지만, 청교도 신앙에 관심을 가지고 공부하는 기회로 삼고 싶어서요. 저는 벧엘교회 강도사님이 '식구 됨의 원리'에 입각해서 펼쳐가고 있는 목회를 보물처럼 소중하게 바라보고 있습니다" 했다.

목사님께서는 말없이 나를 안아주시면서 "나도 벧엘교회를 관심을 가지고 지켜보고 있다"라고 하셨다.

나는 정신없이 바쁜 가운데 한 해를 보냈다.

어느덧 신영이와 은혜의 돌이 돌아왔다. 나는 학교로부터 7일간의 특별휴가를 받았다. 이번 돌잔치에는 목사님과 집사님도 함께 내려가실 요량으로 준비를 하셨다.

목사님은 뒷자리에 앉으시고, 집사님은 조수석에 앉아 우리는 함께 서원 씨가 있는 곳으로 출발하였다. 여름 문턱에 들어선 김제 들녘은 초록빛 생명의 물결로 넘실대고 있었다. 열매를 준비하고 있는 곡식들은 생명 싸개가 되어 설렘 속에서 꿈틀대고 있는 것만 같았다.

낮 12시가 얼추 되어서야 지서리 교회 앞에 도착하였다.

서원 씨는 영구를 안고 교회 앞에 서 있고, 성은이 할머니는 유모차에 신영이와 은혜를 나란히 태워서 서원 씨 곁에 서 있었다.

나는 영구를 안고 있는 서원 씨를 안아주면서 "달려오고 싶었지만 학교 일에 매여서 짬을 낼 수가 없었습니다" 했다. 서원 씨는 "너무나도 보고 싶었지만 저도 참고 견디었습니다" 하였다.

성은이, 영철이, 봉구가 달려와서 나를 감싸고 기뻐서 깡충깡충 뛰었다. 목사님과 집사님은 성은이 할머니와 이장님과 부녀회장님에게 일일이 인사를 나누셨다.

집사님과 성은이 할머니는 신영이와 은혜를 나누어서 안고 봉고차에 올랐다. 영구를 안고 승용차에 오른 서원 씨와 같이 목사님도 승용차에 오르셨다. 서원 씨는 "포구 식당으로 가주셔요" 하였다.

포구 식당에 우리 차가 도착하자 이장님이 차 문을 여시면서 목사님을 모시어 내렸다. 나는 이장님 손을 잡고 "형님께서 수고가 많으셨습니다" 하면서 손을 잡고 흔들었다. 낮 손님은 모두 떠나가고 우리 식구들 점심 시간이었다.

목사님은 성은이, 영철이, 봉구를 차례로 안아주셨다. 영철이를 보시고는 "할아버지 건강은?" 하셨다. 영철이는 "거동을 못하셔요. 제가 할아버지를 모시고 따로 식사를 하고 있어요" 하였다. 목사님은 "어린 네가 고생이 많구나"라고 하셨다.

점심 식사가 끝나자 우리 식구들은 한 사람도 빠짐없이 교회에 모였다. 돌잔치 예배를 드리기 위함이었다. 성은이 피아노와 집사님의 바이올린이 이중주로 합주가 되었고, 나는 준비찬송을 인도하였다.

서원 씨가 강대상으로 올라갔다. 예배 찬송으로 찬송가 30장이 찬송

되었다. 신앙고백이 이루어졌고, 설교송으로 찬송가 217장을 나와 서원 씨가 합창으로 찬송하였다. 이어서 서원 씨의 말씀 증거가 시작되었다.

"오늘 증거할 본문 말씀은 요한복음 13장 34절에서 35절 말씀이 되겠고, 제목은 '성도의 교제'로 하겠습니다. 구 계명은 하나님께서 모세를 통해서 이스라엘 백성들에게 주신 말씀이고, 새 계명은 주님께서 성도들에게 주신 말씀입니다.

본문에 들어가기 전에 마음속에 간직해야 할 주님의 뜻을 먼저 말씀드리면, 새 계명은 12제자 중에서 가룟 유다가 나간 후에 11명의 제자들에게 선포된 계명이고, 35절 말씀에 비추어볼 때 새 계명의 대상이 되고 있는 너희는 성도로서 주님의 제자가 된 자라는 것입니다. 성도는 주님의 사랑에 입각하고 주님의 부르심에 입각한 사람으로서 주님의 제자 됨의 요건과 일치되고 있다는 것을 알 수 있기 때문입니다.

12제자 중에 한 사람으로 주님과 함께하였지만 돈을 받고 주님을 판 가룟 유다는 성도로 볼 수 없었기에, 가룟 유다가 나가자 주님께서는 새 계명을 발표하신 것입니다. 따라서 새 계명은 주님께서 성도들에게 주신 계명임을 자명하게 밝히신 것이라고 봅니다.

두 번째로 살펴볼 주님의 뜻은 믿음의 선배님들은 성도의 교제를 믿음의 열매로서 우리의 신앙고백 속에 포함시켰다는 점입니다.

이제부터는 본문 말씀을 살펴보겠습니다. 새 계명은 한 문장의 말씀으로 되어 있습니다. '서로 사랑하라 내가 너희를 사랑한 것같이 너희도 서로 사랑하라'입니다. 먼저 '서로 사랑하라'는 말씀에 대해서 살펴보면, 이는 한 문장 속에서 두 번이나 강조되고 있습니다. 요약하면, 사랑의 방법에 중점을 두신 말씀인데, 짝사랑으로는 이루어질 수 없는 사랑임을 강조하셨다는 점입니다. 어째서일까요? 성도님들은 주님의 지체들로서 혼자서는 주님을 이룰 수가 없기 때문입니다.

다음으로 살펴볼 말씀은 사랑의 내용으로 '내가 너희를 사랑한 것같이'라는 말씀을 살펴보면, 주님의 사랑과 같이 조건도 없이 전부를 주는 사랑을 말씀하고 계십니다. 요약하면, 그 사랑의 내용으로 주님과 같은, 자랑이 자랑 되지 않고 허물이 허물 되지 않는, 전부를 용납하고 전부를 주는 주님의 사랑을 새 계명을 통해서 이루어가는 또 하나의 성육신을 원하셨던 것이 아니었을까요?

주님의 사랑은 열매를 통하여 입증되고, 그 열매는 하나님의 기쁨이 되고 영광이 되는 것이기 때문입니다. 그 열매로 이 세상에서 세워져 가는 교회로 성장하는 것이 저희 벧엘교회의 참 소망이라고 밝히는 바입니다.

또 다른 성육신으로 벧엘교회는 주님의 충만하심을 입고 매사에 형통함으로 감사와 기쁨이 넘치는 주님의 교회임을 세상에서 입증해야 할 것입니다.

새 계명은 새로운 성육신을 소망하시는 주님의 지상명령인 것입니다."

서원 씨의 말씀 증거가 마무리되었다.

서원 씨는 강대상에서 내려와서 나와 같이 구노의 "아베 마리아"를 합창으로 불렀다. 성은이의 피아노와 집사님의 바이올린이 아름답게 하모니를 이루었다. 성은이 할머니도 이장님도 부녀회장님도 흐느끼셨다.

이어서 신영이와 은혜와 영구의 유아 세례가 이어졌다. 유아 세례는 나와 서원 씨의 요청으로 목사님께서 집례해 주셨다. 서원 씨는 신영이를 안고, 부녀회장님은 은혜를 안고, 집사님은 영구를 안고 앞줄에 서고, 나와 이장님과 성은이 할머니는 뒷줄에 서서 유아 세례를 받았다.

이어서 신영이는 내가 안고, 은혜는 이장님이 안고, 영구는 목사님이 안으시고 앞줄에 서고, 서원 씨와 부녀회장님과 집사님과 성은이 할머니와 성은이, 영철이, 봉구는 뒷줄에 서서 돌 사진을 촬영하였다. 아이들 돌잔치는 사진 촬영을 끝으로 마무리가 되었다.

우리 식구들은 포구 식당에 모여서 다 함께 저녁 식사를 하였다. 식사 후에 목사님은 우리가 들었던 성은이네 집 건넛방에 모셨고, 집사님은 성은이와 같이 성은이 방에서 쉬도록 하고, 나는 서원 씨와 같이 세 아이를 안고 영철이네 집 안방으로 들어갔다.

신영이와 은혜를 나란히 침대에다 재운 서원 씨는 영구 요를 아이들 침대 밑에다 펴고 영구에게 젖을 먹여서 재웠다. 그러고는 영구 요 옆에 우리 요를 펴고 우리 잠자리를 보았다.

잠자리들을 본 후에 서원 씨는 요 위에 앉아서 물끄러미 나를 바라보았다.

"왜 영구는 누구냐고 묻지 않는 거예요? 왜 성은이 할머니가 포구 식당을 하는 것이냐고 묻지도 않는 거예요?"

나는 "우리가 주님을 따라갈 때 알고 가는 길도 있지만, 모르고 가는 길도 있기 때문이고, 또 하나는 서원 씨가 가고 있는 길이 나의 길도 된다는 믿음이 변할 수 없기 때문이요" 했다.

서원 씨는 감사하면서 흐느끼더니 내 가슴을 콩콩 두드렸다. "이야기가 길어요, 선생님께서 모르시는 것은, 제가 목사님에게 비밀로 해달라고 한 당부 때문이고요"라고 하였다.

나는 서원 씨와 나란히 누워서 팔베개를 해 주었다. 서원 씨는 이야기를 이어갔다.

"영구 이야기는 선생님이 신영이 출산을 보고 올라가신 후에 5개월쯤 지나서, 영철이네 집에서 함께 살고 있던 영철이 작은아버지로부터 시작된 일입니다."

서원 씨는 뜸을 들이더니 "신영이하고 은혜를 출산한 후에 지방 신문 기자들이 저의 사정을 알고 '두 쌍둥이 엄마가 될 수밖에 없었던 미모의 음악 선생님'이라는 제목으로 기삿거리를 만들더니, 영구가 출생하고서 세쌍둥이가 되고부터는 중앙에 있는 일간 신문사들이 '세계적인 관심 속에서 떠오르던 성악가 맹서원 씨가 세쌍둥이의 엄마가 되다'라는 기사로 저에 관한 일을 키우고 말았습니다. 급기야는 서울 음대 학장님이 이곳을 다녀가시는 촌극까지 벌어지게 되었고요" 하면서 내 표정을 살피는 것 같더니 이야기를 계속해 갔다.

영철이 작은아버지는 수산고등학교를 졸업하고 영철이 할아버지가 부리던 어선을 맡아서 어업에 종사하였고, 영철이 작은아버지와 눈이 맞아서 동거하게 된 젊은 처자가 집에 들어온 후에는 포구 식당도 다시 문을 열게 되었다고 했다.

그런데 젊은 처자가 임신을 하자 영철이 작은아버지는 처자와의 결혼을 서두르게 되었고, 더 급한 일은 아이 출산비용을 마련하는 일이었다. 영철이 작은아버지는 급하게 된 아이 출산비용과 결혼 비용을 마련하겠다고 동지나해로 옥돔잡이를 나갔는데, 그만 조업 중에 태풍을 만나 행방불명이 되고 말았다는 것이었다.

배만 파도에 밀려서 떠다니는 것을 우리나라 해군 함정이 발견해서 검색을 하다가 선적 증명을 발견하고 배만 지서리 포구로 예인해 왔다고 했다.

사고를 접하고 젊은 처자는 실의에 빠져 있다가, 태아를 낙태하기 위하여 병원을 찾아갔지만 병원에서 출산일이 임박한 태아를 낙태할 수는 없다고 하여 불가피하게 분만한 아이가 영구였다. 젊은 처자는 갓 태어난 영구를 안고 포구 식당으로 퇴원을 하였지만 다음날 영구를 어린 영철이한테 맡기고 가출하고 말았던 것이다.

영철이는 젖을 달라고 목이 쉬도록 울고 있는 영구를 안고 울면서 서원 씨한테로 달려오게 되었고, 서원 씨는 영구를 받아서 안고 젖부터 먹이게 되었다고 하였다.

서원 씨는 영구한테 젖을 먹이면서 생각해 보고 또 생각해 보아도, 하나님께서 서원 씨한테 주신 열매라는 생각에서 벗어날 수가 없어서 서울 목사님에게 전화를 하게 되었고, 목사님도 같은 생각으로 이름까지 영구라고 지어주셨다고 하였다.

나는 "나라도 같이 있었으면…" 하다가 말도 맺지 못하고 흐느끼고 말았다. 서원 씨는 옷자락을 들추어서 내 뺨을 타고 흘러내리는 눈물을 닦아 주고는 내 표정을 살피더니 이야기를 이어갔다.

"당장 코앞에 다가온 더 급한 문제는 영철이와 할아버지의 호구지책이었습니다."

당시는 서원 씨 출산 휴가가 끝나서 부녀회장님의 도움으로 학교에 출근이 이루어지고 있을 때였다고 했다. 부녀회장님은 사례비도 없이 순수한 봉사로 신영이와 은혜를 맡아서 길러주셨는데 영구까지 맡기는 일은 무리라는 생각을 지울 수가 없었기에 서원 씨는 성은이 할머니와 함께 세 아이의 양육문제와 영철이와 영철이 할아버지의 생계 문제를 깊이 의논하게 되었다. 두 사람의 공통된 결론은 서원 씨가 학교에다 휴직원을 제출하고 성은이 할머니와 같이 포구 식당을 살려가는 것으로 귀결되었다는 것이었다.

서원 씨와 성은이 할머니의 결단을 목격하게 된 이장님과 부녀회장님도 포구 식당을 살려내기로 결단하게 되었고, 성은이하고 영철이와 봉구도 서원 씨를 도와서 세 아이를 양육하는 일에 힘을 모으겠다는 결단을 하게 되었다고 했다.

그때부터 서원 씨는 신영이, 은혜, 영구를 데리고 포구 식당에 딸린 영철이네 안방으로 이사를 오게 되었으며, 거동이 어려운 영철이 할아버지 수발까지 맡게 되어서 서원 씨에게는 실질적으로 네 쌍둥이의 엄마 역할이 시작된 것이었다.

서원 씨는 내게 간절하게 묻는 표정이 되더니 이야기를 이어갔다.

포구 식당이 운영되면서 영구 양육문제가 해결되고, 할아버지와 영철이의 호구지책이 안정되어 가자 할아버지는 식사 때마다 우셨다고 하였다. 병환이 깊어진 것으로 판단하고 서원 씨가 물어보았지만 아니라고 하시면서 울음은 계속되었다고 했다. 서원 씨가 집요하게 물어가자 할아버지는 말문을 열고 호적도 없이 태어난 영구와 의지할 피붙이 하나 없는 영철이가 안타까워서 그런다는 고백과 함께 염치가 없어서 낯을 들고 할 수 있는 말은 아니지만 영구만이라도 우리 호적에다 올려주었으면 하는 마음이라고 말씀하셨다는 것이다.

말문이 열리자 할아버지의 넋두리가 시작되었다고 했다. 할아버지는 목숨이라도 살려보겠다고 피붙이 하나 없는 이남으로 할머니와 두 아들을 데리고 월남을 해서 이제는 살았다는 생각이 들자마자 할머니를 앞세워서 보내고, 두 아들까지 앞세워서 보내고 나자 죽고 싶은 생각뿐인데, 어린 영철이한테 핏덩이 같은 영구를 맡겨두고는 눈이 감기지 않아서 죽을 수도 없다는 하소연을 하면서 오열을 하셨다고 하였다.

할아버지 넋두리가 끝나자 할아버지는 서원 씨 손을 잡고 우시면서 "영구라도 호적에다 올려줄 수 없을까"라고 물어오셨고, 서원 씨도 울면서 혼자서 결정할 수 없는 문제라고 말씀을 드렸다고 했다.

서원 씨는 간절한 눈빛으로 또 한 번 내게 물어왔다. 나는 서원 씨한테 "그때 바로 연락하지 않고요?" 했다. 나는 서원 씨한테 "이번에 영철이도 영구도 우리 아들로 호적에다 올려줍시다" 했다. 서원 씨는 내 가슴을 파고들면서 서럽게 흐느꼈다. 그리고 내 가슴을 부드럽게 쓰다듬었다.

나는 힘을 주어서 서원 씨를 안아주었다.

"또 잊은 것이요? 서원 씨 열매가 내 열매도 된다는 사실을! 그리고 우리는 둘이 아니고 한 몸이 되었다는 진실을! '그 비밀이 크도다. 내가 그리스도와 교회에 대하여 말하노라' 한 바울 사도의 말을 깊이 생각하면서 벧엘교회를 우리 강도사님이 열매 맺어가는 교회로 세워갑시다."

서원 씨는 내 가슴을 콩콩 두드리더니 넋두리처럼 이어갔다.

"저는 이번 사건을 통해서 신비한 체험을 하게 되었어요. 두 쌍둥이를 기를 때는 부녀회장님이 도와주었고, 세쌍둥이가 되자 부녀회장님은 물론이고 식당에서 주방 일을 돕게 된 부녀회원들이 앞을 다투어서 도와주는 바람에 저는 뒷전에서 구경할 때가 많아진 것이지요. 제가 짐을 질수록 가벼워진다는 사실을 체험한 것입니다."

서원 씨는 기분이 고조되는 듯 음성이 밝아졌다.

"우리 주님께서는 진심이 빠진 헛된 제물을 드리려고 마당만 밟지 말고, 서로 돕고 서로 사랑하며 이 힘든 삶을 조금이나마 가볍게 해주며 살아가라 하십니다. 그러니 우리도 이 세상에서 밑지는 삶을 사는 것 같고 돌아오는 것 없는 헛된 도움을 주는 것 같을지라도 주님 말씀대로 살아가야 하지 않을까요? 우리를 살리시려고 모든 것을 희생하시고 당신의 생명까지 내어주신 그분께서 기뻐하신다면요"라고 하면서 고영경 교수님이 쓰신 "심장에 새겨진 메시지"라는 글에서 인용한 말도 들려주었다.

나는 서원 씨를 힘주어서 안고 등을 다독여주었다. 나는 서원 씨에게 팔베개를 해주면서 서원 씨 머리에 코를 묻고 잠을 청하였다. 서원 씨도 내 가슴을 헤치고 코를 묻고 잠을 청하였다. 성난 파도들이 몰고 온 바람 소리가 들창문을 두드리다가 반응이 없자 선녀탕 계곡을 향하여 달려갔다.

❋ ❋

나와 서원 씨는 다음 날 아침 7시가 되어서야 잠에서 깨어났다.

식당 주방에서는 성은이 할머니를 중심으로 부녀회장님도 집사님도 아침상을 차리느라고 분주하였다. 이장님은 목사님을 모시고 새벽 낚시를 다녀오신 모양이다. 이장님은 잡은 고기를 수족관에 담고 문어만 통에 담아서 부녀회장님에게 전달하였다.

부녀회장님은 나를 보더니 품속에서 서류를 꺼내서 내밀었다.

"어제 밤늦은 시간에 부안군에서 인편으로 이장님과 강도사님에게 온 공문입니다."

나는 공문 내용을 살펴보았다. 마을 일자리 창출로 이장님과 서원 씨에게 포상이 마련되었으니 오늘 중으로 필히 내왕해 달라는 내용이었다.

목사님은 내 말을 듣고 성은이 할머니를 보시면서 "이 상은 노희환 여사님과 고다영 부녀회장님이 받으셔야 할 상인 것 같은데요?" 하셨다. 성은이 할머니와 부녀회장님 얼굴이 상기되었다. 성은이 할머니는 "마을 일에 제가 무슨 상 받을 일을 하였다고요?" 하시면서 목사님을 바라보셨다.

아침 식사가 끝나고 나는 목사님에게 영구 호적문제를 의논 드렸다.

"이 문제만큼은 전적으로 애비가 결정할 문제다."

나는 서원 씨와 같이 영철이 손을 잡고 할아버지 방으로 들어갔다. 할아버지는 나를 보시자 반기시면서 몸을 움직이셨다. 나는 할아버지를 안아서 눕혀 드린 후 말씀을 드렸다.

"편안하게 누워 계셔요. 오늘 중으로 영철이하고 영구를 저희 아들로 저희 호적에다 올리려고 합니다. 어젯밤에 저희 부부는 의견에 일치를 보았습니다. 영철이를 저희 아들로 입양하기 위해서는 할아버지의 동의가 있어야 하므로 할아버지 인감이 필요하고요, 영구를 아들로 출생 신고를 제출하기 위해서는 병원에서 발급된 출생증명서가 있어야 합니다."

영철이 할아버지는 내 손을 잡고 흐느끼셨다. 할아버지는 우시면서 베갯머리에서 오래전부터 준비해 둔 서류들을 챙겨서 내 손에 들려주셨다.

영구 출생증명서와 집문서와 선적 증명서였다. 그리고 인감을 챙겨서 내 손에 쥐어주셨다. "몇 푼 나가지도 않는 집과 배 문서입니다. 내가 살아서 있을 때인 오늘 중으로 이전해 주십시오. 새끼도 버리고 떠나는 마당에…" 하시면서 내 손과 서원 씨 손을 잡고 오열하셨다.

이장님도 부녀회장님도 성은이 할머니도 우셨다. 목사님과 집사님도 눈물이 맺혔다. 영철이는 서원 씨 품에 안겨서 엉엉 소리 내 울었다. 성은이와 봉구도 영철이를 따라서 대성통곡을 하였다. 서원 씨는 서럽게 우는 영철이를 안고 등을 다독여주었다.

나는 서류를 챙겨 들고 영철이 손을 잡고 할아버지 방을 나왔다. 나는 부녀회장님에게 "오늘 군청에는 부녀회장님도 함께 가 주셨으면 합니다. 우리 아이들 등교도 있고, 세 아이들을 안고 가려면 봉고차로 가야 할 것 같아서요" 했다. 부녀회장님은 봉고차를 운전해서 영철이, 봉구, 성은이를 등교시키고 부안군청 주차장에다 차를 주차시켰다.

아침 출근 시간에 맞추어서 세 아이를 나누어서 안고 서원 씨를 따라서 군수실로 갔다. 군수님은 서원 씨를 알아보시고 반갑게 맞이하였다. 군수님이 서원 씨를 보시면서 "소년 소녀 가장들과 오갈 데 없는 어린아이들을 돌보고 계시는 맹서원 선생님의 수고를 생각하고 마련한 상입니다. 장한 어머니상으로 생각하고 마련한 상이지만 일자리 창출로 상을 마련한 취지는, 저의 군에서 선생님이 하시고 있는 일을 돕고자 하여 고심하다가 마련된 상이라는 점을 알아주셨으면 하구요. 또 하나는 대통령님께서 맹서원 선생님의 딱한 사정을 아시고 하명한 긴급지시에 따랐다는 점도 기억해 주셨으면 합니다" 하셨다. 군수님은 상장과 금일봉을 서원 씨와 이장님에게 주셨다.

군수님은 이어서 비서를 통해서 전략실장을 호출하였다. 전략실장은 농어촌 전통 맛 체험 센터 표준설계도를 가지고 왔다. 군수님은 설계도를 보여주시면서 설명을 하셨다.

"지서리 마을이 해수욕장을 끼고 있어서 민박을 해도 잘될 것 같다는 판단으로 사업이 결정되었습니다. 토지는 본인 부담이고 건축비의 80프로가 국고 보조 사업입니다. 숙고해 보시고 사업을 맡아주시면 감사하겠습니다."

서원 씨는 내 얼굴을 바라보았다. 부녀회장님이 내 곁으로 와서 "서원 씨한테 하신다고 신호를 보내주셔요" 하고는 물러났다. 이장님도 소망하는 눈빛이 되었다. 나는 서원 씨한테 승낙하라는 신호를 보냈다. 서원 씨는 군수님에게 "제가 해보겠습니다" 하였다. 이장님과 부녀회장님은 서원 씨에게 박수를 보냈다. 군수님은 서원 씨 손을 잡고 감사를 표하였다.

군수님이 나를 보시더니 "김요나 선생님이 맞지요?" 하셨다. 나는 군수님에게 정중하게 인사를 드렸다. "예, 군수님. 김요나입니다" 했다.

군수님은 "선생님의 주소지가 저희 군으로 등재되기가 무섭게 총무처에서는 저의 군으로 선생님의 보직신청서를 받으라는 공문을 보내왔습니다. 보통고시에서 전국 1위를 하신 선생님의 보직신청이 없자 확인하는 차원에서 발송된 공문인 것 같았습니다" 하셨다. 군수님은 내 표정을 살피더니 "저의 도에 군수 자리가 공석인 군이 있는데, 혹시라도 희망하시면 임직이 가능한데요" 하셨다.

이장님과 부녀회장님은 내게 묻는 표정이 되고, 서원 씨는 미소를 지으면서 나를 바라보았다. 나는 군수님에게 "감사합니다. 지금은 공부 중에 있어서요" 했다.

우리가 군수실을 나오는데 전략실장이 표준설계도를 내게 주면서 "사업계획서는 내일까지 제가 있는 전략실에 제출해 주십시오" 하였다. 우리는 군청을 나와서 군청 앞에 있는 사법서사 사무실을 찾아갔다.

나는 이장님에게 "형님, 맛 체험 센터는 어디다 건축하지요?" 했다. 이장님은 "영철이네 집터에 딸려 있는 토지가 바다 쪽으로 300평이나 있으니 그곳에다 건축하면 딱 좋을 것 같은데요. 지금은 텃밭으로 사용하고 있는 나대지입니다"라고 하였다.

나는 서원 씨 앞으로 영철이네 집부터 이전하였다. 등기소에서 건물과 토지 등본을 교부받아서 사법서사 사무실 옆에 있는 건축사무실을 찾아갔다. 건축설계 소장님은 우리 일행을 반갑게 맞이했다.

나는 군에서 제공한 맛 체험 센터 표준설계도를 소장님한테 제시하면서 건축을 부탁하였다. 소장님은 맛 체험 센터를 건축한 실적과 사진들을 우리에게 보여주시면서 건축형태를 선택하라고 하였다. 나는 지서리가 해안가에 위치하고 있다는 점을 고려해서 이장님과 부녀회장님과 서원 씨의 의견을 참작해서 건축형태를 선택하였다.

소장님은 추가로 증가할 부분을 말해 달라고 하였다. 나는 다시 우리들의 의견을 규합해서 2층부터 5층까지 객실 수를 80실로 하고, 옥상에는 30평 규모의 관리사 겸 살림집을 지어 줄 것과 건물 밖에다 대형 활어 수족관 3개를 만들어주고, 1층 홀은 250평으로 하고, 주방을 30평으로 하며, 남은 20평 중에서 10평은 냉동실로, 10평은 냉장실로 건축하여 줄 것을 부탁하였다.

그동안 지서리에서 살아오면서 체득한 경험을 바탕으로 실정을 잘 알고 있는 이장님과 부녀회장님의 의견이 반영된 설계 자료를 만들고, 소장님에게 드릴 때는 토지등본도 첨부해서 주었다.

소장님은 "오늘 중으로 현장설계가 끝나면 곧바로 건축 공사를 착수하겠습니다. 관급공사가 되다 보니 건축자재는 조달청에서 제공하는 KS 규격품이 되고요, 공기는 명년 4월로 10개월이 주어지고, 감리는 군청에서 시행하므로 신경쓰지 않으셔도 됩니다"라고 하였다.

설계사무실에서 나온 이장님은 군수님한테서 받은 상장과 금일봉을 부녀회장님에게 드렸다.

"군수님 말씀에 의하면 상의 내용이 소년 소녀 가장을 돕고 어린아이들을 보살핀 일을 포상한 장한 어머니상으로 주어진 상인데, 아무리 생각을 해보아도 내가 받을 상이 아니고 강도사님과 부녀회장님이 받을 상이라는 생각 때문에 제 마음이 무겁습니다. 제가 어떻게 장한 어머니가 될 수가 있다는 것입니까?"

부녀회장님은 펄쩍 뛰셨다.

서원 씨는 "저도 형부 생각이 옳다고 생각해요. 명칭은 일자리 창출상이지만 숨겨진 진실은 장한 어머니상이라는 군수님 말씀을 듣고 형부 마음이 무거워졌다는 것은 귀한 일이라는 생각이 듭니다" 하였다.

나도 거들었다.

"형님 생각이 귀하고 옳다는 생각이 듭니다. 우리들의 삶이 형식보다는 실질을 추구하는 삶이 되어야 한다는 믿음 안에서 볼 때 당연하다는 생각입니다."

부녀회장님은 서원 씨 손을 잡고 "자식도 낳지 못한다고 쫓겨난 제가 어떻게 해서 장한 어머니가 될 수 있는데요?" 하면서 서럽게 우셨다.

나는 급하게 끼어들었다.

"우리는 할 수 없어도 우리가 믿고 의지하고 있는 우리 하나님 아버지께서는 넉넉하게 하실 수가 있다는 믿음을 저버리는 말씀으로 들리는데요? 회장님 생각을 지금 즉시 바꾸십시오."

부녀회장님은 흐느끼면서 "아멘" 하였다.

서원 씨가 이장님 손에 있는 상장과 금일봉을 받아서 부녀회장님 손에 들려주었다. 나도 이장님도 서원 씨도 박수를 보냈다.

서원 씨는 뭔가 생각이 난 것처럼 흐느끼고 있는 부녀회장님과 같이 봉고차로 올라갔다. 나는 이장님과 같이 영철이 입양서류와 영구 출생신고 서류를 만들어서 읍사무소에 접수하고 가족관계 증명 서류를 교부받아서 봉고차로 돌아왔다.

부녀회장님은 차를 몰아 시장통에 차를 세우고, 이장님과 함께 식당에서 사용할 식자재를 넉넉하게 구입하여 봉고차에 실었다. 나는 서원 씨를 보면서 "두 사람이 딱 부부 같다는 생각이 드는데요?" 했다. 서원 씨는 미소를 지으면서 "그러게요! 누가 아니라고 의심하겠어요?"라고 하면서 장난꾸러기 같은 미소를 지었다.

구입한 식자재를 뒤 트렁크에 싣고 포구 식당으로 돌아왔다. 나는 서원 씨와 같이 할아버지 방에 들러서 가족관계 증명서를 할아버지한테 드렸다. 할아버지는 가족관계 증명서를 받아서 읽어보시더니 베갯머리에다 간수하시고, 내 손과 서원 씨 손을 잡고 흐느끼시며 "선생님 두 분의 은혜는 감사할 길이 없을 것 같습니다" 하셨다. 나는 "이제는 마음 편하게 하시고 몸조리도 잘하셔요. 영철이하고 영구가 효도하는 것 보셔야 합니다"라고 했다.

식당 홀에는 점심 손님들은 모두 떠나고 우리 식구들만이 점심을 먹기 위해서 모여 있었다. 식사가 끝나자 나는 오늘 군에서 우리 식구들에게 맡긴 맛 체험 센터 건립사업에 관하여 목사님께 세세히 의논을 드렸다.

목사님은 "애비가 군에 입대하면 나는 목사직을 접고 이곳으로 내려와야 할 것 같다. 내가 서원이 교회 일도 돕고, 식구들 일도 돕는 것이 옳다는 생각이 들기 때문이다. 또 하나는 지금도 활어 물량이 부족한데 맛 체험 센터가 준공되어서 손님이 늘어나면 선박도 더 있어야 할 것 같고" 하셨다.

나는 뜸을 들이다가 말했다.

"오늘 오후에는 우리 식구들이 모두 참가하는 낚시대회가 열리면 좋겠다는 생각이 듭니다. 영철네 배에는 서원호 깃발을 달고, 이장님 배에는 다영호 깃발을 달구요. 활어 물량 확보라는 목적도 있지만 친목을 돈독하게 한다는 취지로요."

목사님은 쾌히 승낙하셨다.

"애비 마음을 알 것 같으니까, 나도 적극적으로 참가하고 싶다."

내 말을 듣고 서원 씨는 박수를 치고, 성은이 할머니는 미소만 짓고, 이장님은 아리송한 표정이고, 부녀회장님은 얼굴이 상기되어 가더니 안절부절못하였다.

나는 서원 씨에게서 보자기 두 개를 받아서 하나에는 '서원호'라고 적고, 또 하나에는 '다영호'라고 큰 글씨로 적었다. 깃발이 모두 만들어지자 나는 이장님 배에 다영호 깃발을 달고, 영철이네 배에는 서원호 깃발을 달았다.

다영호에는 부녀회장님이 타고, 서원호에는 서원 씨가 탔다. 목사님과 성은이 할머니는 서원호에 타시고, 영철이하고 성은이는 다영호에 탔다.

집사님은 서원호에, 봉구는 다영호에 탔다.

이장님은 다영호를 이끌고 우도 앞 광어 포인트로 가고, 나도 서원호를 이끌고 다영호를 뒤따라갔다. 두 배가 나란히 정박하여 낚시가 시작되었다. 낚시 종료시간은 오후 4시로 정하였다. 바닷바람에 서원호 깃발도 다영호 깃발도 힘차게 나부꼈다.

서원 씨는 집사님과 같이 신영이, 은혜, 영구를 안고 선실로 내려갔다. 오후 4시가 되었다. 낚시 종료를 알리고 두 배를 나란하게 접안하고 광어로 계척을 하였다.

다영호에서 부녀회장님이 잡은 43센티가 오늘의 장원이 되었고, 다음은 서원호에서 성은이 할머니가 잡은 42센티가 오늘의 행운상을 차지하였다. 목사님도 성은이 할머니도 대단한 승부욕으로 낚시 열기가 뜨거웠지만, 두 분이 똑같이 낚시를 좋아한다는 귀한 사실을 발견한 것은 오늘의 큰 수확이라는 생각이 들었다.

두 배는 나란히 지서리 포구에 정박하고 잡은 고기를 수족관에다 옮겼다. 나와 이장님은 서원호와 다영호를 이끌고 곰소조선소로 달려가서 배를 상가시키고 두 배의 선박 수리를 부탁하였다.

배 전체를 흰색으로 도색하고 홀수선 아래는 붉은색으로 덧칠을 주문하였다. 선명은 배에 있는 깃발에 새겨진 대로 선수 양면에 뚜렷하게 기재해 줄 것을 주문하였다. 조타실과 선실은 밝은색으로 도색을 의뢰하였고, 특별하게 주문한 것은 선실 바닥에 전기 판넬로 난방을 설치해 달라고 부탁을 하였다. 또 하나는 배 난간을 튼튼한 스텐 파이프로 둘러줄 것을 부탁하였고, 다음은 엔진 점검과 전자장비 점검과 조명등을 점검하고 발전기도 점검을 부탁하였다.

나의 작업지시를 듣고 있던 이장님이 내게 이의를 표하였다.

"내 배의 선명을 다영호로 해도 되겠나 모르겠네. 부녀회장님 눈이 보통 높은 분이 아닌데!"

나는 웃으면서 "형님이 타실 배가 다영호 정도는 되어야 하지요" 했다. 이장님은 "그래도 부녀회장님이 화내시면?" 하였다. 나는 "형님 정도면 충분합니다"라고 했다. 나는 두 배의 선적 증서도 선명에 맞게 고쳐 달라고 주문하였다.

이장님과 나는 늦은 오후 시간에 버스를 타고 지서리로 돌아왔다. 포구 식당에는 오후 식사 손님도 모두 떠나가고 우리 식구들만 식탁에 둘러앉아 있었다.

저녁을 먹은 후 영철이, 성은이, 봉구가 내 옆으로 와서 앉았다. 영철이가 내게 머리를 숙이면서 "아빠, 감사합니다" 했다. 나는 영철이를 안아주면서 말했다.

"엄마가 이끌어가고 있는 삶은 사랑 안에서 한식구로 살아가는 삶을 이루어가는 것인 것을 알고 있지? 한식구 안에서는 허물이 허물 되지 않고 자랑이 자랑 되지 않는 사람들의 모임이라는 것도 알고 있지?"

영철이, 성은이, 봉구가 한목소리로 "네, 아빠" 했다. 나는 성은이와 봉구도 안아주었다.

나는 이장님을 향하여 "형님, 홀 면적이 250평이면 꽤 넓은 편이지요?" 하고 물었다. 이장님은 "내가 지금까지 살아오는 동안에 250평 되는 홀에 들어가 본 일이 없어서 가늠이 가질 않아요" 했다. 나는 이장님에게 "맛 체험 센터가 준공되어서 활성화되었을 때 활어 물량을 확보하기 위한 선박의 척수는 몇 척이면 될까요?" 했다. 이장님은 "아마 네 척은 있어야 할 것 같은데요" 하였다.

밖에는 어둠발이 내리기 시작하였다. 나는 승용차로 목사님과 집사님과 성은이 할머니를 성은이네 집까지 모셔다드렸다. 그러고는 포구 식당으로 다시 돌아왔다. 이장님도 부녀회장님도 가셨다.

나는 식당 홀에 남아서 맛 체험 센터 사업계획서를 작성해 갔다. 내가 사업계획서를 모두 마치고 방에 들어서니 서원 씨는 성은이와 같이 아이들 목욕을 시키고 있었다.

"밤이 어두워졌는데 성은이는 혼자서 갈 수가 있고?"

성은이는 "영철이 오빠가 데려다준다고 했어요" 했다. 나는 영철이를 보고 "네가 우리 집 가장이라는 것을 알고 있지?" 하였다. 영철이는 "알고 있어요, 아빠" 하였다. 나는 영철이를 또 한 번 안아주었다.

"내가 집에 없는 동안은 네가 우리집 가장이라는 것을 항상 명심해 주길 바란다."

성은이가 거들었다.

"아빠, 너무 걱정하지 마셔요, 저도 봉구도 굳게 다짐한 일이니까요."

나는 성은이도 안아주었다.

성은이가 신영이를 안아서 침대에 누이고 젖병을 물려주고, 영철이가 은혜를 안아서 침대에다 신영이와 나란히 누이자 성은이는 은혜한테도 젖병을 물려서 두 아이를 재웠다. 두 아이가 잠이 들자 영철이는 성은이를 데리고 나갔다.

서원 씨는 영구 요를 아이들 침대 아래에다 나란히 펴고 영구한테 젖을 물려서 재웠다. 영구가 잠이 들자 서원 씨는 영구 요 옆에 우리 요를 펴고 나를 바라보았다.

"사업계획서는 마무리가 되었고요?"

"모두 마무리되었습니다. 내일 오전 중으로 군청에 제출해 주고 사본은 설계사무실에다 주면 됩니다."

나는 서원 씨에게 "오늘이 무슨 날이지요?" 했다. 서원 씨가 웃으면서 "선생님이 영철이, 성은이, 영구 아빠가 되는 날이 아닌가요?" 하였다. 나도 웃으면서 "이제는 아실 수 있겠어요? 서원 씨 열매가 내 열매도 된다는 사실을!" 하였다. 서원 씨가 애교스럽게 내 가슴을 토닥였다.

나는 "명년 3월경에는 대학원을 졸업하고 군에 입대할 것 같습니다. 총장님은 내가 군목으로 입대하는 일을 알아보고 계시는 것 같습니다" 했다. 서원 씨는 "잘된 일인 것 같아요. 군목으로 계시면서 목회 실무도 쌓아갈 수 있지요" 하였다.

서원 씨는 내 팔을 끌어다가 팔베개를 하더니 내 가슴에 코를 묻고 잠을 청하는 것 같았다. 나도 서원 씨 머리에 코를 묻고 잠을 청하였다.

들창 너머로 설레발을 치고 있는 바람 소리가 거칠어지고 있고, 칠흑 같은 어둠이 두텁게 내리면서 밤은 깊어가고 있었다.

❉ ❉

다음 날 아침 식사 후에 나는 군청 전략실에 사업계획서를 제출하고 사본한 사업계획서는 설계사무실에 주었다.

또 하루가 지나갔다. 나는 이장님과 같이 곰소조선소로 갔다. 서원호도 다영호도 신조선처럼 깨끗한 모습으로 모양을 뽐내고 있었다. 선적 증명서도 선명에 맞게 변경되었다. 나는 수리비를 정산해 주고 배를 상가에서 내리고, 이장님은 다영호를 이끌고, 나는 서원호를 이끌고 지서리로 돌아왔다.

포구에는 우리 식구들이 나와서 배를 보고 환호하였다.

서원 씨는 부녀회장님 손을 잡고 먼저 서원호에 올라갔다. 서원 씨가 큰 소리로 외쳤다.

"서원호 선장은 어데 가셨습니까?"

나는 이장님과 같이 포구에 서 있다가 "여기에 있습니다. 곧 나갑니다" 하고 손을 흔들면서 서원호로 올라갔다.

서원 씨는 부녀회장님 손을 잡고 이번에는 다영호로 올라가더니 또 소리쳤다.

"다영호 선장님은 어데 계십니까?"

이장님이 우물쭈물하고 서 있었다. 그러자 부녀회장님이 "다영호 선장님은 없는 모양입니다" 하며 거들었다. 그제야 이장님이 "여기 있는데요?" 하면서 나타났다. 부녀회장님은 이장님에게로 달려가더니 "자기 배도 모르는 양반아" 하면서 이장님 손을 붙잡고 다영호로 올라왔다. 이장님은 머리를 긁적이면서 "갈려고 하였는데…" 했다.

부녀회장님 눈에는 눈물이 가득하게 고였다. 우리 식구들은 부녀회장님을 향해서 박수를 보냈다.

나는 순실 집사님을 보고 "집사님은 1년 후가 되겠습니다" 했다. 순간 순실 집사님 얼굴이 상기되었다.

성은이 할머니가 거들어주셨다. "기왕에 할 결혼이라면 목사님이 계실 때 하는 것이 좋을 것 같다는 생각이구만" 하셨다. 우리 식구들은 박수로 화답했다.

점심 식사 후에 나는 부녀회장님과 이장님을 차에 태우고 부안읍에 있는 혼수품 가게로 달려갔다. 예복으로 두 사람 한복을 구입하였고, 이부자리와 예물반지로 금반지도 구입하였다. 마지막으로 미장원에 들러서 신랑 신부 화장까지 끝내고 보니 한 쌍의 아름다운 신랑 신부가 되었다.

나는 신랑 신부를 태우고 서둘러서 지서리 벧엘교회로 달려왔다. 우리 식구들은 물론이고 지서리 주민들에게도 연락을 해서 예배실이 축하객들로 가득하였다.

목사님 주례로 결혼식이 시작되었다. 나는 신부 손을 잡고 입장하였다. 성은이 피아노와 집사님의 바이올린 합주에 서원 씨의 축하송까지, 예배실이 축하 열기로 가득하였다. 목사님의 주례사에 이어서 예물 교환이 이루어졌고, 목사님의 성혼선언으로 결혼식은 마무리되었다.

다영호 선실에는 혼수이불과 식당에서 준비한 세참과 밤참에다 봉구 어머니가 준비한 팔선주까지 고루 갖추어졌다.

나는 출발을 서두르고 있는 다영호로 올라가서 신랑 신부 손을 잡고 간절한 마음으로 기도를 드렸다. 어려운 가운데서도 성도 간의 교제를 통해서 하나님의 선하신 뜻을 따라서 부부가 되게 하신 것을 감사드렸다. 우리 아버지의 전능하신 권능으로 이들 부부에게 아들을 주셔서 부끄러움을 씻어주시고, 하나님께는 영광이 되게 해 달라고 기도드렸다. 이장님과 부녀회장님은 흐느끼면서 "아멘"을 계속하였다.

나는 이장님과 부녀회장님의 손을 힘 있게 잡아주고 다영호에서 내려왔다. 다영호는 우리 식구들과 지서리 주민들의 뜨거운 환송을 받으면서 지서리 포구를 출발하였다.

우리 식구들은 늦은 저녁 식사를 한 후에 목사님을 중심으로 식탁에 둘러앉아서 후식으로 내온 과일을 먹으면서 맛 체험 센터 건축에 대한 이야기를 나누었다. 성은이 할머니는 "객실이 80개가 되고 홀 면적이 250평에 주방이 50평이면 대형 호텔 주방과 같다는 생각이 드는데요?" 하셨다. 내가 거들었다. "해수욕장에 오시는 손님들을 상대로 식당 홀이 사용되는 것을 전제로 하고 설계되었기 때문이라는 생각이 들었습니다" 했다.

목사님께서 "문제는 활어 확보인데, 이장님 말에 의하면 어선이 네 척은 있어야 한다는 계산인데, 아무래도 이 문제는 박 장로님과 의논해서 결정할 문제라는 생각이 들었다"라고 하시면서 내 얼굴을 바라보셨다.

나는 목사님에게 조심스럽게 말씀드렸다.

"하나님 아버지의 계획이 있으십니다. 일단 하나님의 뜻을 알고 난 후에 진행하는 것이 옳다는 생각입니다. 우리들의 합리적인 투자나 우리들의 합자 형태로 일을 이끌어가서 될 일이 아니라는 생각이 들었습니다."

목사님이 "아멘" 하시면서 "내가 너무 앞서간 모양이다"라고 하셨다.

깊은 밤으로 들어가고 있었다. 나는 목사님과 성은이 할머니와 집사님과 성은이를 차에 태워서 성은이네 집에다 모셔다드린 후 포구 식당으로 다시 돌아왔다.

영철이와 봉구가 잠이 곤하게 든 신영이와 은혜를 안고, 서원 씨는 영구를 안아서 안방에다 잠자리를 보아주고 있었다. 내가 방으로 들어서자 영철이와 봉구는 내게 인사를 하고 이장님 댁으로 달려갔다. 이장님이 영철이한테 집을 관리해 달라고 부탁을 한 모양이었다.

서원 씨는 영구에게 젖을 먹여서 재우고 있었고, 나는 영구 요 옆에다 우리 요를 펼치고 길게 누웠다. 영구를 재운 서원 씨가 내 옆으로 와서 내 팔을 끌어다가 팔베개를 하고 누웠다.

내 가슴을 더듬어서 헤치던 서원 씨가 "목사님 생각이 시급하게 필요한 일이고 합리적인 생각인데 왜 막으셨는데요?" 하였다. 나는 "하나님의 계획과 하나님의 방법이 있으십니다. 제가 우리 식구들에게 지금 우리에게 벌어지고 있는 일들이 하나님께서 직접 간섭하시는 일이라고 강조한 것을 생각해야 할 것입니다. 우리가 하나님 일을 할 때 가장 위험한 것이 하나님보다 앞서가는 일이라는 것을 알고 있기 때문입니다"라고 했다. 서원 씨가 "아멘" 하였다.

서원 씨는 내 가슴에 코를 묻어오면서 "선생님, 미안하고 죄송합니다" 하였다. 내가 거들었다. "아이들은 젖만 먹으면 잠이 드는 것 같아요."

참 소망을 바라보고 선한 소망을 좇아가는 삶이 결코 녹록지 않다는 생각이 들었다. 세쌍둥이의 엄마가 되어서 젖을 물리고 있는 서원 씨의 삶이 눈물겹다는 생각도 들었지만 서원 씨의 선한 소망을 좇아서 결집되어 가고 있는 열매들이 아름답다는 생각에 무게가 실렸다. 나는 서원 씨와 내 손에도 끼워져 있는 맹 씨 할머니의 기도반지를 생각하면서 깊은 생각에 빠져들었다.

파도 소리가 잠잠해지자 선녀탕 계곡에서 뻐꾸기 울음소리가 다시 살아난 것 같았다. 잠결에 섞여서 아스라하게 멀어져가고 있었다.

❋ ❋

나는 아침 7시가 다 되어서 잠에서 깨어났다.

이장님은 신혼 길에서 돌아오지 않았다. 목사님은 영철이와 봉구를 데리고 새벽 낚시를 다녀오신 것 같았다. 문어를 4마리나 잡으셨고, 장어는 굵은 것으로 10여 마리나 잡아오셨다. 장어는 수족관에 넣어두고 문어만 주방에다 건네주었다. 성은이 할머니가 목사님을 보시며 "목사님의 낚시 실력이 날마다 더 나아지는 것 같습니다" 하셨다. 목사님이 밝게 웃으셨다. "나도 본래는 어부였나 봅니다." 성은이 할머니는 신속하게 문어요리를 해서 아침상에 올리셨다.

아침 식사 후에 나는 영철이와 같이 할아버지한테 인사를 드렸다.

"오늘은 돌아가려고 합니다."

할아버지는 내 손을 잡은 채 소리도 없이 흐르는 눈물을 손등으로 닦으셨다. 나는 손수건을 꺼내서 할아버지 눈물을 닦아 드렸다. 그리고 힘주어서 말씀드렸다.

"영철이하고 영구는 제 아들로 자라나게 하겠습니다. 마음을 편하게 가지시고 식사도 꼭 드셔야 합니다. 몸조심하시고요."

할아버지는 내 손과 영철이 손을 잡고 "우리 영철이는 귀한 선생님을 아버지로 모셨다. 참으로 복 받으실 선생님이시다" 하시면서 연신 눈물을 흘리셨다. 나는 할아버지가 누워 계실 자리를 보아드리고 영철이와 같이 할아버지 방을 나왔다.

성은이 할머니의 음식 솜씨가 소문이 나자 포구 식당은 활성화되어 갔고, 맛 체험 센터를 건축하면서 동원된 인부들이 식사를 하면서 포구 식당이 분주하게 돌아가자 마을 부녀회에서는 고정으로 3명이 출근하게 되었다.

나는 목사님과 집사님을 뒷자리에 모시고 돌아가는 길에, 등교하기 위하여 버스를 기다리고 있던 영철이와 성은이, 봉구를 태웠다. 집사님은 성은이를 무릎 위에다 앉혔다.

신영이와 은혜를 태운 유모차를 붙들고 계시는 성은이 할머니와 영구를 안은 채 한 손을 흔들고 서 있는 서원 씨를 못 잊어 뒤돌아보아지는 마음을 다스리면서 나는 부안읍에 도착하였다. 영철이와 봉구를 학교가 보이는 입구에다 내려주고 성은이를 부안여고 앞에 내려주었다.

나는 차를 몰아서 가없이 드넓은 초록빛 들녘을 가르고 하얀 길을 끝없이 내어주고 있는 호남평야를 질주해서 나아갔다. 우리는 늦은 점심때가 다 되어서 혜화동 목사관에 도착하였다.

❃ ❃

나의 서울 생활은 정신없이 바쁘게 돌아갔다.

여름 방학이 돌아왔지만 신학대학교에서는 신학생들의 영성지도는 당연하게 내 몫으로 생각하고 있는 것 같았다. 나는 하나님의 뜻으로 받아들였고, 한편으로는 서원 씨를 생각하면서 최선을 다하기로 마음을 굳혔다.

대학교 강의에다 대학원 수강이 겹쳤고, 교회 봉사에다 겨울 방학에 실시된 영성훈련도 내 몫이었다. 휴일도 방학도 없는 한 해를 또 보냈다.

나는 그해 3월에 대학원을 졸업하면서 목사고시를 보았고, 이어서 목사 안수를 받고 군목이 되어서 군에 입대하였다.

❃ ❃

서원 씨 소식에 의하면 지난 겨울에 영철이 할아버지는 세상을 떠나셨고, 맛 체험 센터가 준공되어서 객실 손님도 식사 손님도 꾸준하게 늘어나는 추세라고 하였다.

내가 군에 입대하자 목사님은 혜화동교회 목사직을 은퇴하시고 순실 집사님과 같이 박 장로님네 식구들을 대동하고 지서리로 이사를 오셨다는 소식이었다. 서원 씨는 성은이네 건넛방으로 다시 이사를 하였고, 목사님은 성은이 방에다 모셨고, 성은이는 할머니와 같이 있고, 순실 집사님은 서원 씨와 같이 건넛방에서 생활하고 있다고 했다. 내게는 무엇보다도 순실 집사님이 서원 씨와 같이 있다는 소식이 제일 기쁜 소식이었다.

또 하나 놀라운 소식은 부녀회장님이 아들을 낳아서 이름을 장수라고 부르고 있다고 하였다. 특히 지서리 주민들에게 부녀회장님이 아들을 출산한 사건은 놀라운 기적으로 받아들여지고 있다고 하였다. 부녀회장님은 장수를 안고 동에 번쩍, 서에 번쩍하는 날개 돋친 삶이 되었고, 이장님도 힘을 받아서 목사님과 박 장로님을 모시고 활어 물량을 확보하기 위해서 안간힘을 쓰며 바쁘게 지내신다고 했다.

나는 속으로 되뇌어 보았다. 열매가 힘이라고!

그해 10월 초에 나는 군으로부터 15일간의 정기휴가 특명을 받고 부안으로 직행하는 귀향길에 올랐다. 나는 낮 12시가 지나서 지서리 교회 앞에 도착하였다.

서원 씨는 주일예배를 마치고 교회 앞에서 내가 오기만을 기다리다가, 나를 발견하자마자 뛰어와서 가슴에 안겼다. 서원 씨 큰 눈에 눈물이 가득하게 고인 채 "보고 싶었어요" 하면서 주먹으로 내 가슴을 콩콩 두드렸다. 나는 힘주어서 서원 씨를 안아주었다.

제일 먼저 성은이가 달려오더니 "아빠!" 하면서 매달렸다. 신영이와 은혜는 내 바지를 잡고 매달리고, 영구는 낯을 가려서 서원 씨 뒤로 숨었다. 영철이도 "아빠!" 하면서 달려오더니 봉구하고 영선이와 함께 나를 에워쌌다. 나는 영선이를 안아주면서 "노래 공부도 많이 하였고?" 하였다. 영선이가 눈물이 가득한 눈을 하고 고개를 끄덕였다.

서원 씨가 가꾸어 놓은 열매들이다! 나는 콧날이 찡하여 오는 환희를 느낄 수 있었다. 나는 서원 씨 손을 잡고 "결국은 열매를 통해서 사랑의 진실이 확인되는 것을!" 하였다. 서원 씨도 웃음을 머금고 "그러게요" 하였다.

우리 일행은 맛 체험 센터로 향하였다. 제일 먼저 부녀회장님이 나를 발견하고 장수를 안고 달려 나왔다. 나는 부녀회장님에게서 장수를 받아서 안고 "엄마에게 날개를 달아주었어!" 하면서 부녀회장님을 바라보았다. 부녀회장님은 반가워서 눈물이 글썽해졌다. 나는 "형수님, 신수가 훤하십니다" 하였다.

센터에 들어서자 이장님도 박 장로님도 반갑게 맞이하였다. 목사님은 "애비 고생이 많았다" 하면서 안아주셨고, 순실 집사님도 순옥 집사님도 반가워서 눈물이 글썽해졌다.

서로 보고 싶다가 만나서 기쁜 사이로, 우리 식구들의 사랑은 영글어 가는 것 같았다.

우리 식구들 점심 식사가 끝나자 성은이가 손을 번쩍 들고 큰 소리로 외쳤다.

"우리 식구들에게 긴급한 동의가 있습니다. 오늘은 주일날이 되어서 센터에 식사 손님도 안 계시고, 날씨도 좋고, 아빠도 오셨으니 우리 식구 모두가 직소폭포로 야유회 가는 것을 긴급동의합니다."

성은이에 이어서 부녀회장님이 거들었다.

"우리 아이들 이야기를 한 번쯤은 들어주는 것이 좋을 것 같습니다. 3주 전부터 야유회 타령이 계속되어 왔으니까요. 직소폭포라는 곳이 경관도 빼어날 뿐 아니라 각종 민물고기가 많아서 천렵 놀이하기에는 적격인가 봅니다."

나는 센터 어머니와 목사님을 번갈아서 살펴보았다. 목사님은 센터 어머니 눈치를 살피시더니 승낙을 하셨다. 성은이, 영철이, 봉구, 영선이가 박수를 쳤다.

직소폭포로 가는 길을 잘 아시는 부녀회장님이 선도하는 봉고차를 따라서 박 장로님 승용차와 내 승용차에 식구들이 나누어서 타고 직소폭포로 출발하였다.

내소사를 지나 고갯길을 넘어서 조금 지나자 폭포 위가 되었다. 차를 폭포 위에 가설된 주차장에 주차하고, 우리 식구들은 간식 바구니와 천렵 도구를 나누어서 챙겨 들고, 폭포를 감싸고 내려가는 절벽 길을 내려왔다.

폭포 아래에는 널찍한 모래 둔치가 조성되어 있었다. 우리 식구들은 모래 둔치 위에 돗자리를 펼치고 목사님을 쉬시게 하고 천렵에 돌입하였다.

이장님은 영철이를 앞세우고 박 장로님과 같이 손 그물을 챙겨서 들고 개울물을 훑어 내려갔고, 순실 집사님은 다라이를 들고 잡은 고기를 담기 위하여 뒤따라갔다. 이장님이 이끌고 있는 천렵 조는 큰 바위 밑을 더듬어서 메기도 잡고 꺽 조기도 잡아냈다. 동자개는 지천으로 많았다. 순실 집사님은 잡아준 고기들을 다라이에 담느라 정신이 없었다.

성은이는 작은 플라스틱 통을 들고 신영이와 은혜를 데리고 한 조를 이루어서 작은 돌멩이를 들추어 가면서 가재와 징검 새우를 곧잘 잡았다. 봉구도 작은 통을 들고 영선이와 같이 가재를 잡는 재미에 폭 빠져 있었다.

센터 어머니는 영구 손을 잡고, 봉구 팀에 어울려서 가재를 잡으셨다. 영선이의 해맑은 웃음소리가 산울림을 타고 계곡을 따라서 멀리멀리 흘러갔다.

폭포 아래 개울물은 폭이 넓고 수심은 얕았다. 변산반도를 가르고 흘러가는 개울 따라서 산내면을 휘젓고 올라온 물고기들이 폭포에 갇혀서 모아진 곳이라는 생각이 들었다.

폭포 앞 모래 둔치에 돗자리를 깔고 목사님은 폭포를 구경하셨고, 부녀회장님은 장수를 안고 순실 집사님과 함께 간식거리를 준비하고 있었다.

30여 미터가 넘어 보이는 암벽 위에서 떨어지는 폭포수는 수량이 많아서 낙하하는 물소리가 웅장하였다. 폭포수가 낙하되면서 만들어진 소는 수심이 깊어서 소 위로 물보라가 일어났다. 그 물보라가 만들어낸 무지개는 장관을 이루어내고 있었다.

서원 씨와 나는 물보라 속에서 어른대고 있는 무지개를 향하여 물수제비를 만드는 재미에 흠뻑 빠져들었다. 서원 씨가 무지개를 향해서 물수제비를 날리고는 내 가슴에 안겨들었다.

서원 씨의 물수제비가 오랜만에 물 위에다 세 번을 찍고 날아갈 때였다. 서원 씨가 내 귀에 대고 큰 것이 마렵다고 속삭여 왔다. 폭포 아래는 평지가 되어서 시야를 가려줄 만한 곳이 없었다. 나는 서원 씨 손을 잡고 절벽 길을 따라서 올라갔다. 나는 큰 고목나무가 있는 암벽 아래로 찾아갔다. 암벽 틈을 큰 바위들이 사방으로 가리고 있는 곳을 발견하였다. 나는 그곳에다 서원 씨를 두고 조금 떨어져 있는 큰 고목나무 아래로 왔다.

큰 고목나무 아래에는 돌기가 있었고, 그 돌기 아래 작은 구멍으로는 벌들의 왕래가 빈번하였다. 서원 씨는 용변을 마치고 고목나무 아래로 왔다. 그리고 나를 보더니 손가락으로 고목나무 위를 가리켰다. 서원 씨 손가락이 가리키고 있는 고목나무 위에는 벌떼가 멍석만 한 크기로 뭉쳐서 공중에 떠 있었다.

나는 봉구가 말하던 석청 벌 같다는 생각이 들자, 폭포 위로 달려가서 봉구한테 큰 소리로 "고목나무 위에 벌떼가 떠 있다"라고 소리쳤다. 봉구는 영선이를 업고 부리나케 절벽 길을 올라왔다. 뒤를 이어서 이장님도 영철이도 올라왔다.

봉구는 서원 씨 곁에 영선이를 내려놓더니 공중에 떠 있는 벌떼를 유심히 살펴보았다. 나는 봉구에게 고목나무 아래에 있는 돌기를 가리켰다.

봉구가 외쳤다.

"석청 벌이다! 벌집은 고목나무다!"

이장님이 봉구를 보고 "서둘러야 하는 일 아닌가?"라고 하였다.

봉구는 뜸을 들이면서 벌의 수량과 움직임을 자세히 살피더니 "오늘 석양 무렵이 아니면 내일 아침 해가 뜰 때 떠날 것 같습니다" 했다.

봉구가 "도선암에 가면 석청 벌을 채취하는 일체의 장비가 갖추어져 있는데" 하자 이장님이 펄쩍 뛰었다. "그건 아니 될 말이고, 어서 장비 품목이나 외어봐" 하면서 영철이에게는 받아서 적으라고 하였다.

봉구가 장비 품목을 불러주었다.

"대형 톱 하나, 큰 다라이 다섯 개, 꿀 한 병, 밀짚모자 특대로 네 개, 모기장 네 개, 바가지 두 개, 마른 쑥 한 다발, 긴 끈 여러 개, 부채 네 개, 그리고 라이터."

영철이는 열심히 받아서 적었다.

이장님이 "큰 톱은 기계톱이면 되고?" 하자, 봉구는 "기계톱이면 더 좋구요" 했다. 이어서 봉구는 "큰엄마, 오실 때 간식 담아온 다라이하고 바케스 세 개는 따로 챙겨오셔요" 했다.

이장님과 영철이는 부녀회장님 손을 잡고 봉고차로 달려갔다. 영철이는 집에서 준비가 가능한 것과 슈퍼에서 구입할 것을 구분하여 표시했다.

벌떼들이 고목나무로 모두 들어갔다. 한참이 지나자 이장님과 영철이가 장비들을 챙겨서 고목나무 밑으로 왔다. 부녀회장님은 우리 식구들을 철수시켰다. 성은이는 장수를 안고서 봉고차를 타고 식구들과 같이 집으로 갔다.

봉구는 영철이 도움을 받아서 고목나무 첫 번째 가지에 자리를 하고 앉았다. 봉구가 앉아 있는 가지 위의 몸통에는 돌기가 또 있고, 돌기 아래는 작은 구멍이 있었다.

봉구가 또 외쳤다.

"출구를 발견하였다."

봉구의 첫 번째 지시가 내려졌다.

"마른 쑥 한 줌에 불을 붙이고 출입구에 대고 부채로 부쳐서 연기를 출구에 투입해 주세요."

출입구 근처에 있는 벌들을 위로 올리는 작업인 것 같았다.

이장님은 마른 쑥에 불을 붙인 다음 출입구에 대고 있고, 영철이는 부채로 출입구에다 쑥 연기를 부채질해 넣었다. 쑥 연기가 봉구 위에 있는 출구로 솟기 시작하자 벌들이 기어 나오기 시작하였다. 봉구는 4개의 대형 밀짚모자 속에다 꿀을 듬뿍 바른 다음 끈을 달아서 위쪽 가지에 종 모양으로 매달았다.

봉구가 또 지시했다.

"이제는 기계톱을 살려서 출구를 바가지와 손을 넣어서 꿀을 채취할 수 있도록 키워주시고, 쑥 다발에 불을 붙여서 쑥 연기를 만들어서 출입구에다 투입하시고, 부채로 쑥 연기를 최대한 신속하게 고목나무 속에다 주입해 주세요."

봉구가 작은 톱으로 머리 위에 있는 출구를 키워가자 출구가 굴뚝이 되어서 연기를 내뿜기 시작하면서 벌들을 무더기로 토해놓기 시작하였다.

쑥 연기에 취한 벌들이 날지는 못하고 고목나무와 봉구의 몸뚱이에 엉켜 들기 시작하더니 순식간에 고목나무와 봉구의 몸뚱이가 거대한 벌 뭉치로 변하고 말았다. 영선이가 봉구의 모습을 보고 서원 씨 가슴에 안겨서 울기 시작하였다. 봉구는 벌 뭉치에 쌓여 있는데도 미동도 없이 자리를 지키고 앉아 있었다.

드디어 봉구가 외쳤다.

"여왕벌이다!"

봉구는 출구에서 기어 나오는 벌 한 마리를 잡아서 밀짚모자 속에다 넣었다. 벌들이 밀짚모자 속으로 들어가기 시작하였다.

잠시 후에 봉구는 "여왕벌이다"라고 또 외치더니 벌 한 마리를 잡아서 다른 밀짚모자에 넣었다. 그러자 봉구 몸에 붙어 있던 벌들이 여왕벌이 들어간 밀짚모자 속으로 몰려가기 시작하였고 봉구의 눈도 코도 다시 보이기 시작하였다.

잠시 후에 봉구는 또 "여왕벌이다" 하더니 벌을 잡아서 세 번째 밀짚모자에 넣었고, 곧이어서 또 다른 여왕벌을 잡아서 네 번째 밀짚모자에 넣었다. 고목나무와 봉구 몸에 붙어 있던 벌들이 네 개의 밀짚모자에 나누어서 모두 들어갔다. 고목나무 가지에다 매달아논 대형 밀짚모자들이 중 항아리만 한 크기로 벌 뭉치를 달고 있었다.

이제는 봉구도 고목나무도 본래의 모습으로 돌아왔다. 밖에서 떠돌던 벌들도 한두 마리로 줄어들었다. 봉구의 석청 벌 채취는 완벽하게 이루어진 것 같았다.

봉구는 다시 지시하였다.

"형, 모기장 네 개에다 끈을 달아서 내게로 올려줘."

영철이는 모기장 네 개에다 끈을 매달아서 들고 이장님 어깨에 올라서서 봉구에게 모기장을 전달했다. 봉구는 모기장으로 벌 뭉치를 싸매고 줄을 달아서 고목나무에서 내려주었다.

봉구의 지시가 또 내려졌다.

"벌 뭉치가 들어 있는 모기장을 나뭇가지에다 매달고 부채로 벌 뭉치에 공기를 주입해 주세요. 쑥 연기에 취한 벌들을 깨우는 일입니다."

영철이도 나도 서원 씨도 영선이도 모두 부채를 들고 벌 뭉치에다 열심히 부채질을 해댔다.

이어서 봉구는 이장님에게 "큰아버지는 바가지를 가지고 출입구를 통해 맨 아래쪽에 있는 진청부터 채취해 주세요. 다음에 순청을 채취하시는데, 진청은 검은빛이 나고 순청은 밝은 조청 빛깔입니다. 진청과 순청은 각각 다른 용기에 담아주셔야 합니다" 하였다.

검은 석청이 실하게 한 다라이가 나왔고, 밝은 석청이 한 다라이하고 반 정도가 채취되었다. 봉구는 "큰아버지, 이번에는 고목나무 중간쯤에 채취할 출구를 만드시고 순청을 채취해 주세요" 하였다. 이장님의 석청 채취가 고목나무 중간에서 이루어지자, 영철이도 바가지를 들고 고목나무 아래에 쌓여 있는 석청 찌꺼기들을 채취하기 시작하였다. 이장님은 내 등을 밟고 올라서서 순청을 채취해서 두 다라이 반이 채취되었고, 영철이는 나뭇조각 부서진 것과 톱밥에 곤약고가 되어 있는 석청을 한 다라이 세 통가량을 채취하였다. 석청 채취도 완벽하게 이루어졌다.

봉구가 고목나무에서 내려왔다. 영선이가 봉구를 안고 울음을 터트렸다.
"오빠는 벌이 무섭지도 않아? 벌에 쏘이지 않았고?"

봉구는 영선이 등을 다독이면서 "나는 벌을 잘 알고 있고, 벌들도 나를 알아보니까" 했다. 영선이가 "오빠가 벌들의 아빠라도 되는 거야?" 하였다. 봉구가 웃으면서 "좋아할 뿐이야, 좋아하면 서로 알게 되고, 영선이가 오빠를 아는 것처럼" 하자 영선이가 주먹으로 봉구 가슴을 콩콩 두드렸다.

나도 서원 씨도 깜짝 놀랐다. 영선이가 봉구의 가슴을 콩콩 치는 행위는 서원 씨의 좋다는 표시였기 때문이다.

우리는 채집한 석청 벌과 석청 다라이와 장비들을 봉고차와 내 승용차에 나누어서 싣고 집으로 출발하였다. 봉구 설명에 의하면 석청 벌들이 오랫동안 분봉도 없이 한 마리의 여왕벌 밑에서 같이 살다가 고목나무가 비좁아지자 분봉하는 과정에서 우리 눈에 띈 것이라고 했다. 벌들이 자기의 여왕벌을 알아보는 것이 신비한 일인데, 냄새로 알아본다는 설이 통설이고, 모양으로 알아본다는 설도 있다고 했다.

부녀회장님과 나는 차를 운전해서 성은이네 집 감나무 밑에다 벌통을 안치할 자리를 잡았다. 반지의 밀원과 경계를 이루고 있는 성은이네 집이 석청 벌을 먹이는 장소로 최적지라는 판단에 따른 것이다.

당장 네 개의 벌통을 준비하는 일이 시급하였다. 봉구가 도선암에 있는 벌통을 가지고 오겠다는 말을 듣고, 이장님은 또 한 번 펄쩍 뛰면서 극구 반대하였다. 나는 하는 수없이 군청 양봉계로 전화를 하였다. 양봉 계장님에게 자초지종을 설명하고, 당장 벌통 네 개가 필요하게 되었다고 전하였다. 양봉 계장님은 내 말을 듣고는 깜짝 놀라면서도 신이 나서, 양봉 박사님들이 연구해 만든 벌통을 양봉 농가에 보급할 목적으로 군청에 다수 보관하고 있으니 우선 열 통을 싣고 바로 출발하겠다고 하였다.

나는 마음속으로 하나님께 감사기도를 드렸다. 봉구는 감나무 아래 벌통 놓을 자리에다 깨끗한 황토를 부어달라고 하였다. 나는 이장님과 같이 영철이가 끌고 온 리어카를 앞세우고 선녀탕 계곡에서 깨끗한 황토를 싣고 와서 감나무 아래에다 부었다.

군청 양봉 계장님이 개량형 벌통을 싣고 도착하였다. 봉구는 양봉 박사님들이 연구하여서 제작하였다는 개량형 벌통을 자세히 살펴보더니 탄복을 하며, 도선암에서 사용하던 벌통보다 몇 배는 좋은 것이라고 하였다.

봉구는 개량형 벌통 뚜껑에 석청 꿀을 듬뿍 바른 후에 끈을 달아서 감나무 가지에 매달았다. 그리고 벌 뭉치를 싸매온 모기장을 헤치고 여왕벌을 잡아서 벌통 뚜껑에 넣고는 모기장을 개방하였다. 순간 벌들이 공중으로 날아오르는가 싶더니 여왕벌이 들어 있는 벌통 뚜껑 속으로 모두 들어갔다.

봉구는 벌들이 들어가서 엉켜 있는 벌통 뚜껑을 감나무에서 내린 다음 조심해서 벌통 위에 내려놓았다. 공중에 떠돌던 한두 마리 벌들까지 모두 벌통 속으로 들어가자 봉구는 먹이통에 석청 꿀을 가득하게 넣어주었다. 봉구는 같은 방식으로 남은 벌 뭉치 세 개를 모두 벌통에 안착시켰다. 양봉 계장님은 보호 장비도 없이 신속하고 능숙하게 야생벌을 다루는 봉구를 안아주면서 감탄을 감추지 못했고, 나와 이장님도 박수를 보냈다.

봉구는 오늘 밤부터 식구들이 순번을 정해서 당번을 서야 한다고 신신당부를 하였고, 오늘 밤에 석청을 정제하기 위해서는 도선암 엄마가 오셔야 하니까 자기는 도선암으로 가서 엄마를 보내주겠다는 말을 남기고 도선암으로 달려갔다.

　나는 양봉 계장님과 이장님을 모시고 거실로 들어왔다. 서원 씨가 다과에다 커피를 내왔다. 양봉 계장님은 토종벌 보급문제로 비상 상태에 돌입해 있는 국가의 실정을 자상하게 설명해 주었다. 그동안 전국에 흩어져 있던 양봉 농가에 토종벌을 보급해 주던 태백산 양봉 보급소의 씨벌이 전멸상태로 보급 업무가 중단되자, 국가에서는 토종벌의 씨벌을 찾기 위해서 전국에 있는 각 군 양봉 담당 직원들에게 긴급명령이 하달되어 있는 상태라고 하였다.

　국가에서는 도선암 석청 벌이 전멸하게 된 사실을 조사하다가 벌 먹이로 설탕을 먹인 사실을 알게 되었고, 보급소를 조사한 결과 그것이 사실로 드러나자 태백산에 있는 토종벌 보급소를 감사하게 되었고, 보급소에서 벌 먹이로 설탕을 먹인 사실이 드러나자, 담당 직원을 형사 입건하는 사태에까지 이르게 되었다는 이야기도 들려주었다.

　그런데 신기하게도 농림부에서 양봉에 관한 업무를 총괄하고 있던 농림부 양봉 국장님은 우리나라에 세계양봉박람회를 유치하는 일과 선진 양봉 기술을 연수하는 일로, 2년간 일본 북해도 농과대학에서 연수교육 중에 있었기 때문에 농림부 징계에서는 제외되었다고 하였다.

　또 한 가지 토종벌 사건을 통해서 특기할 점은, 전국에 분포되어 있는 일반농가에서도 토종벌이 전멸되었다는 사실에 관한 일이다. 일반농가에서도 예외 없이 설탕을 먹이게 된 이유 중에 하나는, 토종벌 보급소에서 벌을 분양하면서 설탕까지 판매했기 때문이고, 둘째는 토종벌이 아닌 일반 양봉 농가에서는 벌 먹이로 설탕을 먹이고 있다는 점이며, 셋째는 토종벌이 만든 꿀 값이 일반 꿀보다 시중에서 10배나 고가로 판매된다는 점이라고 하였다.

　어쨌든 국가에서 토종벌의 씨벌을 찾는 일이 시급하게 된 것은 농가 소득과 직결되어 있기 때문이고, 그동안에 국가에서 추진해 왔던 세계양봉 박람회 건이 무산될 위기를 맞이하였다는 점이라고 양봉 계장님은 자상하게 설명을 하여 주었다.

양봉 계장님은 우리가 채취한 석청 벌이 무사하게 자라만 준다면 태백산 토종벌 보급소가 담당하던 일을 우리가 맡게 될지도 모른다고 힘을 주어서 고무적인 말도 해주었다. 차제에 우리가 결단해야 할 시급한 일은 석청 벌을 안치할 장소인데, 이곳에 있는 낙조 대 층계바위 절벽을 국가로부터 점용 허가를 받는 일이 급선무라고 일러 주었다.

양봉 박사님들의 조사에 따르면, 이곳 반지를 둘러싸고 있는 층계바위 절벽이 토종벌을 양봉하는 데 최적지로 조사되어 있다고 하였다. 그 이유로 층계바위 절벽을 감싸고 있는 4만 평의 반지에 조성된 야생화 단지가 양질의 밀원이 되고 있다는 점과 벌들의 건강과 벌들이 꿀을 만들 때 필요로 하는 염분을 구할 수 있는 바다가 코앞에 있기 때문이라고 설명을 해주었다.

따라서 우리가 서둘러야 할 일은 석청 벌을 안치할 층계바위를 국가로부터 점용허가를 받는 일이고, 다음은 반지를 매입하는 일이고, 그다음은 반지 옆에 있는 2만 5천 평의 늪지를 불하받는 일이라고 꼼꼼하게 일러 주었다.

반지를 매입해야 할 이유는 반지가 밀원으로 개발하는 데 절대 필요한 전제 조건도 되지만, 반지를 통과하지 않고는 층계바위에 접근할 수가 없다고 설명하였다. 또 하나 늪지를 불하받아야 할 이유는, 반지를 밀원으로 개발하는 데 물을 필요로 하고, 벌이 분봉할 때 인공으로 안개비를 살포하게 되는데 양질의 물이 절대적으로 필요한 요소가 되기 때문이라고 설명하였다.

양봉 계장님은 설명이 끝나자 내일도 나오겠다는 말을 남기고 서둘러 돌아가셨다. 나는 궁금한 것이 한두 가지가 아니었다. 양봉 계장님이 호떡집에 불이라도 난 것처럼 서두르고 있고, 자기 일처럼 자상하게 챙겨주고 있다는 점이 이상하기만 하였다.

나는 이장님에게 넌지시 "형님, 석청이라는 꿀이 비싼 꿀입니까?" 하고 물어보았다. 이장님은 "순청은 작은 되로 300만 원 하고, 진청은 작은 되로 400만 원한다고 하니까 비싼 꿀이지요? 어쨌든 일반농가에서 생각하기로는 토종벌 한 통을 양봉해서 얻은 소득이 전답 400평을 경작하여서 얻은 소득보다 더 낫다는 생각들을 하고 있으니까요" 하였다.

나는 질문을 이어갔다. "반지라는 땅의 시세는요?" 이장님은 "층계바위를 감싸고 있는 평평한 땅으로 오랫동안 묵혀진 사유지고요, 작년에 매매 이야기가 있었는데, 토지주인이 평당 1000원씩 달라고 하자 매수인 측에서 가격이 비싸다고 계약이 되지 않은 일이 있는 땅입니다" 하였다.

부녀회장님이 장수를 업고 거실에 들어서면서 "저녁 식사 드세요, 센터 어머니께서 천렵하여 잡은 물고기로 매운탕을 끓이셨는데 맛이 기막히게 좋아요" 하였다. 이장님은 부녀회장님으로부터 장수를 받아서 안고, 벌 당번으로 영철이와 성은이를 세우시더니 나와 같이 센터로 가셨다.

목사님께서 우리를 보시고 "여사님이 끓인 매운탕 맛이 꿀맛이다"라고 하셨다. 센터 어머니는 팔선주를 내오시더니 목사님 잔에도 내 잔에도 이장님 잔에도 박 장로님 잔에도 따라주셨다. 민물매운탕에 팔선주는 찰떡궁합인 것 같았다. 나는 센터 어머니 잔에도 서원 씨 잔에도 부녀회장님 잔에도 팔선주를 따라 드렸다. 순실 집사님과 순옥 집사님은 사양하셨.

목사님이 식사 중에 말씀하셨다.

"오늘 물놀이하다가 잡은 야생벌을 집에서 기르려고? 영선이가 무서워서 울었다는데?"

내가 감나무 아래다가 벌통을 안치하고 왔다는 설명을 들어보시더니 "그러다가 아이들이 벌에 쏘이면 어떻게 하려고?" 하셨다. 나는 "조금 있으면 밖으로 나갈 벌이라고 합니다" 했다. 목사님이나 박 장로님은 석청 벌을 기른다는 일을 시답잖은 일로 생각하시는 것 같았다.

식사가 끝나자 목사님은 박 장로님네 식구들과 차에 오르셨는데, 밤이 늦어지면 장로님 댁에서 주무시겠다는 말씀을 남기셨다.

목사님이 출발하시고 잠시 후에 봉구와 봉구 어머니가 센터에 당도하였다. 서원 씨는 주방으로 달려가더니 식사를 내왔다.

식사가 끝나고 봉구하고 봉구 어머니는 이장님을 센터 밖으로 불러냈다. 봉구 어머니가 이장님에게 조심하면서 꺼낸 이야기는, 강도사님이 오늘 석청 벌을 채취한 일을 도선암 주지가 알게 되었다는 말이었다. 도선암에서는 석청 벌을 채취하기 위하여 매일같이 스님들을 대동하고 변산 일대를 혈안이 되어서 찾아 헤매고 있는 중인데, 봉구 이야기를 듣고 열불 난리가 벌어지고 말았다는 것이었다.

봉구 어머니는 사건의 자초지종을 이장님에게 아뢰었다. 봉구 말을 듣고 급하게 도선암을 나오는데 주지 스님을 만나게 되었다고 하였다. 주지 스님이 봉구를 붙들고 "이 밤중에 어데를 가는데?"라고 물었고, 봉구가 "지서리 벧엘교회요"라고 말하였더니 주지 스님이 "무엇을 하려고?"라고 되묻게 되었고, 봉구는 "강도사님이 석청 벌을 발견하고 꿀을 채취하였는데 정제하여 달라는 부탁을 받고요" 했더니, 주지 스님이 "봉구 네가 산속에 숨겨놓고 나도 몰래 기르던 석청 벌을 강도사님에게 준 것이 맞고?"라고 소리를 질렀다고 했다. 봉구는 "절대 아닌데요. 스님께서는 어떻게 그렇게도 무서운 생각을 하실 수가 있습니까?"라고 소리를 질렀고, 주지 스님이 "벧엘교회 강도사님이 좋으면 강도사님하고 살 일이지!" 하자, 봉구 어머니가 옆에서 "봉구는 거짓말을 못한다는 것을 주지 스님께서 더 잘 아실 텐데요?" 하면서 흐느끼자, 주지 스님이 찬바람을 일으키면서 법당으로 들어가셨다고 하였다.

이장님이 깊이 생각을 하더니 "봉구는 염려 마시고 일이 끝나면 봉구 어머니만 올라가십시오. 앞으로 봉구는 우리 식구들과 함께 있도록 하겠습니다. 당분간은 목사님에게나 강도사님께는 비밀로 해 주시고요"라고 일러 주었고, 봉구는 "엄마, 조금만 참고 있어요, 분명히 좋은 일이 있을 것이니까. 부안에 있는 명철이 아저씨도 잘 다독여주시고요"라고 당부를 하였다고 했다.

이장님은 봉구 손을 잡고 벌통으로 달려갔고, 봉구 어머니만 센터로 다시 돌아오셨다.

벌 당번을 교대하고 영철이와 성은이가 센터에 들어섰다. 센터 어머니는 영철이와 성은이 저녁밥을 챙겨오셨다. "석청 벌은 잘 있고? 우리 성은이가 큰일을 시작하였다는 생각이 든다. 나는 앞으로 성은이가 원하는 일은 다 들어주고 싶은 생각이다" 하면서 웃으셨다. 내가 거들었다. "우리 성은이 데려갈 신랑감은 복덩이를 얻어가는 셈이 되지요, 어머니?" 하면서 큰소리로 웃었다. 성은이는 내 가슴을 파고들면서 "할머니도 아빠도 나를 어린아이로 보시는 것이 맞지요? 강도사님이 복을 가지고 오셨다는 생각은 못하셨고요?" 하면서 큰 소리로 웃었다.

영철이와 성은이의 저녁 식사가 끝나자 나는 홀에 있는 우리 식구들을 모두 봉고차에 태우고 벌통 앞으로 갔다. 서원 씨는 우리 식구들 숫자에 맞추어서 커피를 내왔다.

나는 커피를 들면서 우리 식구들에게 넌지시 의견을 물어보았다.

"석청 벌을 우리 아이들에게 주어서 층계바위 점용허가권도 반지 소유권도 늪지 불하권도 모두 다 우리 아이들 권리로 해주고 싶은데요?"

이장님이 바로 거들었다.

"이 세상에서는 찾아볼 수 없는 귀한 일이라는 생각이 듭니다."

센터 어머니도 서원 씨도 부녀회장님도 봉구 어머니도 박수를 치면서 "아멘" 하였다.

나는 "내일 영철이, 봉구, 성은이, 영선이는 주민등록등본을 발급받아서 내게 주는 것 잊지 말고, 형님은 은혜하고 장수 주민등록등본을 준비해 주시고요, 저는 신영이 것하고 영구 것을 준비하겠습니다"라고 했다.

봉구 어머니가 "반지를 매입하고 늪지를 불하받기 위해서는 석청을 팔아야 하지 않겠습니까? 우선 진청 세 말과 순청 다섯 말만 판매하면 될 것 같은데요. 도선암에서 작은 되로 진청은 400만 원에, 순청은 300만 원에 판매한 전례가 있습니다" 하였다. 이장님이 서둘렀다.

"지금 제약회사에 전화를 해 보셔요."

봉구 어머니가 제약회사에 연락을 하였다. 제약회사에서는 전례대로 대금을 챙겨서 이곳으로 밤에 출발하겠다고 하였다.

이장님과 봉구 어머니는 가마솥을 마당 가운데 설치하고 대형 가스레인지로 물을 끓이더니 뜨거운 김으로 석청을 정제해 갔다. 진청은 정제해서 세 말을 다라이에 담아서 두고 나머지는 대두병에 담아서 여섯 병을 따로 두었다. 순청은 정제해서 다섯 말을 다라이에 두고 나머지는 대두병에 담아서 60병을 따로 두었다.

석청을 모두 정제하고 나니 새벽 4시가 다 되었다. 우리 식구들은 방마다 나누어서 들어갔고, 남은 식구들은 거실에다 잠자리를 펴고 눈을 붙였다.

아침 6시가 되었다. 벌 당번으로 번을 서고 있던 봉구가 대문밖에 정차한 차 소리를 듣고 봉구 어머니를 깨웠다. 거실에서 자고 있던 나도 이장님도 잠에서 깨어났다.

봉구 어머니는 제약회사 직원들과 인사를 나누더니 진청 다라이와 순청 다라이들을 직원들 앞에 진열하였다. 직원들의 검사가 끝난 진청을 제약회사에서 준비해 온 통에 담았다. 정확하게 세 말이었다. 같은 방법으로 순청을 검사하여 통에 담았다. 정확하게 다섯 말이 나왔다. 제약회사 직원은 진청 값으로 1억 2천만 원을 계산해서 내게 지불 보증수표로 주었고, 순청 값으로 1억 5천만 원을 계산해서 지불 보증수표로 내게 주었다.

나는 2억 7천만 원을 서원 씨한테 맡겼다.

제약회사 직원은 봉구 어머니에게 사례비조로 200만 원을 별도로 지불해 주었다. 제약회사 직원들은 우리 식구들을 벌통 앞에 세우고 함께 기념촬영을 하였다. 그리고 내게 명함을 주면서 내년에 생산되는 꿀도 자기 회사에다 팔아 달라는 부탁을 하고 회사로 돌아갔다.

내가 이장님에게 반지도 오늘 중으로 매입하는 것이 좋을 것 같다고 말하자, 이장님이 바로 땅 주인한테로 달려갔다. 나는 곧바로 우리 아이들 명의로 층계바위 점용 허가 신청서를 작성해 갔다.

잠시 후에 이장님이 왔다.

"반지 매매가 이루어졌습니다. 작년도 흥정가격에서 500만 원을 감한 3천5백만 원에 매매가 성립되었습니다."

나는 아침 식사 후에 지금까지의 상황을 식구들에게 발표하였다.

"어제 채취한 꿀 중에서 일부를 팔아서 꿀값으로 2억 7천만 원을 수령하였습니다. 아이들 놀이처럼 시작된 일이 엄청난 가치를 안고 나타난 것을 우리 식구들은 목격하였습니다. 이 일은 하나님께서 함께하신 일이라는 믿음이 왔습니다. 오늘 아침에는 묵혀지고 방치된 반지 4만 평을 3천5백만 원을 매매대금으로 지불하고 우리 아이들 소유로 매입하였습니다. 묵혀지고 버려졌던 하찮은 땅 반지가 하나님께서 함께하실 때는 금싸라기 땅으로 바뀌는 기적을 앞으로 체험하시기를 바랍니다. 처음은 미약하나 나중은 심히 창대해진다는 성경 말씀이 새롭게 깨달아지는 일들이었습니다. 지금 우리가 가꾸어가야 할 마음은 하나님 앞에서 낮아지고 비워지는 마음으로 다듬어져야 한다는 것을 명심해 주셨으면 합니다."

모든 식구들이 "아멘"으로 화답하였다.

나는 봉고차 뒷좌석에 등교하는 우리 아이들과 이장님과 반지 소유자를 태웠다. 서원 씨는 석청 두 병을 선물 보자기에 곱게 싸서 들고 반지 대금을 챙겨서 조수석으로 올라왔다. 나는 먼저 읍사무소에 들러서 아이들 주민등본을 발급받았다.

아이들을 등교시키고, 나는 등기소 앞에 있는 사법서사 사무실에서 반지 이전서류를 만들어서 등기소에 제출하고 등기필증을 교부받아서 층계바위 점용 허가 신청서에 첨부하고 반지대금을 지불하였다. 이장님과 반지 소유자는 먼저 지서리로 보내고, 나와 서원 씨는 군수실로 직행하였다.

군수님이 반갑게 맞이해 주셨다. 나는 군수님에게 "오늘은 민원일로 찾아왔습니다" 하면서 선물 보자기에 곱게 싼 석청 꿀병을 탁자 위에 올려놓았다. 나는 이어서 "어제 저희 식구들이 직소폭포로 물놀이를 나갔다가 제가 석청 벌을 발견하고 채취한 꿀입니다. 순수하게 감사 차원에서 들고 왔으니 허물치 마시고 받아주십시오" 했다. 군수님은 석청 꿀병을 감사하게 받으시더니, 내가 탁자 위에 올려놓은 층계바위 점용 허가 신청서를 꼼꼼하게 읽어가셨다.

군수님이 먼저 입을 여셨다.

"허가권자들이 한결같게 소년 소녀 가장들이고, 오갈 곳이 없는 어린 고아들이 아닙니까? 선생님들은 비싼 석청 벌도, 반지 소유권도 모두 아이들 명의로 하셨고요!"

그러면서 서원 씨를 바라보셨다. 서원 씨는 군수님에게 머리를 숙이면서 "군수님께서도 우리 아이들을 생각하시고 맛 체험 센터를 만들어주셨는데 저희도 작은 일에나마 군수님에게 보답이 되려고요" 하였다. 군수님은 "선생님들은 참으로 좋은 일을 하셨습니다. 국가에서도 당연하게 도와드리는 것이 맞는 도리지요" 하셨다.

군수님은 비서를 통해서 양봉 계장님을 호출하셨다. 양봉 계장님이 들어오자 군수님은 층계바위 점용 허가 신청서를 양봉 계장님에게 내밀며 "검토해 보시고 돕는 방법을 찾아봅시다" 하셨다. 양봉 계장님은 "산림과와의 협의사항이어서요, 협의 후에 처리하겠습니다"라고 했다.

군수님이 서두르셨다. "벌은 당장 갈 곳이 없어서 곤란을 겪고 있는데

협의한다고 시간을 끌면 민원인의 고충은 어떻게 하라고" 하시면서 직접 산림 계장님을 호출하셨다. 산림 계장님이 전화를 받고 곧바로 오셨다.

군수님이 산림 계장님에게 말씀하셨다.

"토종벌 보급에 관한 농림부 하명에 근거하여 신속한 처리가 요구되고 있는 일이라는 것을 마음에 두시고요, 더구나 허가권자들을 살펴보면 소년 소녀 가장들과 오갈 데도 없는 고아들 앞으로 되어 있다는 점도 고려해서 처리가 되었으면 합니다."

산림 계장님이 말문을 열었다.

"오늘 중으로 처리하겠습니다."

군수님은 두 분을 다그쳤다.

"협의는 군수실에서 이루어진 것으로 하고, 지금 만들어 왔으면 좋겠다는 생각입니다."

양봉 계장님과 산림 계장님이 나란히 군수실을 나가더니, 잠시 후에 양봉 계장님은 층계바위 점용허가서를 만들어서 왔다. 군수님은 허가서를 꼼꼼하게 검토하시더니 관인을 날인해서 내게 주셨다.

순간 양봉 계장님은 군수님에게 소견을 제시하셨다.

"사업계획서에서 보면 신청인들은 4만 평의 반지에다 밀원을 조성할 목적과 분봉 시에 안개비 살포를 위해서는 양질의 수원을 확보하는 일이 급선무가 되므로, 늪지 불하를 요구하고 있습니다. 늪지 불하는 통상적으로 볼 때 개인 신청으로는 불가능한 일이 되어 있습니다. 차제에 저희 군에서 농림부에 사업계획서를 제출해서 신청인을 도와주는 것이 옳다는 생각입니다."

군수님은 양봉 계장님의 소견을 곰곰이 생각하시더니 자리에서 일어나서 양봉 계장님 손을 잡아주셨다.

셋.

축복이다

셋.
축복이다

"애통하는 자는 복이 있나니 저희가 위로를 받을 것임이요"(마 5:4).

군수님은 "바로 그것이오! 우리가 신청인들을 도울 수 있는 길은 국가 재정을 신청인들에게 연결해 주는 방법입니다. 계장님은 우리 군 차원의 사업계획서를 작성해서 농림부에 제출해 주시고, 필히 신청인들의 사업계획서를 첨부해 주십시오. 군에서 발송할 사업계획서는 장관님의 하명에 입각해서 내일 중으로 신속하게 발송해 주십시오" 하셨다.

나는 군수님께서 주신 점용허가서를 들고 서원 씨와 함께 군수실을 나왔다. 한가한 도로가에 있는 주차장에 차를 주차하고는 하나님 아버지께 감사기도를 드렸다. 우리 강도사님을 사랑하셔서 강도사님을 향해서 쫓아오는 세상 사람들의 박수 소리를 뿌리치게 하시고, 벧엘교회의 강도사님으로 직분을 주셔서 많은 열매를 주신 것을 감사드렸다. 나 또한 아버지의 기뻐하시는 뜻을 따라서 강도사님과 동역할 수 있게 축복해 달라고 울면서 기도드렸다. 서원 씨는 흐느끼면서 손수건을 꺼내 들고 내 뺨을 타고내리는 눈물을 닦아주면서 "아멘"을 이어갔다.

나는 찬송가 217장을 틀고 차를 출발하였다. 맛 체험 센터에 든 손님들의 식사가 얼추 끝나고 우리 식구들이 모여 앉아서 점심 식사 중이었다. 나는 서원 씨와 같이 점심 식사를 마치고 식구들 앞에 층계바위 점용허가서를 내어놓았다.

이장님은 점용허가서를 꼼꼼하게 읽어갔다.

"층계바위 면적이 2만 평이면 층계바위를 감싸고 있는 양쪽 날개가 되고 있는 기암절벽이 모두가 포함된다는 뜻이 되고, 그러고 보면 선녀탕 계곡을 감싸고 있는 절벽도 포함되어서, 선녀탕 계곡 안에다 도선암에서 건축한 독선각은 우리 아이들 권리를 침해한 것이 되었습니다. 또 하나는 우리 아이들이 소유하고 있는 반지를 중심해서 양쪽 2킬로 이내에는 일반인 출입이 엄격하게 금지하고 있는 규정을 두고 보면, 석청 벌을 보호하기 위해서 국가에서는 팔을 걷어붙인 꼴이 되었고요."

목사님은 이장님 설명을 듣고 "석청 벌이라는 놈이 사나운 벌인가 보다" 하셨다. 센터 어머니도 서원 씨도 웃고만 있었다. 부녀회장님이 말했다.

"석청 벌이 무서워서가 아니고 너무도 귀한 벌이기에 보호한다는 뜻으로 보이는데요?"

목사님도 박 장로님도 의아한 눈빛이 되었다.

이장님도 거들었다.

"장수엄마 말이 맞는 말입니다. 석청 꿀이 시중가격으로 한 되에 300만 원이라는 말이 틀린 말이라고 생각합니다. 시중에서는 구경할 수도 없는 귀한 꿀인데 어떻게 시중가격이 형성될 수가 있겠습니까? 정부하고 제약회사 간에 약정된 가격이라는 말이 옳다고 생각합니다. 제약회사에서는 시중가격에 웃돈을 주고도 구매를 서두르는 실정이고요. 또 하나는 제약회사에서 석청 꿀로 만든 약들을 일반인들은 구경이나 할 수 있습니까? 모두 다 돈이 많은 사람들이나 권세가 높은 사람들에게만 암암리에 거래되고 있는 실정이라고 하는데요."

순간 나는 마음이 무거워지는 것을 느꼈다.

"저는 이 세상에서 우리 성도님들보다 더 귀한 사람은 없다고 생각합니다. 봉구 말에 따라서 겨울철에 벌 먹이로 사용할 30병을 제하고는, 우리 식구들이 복용하였으면 좋겠다는 생각을 하였습니다. 순실 집사님과 강도사님은 지금 집으로 가서서 순청 여섯 병과 진청 두 병을 가지고 오십시오."

서원 씨가 "아멘" 하였다.

부녀회장님이 황급하게 거들었다.

"목사님, 저는 꿀이 먹고 싶어서 하는 말이 아니었는데요."

나는 "저도 잘 알고 있습니다. 제가 강조하고 싶은 말은 우리가 벌이고 있는 일들이 한결같이 하나님께서 직접 하고 계신다는 사실을 알아주셨으면 하는 소망이 있고요, 또 하나는 돈을 많이 모아서 우리 아이들을 부자로 만들고자 하는 생각이 아니라는 점을 분명하게 알려드리고 싶었을 뿐입니다" 하였다.

나는 뜸을 들이다가 이어갔다.

"우리가 하고 있는 일들을 살펴보실까요? 우리 식구 중에서 누가 연구를 하였고, 누가 투자해서 일을 꾸몄거나, 아니면 누가 소망하고 기도해서 된 일이 있습니까? 제가 휴가 올 때마다 저도 모르는 사건을 통해서 일들이 시작되고 있다는 것이 신기하다는 느낌이 들지 않았습니까? 이와 같은 일들은 하나님께서 일하시고 저를 통해서 우리 식구들에게 알려지기를 소망하셨기 때문입니다."

목사님과 서원 씨가 큰 소리로 "아멘" 하였다.

나는 석청 꿀이 어린아이들에게는 좋지 않다는 말을 참고하여 아이들에게 먹이는 것은 삼가 달라고 당부를 하였다.

내 말이 끝나자 서원 씨와 순실 집사님이 센터에서 손수레를 끌고 집으로 가서 순청 여섯 병과 진청 두 병을 가져왔다. 서원 씨는 진청 두 병을 센터 어머니와 목사님 몫으로 드렸고, 순청 두 병씩을 이장님 댁과 박 장로님 댁에 드리고, 남은 순청 두 병은 서원 씨와 순실 집사님 몫으로 드렸다.

서원 씨는 "요나 목사님은 군을 제대하실 때 순청 한 병을 드리겠습니다" 하였다. 내가 거들었다. "아버지 목사님과 센터 어머니가 건강하셔야 우리 식구 모두 건강할 수 있다는 생각으로 강도사님과 순실 집사님은 신경을 써주셨으면 합니다" 했다. 목사님은 "애비 마음을 나도 안다"라고 하셨다.

박 장로님네도 이장님네도 순청을 들고 돌아갔고, 나도 순청과 진청 병을 차에 싣고 목사님과 센터 어머니를 모시고 집으로 돌아왔다. 서원 씨가 진청을 물에 타서 목사님과 센터 어머니에게 드렸고, 순실 집사님이 타신 것으로 나도 서원 씨도 집사님도 한 컵씩 들고 맛을 음미하였다. 향이 조금 강한 것 같지만 그 맛이 일반 꿀과 다름이 없다는 생각이 들었다.

나는 서원 씨를 보면서 "내가 강도사님을 돕는 일이 이런 일밖에 없어서 안타까울 뿐입니다" 했다.

내가 목사님께 말씀을 드렸다.

"배를 두 척 신조하고 싶은데요, 한 척은 희환호로 하고, 또 한 척은 순실호로 신조하고 싶습니다."

목사님은 내게 물으셨다.

"정녕 이 일도 하나님의 뜻 가운데서 이루어진 일이고?"

"그렇습니다. 지난번에 박 장로님과 함께 배를 구입하시겠다는 일을 중단한 이유고요."

목사님은 나를 안아주시면서 "기쁜 마음으로 순종하여 드리는 수밖에" 하셨다. 나는 "감사합니다, 아버지"라고 했다. 센터 어머니 얼굴도 순실 집사님 얼굴도 상기되어 갔다.

나는 "오후 시간에는 이장 형님과 낚시 가기로 약속이 되어 있습니다. 센터 어머니도 모셨으면 좋겠다는 생각인데요" 했다.

목사님은 센터 어머니를 보시고, 센터 어머니는 서원 씨를 바라보았다. 서원 씨가 "저는 오후 시간에 집사님과 같이 홀 서빙에 나가야 합니다. 어머님은 낚시를 좋아하시니까 다녀오세요" 하였다.

센터에서는 부녀회장님을 중심으로 부녀회원들이 오후 손님들을 맞이하기 위해 바쁘게 움직이고 있었다. 센터 어머니는 주방 요원들에게 자상하게 지시를 해 주시고는 목사님을 따라서 서원호에 오르셨다. 다영호에는 박 장로님과 순옥 집사님이 벌써 나와 있었다.

이장님은 다영호에 그물을 싣고 있었다. 처음 사용하는 새 그물이었다. 이장님이 나를 보시더니 "오늘은 바다에 그물을 내려 볼까 하구요, 그물을 구입해 두고 한 번도 사용해 본 적이 없는 새 그물인데 무엇이 잡힐지 궁금해서요" 하였다. 이장님은 다영호에 시동을 걸더니 포구를 빠져나갔다.

나도 서원호에 시동을 걸어서 다영호를 따라갔다. 나는 서원호에다 찬송가 40장을 틀었다. 목사님은 센터 어머니와 나란히 조타실 앞에 있는 긴 의자에 앉아서 찬송가를 합창하셨다. 찬송이 끝나자 목사님이 "오늘 고기잡이는 낚시가 아닌 모양이다" 하셨다. 나는 말없이 미소만 띠고 다영호의 동태만 살폈다.

다영호가 우도 앞 한바다에 나가더니 그물 줄을 서원호에 걸고는 그물을 바다에 내리면서 서서히 운행해서 나아가더니 잠시 후 "서원호는 남서 방향으로 느리게 운행한다"라는 무선을 보내왔다. 서원호를 남서 방향으로 서서히 진행시켰다. 다영호에서 또 무선연락이 왔다. "서원호는 정지한다." 나는 서원호를 정지시켰다. 다영호는 바다를 넓게 감싸왔다. 다영호에서 또 무선이 왔다. "서원호는 다영호를 향하여 느린 속도로 전진한다." 나는 다영호를 향해서 느린 속도로 전진해 갔다.

서원호가 다영호에 접안이 되자, 이장님은 서원호에 있는 그물 줄과 다영호의 그물 줄을 인양기에 걸고 그물을 올리기 시작하였다. 다영호 인양기에 끌려서 올라온 그물에 전어가 하얗게 걸려 올라왔다.

목사님과 센터 어머니는 다영호로 건너가시더니 그물에서 전어를 따서 물 칸에 넣기 시작하셨다. 박 장로님도 순옥 집사님도 그물에서 전어를 따기에 정신이 없었다. 다영호 물 칸이 전어로 가득하였다. 나도 전어를 따는 데 가세해서 그물에서 딴 전어를 서원호 물 칸에다 넣기 시작하였다.

잠시 후가 되자 서원호 물 칸도 전어로 가득하였다. 이제부터는 전어를 그물에 매단 채로 다영호 선상에다 쌓아 둘 수밖에 없었다. 다영호 선상에는 전어가 산더미처럼 쌓여갔다. 다영호 홀수선이 고기 무게로 바닷물에 잠기어갔다.

이장님은 다영호를 시동하더니 "지서리 포구로 돌아갑시다" 하였다. 나도 서원호에 시동을 걸고 찬송가 82장을 틀었다. 목사님과 센터 어머니는 긴 의자에 나란히 앉아서 찬송가를 따라서 합창하셨다.

포구에 두 배가 접안되자 영철이와 봉구가 리어카를 끌고 와서 두 배의 물 칸에 있는 전어를 센터 수족관으로 옮겨갔다. 성은이와 영선이는 그물에 있는 전어를 열심히 따고, 주방 요원들은 센터 냉장실로 전어들을 옮겼다. 신영이, 은혜, 영구까지 우리 식구들이 총동원되어서 전어를 따고 옮겼다.

센터 냉동실이 가득 차자 이장님이 부녀회장님에게 소리를 쳤다.

"지서리 전 주민에게 다라이를 가지고 포구로 나오라고 전달해 주십시오."

지서리 주민들이 전어를 따서 다라이에 담아주면 영철이, 봉구는 리어카로 각 집마다 배달해 주었다. 지서리 온 마을이 전어 축제라도 벌여야 하는 것이 아니냐고 노인회장도 청년회장도 좋아하였다.

지서리 주민들도 모두 돌아갔다. 이장님과 나는 목사님과 센터 어머니를 모시고 우리 식구들과 같이 센터로 돌아왔다.

센터에 들어서자마자 이장님은 내 손을 잡고 흐느꼈다.

"목사님, 감사합니다. 제가 오늘 감히 하나님과 목사님을 시험하였습니다."

나는 이장님을 안고 등을 다독여주었다.

"저는 알고 있었습니다. 하나님께서는 형님을 많이 사랑하십니다. 형님은 오늘 일을 절대로 잊으시면 안 됩니다. 그리고 오늘 사용하신 고기 그물은 잘 정리해서 보관해 두십시오. 오늘 일을 잊지 않고 기념하기 위해서입니다."

이장님은 우시면서 "아멘" 하셨다.

나는 서원 씨 손을 잡아주면서 "하나님께서 함께하십니다" 했다. 서원 씨가 "아멘" 하였다. 우리 식구들이 모두 박수를 쳤다. 신영이, 은혜, 영구도 박수를 쳤다.

영선이가 신영이에게 물었다.

"신영이는 왜 박수를 쳤는데?"

신영이가 대답하였다.

"큰아버지가 아멘 하신 것은 하나님께서 고기를 많이 잡아주신 것을 알고는 감사해서 '아멘' 하신 것이고, 우리가 박수를 친 것은 큰아버지 아멘이 맞다고 박수를 친 것인데."

서원 씨가 신영이를 안아주면서 기뻐하였다. 은혜도 뒤질세라 말했다.

"엄마, 나도 오빠처럼 생각하고 박수를 쳤는데…."

서원 씨는 은혜를 안고 울음을 터트렸다. "엄마도 은혜 말에 아멘이다" 하였다. 센터 어머니가 찬송가 82장을 찬송하였다. 우리 식구 모두 합창을 하였다.

❋ ❋

    층계바위 점용허가를 받고 일주일이 지난 월요일 아침이 되었다.
    석청 벌들은 완전히 안정을 찾았고, 월동준비를 하느라고 열심히 꿀을 모아가고 있었다. 반지에 조성된 좋은 밀원이 바로 담장 뒤에 조성되어 있는 관계로 벌들은 생기가 넘쳐나는 것 같았다.
    나는 벌 박사인 봉구와 같이 이장님과 봉구 어머니를 모시고 층계바위로 석청 벌을 옮기는 일을 의논하였다. 층계바위로 벌을 옮기는 일은 별다른 문제가 없는데, 벌을 지키기 위하여 우리 식구들이 번을 서야 하는 일 때문에 엄두가 나질 않았다.
    천만다행이랄까, 계절적으로 벌들의 분봉이 끝나서, 벌 네 통이 월동하는 데는 감나무 아래서도 충분하다는 결론이 나왔다. 다만 내년 봄에 있을 분봉 전에는 층계바위로 필히 옮겨가야 한다는 데는 이견이 없었다.
    그날 오후 늦은 시간에 군청 양봉 계장님이 센터에 들르셨다. 내일 오전 중으로 농림부 양봉국 시찰 팀이 이곳을 시찰한다는 귀띔이었다. 농림부 시찰 팀의 방문 목적은 벌들이 안치될 층계바위를 조사하는 일도 있지만 숨은 목적은 겨울 먹이로 둔 석청을 감정하는 데 있다고 알려주고는 센터를 나갔다.
    나는 양봉 계장님과 함께 서원 씨를 대동하고 벌통이 안치된 감나무 아래로 왔다. 양봉 계장님은 감나무 아래 벌통이 있는 주변을 깨끗하게 정돈하고 청소도 하였다. 그리고 내일 농림부 검열 팀을 맞이할 때, 사업계획서에 사업주로 기재된 아이들을 모두 인사시켜야 하므로, 학교에 미리 말하고 학생들은 내일 현장에 대기시켜 달라는 부탁을 하였다.
    서원 씨는 석청 두 병을 선물 보자기에 싸서 들고 나왔다. 나는 양봉 계장님 손을 잡고 석청 꿀을 드리면서 "순수하게 감사 차원에서 드리는 저희의 마음으로 알고 받아주십시오" 하였다. 양봉 계장님은 극구 사양하다가, 나와 서원 씨의 간절한 마음을 헤아려서 선물 보자기를 받아서 차에 싣고 떠났다.

　선한 마음들이 결집되어서 이루어진 헌신들이 열매로 맺혀가는 것을 보면서 나도 서원 씨도 흐뭇한 마음이 되었다.

❋　❋

　맛 체험 센터가 활성화되면서 객실 손님도, 식사 손님도 꾸준하게 늘어났다. 센터 어머니는 고정으로 출근하고 있는 다섯 분의 부녀회원들을 교육하는 데 정성을 들였고, 부녀회장님은 카운터 일을 보면서 고객관리에 심혈을 쏟았다.

　식자재로 활어 물량이 달리자 이장님은 박 장로님과 한 조가 되고, 목사님은 센터 어머니와 한 조가 되어서 활어 물량 확보에 총력을 기울였다.

　아침 식사가 끝나자 목사님이 운행하는 서원호와 이장님이 운행하는 다영호가 바다로 나갔다. 서원 씨와 나는 농림부 시찰 팀을 맞이하기 위해서 벌통 주변에 우리 아이들을 대기시켰다.

　영철이로부터 소식을 듣고 봉구 어머니도 도선암에서 달려오셨다. 봉구 어머니는 서원 씨한테 거실 다용도실에는 순청 30병만 겨울철 벌 먹이로 두고, 나머지는 별도로 건넛방에다 보관해 두라고 귀띔해 주었다. 벌 네 통의 겨울철 먹이로 순청 30병이면 충분하기 때문이라고 하였다.

　군청 양봉 계장님은 아침 9시가 되자 현장으로 달려왔다. 아침 햇살이 퍼지자 벌들의 활동이 분주해졌다. 벌들의 개체수도 많았지만 건강해서 먹이통에 있는 꿀은 아끼고 겨울 양식을 모으는 일로 바빠진 것 같았다.

　나는 영철이와 봉구 명의로 양봉 일지를 작성하고, 날짜별로 당직 상황과 벌들의 활동 상황을 세밀하게 기록해 갔다. 그동안 영철이가 수첩에다 두서없이 적어둔 자료들을 참고하였다.

아침 10시가 되자 농림부 시찰 팀이 부안 군수님의 안내로 현장에 도착하였다.

농림부 양봉 국장님은 벌통 앞에서 대기 중에 있는 서원 씨를 발견하시고는 곧바로 벌통 앞으로 오셨다. 서원 씨는 신영이와 은혜 손을 잡고, 나는 영구를 안고 양봉 국장님을 반갑게 맞이하였다.

영철이와 봉구, 성은이와 영선이가 국장님에게 인사를 드렸다. 양봉 국장님은 "세쌍둥이라는 신문기사가 실제였습니다" 하시면서 신영이와 은혜 머리를 쓰다듬어 주셨다.

신영이가 국장님 앞에 나섰다.

"할아버지, 세 쌍둥이가 아닌데요. 은혜는 나보다 3일 후에 태어났구요, 영구는 나보다 1년 후에 태어났는데요?"

국장님이 큰소리로 웃으셨다.

"나도 압니다."

신영이가 이어갔다.

"은혜도 내 동생이고, 영구도 내 동생인 것은 맞습니다."

국장님은 "네가 맹신영이가 틀림이 없구나" 하면서 웃으시더니 신영이를 안아서 머리 위로 들어 올렸다가 땅에다 내려놓았다.

신영이가 "할아버지는 어째서 절반씩만 맞으셔요? 제 이름은 김신영인데요?" 하자 은혜도 한마디했다. "저는 임은혜이구요" 하였다. 양봉국장님이 신영이 말을 들으시고 깜짝 놀라신 것 같았다.

나는 바로 거들었다. "신영이하고 은혜는 엄마 곁에 얌전하게 서 있고" 하면서 영구를 서원 씨한테 맡기고 은혜를 안아주었다. 신영이와 은혜는 "네, 아빠"라고 대답하면서 서원 씨 뒤로 갔다.

양봉 국장님은 나를 보고 "김요나 목사님이시지요?" 하셨다. 나는 정중하게 국장님께 사과를 드렸다. "네, 맞습니다, 국장님. 아이들이 철이 없어서요" 했다. 국장님은 "아닙니다. 저는 크게 감동을 받았습니다. 이곳은 진실이 아니고는 통과할 수가 없는, 보이지 않는 관문이 있는 것만 같습니다" 하시면서 소리를 내어 웃으셨다.

국장님은 벌통 앞으로 가셨다. 벌들의 활동이 왕성해서 감나무가 가릴 정도였다. 국장님은 벌통마다 먹이통을 꺼내어 계기를 접촉해서 벌꿀의 순도를 측정하였다. 손가락 끝에 꿀을 찍어서 혀로 일일이 감측도 하였다. 네 통의 벌집을 일일이 계측도 하고 감측도 실시하였다. 벌통 조사가 끝나자 서원 씨에게 "겨울철에 벌들에게 먹일 석청 꿀을 보여주시겠어요?" 하셨다.

서원 씨는 국장님을 모시고 거실로 안내한 후에 다용도실에 보관된 석청 30병을 보여드렸다. 국장님은 30개의 석청 꿀병을 하나하나 계기로 측정도 하고 혀끝에 묻혀서 감측도 하였다.

검사를 끝내고 국장님은 서원 씨에게 사과를 하며 말했다.

"결례인 줄 알면서도 검사를 할 수밖에 없는 긴박한 상황 때문이니 너그럽게 양해해 주십시오."

양봉 국장님은 부안 군수님을 보고 말문을 여셨다.

"어려운 소년 소녀 가장들이 모여서 사는 집인 것을 알면서도 석청 꿀을 팔지도 못하게 막아 놓은 꼴이 되고 말았습니다. 이번에 농림부에서 자금을 보낼 때 별도로 겨울에 먹일 석청 꿀 값을 챙겨서 보내겠습니다. 급한 대로 군에 있는 양봉자금에서 9천만 원만 마련해서 선생님 댁에 지원해 주십시오. 반지 매입에다 늪지 불하대금 마련이 겹치고 보면 어려운 상황이 될 것 같습니다."

이어서 국장님은 내게도 부탁을 하셨다.

"선생님께서 부탁하신 늪지 불하 건은 국토부의 승인이 떨어졌습니다. 신속하게 불하를 받아주십시오. 늪지 불하가 이루어지면 곧바로 우량농지 개발신청서를 부안군에 제출해 주시고요. 늪지를 준설해서 양질의 물이 확보되어야 야생화 단지개발이 시작될 뿐 아니라, 당장 급하게는 내년 봄에 시작되는 석청 벌 분봉 시에 필수적으로 있어야 하는 안개비 살포 시에 양질의 물이 필요하기 때문입니다."

농림부 시찰 팀은 층계바위로 자리를 옮겨 갔다. 국장님은 설계팀에 지시를 하셨다.

"정문에서 층계바위까지는 직선으로 2차선 도로를 개설하고, 도로 양 옆으로 2만 평씩 2개의 블록으로 나누어서 야생화 단지를 조성한다. 단지 하나를 5천 평씩 4블록으로 조성하고 전체 야생화 단지를 8블록으로 조성하여 각 블록마다 분수대를 만들어서 물이 공급되게 한다."

동영상 팀과 현장 스케치 팀이 열심히 현장을 스케치했다.

국장님은 잠시 뜸을 들이시더니 다시 지시하셨다.

"야생화 단지를 조성하는 근본 목적은 밀원 조성에 있지만, 기암절벽을 배경으로 하는 야생화 단지의 분수 쇼가 조화를 이루어서 아름다운 경관을 만들어내는 일도 고려되어야 한다."

국장님은 층계바위 아래로 자리를 옮겨서 지시를 계속하셨다.

"층계바위를 중심으로 양옆으로 펼쳐지고 있는 암벽들에다 벌통들이 안치될 셀 1,500개를 축조하는 것으로 하고, 셀이 축조될 암벽 아래는 일차선 도로가 선녀탕 계곡에서 시발해서 늪지 저수조에 이르게 개설하고, 양봉연구소를 층계바위 아래다 건축하고, 늪지 상단에 건축되는 용수 승압 펌프장과 나란히 위치하게 한다."

그다음에 정문 출입구 쪽으로 다시 나온 국장님이 연이어 "단지 정문은 경비초소를 거치게 하고, 정문 경비초소에는 벌통들이 안치된 절벽들의 셀을 모두 커버하고 야생화 단지 전체를 커버하는 카메라를 설치해서, 카메라에서 송출된 정보들을 경비초소 안에 설치된 모니터실에서 종합할 수 있도록 한다. 경비초소 양옆에는 야생화 단지의 자재창고와 양봉단지 자재창고를 각각 100평 규모로 축조한다. 야생화 단지 전체와 늪지 전체에 지실나무를 식재해서 생울타리로 조성한다. 명심할 것은 지금까지 일러준 모든 공정은 김요나 목사님과 맹서원 강도사님의 의견을 적극적으로 수렴해서 시행한다"라고 설계 팀과 감리 팀에게 지시를 하셨다.

한길로 나와서는 부안 군수님과 같이 경비에 대해서 협의가 시작되었다. 농림부 양봉 국장님은 자금 능력이 없는 경영주에게 경비를 맡기는 일은 무리라고 말하면서 벌통이 층계바위로 옮겨지고 1년간은 국가에서 경비를 담당해 주는 것이 옳다고 부안 군수님과 협의를 하였다. 지금처럼 가족들이 층계바위 밑에서 번을 서는 일은 가혹할 뿐만 아니라 위험을 초래할 수 있다고 말씀하셨다. 부안 군수님도 같은 생각이라고 말씀하시자, 양봉 국장님은 자금은 농림부에서 제공하는 것으로 하고, 시행은 부안군에서 맡는 것으로 해서 합의가 이루어졌다.

시찰 팀의 출발을 앞두고 양봉 국장님은 내 손을 잡고 "농림부 설계 팀과 감리 팀은 공사기간 동안 현장에 상주하면서 공사업무를 관장할 계획입니다. 시행처가 부안군이 되어 있어서 크게 신경 쓰시지 않아도 될 것입니다. 저도 이번 주 안으로 한 차례 더 내려올 것 같습니다" 하시고는 농림부 시찰 팀은 부안 군수님과 함께 출발하였다.

벌 당번을 영철이한테 맡기고 우리 식구들은 센터로 돌아왔다. 센터에는 낚시에서 돌아오신 목사님이 쉬고 계셨다. 나는 오늘 오전에 농림부 시찰 팀이 이곳에다 펼쳐놓고 간 사업 전반에 대하여 자상하게 설명을 드렸다.

우리 아이들의 개인 사업이지만 국가에서 관심을 가지고 개발을 서두르고 있는 것은, 토종벌 양식사업이 농가소득과 직결되고 있다는 점을 고려해서, 이곳에다 토종벌 보급업무를 겸한 양봉장을 조성하는 데 목적을 두고, 정부에서는 정책적으로 보호 육성할 계획을 가지고 있다는 점을 설명드렸다.

목사님도 박 장로님도 깜짝 놀라셨다. 목사님은 "맛 체험 센터가 준공

된 것은 양봉사업을 열어가기 위한 길닦이 역할이었고!" 하셨다.

내가 이어갔다.

"저 역시 알고 가는 길이 아닙니다. 목사님과 같이 깨달음을 가지고 두려운 마음으로 따라가고 있는 실정입니다. 분명한 것은 벧엘교회 강도사님의 열매들로 인해서 하나님께서 직접 일하고 계신다는 깨달음으로 저에게 주어진 일을 하고 있을 뿐입니다."

목사님도 센터 어머니도 "아멘" 하셨다.

우리 식구들의 점심 식사가 끝났다. 나는 우량농지 개발신청서를 서둘러서 작성해 갔다. 서원 씨가 내 옆으로 오더니 내 어깨에 기대었다. 나는 "오늘 오후 일은 강도사님과 같이 하고 싶은데요?" 하면서 센터 어머니를 보았다. 센터 어머니가 "당연한 일이지요. 휴가 중인데도 두 분만의 시간이 없어서 저희도 민망한 생각이 들었는데요"라고 하셨다.

나는 서원 씨와 같이 국토부에 들러서 우리 아이들 앞으로 늪지 불하를 받았다. 늪지는 지목이 잡종지가 되어서 불하 대금이 상상 밖으로 저렴하였다. 국토부에서 챙겨준 늪지 이전서류를 들고 부안등기소로 와서 우리 아이들 명의로 등기를 마치고 등기필증을 교부받아서 우량농지 개발 신청서에 첨부해서 군청에 제출하였다. 부안군에서는 내일부터 준설공사에 들어간다고 귀띔을 해 주었다.

나는 서원 씨와 같이 양봉 계장님을 만났다. 양봉 계장님이 반갑게 맞아주셨다.

"그렇지 않아도 오늘 중으로 센터에 갈 일이 있었는데요."

양봉 계장님은 나에게 쇼핑백을 건네주면서 "9천만 원입니다. 국가에서 벌 먹이 값으로 보조하는 지원금입니다" 하고 영수증을 부탁하였다. 나는 서원 씨와 같이 양봉 보조금 수령 영수증을 작성해서 양봉 계장님에게 드렸다. 양봉 계장님은 내일부터 지서리 개발현장으로 출근하게 되었다고 일러주셨다.

나는 서원 씨와 같이 양봉 계장님에게 감사를 드리고 지서리로 출발하였다. 서원 씨가 나를 물끄러미 바라보고 있더니 "다음 일은 무슨 일인데요?" 하였다.

나는 길가에 차를 세우고 "내 가슴속에 자리 잡고 있으면서 왜 묻는데요?" 하였다. 서원 씨가 내 가슴을 콩콩 두드리며 "순실호와 희환호를 만드는 일!" 하였다. 나는 서원 씨를 안아주었다. "잘 아시면서."

서원 씨가 "제 가슴속에 품고 있던 오래된 소망이었어요" 하였다. 나는 "그래서 내 소망이 된 것이 맞고" 했다. 서원 씨가 큰 소리로 "아멘" 하였다.

나는 "내 가슴속에 품고 있던 오래된 소망인데 우리 이대로 차를 돌려서 춘천 전원 식당으로 갈까요?" 했다. 서원 씨는 웃음을 가득 담고 "할 수도 있지만 지금은 하나님 일 할 때가 아닌가요?" 하였다. 나도 "아멘" 하였다.

우리가 센터에 도착하니 식구들은 저녁 식사 중이었다. 나와 서원 씨는 센터 어머니께서 챙겨주신 저녁 식사를 맛있게 들었다.

목사님이 내 표정만 살피시는 것 같았다. 나는 목사님 앞에 쇼핑백을 올려놓고 열어 보였다. 목사님도 이장님도 박 장로님도 놀라셨다. 나는 "석청 벌이 겨울에 먹을 석청 꿀 30병에 대한 값으로 9천만 원입니다. 국가에서는 우리 아이들 양육하는 데 어려움을 알면서도 꿀도 팔지 못하게 막아놓은 일이 딱해서 양봉 보조금으로 주신 돈입니다" 했다. 식구들이 모두 다 박수로 화답을 하였다.

나는 우리 아이들 명의로 된 등기필증을 탁자 위에 올려놓았다.

"늪지 준설공사는 내일부터 시작하는 것으로 되었습니다. 늪지 1만 평을 저수조로 준설해서 옆에다 1만 5천 평의 우량 농지를 개발하는 공사입니다. 저수조가 준공되면서 야생화 단지개발은 시작하는 것으로 하였습니다."

나는 이어갔다.

"강도사님께서 우리 아이들을 열매로 주신 것을 하나님께 감사드렸더니, 우리 식구들의 아름다운 헌신을 모아서 하나님께 영광으로 드린 일들에 대한 상급으로 주셨다는 것을 깨달아주셨으면 합니다."

식구들은 다 같이 "아멘" 하더니 박수로 화답했다. 나도 "아멘" 하였다.

나는 이장님에게 넌지시 물어보았다.

"내일 오전에는 형님과 같이 군산에 있는 조선소에 들렀으면 하는데요, 어선으로 배 두 척을 구입하려구요. 활어 물량을 확보하는 차원에서요, 마침 오늘 꿀 값도 들어왔고, 우리 아이들에게 땅을 구입해 주고 남은 돈도 있어서요."

이장님은 쾌히 승낙하셨다.

※ ※

다음 날 아침 조반을 마치고 나는 이장님과 함께 군산으로 달려갔다. 먼저 선구점에서 정보를 얻고 한 조선소에 들렀다. 재질은 F.R.P 선박이고, 7.93톤급 채낚기 선박이었다. 서원호와 똑같은 설계로 된 낚시 선박으로 두 척이 급매물로 나왔는데, 조선소에 상가되어서 전체 수리가 끝난 상태였다. 선령도 1년도 넘지 않은 신조선이었다. 선주가 낚시 손님을 모아서 영업을 하다가 미국으로 이민을 떠나게 되어서 급하게 내놓은 배라고 하였다. 두 척을 동시에 구입하는 조건으로 신조 선박의 절반 가격이면 구입이 가능하였다. 선가는 척당 3천만 원으로 제공된다는 설명이었다.

나는 이장님과 같이 상가되어 있는 배에 올라가서 꼼꼼하게 살펴보았다. 배 난간도 굵은 스텐 파이프로 안전하게 설치되었다. 선실은 넓은 편이며, 바닥은 전기 판넬로 난방이 되어 있고, 냉장고도 갖추어 있었다. 이장님은 마음에 들어 하셨다.

나는 6천만 원을 지불하고 배 두 척을 매입하였다. 선명을 희환호와 순실호로 선수에 표시해 주고, 선적증서에 선주를 노희환과 최순실로 만들어 달라고 부탁을 하였다. 나는 조선소에 오후 2시에 출항할 수 있도록 준비를 해달라는 부탁을 하고 이장님과 같이 점심을 먹었다.

식사 후에 선구점에 들러서 배 네 척에 필요로 하는 팬다를 구입하여 배달을 부탁하고 조선소에 도착하니 배는 상가에서 내려져 있었다. 아름다운 배라는 생각이 들었다. 이장님은 희환호에 올라서 시동을 걸고 순실호를 매달더니 지서리를 향해서 출발하였다.

나도 차에 시동을 걸고 조선소를 출발하였다. 나는 오후 세참 때쯤 되어서 센터에 도착하였다. 잠시 후에 박 장로님은 리어카를 끌고 목사님과 순옥 집사님은 밀면서 수확한 미나리를 싣고 센터에 도착하였다. 나와 서원 씨는 미나리를 주방에 들여놓았다.

나는 홀에 들어서시는 목사님을 모시고 탁자에 나란히 앉았다. 목사님이 말문을 여셨다.

"미나리깡이 넓은 늪지 뒤에 있고 생수도 많이 분출되는 것 같던데."
"준설공사는 시작되었고요?"

내 질문에 목사님은 "대형 포클레인 세 대가 열심히 파고, 트럭 세 대가 파논 흙을 옮기고 있던걸" 하셨다. 힘들지 않으신지 여쭙자 목사님은 너무나도 감사한 일이 되어서 힘이 든다는 것은 모르겠다고 하셨다.

나는 "선박 두 척을 구입하였습니다. 한 척은 희환호로 하였고, 한 척은 순실호로 하였습니다" 하였다. 목사님은 말없이 나를 안아주셨다.

석양 무렵이 거의 되어 갈 때쯤 되어서 이장님은 포구에 도착하였다. 서원 씨는 센터 어머니 손을 잡고 희환호로 올라갔다. 나는 센터 어머니 손에 배 키와 선적 증명서를 드렸다. 센터 어머니는 선적 증명서를 받아서 읽어보시더니 품속에 간수하고 배 키를 받으셨다. 서원 씨는 센터 어머니를 안고 흐느꼈다.

"어머니, 감사합니다."

센터 어머니는 "나는 우리 강도사님의 열매가 되어서 자라가겠습니다" 하셨다. 목사님은 센터 어머니에게서 배 키를 받으시더니 "배가 딱 내 맘에 든다" 하시면서 포구를 빠져나가셨다.

나는 순실호의 배 키와 선적 증명서를 순실 집사님에게 드렸다. 순실 집사님은 "목사님, 감사합니다" 하면서 선적증명서와 배 키를 받아서 간수하였다.

나는 "시간이 다 된 것 같은데" 하였다. 순실 집사님은 상기된 얼굴로 순실호 선실을 꼼꼼하게 살펴보았다. 나는 순실 집사님과 같이 배에서 내리면서 "때가 된 것 같습니다" 했다. 집사님은 미소만 띠고 센터로 가셨.

잠시 후에 희환호가 포구에 접안하고 배에서 목사님이 내리셨다. "배가 튼튼해 보인다" 하셨다. 나는 센터 어머니 손을 잡고 배에서 내리면서 "어머니, 감사합니다" 했다. 센터 어머니는 미소만 띠셨다. 서원 씨는 목사님 손을 잡고 희환호에서 내리면서 "아버지, 감사합니다" 하였다.

우리 식구들은 저녁 식사를 들기 위하여서 식탁에 모여 있었다. 바로 그때 승용차 한 대가 센터 앞에 멎었다. 농림부 양봉 국장님이셨다.

나는 국장님을 영접해서 홀로 들어왔다. 식구들이 모두 일어나서 인사를 드리는데 목사님이 국장님을 보고 깜짝 놀라셨다.

"달봉 씨가 여기는 어떻게?"

국장님도 놀라기는 마찬가지였다.

"저야 이곳에 야생화 단지를 개발하는 일로 왔지만 회장님은 무슨 일로 오셨는데요?"

목사님은 "나야 이곳에서 살고 싶어서 이사 온 지가 반년은 되었고" 하셨다. 국장님은 "그러면 맹서원 선생님이?" 하자 목사님은 "내 딸이 맞고" 하셨다.

국장님은 하도 신기한 일이 되어서 어떻게 할 줄을 몰라 하시는 것 같앉다.

　센터 어머니와 순실 집사님이 식사를 채반에 받쳐 들고 홀에 들어서자 국장님이 자리에서 벌떡 일어나셨다. 얼떨결에 국장님 목소리가 커진 것 같았다.

　"순실 씨는 어떻게?"

　순실 집사님은 국장님을 보고 고개를 숙여서 인사를 하였다. 목사님이 "달봉 씨는 식사부터 하시고" 하시더니 옆자리를 만들어주셨다.

　순실 집사님은 국장님 식사를 내왔다. 국장님은 식사를 맛있게 드셨다. 식사가 끝나자 나는 국장님에게 물어보았다.

　"국장님, 은퇴는 아직은 먼 일이지요?"

　"어디가요, 내년 3월이면 은퇴입니다. 제 나이가 지금 59세니까요."

　나는 국장님에게 "은퇴하시면 사모님도 모시고 이곳에 오셔서 저희와 함께 사시면 좋을 것 같은데요" 했다. 국장님은 "저희 집사람은 10년 전에 병환으로 사별해서 홀아비 신세입니다. 사실은 제 취미가 낚시가 되고 보니까 은퇴 후에는 배나 한 척 마련해서 이곳에서 살까 하고 짬을 내서 내려온 길입니다" 하셨다. 나는 국장님 손을 잡고 "잘 생각하셨습니다"라고 했다.

　국장님 식사가 끝나자 영철이가 농림부 직원들이 묵고 있는 객실 옆방에다 국장님을 모셔드리고 왔다.

　나는 목사님에게 국장님을 어떻게 알게 되셨는지 물어보면서 심성도 물어보았다.

　"최달봉 씨를 알게 된 것은 이북에서 내려온 실향민들 모임으로 개성 향우회가 결성되었는데 그곳에서 나는 회장직을 맡았고 달봉 씨는 총무직을 맡아 보면서 서로 알게 된 사이이고, 심성이 진실하다는 것은 알고 있었지만 신앙생활은 어떤지 모르겠는데…."

　"집사님을 아시는 것 같았는데요?"

목사님은 "아마도 5년 전 일인 것 같은데, 개성향우회 모임에서 집사님이 바이올린을 연주한 일이 있는데 그 일 때문에 알아본 것 같기도 하고" 하셨다.

식사 후에 이장님네 식구와 박 장로님네 식구는 센터 옥상에 지어놓은 살림집으로 올라가셨다. 이장님 집과 부녀회장님 집이 리모델링 공사 중이었기 때문이다.

영철이와 성은이는 신영이, 은혜, 영구 손을 잡고 영철이네 포구 식당으로 몰려갔다. 봉구도 영선이 손을 잡고 뒤를 따랐다. 포구 식당은 홀에 식탁이 많아서 우리 아이들 공부방으로 사용되고 있고, 밤에는 서원 씨 인도로 아이들 성경공부가 1시간씩 이루어지고 있었다.

아이들 잠자리는 안방에서 성은이, 영선이, 은혜가 자고, 건넛방에는 영철이, 봉구, 신영이, 영구가 함께 잤다. 벌 당번은 초번을 내가 섰고, 다음이 이장님이고, 다음이 영철이고, 다음이 봉구가 되었고, 끝번이 박 장로님이셨다.

내가 벌 당번을 서고 있는데 이장님이 나오면서 "감나무 가지에다 방범등을 설치하려고요" 하였다. 이장님은 방범등을 설치하고 긴 의자에 나와 나란히 앉았다. 내가 말문을 열었다.

"형님, 우리 아이들이 잘 자라고 있지요?"

이장님이 말했다.

"영철이, 성은이, 봉구, 영선이는 놀라울 정도로 성숙해 가는 것 같고, 신앙심도 깊어진 것 같아요. 모두가 강도사님과 센터 어머니의 덕에 감화된 결과인 것 같습니다."

나는 넌지시 물어보았다.

"이번에는 센터 어머니와 아버지 목사님이 결혼하시면 어떨까요?"

이장님이 내 손을 잡아주셨다.

"귀한 일입니다. 우리들의 삶 속에서 기둥이 되신 분들인데, 나이가 들수록 부부가 필요하다는 생각을 뼈저리게 깨닫고 있는 저입니다."

내가 "이번에 형님 집하고 형수님 집 리모델링 공사가 끝나면 바로 이어서 영철이네 집하고 성은이네 집을 2층으로 리모델링 공사를 하려구요" 하자 이장님은 "목사님 소신껏 이끌어 가십시오. 센터 어머니 결혼도 서둘러야 할 것 같은데요" 하였다.

나는 말머리를 돌렸다.

"저수지 준설공사가 시작되었지요. 저수조 1만 평은 평균 4미터 수심으로 준설하고 준설한 흙으로 1만5천 평의 농지를 개발하는데 미나리깡 둑은 매화꽃나무로 작은 동산을 만들고 싶습니다. 매화꽃 한 그루가 쓸쓸해 보여서요."

이장님은 내 손을 붙들고 "목사님, 감사합니다" 하면서 울먹였다.

밤이 깊어가고 있다. 칠흑 같은 어둠이 방범등 불빛에 밀려나서 4개의 벌통을 눈동자처럼 감싸고 있었다.

나는 이장님에게 번을 맡기고 우리 방으로 왔다. 서원 씨가 자지 않고 요 위에 앉아 있다가 반갑게 맞이하였다. 나는 "주무시지 않고요" 했다. 서원 씨는 "잠이 오질 않아서요" 했다. 나는 "이제야 전원 식당으로 출발할 시간이 된 것 같습니다" 했다. 서원 씨는 웃으면서 "밤도 깊었는데 이곳 선녀탕 계곡 집이 더 좋을 것 같다는 생각이 드는데요?" 하였다.

내가 "아이들은요?" 하였더니 서원 씨가 웃었다. "성경공부가 끝나니까 신영이, 영구는 영철이 형하고 잔다고 따라갔고, 은혜는 성은이하고 영선이가 같이 잔다고 데리고 갔어요. 신영이, 은혜는 다 자란 것 같아요. 신영이는 얼마나 어른스러운데요" 하였다.

나는 "목욕하고요" 하면서 옷을 벗었다. 서원 씨는 "조금 전에 물 받아 두었어요" 하였다. 나는 서원 씨를 안고 욕실로 들어갔다. 나는 서원 씨 옷을 벗겨갔다.

"그러니까 몇 년 만이요?"

알몸이 된 서원 씨 몸은 조금도 변하지 않았다. 백옥으로 빚은 자기 항아리처럼 매끈하고 뽀얬다. 나는 서원 씨를 가슴에 안고 욕조로 들어갔다. 서원 씨가 양팔로 내 등을 힘주어서 안고는 "이대로 조금만 더" 했다. 나는 서원 씨를 안고 욕조에서 나왔다. 그리고 욕실 안을 맴돌았다. 내 본능에 반응이 왔다. 화산이 내 본능 위에 걸리자 서원 씨 전신에 진저리가 지나갔다. 순간 화산 입술이 열렸다.

나는 서원 씨를 안고 방으로 와서 실내등을 끄고 방안을 맴돌아 주었다. 서원 씨의 입에서 가늘게 신음소리가 시작되어서 나는 요 위에 반듯하게 누이고 몸을 실어갔다. 나의 몸부림도 서원 씨의 진저리도 배가되었다. 서원 씨의 용트림이 시작되었다. 드디어 서원 씨의 흐느낌과 함께 화산이 분출하고 말았다. 급해진 나의 본능도 뒤따라서 분출하였다. 혼돈이 왔다. 그리고 이어지는 나의 여진과 함께 쾌적한 피곤이 파도처럼 덮쳐 왔다.

정적을 깨고 내가 먼저 말문을 열었다.

"화산 입술이 열리지 않을까 싶어서 조바심이 났는데."

서원 씨는 소리를 죽여서 웃더니 애교 담긴 손길로 내 가슴을 콩콩 두드렸다. 나는 팔베개를 해주고 한 몸이 되어서 잠을 청하였다.

들창 너머로 바람 소리가 수군대면서 멀어져 갔다. 뒤따라서 뻐꾸기 울음소리도 이어질 듯 잊힐 듯 멀어져 갔다.

❀ ❀

아침 6시, 우리 식구들은 모두 센터에 모였다. 객실 손님들 식사 전에 우리 식구들 아침 식사를 마쳐야 하기 때문이었다.

나는 식사 전에 포구로 나가서 배를 점검하였다. 홀에 내려와 계셨던 국장님이 내 뒤를 따라오셔서 배 네 척을 살펴보더니 순실호를 발견하고는 "이 배는?" 하셨다. 나는 "우리 최순실 집사님 배인데 지금 선장을 구하고 있습니다" 하였다. 국장님은 서둘러 센터로 들어가셨다. 나도 뒤따라서 들어왔다.

식탁에는 우리 식구들이 모두 자리하고 앉아 있었다. 순실 집사님이 홀로 나오자 국장님은 순실 집사님을 보고 "선장을 구하신다고요?" 하셨다. 내가 참견하였다. "지원 신청을 받은 지가 언제인데 아직도 안 왔습니까?" 했다. 순실 집사님 얼굴이 상기되었다.

국장님이 다소 흥분한 목소리로 "나도 순실호 선장 모집에 지원합니다. 나부터 시험해 주십시오" 하셨다. 내가 국장님에게 "배는 언제 몰아보셨는데요?" 했다. 국장님은 "낚시 갈 때마다 연습해 두었습니다" 하셨다. 나는 "그렇다면 국장님께서 먼저 시험을 치르시는 것이 지당하다고 생각합니다"라고 했다.

나는 순실 집사님과 같이 순실호로 올라갔다. 집사님은 순실호에 올라가시더니 선적증명서와 배 키를 국장님에게 내밀었다. 나는 순실호에 시동이 걸리는 것을 보고 배에서 내려왔다.

국장님은 순실 집사님을 태우고 포구를 빠져나가셨다. 한바다에 나가더니 크게 회전해서 채석강 쪽으로 가셨다. 잠시 후에 순실호는 지서리 포구에 이상 없이 접안하였다. 국장님은 순실 집사님 손을 잡고 센터 홀에 들어섰다.

우리 식구들은 국장님이 올 때까지 아침 식사를 미루고 있었다. 센터 어머니가 챙기셨다. "선장 시험은 합격하셨어요?" 하자 순실 집사님이 작은 소리로 "합격하셨습니다" 하였다. 식구들이 박수를 쳐서 축하해 주었다. 서원 씨와 집사님이 서로 손을 잡고 감격스러운 듯 훌쩍였다.

식구들 아침 식사가 끝났다. 이장님이 말문을 여셨다.

"미룰 것이 있습니까? 바로 결혼하시지요."

나는 목사님을 바라보았다. 목사님은 "이 일은 서둘러서 될 일이 아니다. 달봉 씨가 공무 중에 있으니 야생화 단지개발이 끝날 때까지 미루는 것이 옳다고 생각한다" 하시며 "우리 목사님 생각은?" 하고 물으셨다. 나는 "저도 목사님 생각하고 같습니다" 하였다. 국장님은 "두 분 목사님 의견에 따르겠습니다" 하셨다.

아침 식사 후에 국장님은 내 손을 잡고 포구로 나가셨다.

"목사님, 휴가는 어떻게 되었습니까?"

"귀대할 날이 5일 남았습니다. 정신없이 지나다 보니 휴가 날짜가 다 되었습니다."

국장님은 "제일 급하게 처리되어야 할 일부터 말씀해 주십시오" 하셨다. 나는 "제일 급한 일은 층계바위로 벌통을 옮기는 일이고요, 세탁장과 건조장을 만드는 일입니다"라고 했다. 국장님은 "늪지 저수조 마련과 거의 함께 이루어지는 용수 승압장이 건축될 때 세탁장은 함께 건축하면 되겠습니다. 벌통을 층계바위로 옮기는 일은 층계바위에 우선 네 개의 셀을 만들어서 옮기면 되고요" 하셨다.

국장님은 "다음으로 급한 문제는요?" 하셨다. 나는 "제가 살고 있는 집과 영철이가 살고 있는 집을 2층으로 리모델링 공사를 했으면 합니다. 또 하나는 전문 인력 확충입니다. 센터 주방에 10명, 객실요원으로 5명이면 될 것 같습니다" 하였다. 국장님은 "곧바로 시작되는 양봉연구실 건축과 정문 경비초소 건축에 맞춰 리모델링 공사는 시키면 될 것 같고요, 전문 인력은 아무래도 센터 어머니와 의논해서 빠른 시일 내에 결정하는 것으로 하겠습니다" 하셨다. 야생화 단지의 개발에 따른 모든 공사는 내년 3월을 준공 목표로 강행할 것이라는 국장님의 말로 이야기가 마무리되었다.

국장님은 농지 1만5천 평을 저수지 옆에다 마련하는 데 특별한 계획이라도 가지고 있는지를 내게 물으셨다.

"지금은 없습니다. 지금까지 벌여가고 있는 일들이 하나님께서 직접 이끌고 계신다는 믿음 속에서 달려왔을 뿐, 저희가 의도하고 진행한 일은 하나도 없습니다."

내가 국장님에게 신앙생활에 대하여 묻자 국장님은 다니던 교회에서 장로 직분을 가지고 봉사하였다고 대답하셨다. 나는 기쁜 마음이 되었다. "이장님도 신실하신 분입니다. 저는 모든 일을 이장님과 의논해서 이끌어 왔습니다" 하였다.

국장님이 잠시 생각을 하시더니 말씀을 꺼내셨다.

"오늘 밤에 교회에서 작은 음악회를 열어주시면 감사하겠습니다. 저는 지난 5년 동안 순실 집사님을 생각하면서 첼로를 배웠습니다. 오늘 밤에 순실 집사님의 바이올린과 저의 첼로가 협연을 하면 좋겠습니다. 연주할 곡목은 '지고이네르바이젠'으로 하겠습니다."

대화를 마친 후 국장님은 현장으로 가셨고, 나는 센터로 들어왔다. 나는 서원 씨와 순실 집사님을 불러서 음악의 밤에 대하여 의논을 하였다. 서원 씨와 순실 집사님은 쾌히 승낙을 하였다.

밤이 되어서 우리 식구들과 농림부 직원들이 참가하는 음악의 밤이 교회에서 열렸다. 성은이의 피아노에 순실 집사님의 바이올린과 국장님의 첼로로 구성된 3중주와 서원 씨와 나와 영선이의 합창으로 이루어진 음악회는 전문음악회에 비해도 결코 뒤지지 않았다. "지고이네르바이젠"을 연주한 순실 집사님의 연주 기량은 사라사테의 바이올린 연주를 능가하는 처절하고 간절한 호소력으로 심령들을 휘저어 놓았다. 연주 중간에 있는 짚시의 문을 서원 씨와 영선이와 나로 구성된 합창으로 이어지자 우리 식구들은 감동의 눈물을 지었다. 특히 농림부 직원들은 열광하였다.

이어서 영선이가 독창으로 부른 "선구자"는 우리 아이들이 좋아하였고, 박 장로님과 임순옥 집사님에게는 구원의 나팔 소리로 들렸다. 교통사고로 영선이 발목을 다친 후로 어린 영선이는 노래 공부를 접고 마음속에 그늘을 안고 살아왔었다. 영선이의 노랫소리가 이어지는 동안 우리 아이들은 일어나서 환호하였다. 2절을 할 때는 서원 씨가 합창을 해 주었다.

음악의 밤이 마무리되었다. 국장님은 순실 집사님을 안아주셨다. 우리 식구들도 농림부 직원들도 모두 일어나서 박수를 쳤다. 나는 센터 어머니와 목사님을 모시고, 서원 씨는 순실 집사님 손을 잡고 집으로 왔다. 영철이는 박 장로님네 식구와 우리 아이들을 모두 봉고차에 싣고 센터로 몰려갔고, 국장님도 농림부 직원들과 같이 센터 객실로 가셨다.

거실 소파에 자리를 하고 앉아서 센터 어머니가 먼저 말문을 여셨다. "우리만 듣기는 아까운 음악회였어요" 하면서 감탄하셨다. 목사님이 "서울에서 열렸으면 흥분한 관중들의 열기로 무대 하나는 망가뜨렸을 것입니다" 하셨다. 나는 "집사님 바이올린 소리를 듣고 저는 깜짝 놀랐습니다. 용케도 숨어서 잘도 지내셨다는 생각이 들었습니다"라고 했다.

목사님과 센터 어머니한테는 진청을 타서 내왔고, 나하고 서원 씨하고 순실 집사님은 순청을 타서 내왔다. 서원 씨가 말문을 열었다.

"단지개발이 내년 3월에 끝나게 되어서 집사님이 결혼하게 될 때, 센터 어머니도 함께하셨으면 좋겠다는 생각인데요."

목사님이 "그렇게 하는 것이 옳다고 본다" 하시면서 센터 어머니를 바라보셨다. 센터 어머니도 순실 집사님도 얼굴이 상기되었다.

목사님이 성은이 방으로 가시자 서원 씨는 목사님 잠자리를 보아드리고 나왔다. 순실 집사님도 센터 어머니와 같이 어머니 방으로 들어갔다.

나도 서원 씨 손을 잡고 건넛방으로 왔다. 서원 씨는 욕조에 물부터 받고 있었다. 나도 욕조로 따라 들어가서 서원 씨를 안고 옷을 벗겨갔고, 서원 씨도 내 옷을 벗겨갔다. 나는 서원 씨 알몸을 안고 욕실 안을 맴돌다가 욕조 안으로 안고 들어갔다. 물은 적당하게 더운 양수가 되었고, 욕조는 어머니의 태반이 되어주었다. 우리는 이란성 쌍둥이가 되어서 서로 안고 있다는 생각이 들었다. 한없는 신뢰와 평안으로 감사가 넘쳐났고, 충만한 기쁨으로 넉넉해졌다.

셋. 축복이다

벌 당번을 서고 있는 영철이가 불러주는 하모니카 소리가 꿈결 따라서 아득하게 들려왔다. 영철이는 믿음이 가는 아이였다.

❁ ❁

아침 6시가 되었다. 나는 서둘러서 서원 씨와 같이 센터로 나갔다. 우리 식구들 아침 식사 시간이었다. 신영이도 은혜도 영구도 아침 인사를 보내왔다. 나는 아이들을 일일이 안아주고 식탁에 자리하고 앉았다.

양봉 국장님도 우리와 같이 식사를 하려고 내려오셨다. 국장님은 내 손을 잡고 "목사님, 내년 3월에는 꼭 오셔야 합니다. 잊으시면 절대로 안 됩니다" 하셨다. 나는 미소를 지으면서 "국장님께서 정 급하시면 오후라도 결혼을 하시고요" 했다. 순실 집사님 얼굴이 상기되었다. 나는 "시간 맞추어서 꼭 내려오겠습니다"라고 하였다. 서원 씨 큰 눈에 눈물이 가득하게 고였다.

서원 씨는 신학교 총장님 댁에 갖다 드리라고 선물 보자기에 석청 꿀 세 병을 곱게 싸서 차에 실어주었다. 나는 등교하는 우리 아이들을 태우고 영철이가 운전하는 봉고차와 나란히 우리 식구들의 배웅을 받으면서 귀대하는 길에 올랐다.

부안읍에 도착해서 아이들을 등교시키고, 나는 신학교 총장님 관사를 향하여 달려갔다. 오전 10시경에 총장님 관사에 도착해서 사모님에게 석청 꿀을 전달하였다.

할머니는 내 손을 잡고 소파에 자리하고 앉으셨다.

"맹 목사님은 잘 계시고요?"

나는 "목사님께서 어머니한테 안부를 전해 달라고 하셨습니다. 석청은 강도사님이 어머니께 한 병, 총장님께 한 병, 사모님께 한 병을 주신 것입니다" 했다. 사모님이 말문을 여셨다.

"어머님이나 총장님은 목사님 제대날짜만 손꼽아 세고 계십니다. 당신께서 교목을 겸하여 하시는 뜻이 목사님의 교목 자리를 지키시는 것 같다는 생각이 들었습니다."

할머니가 "에미는 영성 세미나 이후부터 지금까지 이래교회에 출석하는 의사 선생님들과 회사 사장님들이 눈이 빠지게 목사님을 기다리고 있다는 말은 빼먹은 것 같구나" 하면서 나를 바라보셨다. 나는 "아직도 제대할 날이 까마득한데요?" 하였다.

나는 자리에서 일어났다. "귀대시간 때문에 총장님은 뵈옵지 못하고 떠나야 할 것 같습니다"라고 하면서 두 분에게 인사를 드리고 관사를 나섰다.

❈ ❈

또 한 해가 지나갔다. 나는 3월 10일자로, 순실 집사님의 결혼식에 참가하기 위하여 군으로부터 7일간의 특별휴가를 받았다.

서원 씨가 보내준 소식에 의하면, 맛 체험 센터는 한식부와 일식부로 나누어서 전문요원으로 10명을 확충하였고, 객실요원도 전문 요리사로 5명을 확충한 것은 맛 체험 센터가 바쁠 때는 객실요원까지 동원하는 체제로 운영하기 위한 방편이라고 하였다.

특이한 일은 양봉연구실에 영철이가 입주한 일이었다. 우리 식구들 모두가 석청 벌 박사로 통하는 봉구가 입주해 줄 것을 요구하였지만 굳이 뿌리치고 형이 꼭 맡아야 할 일이라고 하면서 영철이에게 맡기고, 자기는 미나리깡에 비닐하우스를 만들고, 물고기 양식에 빠져 있다고 하였다. 봉구는 석청 벌이 분봉할 때나 꿀을 채취할 때는 앞장서서 영철이를 도와주고 있다고 하였다.

또 하나 우리 식구들을 모두에게 감동을 준 이야기는 신영이가 "의좋

셋. 축복이다

은 우리 형제들"이란 제목으로 작문을 지어서 목사님께 드리자 목사님은 기뻐서 신영이를 업어주셨고, 성은이가 울면서 신영이 글을 식구들에게 낭독해 주자 우리 식구들은 박수를 보내주었다고 하였다.

나는 마음속으로 외쳤다. 바로 이것이 서원 씨의 열매라고! 그리고 나의 열매도 된다는 사실 앞에서 내 가슴은 벅찬 환희로 가득했다.

'나와 서원 씨의 관계가 의로운 요셉과 성모 마리아의 관계와 같은 것일까?'라는 질문 속에 있다가, 그런 것이 아니더라도 성도의 교제가 이루어지는 사이라는 생각으로 정리가 되었다.

나는 어느덧 초록빛 바다로 넘실대는 김제 들녘을 가르고 곧게 뻗어나가는 하얀 길을 달려서 부안읍에 도착하였다. 꽃가게에 들러서 신부가 들고 입장할 꽃다발을 두 개 사서 차에 싣고 지서리로 달려갔다. 해안을 끼고 휘돌아가는 해안도로에서는 비릿한 바다 내음을 안고 친밀감으로 밀려들고 있었다.

내가 벧엘교회 앞에 차를 세우자 서원 씨가 달려나왔다. 나는 서원 씨를 안아주면서 꽃다발을 들려주었다.

"하나는 센터 어머니에게 드리고, 하나는 순실 집사님에게 드리세요."

서원 씨는 꽃다발을 안고 내 가슴을 콩콩 두드렸다.

내가 교회로 들어서자 국장님이 반기셨다. 우리 식구들은 물론이고 지서리 주민들이 모두 참석해 주신 것 같았다. 나는 간단하게 인사를 마치고 주례를 보기 위하여 서둘러서 강대상으로 올라갔다. 성은이의 피아노 소리가 시작되자 서원 씨와 영선이의 합창으로 축하송이 시작되었다.

국장님은 목사님 손을 잡고 나란히 입장하였다. 이어서 센터 어머니는 이장님이 손을 잡고 입장하였고, 순실 집사님은 박 장로님이 손을 잡고 입장하였다. 한복차림에 꽃다발을 손에 든 센터 어머니도 순실 집사님도 아름다웠다. 나는 간단하게 예식사를 마치고 예물교환에 들어갔다. 서원 씨와 영선이의 축하송은 예식이 진행되는 동안 계속되어서 잔잔하게 이어졌다. 성혼선언으로 결혼식이 종료되고, 신랑 신부가 팔짱을 끼고 퇴장하였다. 센터 어머니는 꽃다발을 성은이에게 주고, 순실 집사님은 꽃다발을 영선이에게 주었다.

나는 목사님과 센터 어머니를 뒷자리에 모시고 서원 씨는 조수석에 앉아서 포구로 떠났다. 국장님은 순실 집사님을 태우고 내 차를 따라왔다. 목사님과 센터 어머니는 희환호에 올라서 시동을 걸고, 국장님은 순실 집사님 손을 잡고 순실호에 올라서 시동을 걸었다. 나는 서원 씨와 같이 서원호에 올라서 시동을 걸고, 서원호에 올라온 이장님과 부녀회장님 손을 잡고 뒷일을 부탁하였다.

지서리 주민들과 우리 식구들의 환송을 받으면서 나는 포구를 떠나왔다. 뒤이어서 희환호가 따랐고, 이어서 순실호가 뒤따랐다. 우리는 선단을 이루어서 남으로 달려갔다.

나는 이름도 모르는 섬 발에 서원호를 정박하고 희환호와 순실호를 접안시켰다. 서원호에 실어 온 점심을 먹기 위해서였다. 서원호 조타실 앞에 돗자리를 펴고 목사님과 국장님이 둘러앉았다. 서원 씨와 순실 집사님은 주방요원들이 정성껏 마련한 음식들을 내왔다. 센터 어머니는 봉구 어머니가 준비해 온 팔선주 병을 내오셨다.

나는 센터 어머니 얼굴을 자세하게 들여다보고는 "순실 집사님은 30대, 센터 어머니는 40대로 보입니다" 하였다. 서원 씨가 거들었다. "석청이라는 꿀이 그래서 비싼 것 같아요, 센터 어머니 얼굴에 있던 잔주름이 사라졌고, 목사님도 많이 달라지셨어요" 하였다. 목사님이 큰소리로 웃으셨다. "나는 30대로 보이지 않고?" 하셨다. 센터 어머니 얼굴이 상기되었다.

나는 팔선주를 따라서 목사님께도 센터 어머니께도 권하였다. 국장님에게도 따라 드리면서 팔선주 병을 국장님에게 내밀었다. 국장님은 "나의 꽃 같은 나의 신부님 순실 씨에게" 하시면서 팔선주를 따라서 순실 집사님에게 권하였다. 목사님이 거들었다. "윗티보다는 좀 더 강하고 향이 무척 좋은 술이다. 궁중에서는 차로 즐겼다고 하였다" 하셨다. 순실 집사님은 팔선주 컵을 입에 대고 약을 먹는 것처럼 들이켰다.

우리는 점심을 맛있게 먹었다. 식사 후에 국장님이 긴급동의를 하였다.

"이 순간부터 저의 호칭으로 국장은 제하시고 최 장로로 불러주시면 감사하겠습니다."

우리들은 모두 박수로 화답하였다.

내가 이어갔다.

"다음 정박지는 홍도 앞 무인도에 있는 반달형 홈통이 되겠습니다. 제가 〈낚시춘추〉라는 월간지에서 재방어 낚시 포인트를 소개한 글에서 알게 된 곳입니다. 저도 목사님도 최 장로님도 낚시를 좋아하시고, 특히 센터 어머니도 낚시를 좋아하셔서 마음속에 간직해 왔습니다."

모두 박수로 화답해 주셨다.

나는 서원호에 시동을 걸고 닻을 올렸다. 희환호도 순실호도 서원호에서 배를 분리하고 시동을 걸었다. 우리는 다시 홍도를 향해서 달려갔다. 오후 5시가 되어갔다. 우리는 홍도 앞에 있는 무인도에 도착하였다.

나는 반달형 홈통을 찾기 위하여 무인도를 일주하였다. 잠시 후에 나는 기암절벽이 반달 형태로 감싸고 있는 홈통을 발견하고 수심을 알아보았다. 수심이 40미터에서 60미터까지 나왔다. 수중 암벽들은 단층을 이루어서 벽면을 이루는 것같이 직하되어 있는 신기한 지대였다. 단층 하단에는 대형 수중 동굴도 보였다. 바닥은 모래와 자갈이 섞여 있는 곳이고, 군데군데 대형 바위들에는 수초가 무성하게 자라 있었다.

내가 보기로는 전형적인 방어 서식지라는 판단이 들었다. 나는 홈통 양쪽에 희환호와 순실호의 닻을 주게 해서 배를 고정시키라고 말하고, 서원호 홈통 중앙에 닻을 주어서 배를 고정하였다. 이어서 양쪽 배에다 뱃줄을 매어서 서원호에 연결하였다. 필요할 때는 배를 시동하지 않고도 줄을 당겨서 배를 접안하기 위한 조치였다.

　미끼는 각 배마다 충분하게 준비해 온 생새우였다. 순실호에 어신이 온 모양이었다. 최 장로님이 소리를 치셨다. 희환호에도 어신이 온 것 같았다. 센터 어머니가 줄을 감고 계셨다. 서원 씨에게도 어신이 왔다. 대형은 아니어도 2킬로나 3킬로 나가는 재방어들이었다.

　재방어 입질이 활발하게 이루어지고 있는 중에 어둠발이 내리기 시작하였다. 나는 발전기를 가동해서 배에 설치되어 있는 조명등을 모두 밝혔다. 순실호도 밝혔고, 희환호도 밝혔다. 홈통 전체가 대낮처럼 밝아졌다.

　재방어 입질은 더욱 활발해진 것 같았다. 정신없이 낚시에 치중하다 보니 물 칸이 재방어로 가득하였다. 나는 마이크로 "저녁 드시게 서원호에 배를 접안해 주십시오" 하였다. 순실호도 뱃줄을 당겨서 서원호에 접안하였다. 잠시 후에 희환호도 뱃줄을 당겨서 서원호에 접안했다.

　밤바람이 한기와 함께 설쳐대고 있었다. 나는 목사님과 센터 어머니를 모시고 서원호 선실로 내려왔다. 최 장로님도 순실 집사님 손을 잡고 선실로 내려왔다. 선실은 난방이 되어서 훈훈하였다.

　선실 바닥에 돗자리를 펼치고 둘러앉았다. 서원 씨가 만들어놓은 미나리 초고추장에 문어가 푸짐하게 차려졌다. 센터 어머니는 약식 밥을 공기에 담아서 나누어 주셨다. 서원 씨는 팔선주 병을 내게 내밀었다. 나는 술병을 받아서 어머니께 드렸다. 센터 어머니는 "문어에 초고추장 미나리 무침은, 아무래도 술이 찰떡궁합이지요?" 하셨다. 목사님이 "몸들이 한기로 움츠러들 때는 약간의 술을 약으로 먹게 되는 것이 맞지요?" 하시면서 센터 어머니에게서 팔선주 병을 받으시더니 모두에게 한 잔씩 따라주셨다. 서원 씨만 거절하였다.

　저녁 식사가 끝나고 각 배의 물 칸을 살펴보았다. 희환호는 물 칸이 재방어로 가득하였다. 나는 목사님에게 "아버지와 어머니는 쉬셔야 합니다. 더 이상 고기를 물 칸에 넣으시면 고기들이 시달립니다" 하였다. 센터 어머니는 선실로 내려가셨다. 순실호도 물 칸이 재방어로 가득했다. 나는 낚시 종료를 선언하였다.

"더 이상은 무리입니다. 선수에 정박등만 남겨두시고 모두 소등해 주십시오."

나도 서원호로 돌아와서 소등하였다. 희환호도 순실호도 뱃줄을 조종해서 정박지로 돌아갔다.

나는 서원 씨 손을 잡고 선실로 내려왔다. 서원 씨는 요를 펴고 잠자리를 보았다. 나는 서원 씨를 안고 선실을 맴돌았다.

"왜 목사님께서 주신 술을 거절한 것이요?"

서원 씨는 "죄송합니다. 제 몸의 변화를 못 느끼셨어요? 임신 6개월인데 이번에는 딸이랍니다" 하면서 이어갔다. "신기한 일이지요? 순옥 집사님도 임신 6개월에 아들이라고 합니다" 하였다. 나는 "그렇게 귀하고 소중한 소식을 진즉 말해 주시지 않고요" 했다. 서원 씨가 "말씀을 드릴 기회가 없었어요" 하였다.

서원호는 요람이 되어 주었고, 서원 씨와 나는 어린아이가 되어서 서로를 안고 잠이 들었다. 아침 4시, 나는 갈매기 울음소리에 잠이 깨었다. 깊이 잠이 든 서원 씨를 선실에 남겨 두고 나는 조심해서 선실을 나왔다.

나는 낚시채비에 생새우 미끼를 달고 바다에 드리웠다. 입질을 받고 올려보니 제법 쓸 만한 문어가 달려서 올라왔다. 암벽 틈에 숨어 있다가 아침 햇살이 비춰들자 기어 나온 것 같았다. 나는 문어 세 마리에 큼지막한 광어 한 마리를 잡았다. 버너에 물을 끓여서 문어를 삶고 있는데, 어느새 서원 씨가 나와서 미나리 초고추장 무침을 만들어 왔다. 나는 "더 주무시지 않고요" 하였다.

순실호가 뱃줄을 당겨서 서원호에 접안하였고, 희환호도 뱃줄을 당겨서 서원호에 접안하였다. 센터 어머니 표정도 순실 집사님 표정도 밝고 넉넉하였다. 서원 씨가 순실 집사님을 보고 "좋은 꿈 꾸셨어요?"라고 묻자 순실 집사님은 미소만 보내주었다. 최 장로님은 내가 아침에 잡은 광어로 회를 떠서 푸짐하게 내왔고, 서원 씨가 만든 미나리 초고추장에 문어도 넉넉하게 차려줬다. 순실 집사님은 냉장고에서 약밥을 내왔다. 내가 "아침밥은 조금만 드셔요. 홍도 횟집에서 유명한 홍도 홍어찜을 맛보시게요" 하였다. 우리는 식사를 마치고 반달형 홈통에서 배를 철수하였다.

배를 달려 홍도 포구에 정박시키고 식당에 들러서 홍어찜을 시켰다. 최 장로님이 2홉들이 술병에다 팔선주를 담아왔다. 홍어찜은 맛이 생소하였지만 깊은 맛이 있었다. 센터 어머니가 맛을 보시더니 고개를 끄덕이셨다. 최 장로님이 "홍어 하면 아무래도 흑산도를 외면할 수가 없지요?" 하셨다.

아침 햇살을 받고 신비한 색깔로 치장하고 있는 홍도의 기암절벽을 둘러보고 나는 흑산도를 향해서 달려갔다. 우리는 다도해의 수많은 섬 발들을 거쳐서 흑산도에 도착하였다. 포구에 배를 접안하고, 흑산도 홍어찜이라는 간판이 걸린 횟집에 들어가서 홍어찜을 시켰다. 홍어찜 맛이 홍도하고는 또 달랐다. 홍어찜이라는 음식은 만드는 사람에 따라서 맛이 달라진다는 생각이 들었다.

나는 센터 어머니를 보고 "우리 맛 체험 센터의 전통요리로 홍어찜 요리를 선보이면 좋을 것 같다는 생각이 떠올랐습니다" 하였다. 센터 어머니는 "식자재 구하기가 어렵지만 할 수만 있다면 대한민국을 시끄럽게 하는 요리가 될 수가 있지요" 하셨다. 목사님은 웃고만 계시고, 최 장로님은 곧바로 서두르셨다.

"이번에 올라가면서 세 배에다 홍어를 몽땅 사서 싣고 가면 좋을 것 같은데요?"

나는 점심 식사 후에 최 장로님과 함께 홍어 덕장을 크게 하고 있는 집을 찾아갔다. 덕장에서는 할아버지가 반갑게 맞으며 "홍어 사시려고?" 하셨다. 나는 "파실 홍어가 얼마나 있는데요?" 하였다. 할아버지는 "60동쯤 있는데, 모두 사신다면 작년도 홍어 값으로 줄 수가 있는데. 돈 쓸 곳이 급해서요" 하셨다. 나는 모두 다 사고 싶다고 했다. 할아버지는 "작년에 온 건시 한 동에는 150만 원을 하였고, 반 건시 한 동에는 100만 원을 하였으니까 반건시 60동이면 6천만 원이 맞지요?" 하셨다.

나는 6천만 원을 현찰로 지불하였다. 만일의 경우를 생각하고 군에서 꿀 값으로 받은 양봉 보조금을 사용하지 않고 현찰로 가지고 왔다. 은행이 멀리 있는 섬에서는 현찰만 사용하고 있다는 말을 들은 적이 있어서 준비해 온 것이었다.

내가 할아버지한테 6천만 원을 건네자 할아버지는 나를 오래된 어상으로 보신 것 같았다. "이곳은 은행이 멀어서 수표 거래는 어렵습니다. 고기 장사를 처음 시작한 사람들은 이곳 실정을 모르고 거의가 다 수표를 가지고 오시지요. 현찰 거래 시에 제공하였던 온 건시 4동도 드리겠습니다" 하셨다.

할아버지가 "홍어를 운반할 선박은?" 하셨다. 나는 "7.93톤 채낚기 선박이 세 척입니다" 했다. 할아버지는 "배를 덕장 앞에 있는 선석에다 나란히 접안시켜 주십시오" 하셨다. 나는 희환호와 순실호와 서원호를 덕장 앞에 있는 선석에다 나란히 접안시켰다. 할아버지는 인부들을 동원하여서 반 건시 홍어를 한 배에 20동씩 나누어 싣고, 온 건시 4동을 서원호와 순실호에 나누어서 실었다. 각 배들은 흘수선이 살짝 잠기는 상태로 선적이 끝났다.

할아버지는 명함을 주시면서 "급할 때는 전화로 주문하셔도 됩니다. 사장님에게는 현지 판매 가격으로 제공하여 드리겠습니다" 하셨다. 나는 봉투에다 50만 원을 넣어서 할아버지한테 드렸다. "할아버지도 덤을 주셨으니 저도 감사를 표하고 싶습니다. 인부들하고 약주라도 드셔요" 하였다. 할아버지는 내 손을 덥석 잡으시면서 "비록 고기 장사는 하셔도 복 받으실 어르신입니다. 지금까지 살면서 고기는 덤으로 주어 보았지만 고기 값을 덤으로 받아보기는 처음 있는 일이고만요" 하셨다. 목사님이 박수를 치셨다.

우리는 홍어를 싣고 바로 흑산도를 출발하였다. 물 칸에 있는 재방어가 시달릴 것 같다는 생각에서였다.

우리는 그림처럼 아름다운 다도해의 섬 발들을 거치면서 기분이 고조되어 갔다. 나는 마이크에 볼륨을 높여서 서원 씨와 합창으로 "트로이메라이"를 열창하였다. 희환호가 바짝 따라오면서 박수를 쳤다. 나는 마이크로 "어머니 노래를 듣고 싶습니다. 목사님과 같이하셔도 좋고요" 하였다. 잠시 뜸을 들이다가 센터 어머니 노래가 흘러나왔다. 뜻밖에도 이미자의 "흑산도 아가씨"라는 곡이었다. 서원 씨와 같은 음계의 메조소프라노다! 넘쳐나는 힘과 다도해를 압도해 버리는 성량과 간절한 호소력으로 심령을 휘저어 놓았다. 나도 서원 씨도 깜짝 놀랐다. 노래가 끝나자 순실호에서도 앙콜이 들어왔다. 센터 어머니는 목사님과 같이 찬송가 364장을 합창하셨다.

이번에는 센터 어머니가 순실 집사님에게 요청하셨다. "최 장로님과 순실 집사님도 노래를 들려주십시오" 하셨다. 잠깐 잠잠하더니 드디어 최 장로님과 순실 집사님이 듀엣으로 "갑돌이와 갑순이" 노래를 하였다. 희환호에서도 서원호에서도 박수와 함께 앵콜 송을 외쳤다. 순실 집사님의 "산장의 여인"이 마이크를 타고 잔잔하게 흘러갔다. 서원 씨가 마이크를 열어서 합창을 해 주었다.

우리는 뜻하지도 않았던 선상 음악회를 이루어서 주고받다가 지서리 포구에 도착하였다. 센터 직원들이 총동원되어서 재방어를 수족관에 운반하였고, 반 건시는 냉장실로 운반하였다.

센터 직원들은 센터 어머니가 전주 한옥마을에 있을 때 양성해 놓은 제자들 중에서 차출되었다고 했다. 센터 어머니가 곧바로 주방으로 가시더니 홍어찜 요리를 시작하셨다. 주방장과 주방요원들은 센터 어머니의 홍어찜 요리를 열심히 보고 레시피도 작성해 가면서 열심히 배웠다.

우리 식구들 밥상이 차려졌다. 센터 어머니의 홍어찜 요리를 맛보고 목사님도 최 장로님도 깜짝 놀랐다. 나도 서원 씨도 순실 집사님도 깜짝 놀랐다. 홍도나 흑산도에서도 맛볼 수 없는 홍어찜 요리였다. 최 장로님이 박수를 치자 우리 식구들은 물론이고 센터 직원들도 박수를 쳤다.

센터 어머니가 신영이 옆으로 가셨다. "우리 교장 선생님께서 저의 홍어찜을 맛보신 소감을 말씀하여 주신다면?" 하셨다. 우리 식구들은 신영이를 부를 때 교장 선생님으로 불렀다. 신영이가 답변하였다. "할머니, 그러니까 그 맛을 말로는 설명할 수가 없는데 맛이 있어요, 정말로 맛이 있어요" 하였다.

센터 어머니가 신영이를 안아주시면서 "할미 홍어찜이 합격하였다"라고 하시면서 기뻐하셨다. "본래 홍어찜 요리는 어린아이들 입맛에는 맞지 않는 음식인데 어린 신영이 입맛에 맛이 있다는 것은 제 요리가 합격하였다는 뜻이 됩니다. 또 하나, '말로 설명할 수 없다'는 표현은 어린아이들은 예민해서 조미료의 맛으로, 그러니까 짜거나 시거나 달거나 맵거나로 표현하게 되어 있는데 조미료 맛이 숨겨졌다는 말이 되었기 때문입니다" 하셨다.

저녁 식사가 끝나고 우리 식구는 모두 포구 식당에 모였다. 그동안 식구들 간에 있었던 의견들을 규합하고 정리한 안건을 발표하기 위한 회의였다. 목사님의 기도가 끝나자, 나는 그동안 우리 식구들과 목사님이 만장일치로 합의해서 만들어낸 결과를 발표하였다.

나는 맛 체험 센터가 준공되어서 체계가 잡혀갔고, 활성화되면서 사업 경영의 효율성을 도모하기 위하여 우리 식구들의 업무를 분담하였다고 설명을 드렸다.

우리 사업 전반을 총괄해서 최 장로님이 맡으시고 판공비로 월 500만

원을 지급하고, 이장님은 선박과 센터 관리를 맡고 월 500만 원의 판공비를 지급하고, 센터 어머니는 센터 직원들을 교육하고 관리하는 일을 맡으시고 월 500만 원의 판공비를 지급하고, 박 장로님은 우리 사업장 전반의 가전장비와 전자장비를 운영 관리하시고 월 500만 원의 판공비를 지급하는 것으로 결정되었다고 발표하였다. 이어서 영철이와 봉구에게 지급되는 연구수당도 월 500만 원이 되었다고 발표하였다. 우리 식구 모두에게 균등하게 지급되는 수당은 월 100만 원으로 하였다고 발표하였다.

또 하나는 포구 식당의 활용에 관하여 발표하였다. 센터가 객실손님과 맛 체험 예약손님으로 연중 만원사례가 되는 바람에, 우리 식구들의 식사시간을 고정할 수가 없는 폐단을 해소하기 위해서, 포구 식당을 우리 식구들의 식사 장소로 사용하는 일과, 일반 관광 손님을 모시는 장소로 활용한다는 결정을 발표하였다.

회의가 마무리되었다. 나는 첨가해서 식구들에게 당부를 하였다. 우리 식구들에게 지급되는 판공비나 수당은 역할이나 공로에 따른 대가가 아니고 필요에 따라서 지급되었다는 기본정신을 간직해 달라고 하였다. 모두 박수로 찬성하였다.

나는 7일간의 특별휴가를 마치고 군으로 복귀하였다.

❋ ❋

지루하고 무덥던 여름도 지나고 가을 문턱에 들어섰다. 정규휴가를 서원 씨의 출산일에 맞추어서 받았다.

서원 씨 소식에 의하면, 여름 성수기를 지나면서 맛 체험 센터는 놀라울 정도로 활성화되었다고 하였다. 센터 어머니의 홍어찜 요리가 폭발적인 인기를 얻어서 일간지에 대서특필로 다루어졌고, 야생화 단지의 수많은 야생화들이 다투어서 아름다운 모습을 드러내었을 뿐 아니라, 야생화 단지에 물도 뿌려주지만 기암절벽을 배경으로 만들어낸 분수 쇼는 대형 쌍무지개를 만들어서 관광객들의 마음을 설레게 하는 볼거리로 떠올랐다고 하였다.

지서리 양봉단지가 명실공히 관광명소로 급부상하는 바람에 관광회사들은 실속 있는 관광이라는 이미지로 신혼 관광객을 모집해서 단체 예약으로 들어오고 있다고 하였다. 관광회사들이 다투어서 허니문 코스로 상품을 만들어서 톡톡히 재미를 보는 바람에 센터 객실은 연중 예약제로 풀가동 중이라고 했다.

이장님은 객실 옥상에 지어진 살림집으로 이사를 했고, 이장님 집에는 최 장로님이 신혼살림을 차렸다. 부녀회장님 집에는 박 장로님이 입주해서 살고 있다는 소식이었다. 성은이네 집도 리모델링 공사가 준공되어서 2층에는 센터 어머님의 신혼방이 차려졌고, 영철이네 집도 2층으로 리모델링 공사가 준공되었다고 하였다. 우리 방은 변함없이 성은이네 집 아래층 건넛방이라는 소식이었다. 놀라운 소식은 순실 집사님도, 센터 어머니도 임신 6개월에 똑같이 사내아이로 판명이 되었다는 소식이었다.

또 하나의 소식은 저수지 옆에 조성된 1만5천 평의 농지에다 비닐하우스로 비 가림을 해서 무농약 친환경 퇴비로 재배를 엄수한 식자재가 전량 생산되어서 자급자족하는 바람에, 맛 체험 사업을 다른 음식점들과 차별화시켰다고 하였다. 우리 식구들은 거의 농장에서 하루 일과를 보내고 있는 실정이고, 배 네 척은 풀가동 상태로 지서리 주민들까지 동원되었으며, 농장에도 지서리 주민들이 동원되어서 지서리 주민들의 연간 소득도 놀라울 정도로 향상되었다고 하였다.

또 하나는 양봉단지 경비도 전문 인력을 확충해서 자체 경비 체제로 전환이 되었다고 하였다.

나는 점심때가 거의 다 되어서 지서리에 도착하였다. 서원 씨는 만삭이 된 몸으로 거실 소파에 기대앉아서 거동을 삼가고 있었다. 서원 씨는 나를 보자 반가워서 큰 눈에 눈물이 가득하게 고였다. "보고 싶었습니다" 하였다.

박 장로님이 순옥 집사님을 부축하고 거실로 들어섰다. 내가 출발을 서두르자 서원 씨가 제지하였다. "오늘 어머니도 순실 집사님도 산부인과 진료받는 날이 되어서요" 하였다.

바로 그때 부녀회장님이 센터 어머니와 순실 집사님을 태우고 오셨다. 박 장로님과 나는 서원 씨와 순옥 집사님을 봉고차에 태우고 부녀회장님이 운전해서 부안읍에 있는 산부인과 병원으로 조심해서 달려갔다. 목사님과 최 장로님은 마을 주민들과 함께 고기를 잡으러 가셨다고 하였다.

서원 씨도 순옥 집사님은 산부인과 병원에 도착하자마자 진통이 시작되어서 센터 어머니는 서원 씨를 부축하고 분만실로 가셨고, 순실 집사님은 순옥 집사님을 부축하고 분만실로 직행하였다.

한참이 지나자 복도에서 서성이고 있는 내게 간호사님이 달려와서 "딸을 순산하셨어요" 하고는 돌아갔다. 잠시 후에 간호사님이 박 장로님에게 "아들을 순산하셨어요. 산모도 건강하시고요" 하고는 돌아갔다.

박 장로님은 기뻐서 눈물을 지으며 "지병이 있어서 오랫동안 기다려 왔는데 하나님께서 병도 고쳐주시고 아들도 주셨습니다" 하셨다. 나는 박 장로님 손을 잡고 "하나님께서 기뻐하십니다"라고 하였다.

센터 어머니도 순실 집사님도 진료가 끝났다. 두 사람이 똑같이 자연분만이 가능한 건강한 상태라는 진단이 나왔다고 하였다.

오후 세참 때쯤 되어서 퇴원이 결정되었다는 연락이 왔다. 나는 퇴원 수속을 마치고 서원 씨를 부축해서 차에 올랐고, 박 장로님은 순옥 집사님을 부축해서 차에 올랐다.

순실 집사님은 신애를 아기 바구니에 담아서 안고 차에 올랐고, 센터 어머니는 영수를 아기 바구니에 담아서 안고 차에 오르셨다. 부녀회장님은 봉고차를 조심히 운전해서 나란히 성은이네 집에다 내려주셨다.

거실에는 우리 식구들이 출산 소식을 듣고 모두 다 모여 있었다. 순실 집사님은 우리 방에다 산모들과 아이들 자리를 보아주고 나와서 센터 어머니와 같이 산모들 미역국과 밥을 준비하셨다. 나와 박 장로님은 식구들로부터 축하인사를 받고 있었다.

이때 마을 청년회장이 황급하게 거실에 뛰어들더니 이장님을 찾았다. 마을 사람들이 비자나무 골에서 도선암 원생들과 시비가 되어서 싸우고 있는데 마을 사람들이 당하고 있다는 소식을 이장님에게 전달하였다. 나는 청년회장을 따라서 현장으로 달려갔다. 이장님도 박 장로님도 최 장로님도 나섰다. 봉구와 신영이는 내 뒤를 바짝 따라왔다.

내가 비자나무 골에 도착해서 보니 마을 사람들이 코피를 흘리면서 원생들 앞에 무릎을 꿇고 앉아 있었다. 나는 마을 사람들 앞으로 나가서 원생들에게 큰 소리로 호통을 치면서 마을 사람들을 일으켜 세웠다.

"이게 무슨 짓들이오?"

원생들이 내 앞을 가로막고 나섰다.

"댁에서 간섭할 일이 아니오."

나는 또 한 번 물러나라고 고함을 쳤다. 순간 원생 하나가 잽싸게 내 손목을 움켜쥐고 비틀었다. 나는 팔목을 반대방향으로 비틀어서 팔목이 풀리자 오른발을 날려서 군홧발로 원생의 정강이를 가격하였다. 원생이 정강이를 감싸안고 굴러갔다. 그러자 원생 두 명이 동시에 협공하여 왔다. 내가 공중으로 몸을 솟구치다가 내려오면서 양발 돌려차기로 두 명의 정강이를 동시에 가격하자 원생 두 명도 정강이를 붙들고 굴러갔다.

순간 "아빠, 뒤에!"라는 신영이의 외침과 동시에 나는 몸을 옆으로 굴려서 내 머리를 내리치려던 원생의 몽둥이를 피하였다. 나는 중심이 흩어진 원생의 팔을 쥐고 업어치기로 동댕이를 쳤다.

나를 공격하던 원생이 나가떨어지면서 들고 있던 몽둥이가 남은 원생

한 명의 얼굴을 가격하는 바람에 남은 원생도 얼굴을 싸매고 나가떨어졌다. 그러자 신영이는 원생이 놓친 몽둥이를 주워들고 원생들에게로 다가갔다. 나는 신영이로부터 몽둥이를 받아서 원생들에게 던져주었다.

"자신 있으면 몽둥이 들고 다시 공격하시지."

원생들은 기어서 물러났다.

나는 신영이를 업고 봉구와 청년회장에게 코피를 흘리고 있는 마을 사람들을 닦아주라고 부탁하였다. 마을 사람들은 모두 원생들을 피해서 내게로 모여 왔다. 이장님과 청년회장은 손수건을 꺼내서 마을 사람들의 코피를 닦아주었다.

사건이 커지자 도선암에서는 지서리 파출소에 신고를 하였다. 신고를 받은 파출소장님은 경찰관 5명을 대동하고 사건 현장으로 급히 달려왔다.

이장님은 파출소장님에게 사건의 자초지종을 설명하고 부안군에서 발송한 공문을 보여주었다. 국가에서 지서리 마을 소득으로 간벌한 비자목 전량을 지서리 주민들에게 제공한다는 공문이었다.

이때 스님 한 분이 소장님 앞으로 나오더니 말했다.

"원생들이 나무 절도를 잡아서 제지하고 있는데 군인 양반이 방해를 하였습니다."

파출소장님은 큰 소리로 되물었다.

"누가 나무 절도인데? 설사 나무 절도라고 하더라도 절도를 잡으면 폭행해도 좋다는 법조문을 대어 보십쇼."

소장님은 경찰관들에게 지시하였다.

"이곳에 있는 5명의 원생들을 특수강도 혐의 현행범으로 모두 체포한다."

경찰관들은 수갑을 꺼내더니 5명의 원생들에게 수갑을 채웠다.

스님 한 분이 참견하였다.

"우리가 신고한 절도사건인데요?"

파출소장님이 스님을 보고 "누구를 말입니까?" 하자 스님은 "비자나무를 절도한 지서리 사람을요" 하자, 파출소장님은 부안군에서 지서리 주민들에게 발송한 공문을 스님 얼굴 앞에 내밀었다.

"자세하게 소리 내어서 읽어주시겠습니까?"

주지 스님도 함께 공문을 들여다보셨다.

이때 봉구가 나서더니 "지금까지 이런 식으로 지서리 주민들한테서 탈취한 비자목을 독선각 뒤에 산더미같이 쌓아 놓았습니다. 일부는 팔았구요, 일부는 화목으로 사용하였습니다" 했다. 파출소장님 표정이 난감해졌다.

파출소장님은 수갑을 채운 5명의 원생들을 앞세우고 경찰관들과 같이 독선각으로 갔다. 독선각에서는 상황 파악이 안 된 10여 명의 원생들이 우르르 몰려나오면서 "오늘도 비자나무 도적들을 잡은 거야?" 하였다.

경찰관들은 곧바로 독선각 뒤로 가더니 쌓아둔 비자목을 확인하였다. 큰 트럭으로 세 대 분은 될 것 같은 양이었다. 파출소장님이 원생들에게 물었다.

"이 나무들은 어떻게 된 것이요?"

원생 한 사람이 열심히 설명해 주었다.

"지서리 사람들이 비자목을 절도할 때마다 빼앗아 두었는데요."

파출소장님이 질문을 이어갔다.

"지서리 사람들이 하필 비자목만 절도한 이유는 알고 있소?"

그 원생은 "비자나무는 다른 소나무 가격의 10배는 되지요? 조각목으로도 팔리고, 목기 만드는 데도 쓰이니까요" 했다.

소장님이 이어갔다. "일부는 독선각 난방용으로도 사용되었고, 일부는 팔기도 하였고?" 하였다. 그 원생은 "예, 맞습니다" 했다.

파출소장님은 독선각 원생들을 모두 다 호출하였다.

"원생들을 특수강도 및 장물취득죄 공범 혐의로 모두 연행한다."

경찰관들은 남은 원생들을 수갑 찬 원생들 뒤에 모두 앉혔다.

나는 신영이 손을 잡고 독선각을 둘러보았다. 기암절벽을 병풍처럼 두르고 서해 바다를 바라보고 있는 집터가 족히 2천여 평은 되어 보였다.

독선각에서 바다 쪽으로 조금만 내려가면 야생화 단지가 되는 바람에 독선각에서는 벌을 키울 요량으로 도선암에 있던 벌통들을 모두 옮겨 둔 것 같았다. 쌓여 있는 벌통이 200여 개는 넘어 보였다. 독선각의 용도는 포교용으로 되어 있지만 사실은 석청 벌을 키울 목적으로 지어진 건물임이 드러난 셈이었다.

나는 우리 아이들의 야생화 단지와 점용 허가된 암벽들을 가늠하여 볼 때 독선각이 우리 아이들의 권리를 침해하고 있다는 사실을 발견하였다. 나는 신영이를 보고 "아빠가 자세하게 살펴보니 독선각 집터가 신영이 것이네!" 하였다.

신영이가 절벽 아래로 흐르고 있는 수로를 향해서 달려갔다. 잠시 후에 신영이가 소리쳤다. "아빠, 바위로 된 큰 우물이 있어요" 했다. 나는 신영이 곁으로 달려가 보았다.

나는 독선각에서 10미터도 안 되는 절벽 아래서 지하수가 다량으로 분출되어서 거대한 바위 웅덩이에 담겼다가 넘쳐난 물이, 바위 등걸에 파인 고랑을 따라서 흘러가다가 선녀탕에 이르고 있다는 사실을 발견하였다.

나는 신영이 손을 잡고 독선각 마당으로 다시 돌아왔다. 지서리 주민들이 거의 다 독선각 마당에 모여든 것 같았다.

도선암 주지 스님이 파출소장님에게 선처를 호소하고 있었다. 파출소장님은 사건 전모를 주지 스님에게 설명하면서 "그동안 순박한 지서리 주민들은 모르고 당한 일이지만, 사리를 분별할 만한 원생들이 집단으로 지서리 주민들을 폭행하고 비자목을 강탈한 행위는 옳다고 볼 수는 없는 일이지요. 더구나 국가에서 마을 소득을 삼으라고 제공한 나무를 탈취하는 행위는 강도들이나 하는 행위가 아닙니까? 주지 스님도 아시는 일입니까?" 하였다. 주지 스님은 펄쩍 뛰면서 강하게 부인하며 "어디가요, 전혀 모르는 일입니다"라고 했다. 반면에 지서리 주민들은 "경관님 판단이 옳은 판단입니다"라고 환호를 하면서 박수를 쳤다.

이때였다. 센터 어머니께서 내 손을 끌고 목사님에게로 가셨다. 목사님은 나를 바라보시더니 "원생들을 용서하는 방향으로 이끌어 봐요" 하셨다. 나는 "먼저 지서리 주민을 설득하는 일이 선결되어야 할 것 같습니다"라고 했다.

나는 이장님에게 마을 간부들을 모아 달라고 부탁하였다. 노인회장님과 청년회장이 왔다. 노인회장님은 내 손을 잡고 감사하셨다. 청년회장님과 이장님은 내 눈치를 살피는 것 같았다.

내가 먼저 말문을 열었다.

"이번 일은 원생들의 공개 사과를 받고 용서하는 것이 옳다고 생각합니다."

노인회장님이 "공개 사과의 내용은 어떤 식이 되는데요?" 하셨다. 나는 "독선각 뒤에다 쌓아 놓은 비자목을 마을 앞에다 옮겨주는 일을 공개 사과로 인정해 주고, 경찰관들에게 용서를 구해주는 것이 좋을 것 같습니다" 하였다.

나는 목사님이 계신 곳으로 왔고, 마을 간부들은 주민들을 모아놓고 의논에 들어간 것 같았다. 잠시 후에 이장님이 내게로 뛰어왔다.

"비자목을 마을 앞으로 옮겨주는 일을 공개 사과로 인정해 주고, 경찰관들에게 용서를 빌어주자는 의견으로 일치를 보았습니다."

나는 파출소장님에게 마을 사람들이 합의한 내용을 전달하였다. 그리고 내 의견을 피력하였다.

"외형상으로는 강도 상해가 분명하지만 원생들의 오래된 습관이 빚은 일이라는 생각이 들었습니다. 특히 원생들에게 강도 상해의 고의가 있었는가는 문제로 남구요, 원생들의 행위를 단순 폭행으로 본다면, 피해자들의 용서가 있을 때는 위법성 조각 사유가 되므로 용서해 주는 것이 옳다고 생각하였습니다. 단, 공개 사과는 피해자들의 요구에 따라서 성실하게 이행한다는 것을 전제로 해서 용서가 이루어져야 한다는 생각이고요."

파출소장님은 내가 한 말을 심각하게 받아들이는 것 같았다. 파출소장님이 도선암 주지 스님에게 지서리 주민들의 뜻을 전달해 주었다.

"원생들은 지서리 주민들의 요구를 감사하게 받아들여야 합니다. 원생들의 주장대로 조사가 이루어진다고 해도 비자목은 장물이 되어서 피해자들의 요구에 따라서 당연히 옮겨주어야 할 일입니다. 주지 스님은 원생들을 대신하셔서 지서리 주민들에게 감사를 해 주시고요, 원생들에게 지금 즉시 비자목을 옮겨놓도록 해 주십시오."

주지 스님은 이장님을 비롯한 마을 간부들에게 감사를 하고, 주민들에게는 사과를 하였다. 그리고 원생들 모두에게 지시하였다.

"원생들은 한 분도 빠지는 사람 없이 지게를 지고 독선각 뒤에 있는 비자목을 지서리 앞 한길로 옮기시오."

파출소장님은 수갑을 찬 원생들의 수갑을 풀어주면서 지서리 주민들의 용서를 감사하게 받아들이고, 앞으로 있을 경찰조사에 협조한다는 마음으로 근신하며, 주거지를 이탈하는 일이 없도록 각별히 조심해 줄 것을 명하였다. 원생들은 모두 지게를 지고 지서리 주민들의 감시 속에서 독선각 뒤에 있는 비자목을 지서리 마을 앞 한길 가로 옮겼다.

파출소장님은 원생들에게는 소환 통보가 있을 때까지 주거지를 이탈하지 말 것을 지시하고는 경찰관님들과 함께 철수하였고, 우리 식구들과 지서리 주민들도 독선각에서 철수하였다.

마을 주민들은 내게 고맙다는 인사를 하고 떠나갔다.

우리 식구들은 성은이네 거실에 모였다. 최 장로님이 나를 보고 "목사님은 어느 사이에 무술도 익히셨습니까?" 하셨다. 나는 "무술이라고 할 수도 없는 미천한 것입니다. 군에서 장교들의 호신술로 교육하고 있는 것을 따라서 하였을 뿐입니다. 군에서 가르치고 있는 호신술은 실전용이기

셋. 축복이다　261

때문에 모든 무술에 대응해서 만들어진 합기도로 보는 것이 옳다고 봅니다" 하였다.

이장님이 거들었다. "우리 아이들에게 호신용으로 가르쳐주면 좋을 것 같은데요" 하였다. 나는 "남은 휴가 기간에 짬을 내어서 가르쳐 보겠습니다" 하였다. 영철이, 봉구, 신영이, 영구가 환성을 지르면서 좋아하였다.

식구들은 저녁 식사를 하기 위해 포구 식당으로 갔다. 박 장로님도 순옥 집사님을 부축해서 승용차에 태우고, 순실 집사님은 아기를 안고 박 장로님 집으로 돌아갔고, 나는 서원 씨와 같이 저녁을 먹기 위해 집에 남았다.

내 저녁밥과 서원 씨의 미역국은 성은이 편에 센터 어머니가 보내주셨다. 나는 성은이를 보고 "우리 아이가 성은이만 닮은 것 같다" 하였다. 성은이가 "엄마 닮아야지 노래를 잘하지요" 했다. 나는 "노래도 잘하고 피아노도 잘하는 성은이 동생으로 자라주었으면 좋겠다"라고 하였다.

저녁 식사 후에 우리 아이들이 모두 거실로 모여왔다. 나는 청교도들의 생활상을 영화로 기록한 "월튼네 동산"이라는 필름과 똑같이 청교도들의 생활상을 기록한 "초원의 빛"이라는 영화 필름을 영철이에게 주었다. 오늘 밤에는 강도사님의 성경공부가 쉴 수밖에 없으니까 영철이는 "월튼네 동산"을 아이들에게 보여주고 모두에게 감상문을 적게 한 다음, 그 감상문을 모아서 나한테 제출해 달라고 당부하였다. 성은이는 "아빠, 감사합니다" 하더니 영철이에게서 쇼핑백을 받아들고 영철이가 운전하는 봉고차로 우리 아이들을 태우고 양봉연구소로 몰려갔다.

서원 씨가 웃으면서 "오늘은 목사님이 전쟁도 치르셨다구요?" 하였다. 나도 웃으면서 "신영이가 보고 있는데 맞고 있을 수는 없다고 생각한 것이요. 급소를 피해 가격하느라고 힘이 들었지만" 했다.

목사님과 센터 어머니가 도착하셨다. 목사님이 "오늘 애비 수고가 많았다" 하셨다. 센터 어머니도 거드셨다. "식당에서는 신영이가 오늘 원생들과 싸운 목사님 이야기를 얼마나 실감나게 하는지 우리 식구들 모두가 웃었고, 박수도 많이 받았습니다"라고 하셨다. 목사님은 "이장도 최 장로도 가세하는 바람에 신영이 이야기는 더 힘을 받은 것 같았고" 하셨다.

목사님은 먼저 일어나셔서 2층으로 올라가셨고, 센터 어머니는 신애를 안고 건넛방으로 가셨다. 나도 서원 씨를 부축해서 건넛방으로 왔다. 아이도 서원 씨도 건강한 것 같았다.

신애를 아기 침대에 누여서 잠을 재우고, 침대 곁에 우리 요를 펴고 서원 씨와 나란히 누웠다. 나는 팔베개를 해주고 서원 씨 머리에 코를 묻고 잠을 청하였다. 서원 씨도 내 가슴에 코를 묻더니 잠이 든 것 같았다. 부부가 되었다는 의미는 서로 닮아간다는 것도 포함된 것이라고 생각을 하면서 잠을 청하였다.

❉ ❉

다음 날 점심 식사가 끝나고 낚시채비를 챙기고 있는데 마을 청년회장이 이장님을 불러갔다. 목기 만드는 공장에서 비자나무를 일괄해서 구매하겠다는 요청이 들어왔다고 하였다. 내가 최 장로님과 함께 낚시채비를 들고 포구로 나가는데 이장님과 청년회장이 포구로 왔다. 비자나무 값으로 6천만 원을 받아서 3등분을 하였다고 했다.

비자목을 운반하다가 스님들에게 폭행을 당한 다섯 사람 몫으로 2천만 원을 계정하고, 싸움을 수습해 준 내 몫이 2천만 원이고, 나머지 2천만 원은 마을 주민들에게 사람의 수효에 따라서 균분하기로 마을 전체 회의에서 결정이 나왔다고 하였다.

나는 최 장로님과 같이 포구 식당으로 다시 돌아가서 우리 식구들과 의논을 하였다. 내 몫으로 받은 2천만 원을 마을에다 돌려주면서 차제에 3천만 원을 더해서 마을 기금으로 5천만 원을 만들어주자고 하였다. 우리 식구들은 만장일치로 합의를 이루었다. 목사님도 센터 어머니도 기뻐하셨다. 마을 청년회장은 내게 감사를 표하였다. 이장님과 마을 청년회장은 다시 마을회관으로 갔다.

나는 서원호에 올랐고, 목사님은 희환호에 센터 어머니와 같이 오르셨다. 최 장로님은 순실호에 올랐고, 박 장로님은 다영호에 올라서 배에 시동을 걸었다.

오늘 잡을 대상 어종을 우럭으로 정하고 우럭 포인트를 찾아갔다. 나는 지형지물을 가늠해서 닻을 내리고 어신을 기다렸다. 어신은 물고기의 꿈틀거림이다. 우리 하나님께서 믿음의 조상 야곱을 불러주실 때 사랑으로 "너 지렁이 같은 야곱아"라고 불러주신 것이 생각났다.

눈도 코도 없는 생명체인 지렁이는 생명의 기본동작인 꿈틀거림 그 자체로 살아간다. '하나님께서 기뻐하시는 생명의 동작으로서 나의 꿈틀거림은 무엇일까'라는 질문을 내게 던져 보았다.

드디어 어신이 왔다. 죽어 있던 낚싯줄이 살아났다. 부활의 신호다. 바로 이 신호가 내가 낚시에 매료되는 이유였다.

우럭 입질이 정신을 못 차리게 오고 있었다. 어느덧 서원호의 물 칸은 우럭으로 가득해졌다. 늦은 오후 시간대였다. 나는 마이크를 살려서 철수할 것을 알렸다. 배 네 척의 물 칸마다 우럭으로 가득하였다.

나는 포구에 배를 정박하고 주방에 연락을 하였다. 이장님은 주방요원들을 동원하여 수족관으로 우럭을 날랐다. 우럭은 횟감으로도 사용되었지만 매운탕 거리로 일품이었다.

오늘의 만선은 우리 식구 모두를 흐뭇한 기쁨으로 충만케 하였다.

센터 홀은 예약손님들로 만원사례다. 센터 객실도 신혼여행 관광객들로 만실 상태다. 부녀회장님은 주방요원들을 독려해서 포구 식당에다 우리 식구들의 저녁 식사를 차렸다.

식구들의 저녁 식사가 끝나갈 무렵에 마을 청년회장이 식당에 들어서면서 빅뉴스를 전달해 주었다. 어제 있었던 비자나무 골에서 벌어진 불상사가 지서리 파출소의 통보로 진안군청에 정식으로 알려지자, 군청 산림계가 동원되어서 독선각을 조사하였는데 첫째는 독선각이 불법 건물로 판명이 났고, 둘째는 우리 아이들의 권리를 침해한 것으로 조사가 이루어지자 오늘 오전에 강제로 완전하게 철거되었다는 소식이었다. 지서리 주민들은 두 손을 들고 만세를 외쳤다고 했다.

목사님은 무거운 표정으로 "두렵고 놀라운 일이다. 하나님께서 요나 목사님을 통하셔서 직접 행하신 일이다"라고 하셨다. 센터 어머니와 서원씨가 큰 소리로 "아멘" 하였다.

이장님은 청년회장과 같이 마을회관으로 달려갔다. 들떠 있는 주민들의 흥분을 진정시키려는 의도인 것 같았다.

영철이, 성은이, 봉구, 영선이가 달려왔다. 나는 "불난 집에 부채질하는 어리석은 일은 없어야 할 것이고" 하였다. 모두 한목소리로 "아멘" 하였다.

나는 우리 아이들을 모두 안아주었다. 나는 성은이를 안아주면서 "아빠가 선녀탕 계곡을 돌려준다는 약속은 이행된 것으로 믿어도 되는 것이지?" 했다. 성은이는 내 가슴에 안겨들며 "아빠, 고맙습니다" 하고 울먹였다. 나는 "그렇게도 좋아?" 하였다.

신영이, 은혜, 영구가 달려와서 내 표정을 보고는 다소곳하게 내 뒤로 왔다. 최 장로님이 분위기를 바꾸어갔다. "신영이도 아빠한테 호신술 배워야지" 하셨다. 내가 "내일 오전에는 독선각이 있던 자리에다 모래사장을 만들어서 아이들 호신술 훈련을 시작할까 합니다" 하면서 신영이를 바라보고 양팔을 벌렸다. 신영이가 내 가슴을 파고들면서 "아빠, 감사합니다" 했다.

최 장로님이 거들었다.

"야생화 단지가 개발되면서 독선각 앞에까지 도로가 조성되어서 모래

들이는 일은 쉽게 마무리될 것 같은데요? 오늘 국가에서 강제 철거하지 않았어도 우리 아이들 권리 침해로 독선각 건물은 헐리게 될 건물이었습니다."

밖에는 어둠발이 내리기 시작하였다. 우리 식구들이 저녁 식사를 끝내고 자리에서 일어나는데 봉구 어머니와 명철 씨가 포구 식당에 들어섰다. 자리에서 일어났던 우리 식구들은 모두 자리에 다시 앉았다.

봉구 어머니는 목사님과 센터 어머니에게 인사를 하더니 봉구를 안고 대성통곡을 하였다. 나는 봉구한테 물었다.

"너는 아는 일이고?"

봉구는 "제가 도선암을 나와서 영철이 형하고 같이 있게 된 것은 도선암 주지 스님이 저를 오해한 일 때문이었습니다" 하였다. 내가 의아한 눈으로 바라보자 봉구는 이야기를 계속 이어갔다.

"주지 스님이 제가 관리하고 있던 석청 벌을 제가 몰래 산속에서 숨겨 놓고 기르다가 지서리 교회 강도사님에게 주었다고 억지 누명을 씌워서 도선암 어머니가 저를 영철이 형한테로 보냈지요."

봉구는 말을 마치며 흐느꼈다.

"그런 일이 있었으면 내게 미리 이야기할 것이 아닌가?"

내 말에 옆에서 봉구 어머니가 거들었다.

"말도 되지 않는 주지 스님의 억지 주장으로 강도사님이 시비에 말려드는 일을 피하고 싶었기 때문에 제 나름대로 가슴속에 묻어둔 일이고요, 봉구가 누명을 쓰고 떠나는 마당에 저까지 도선암을 떠나게 된다면 스님들의 억지 주장을 인정하는 꼴이 된다는 생각으로 저는 이를 악물고 지금까지 버텨 왔습니다. 그런 와중에 오늘은 봉구 때문에 비자목도 빼앗기고 독선각은 헐리게 되었으며 원생들은 형사입건되는 처지에 놓이게 되었다고 주지 스님이 노발대발하며 악담이 시작되었습니다. 마지막에는 새끼 따라서 가라고 소리치는 주지 스님의 말을 듣고 이제는 도선암을 떠날 때가 되었다고 생각했습니다. 명철 씨는 제 이야기를 듣고 도선암으로 달려왔고요, 봉구 얼굴이라도 보고 떠나려고 들렀습니다."

센터 어머니가 봉구 어머니 손을 잡고 "가기는 어디로 간다는 거야, 이곳에 식구들을 두고 떠날 수는 있고?" 하셨다. 방에 있던 서원 씨가 신애를 안고 홀로 나왔다. 서원 씨는 봉구 어머니 손을 잡고 "못 보내 드립니다, 절대로…" 하면서 울먹였다. 부녀회장님이 울면서 끼어들었다. "누구 맘대로 떠나는데, 절대로 보내줄 수가 없는 일이고…" 하면서 흐느꼈다.

영철이와 봉구가 손을 잡고 일어나며 "우리가 도선암에 가서 옳고 그름을 확인하겠습니다" 하였고 명철 씨도 따라서 일어났다.

나는 다급하게 선을 그었다.

"따질 일이 있으면 내가 간다. 그러나 이 일은 아니다. 우리 식구들 전부가 옳다는 증인들인데 무엇이 부족해서 따져. 성경 말씀에 핍박을 받는 자는 복 있는 자라고 하시면서 천국을 보장해 주신 주님의 약속도 있는데, 천국이 싫소이다 하고 따지는 일을 옳다고 볼 수는 없는 일이기 때문이다."

내가 단호하게 얘기하자 영철이도 성은이도 봉구도 흐느꼈다.

나도 결단을 발표하였다.

"이제는 제가 두 분을 보내드릴 수가 없습니다. 집까지 고쳐놓고 이제인가 저제인가 기다리다가 저도 지쳐가고 있었습니다."

나는 뜸을 들이다가 식구들에게 물어보았다.

"오늘 날짜로 봉구 어머니와 명철이 아저씨를 우리 식구로 받아들이는 것이 옳다고 보는 것이 맞지요?"

우리 식구들은 뜨거운 박수로 환영하였다.

봉구가 내 가슴으로 뛰어들면서 "아빠!" 하고 큰소리로 부르짖더니 대성통곡을 하였다. 나는 봉구를 안고 등을 다독여주었다.

"우리 식구들은 봉구 어머니와 명철 씨를 영접해서 한식구로 살아가라는 하나님 아버지의 강권하심이 있는 일이다."

센터 어머니도 한말씀하셨다.

"급한 일이 되어서 제가 제안을 하겠습니다. 우선 두 분을 결혼부터 시켜주는 일이 순서라고 생각합니다."

우리 식구들은 모두 박수로 환영하였다.

이장님이 나서며 "요나 목사님이 계실 때 결혼을 하려면 서둘러야 할 것 같습니다" 하면서 나를 바라보았다. 나는 "날이 밝으면 형수님과 같이 부안읍에 나가서 혼수품도 구입하고 결혼반지도 구입해서 오후에 결혼하는 것으로 하면 될 것 같습니다" 하였다.

봉구 어머니가 명철 씨 손을 잡고 내게로 달려오더니 머리를 숙여서 감사를 하였다. "목사님, 감사합니다. 세상에서 버림받은 저희 두 사람에게 목사님은 천국을 마련해 주었습니다" 하면서 오열하였다. 나는 두 분 손을 잡고 "하나님께서 하신 일입니다" 하였다. 봉구도 "아빠, 감사합니다" 하면서 흐느꼈다. 나는 봉구에게 일러주었다. "오늘 밤에는 봉구가 어머니도 명철 씨도 모시고 함께 잠자리를 해주었으면 좋겠다"라고 하였다.

나는 승용차 조수석에 서원 씨를 태웠다. 센터 어머니는 신애를 안고 목사님과 나란히 뒷자리에 자리를 하셨다. 성은이는 신영이와 은혜와 영구를 데리고 영선이와 함께 영철이가 운전하는 봉고차에 올라서 양봉연구소로 갔다.

나는 센터 어머니로부터 신애를 받아서 안고 건넛방으로 와서 신애 잠자리를 만들어주고 우리 잠자리도 그 곁에다 만들었다.

신애가 깨어서 칭얼거리자 서원 씨는 옆으로 누워서 신애한테 젖을 물렸다. 신애는 젖을 먹더니 금방 잠이 들었다. 서원 씨가 내게로 돌아눕자 나는 서원 씨에게 팔베개를 해주었다.

"내가 서원 씨를 위해서 해줄 수 있는 일이 별로 없어서 안타까운 마음이요."

서원 씨는 미소를 띠면서 "세쌍둥이도 길러보아서 신애 하나 양육하는 일은 일도 아니라는 생각이 듭니다" 하였다.

서원 씨는 내 가슴을 열고 코를 묻었다. 나도 서원 씨 머리에 코를 묻고 잠을 청하였다. 들창을 두드리다가 선녀탕 계곡으로 발걸음을 돌리고 있는 바람 소리가 멀어져 갔다.

❈ ❈

아침 식사를 마치고 나는 봉고차를 이용해서 부녀회장님과 명철 씨와 봉구 어머니인 선실 씨를 태우고 등교하는 우리 아이들까지 태워서 부안읍으로 달려갔다.

아이들은 모두 결혼식에 참가하기 위하여 오전수업이 끝나면 조퇴를 하고 차로 나올 것을 약속하고 학교로 갔다. 오늘 독선각 자리에다 모래를 들이는 일은 최 장로님이 전담하기로 하였다.

나는 결혼반지를 맞추고 혼수품점에 들러서 신랑 신부 예복으로 한복을 구입하고 이부자리를 구입한 후에 미장원에 들러서 신랑 신부 화장을 시켰다. 신부 화장이 끝난 선실 씨는 아름다운 신부로 돌변하였다.

우리 아이들이 모두 조퇴를 하고 차로 나왔다. 나는 우리 식구들 점심 시간에 맞추어서 센터로 돌아왔다. 우리 식구들은 센터에 들어서는 신랑 신부에게 박수를 보내주었다.

점심 식사 후에 우리 식구들은 모두 교회에 모였다. 주례는 내가 섰고, 신부 입장은 이장님이 도왔다. 축가는 성은이 피아노에 영선이를 중심으로 영철이, 봉구의 합창으로 뜨겁게 이루어졌다. 예물교환이 있고, 성혼선언으로 결혼식은 마무리되었다.

신혼여행은 이장님의 다영호가 선도하였고, 신랑 신부는 서원호를 타고 명철 씨가 키를 잡았다. 나는 서원호에 올라서 봉구 어머니와 명철 씨 손을 잡고 기도를 드렸다. 험한 세월을 달려온 이들 부부에게 아름다운 성도의 교제가 있게 하시고, 하나님의 위로가 임하기를 기도드렸다. 끝으로 아들을 주시라고 기도드렸다. 내가 서원호에서 내림과 동시에 다영호는 포구를 빠져나갔고, 서원호도 뒤따라서 출발하였다. 우리 식구들의 환송을 받으면서 다영호와 서원호는 남쪽으로 달려갔다.

나와 우리 식구들은 포구 식당에 모였다. 센터 손님들은 모두가 예약 손님들로 센터 직원들이 일사분란하게 운영하고 있었다. 식자재도 활어 물량이 충분하게 준비되어 있어서 오늘은 비교적 한가한 날이었다.

최 장로님이 먼저 말문을 열었다. "봉구 어머님도 명철 씨도 봉구와 긴밀하게 연결되어 있는 것 같고, 기왕에 우리 식구가 되었으니 내력을 알았으면 합니다" 하셨다. 내가 거들었다. "이 일은 봉구 어머니와 학교를 같이 다녀서 잘 알고 있는 형수님이 설명해 주는 것이 옳다고 생각합니다" 하였다.

부녀회장님이 답변에 나섰다. "제가 드리는 말을 자랑이나 험담으로 생각하지 마시기를 당부드리겠습니다" 하면서 이야기를 시작하였다.

봉구 어머니인 선실 씨는 부모님과 함께 월남해서 아버지는 고등학교 수학선생님으로 계셨고, 어머니도 같은 학교 국어선생으로 계시다가 학교가 공습을 받고 붕괴될 때 부모님을 동시에 잃게 되어서 선실 씨는 하루아침에 고아로 전락하여 전쟁고아로 성장하였다. 부녀회장님은 선실 씨와 여중학교에서부터 고등학교를 졸업할 때까지 동창생으로 알고 지냈다.

선실 씨는 공부를 잘하였는데 특별하게 수학을 잘하였고, 암산하는 능력은 어느 누구도 선실 씨를 이기지 못하였다. 여고 3학년 때 실시한 전국 암산왕 선발대회에서 선실 씨가 장원을 하자, 은행감독원에서는 선실 씨를 특채로 선발해서 은행에서 근무하게 되었다.

선실 씨가 은행감독원에서 함께 근무하였던 대리와 결혼을 해서 첫아들을 낳았을 때만 해도 시가로부터 복덩어리 같은 며느리로 사랑을 받았다. 그때 청천벽력 같은 사건이 돌발하였다. 아이 돌이 되어서 돌잔치를 마치고 돌아오는 길에서 교통사고로 남편과 아이를 동시에 잃게 되자 선실 씨는 남편과 아들을 동시에 잡아먹은 저주받아야 할 괴물 며느리로 시가 식구들 눈들이 돌변하게 되었다.

　선실 씨가 실신상태로 몸져눕게 되자 남편과 아이의 천도제를 지낸다는 명분으로 선실 씨는 도선암에 보내졌다. 말이 좋아서 천도제이지 남편과 아들 따라서 죽으라는 뜻으로 선실 씨도 부녀회장님도 받아들였다.

　부녀회장님도 아이를 낳지 못한다는 구실로 시가에서 소박을 맞고 지금 살고 있는 집과 같이 쫓겨난 소박데기 신세로 살고 있을 때였다.

　선실 씨와 부녀회장님은 같은 소박데기 신세로 지서리에서 다시 만나게 되었다. 부녀회장님은 아이를 잃고 젖몸살로 고통 중에 있던 선실 씨와 함께 벧엘교회 사모님을 찾아가게 되었는데 때마침 벧엘교회 사모님은 성은이를 출산하여 성은이가 돌잔치를 바라보고 있을 때였다. 사모님은 젖이 불어난 선실 씨에게 성은이를 부탁하게 되었고, 이 일을 계기로 선실 씨는 벧엘교회에서 살다시피 하였다. 부녀회장님과 선실 씨는 성은이가 끈이 되어서 자연스럽게 벧엘교회에 출입하게 되었고, 사모님의 도움으로 믿음도 자라게 되었다.

　그때 도선암에는 갓 태어난 봉구가 업둥이로 들어왔다. 도선암에서는 선실 씨가 필요하게 되었고, 선실 씨에게는 봉구가 필요한 관계로 되었다. 선실 씨는 봉구를 통해서 젖몸살이 다스려졌고, 죽은 아들이 살아서 돌아왔다는 생각이 들면서 심리적으로도 안정을 찾아갔다.

　봉구가 돌이 지날 때쯤 선실 씨가 주지 스님에게 봉구를 아들로 줄 것을 요구하자 주지 스님은 그 대신 도선암에서 부엌일을 도와줄 것을 요구하였다. 선실 씨는 부엌일을 도와주는 대신 교회 출입하는 것을 허락해 달라고 해서 합의가 되었다.

　주지 스님의 허락이 떨어지자 선실 씨는 시가와 결별을 하였고, 차제에 봉구와 같이 일가창립을 하였다. 봉구의 성은 선실 씨의 성을 따랐고, 이름은 봉구가 업둥이로 오면서 손목에 차고 온 팔찌에 붙은 은방울 상단에 새겨진 '구'자에서 따와서 봉구라고 부르게 되었다.

　선실 씨는 도선암 생활을 하며 봉구를 업고 벧엘교회에 가는 것을 유일한 소망으로 삼고, 부녀회장님을 만나는 것을 유일한 기쁨으로 삼아서 안정을 찾아갔다. 벧엘교회에는 포구 식당 집 할머니가 영철이를 업고 나왔고, 성은이도 자라고 있어서 봉구는 성은이 누나와 영철이 형을 무척 따랐으며, 성은이와 영철이도 봉구를 무척이나 좋아했다.

　봉구가 세 살이 되어서 혼자서도 돌아다니게 되자, 도선암에서 봉구의 유일한 놀이터는 뒤뜰에 있는 벌통 앞이 되었고, 봉구는 항상 딸랑이가 달린 팔찌를 손목에 끼고 다녔다. 봉구의 손목에서는 은방울 울음소리가 항상 은은하게 들려왔고, 벌들도 봉구의 은방울 소리를 좋아하게 되었다. 봉구가 손목을 흔들어서 은방울 소리를 벌들에게 들려주면 벌들은 봉구를 감싸고 모여들었다.

　봉구가 초등학교에 들어간 후에는 석청 벌 관리가 자연스럽게 봉구에게 주어져서, 분봉하는 일부터 꿀을 채취하는 일까지 봉구가 전담하게 되었으며, 벌통 수도 늘어나서 200여 통이 되었고, 벌들이 꿀을 만들어서 도선암에 안겨준 연간 소득이 1억 원을 초과하게 되자 도선암에서 봉구의 위치가 확고해졌고, 덩달아 선실 씨의 위치도 확고해졌다.

　그런데 봉구가 초등학교 6학년이 되던 해에 벌통에 사단이 벌어졌다. 도선암에서 선녀탕 계곡에다 포교를 목적으로 독선각을 건축할 때였다. 도선암에서는 건축자금이 부족하자 봉구와 선실 씨를 의도적으로 출타시키고는 꿀을 전량 채취하고 벌들의 먹이통에 설탕물을 넣어준 일이 벌어지고 말았다. 벌들이 힘을 잃어갈 뿐 아니라 개체수가 급격하게 줄어드는 현상을 발견한 봉구가 벌 먹이통을 조사하게 되었고, 벌 먹이통에 설탕물로 가득하게 채워진 사실을 발견하게 되자, 봉구는 울면서 스님들이 고의적으로 살생을 저질렀다고 고래고래 소리를 질렀다.

봉구가 울면서 주지 스님 방으로 들어가서 주지 스님이 먹기 위해 둔 석청 꿀 두 병을 들고 와서 벌 두 통에 먹이로 넣어주었다. 그해 겨울이 지나고 따뜻한 봄날이 되자 석청을 먹인 벌 두 통만 살아 있고 200여 통의 벌들이 전멸하고 말았다.

벌 두 통은 생기가 넘쳐서 분봉이 시작되었는데, 봉구가 분봉 대비를 하고 벌통에 나가보았더니 벌 두 통이 흔적도 없이 사라지고 말았다. 석청 벌이 흔적도 없이 사라지자 봉구는 식음을 전폐하고 앓아눕게 되었고, 선실 씨는 봉구를 안고 울면서 벌을 찾아보기 위해서는 힘이 있어야 하니까 우선 밥부터 먹자고 달래었다.

봉구는 석청 벌이라는 이름은 석청 벌이 암벽을 좋아해서 붙여진 이름 같다는 생각을 하고 낙조대의 암벽을 우선하여 수색하기로 마음을 정하고 밥을 먹기 시작하였다. 봉구는 선실 씨한테 등반용 밧줄을 두 벌 사 달라고 부탁하였다.

봉구는 등반용 밧줄 사용법을 열심히 공부하더니 선실 씨와 같이 낙조대 암벽을 수색하기 시작하였다. 그날 오후 시간에 낙조대 암벽을 수색하는데 바위틈에서 자란 괴목 가지에 혁대가 꿰어서 공중에 매달려 있는 사람을 발견하고, 봉구는 선실 씨에게 큰소리로 외쳤다. 봉구는 나뭇가지에 매달린 사람을 묶어서 올려야 하니 예비밧줄 끝을 튼튼한 나뭇등걸에 매어주고 밧줄을 자신에게로 던져달라고 소리치면서 도와줄 사람을 찾아보라고 소리쳤다.

선실 씨는 예비밧줄 끝을 큰 나뭇등걸에 매고 예비밧줄을 봉구한테 던져주고는 근방에서 화목으로 사용할 마른 나뭇가지를 모으고 있던 스님 두 분을 불러서 합력하게 하였다.

봉구는 괴목 가지에 매달려 있는 사람에게로 접근해서 예비밧줄로 단단하게 묶은 다음 어깨로 받쳐서 올리고, 절벽 위에서는 선실 씨가 스님 두 분과 합력해서 들어올리는 방법으로 공중에 매달려 있던 사람을 절벽 위로 올렸다. 밧줄에 매달려서 올라온 사람은 정신은 없었지만 호흡도 맥박도 정상이었다. 스님 한 분이 실신한 사람을 업고 도선암 봉구 방에다 뉘었고, 봉구는 이불로 덮어 주었다.

실신했던 사람은 정신이 돌아오자 봉구를 안고 흐느꼈다. 선실 씨가 냉수 주발을 사내에게 내밀자 사내는 울면서 냉수를 들이켰다. 선실 씨는 냉수를 들이켜고 있는 사내의 등을 다독여주었다. 사내는 선실 씨에게 감사를 표한 후에, 본인의 신상에 대해서 자초지종을 차분하게 설명하여 주었다. 이 사람이 명철 씨였다.

명철 씨는 선실 씨 나이와 같았고, 전란 속에서 양부모를 잃고 고아로 자라온 삶이 선실 씨와 같았다. 명철 씨는 고아원에서 고등학교를 졸업하고 세탁소에서 일을 배우게 되었으며, 교회도 열심히 나갔다.

세탁소 주인은 명철 씨가 나가고 있던 교회의 장로님이었다. 명철 씨가 교회의 신임을 얻고 집사 직분까지 받게 되자, 장로님은 세탁소를 명철 씨에게 물려주면서 장로님 딸과 결혼을 시켜주었다. 명철 씨에게는 감사와 기쁨이 충만한 신혼이 시작되었다. 부인도 착해서 명철 씨를 열심히 도와주었다.

그날도 명철 씨가 고객들의 세탁물을 배달해 주고 돌아오는데 세탁소가 불에 타고 있었다. 명철 씨가 달려가서 부인을 찾았지만 부인은 중화상을 입고 응급 구호차에 실려 가고 있었다. 명철 씨가 응급 구호차를 따라서 병원에 도착했을 때 부인은 이미 싸늘한 주검이 되어 있었다. 명철 씨는 "하나님은 안 계셨다는 말인가?"라고 외치면서 부인을 안고 울었지만 부인은 돌아오지 않았다.

그날 이후 명철 씨는 방황하다가 차라리 중이 되어서 혼자 살겠다고 찾아온 곳이 도선암이었다. 도선암 대웅전에 들어서는 순간 십자가가 명철 씨 앞을 가로막아서 차라리 죽는 것이 낫겠다는 생각으로 달려간 곳이 낙조대 절벽 위였다. 명철 씨는 울다가 "하나님, 어디 계십니까?" 하면서 절벽 위에서 뛰어내렸다.

명철 씨의 이야기가 끝나자 선실 씨는 흐느끼면서 "하나님께서는 살아 계셨습니다" 하면서 봉구를 안고 울기 시작했고, 명철 씨도 울면서 "아멘" 하였다. 시간이 지나면서 선실 씨도 자기 신상에 관한 자초지종을 말하게 되었고, 두 사람은 하나님께서 함께하시는 만남이라는 생각을 가지게 되었다.

부녀회장님은 "명철 씨는 부안읍에서 옷가게를 하는 친구 집으로 가면서, 주일 낮 예배시간에 벧엘교회에서 선실 씨와 만나기로 약속을 하고 봉구와 선실 씨의 배웅을 받으면서 내려갔다고 합니다" 하면서 선실 씨와 명철 씨에 대한 소개를 마무리하였다.

봉구는 "엄마 일도, 명철이 아저씨 일도, 저를 비롯하여 우리 식구들과 함께 벧엘교회에 출석해서 신앙을 지켜온 일도, 하나님께서 하신 일이라는 생각으로 살아가고 있습니다" 하였다. 나는 봉구를 안아주면서 "아멘" 하였다. 우리 식구들은 모두 박수를 쳤다.

❃ ❃

다음 날 오후 늦은 시간에 이장님의 다영호와 명철 씨의 서원호가 포구에 도착하였다. 이번에는 홍어를 잡아서 물 칸에 실어왔다. 우리 식구들은 신혼 여행길에서 돌아온 명철 씨와 선실 씨를 환영하여 주었다.

주방요원들은 홍어를 수족관으로 옮겼다. 센터 어머니는 주방요원들에게 홍어탕을 만들도록 지시하셨다. 우리 식구들의 저녁 식사는 홍어탕이 중심이 된 잔칫상이 되었고, 신랑 신부에게는 피로연이 되었다.

명철 씨와 선실 씨는 목사님과 센터 어머니에게 큰절을 올렸고, 우리 식구들과도 인사를 나누었다. 저녁 식사가 끝나자 목사님은 신랑 신부를 비롯하여 우리 식구 모두에게 축복기도를 해주셨다.

최 장로님은 명철 씨네 살 집은 영철이네 집 2층이 되었고, 명철 씨는 세탁장 총괄 운영을 담당하게 되어 매월 판공비로 500만 원이 지급되고, 봉구는 명철 씨네 식구로 포함하며, 식구들 수당은 월 100만 원이라고 발표하였다. 우리 식구들은 박수로 화답하였다.

우리 식구들은 서원 씨와 부녀회장님이 정성을 들여서 꾸며놓은 신혼집을 방문하였다. 침실에는 침대와 아담한 옷장이 갖추어졌고, 거실에는 찻장과 텔레비전 그리고 소파까지 갖추어졌다.

선실 씨는 서원 씨 손을 잡고 "우리 강도사님 방에는 침대도 없는데" 하면서 흐느꼈다. 우리 식구들은 찬송가 82장을 찬송하면서 박수로 축하해 주었다.

✱ ✱

다음 날 나는 최 장로님과 함께 독선각 터에 만들어놓은 모래사장을 둘러보고 암벽에 조성된 셀을 살펴보았다. 얼핏 보기에는 발코니가 일직선으로 갖추어진 아파트 전면을 보고 있다는 느낌이 들었다. 발코니 위에는 위아래로 두 개의 창문이 질서정연하게 갖추어진 형태였다.

아래 창문 안에는 분봉할 벌통이 놓이게 되고, 위 창문 안에는 분봉 후에 분양할 빈 벌통이 놓일 자리라고 했다. 최 장로님은 설명하면서 자랑스러워하는 모습이었다. "제가 양봉기술을 연수하기 위하여 일본 홋카이도 농과대학에서 배워온 양봉 시설입니다. 벌들이 분봉할 때는 벌 춤이라고 하는 동작으로 무리가 이동해가는 과정을 연습하게 되는데, 셀 형태의 시설은 분봉 시에 야기되는 벌들의 손실을 막아주는 중대한 의미가 있고, 햇빛과 바람과 온도와 청결상태를 최상의 상태로 유지한다는 장점이 있으며, 짐승들의 접근을 막아주는 시설이라고 생각합니다"라고 자랑스럽게 말하였다.

최 장로님은 "시설비용은 많이 들었지만 다량의 토종벌을 국민들에게 분양하기 위해서는 효율적인 시설이라고 생각합니다" 하시면서 일본에도 아직은 일반화되지 않은 시설이라고 했다. 최 장로님은 과거에 태백산 보급소 시설로는 1년에 300농가로 보급하기가 어려웠지만 우리 양봉단지가 분양하게 되면 1년에 4,500농가에 분양해 줄 수 있는 시설을 갖추게 되었다고 흐뭇한 표정이 되었다. 나는 마음속으로 하나님께 감사기도를 드렸다.

나는 최 장로님과 함께 경비실에 들렀다. 경비인력 10명으로 양봉 관리와 야생화 단지 관리까지 이루어지고 있었다. 경비업무나 관리업무가 전자시스템으로 기계화되어 있어서 적은 인력으로도 능히 진행되고 있었다.

나는 최 장로님과 함께 승압 펌프장을 들러서 명철 씨가 운영하고 있는 세탁장에 들렀다. 세탁장에서는 건조된 세탁물을 수거해서 다리미질이 한창이었다. 선실 씨가 반갑게 맞이하였다. 명철 씨는 다리미질이 끝난 세탁물을 객실요원들에게 전달하고 탁자로 나왔다. 나는 "쉬어가면서 하세요" 했다. 명철 씨가 "객실 세탁물은 시간을 맞추어서 공급이 이루어져야 하기 때문에 이 시간대가 바쁘고 세탁물을 객실로 보내고 나면 한가한 시간이 됩니다" 하였다.

나는 "오늘은 봉구가 무엇을 하고 있나 보러 왔습니다" 했다. 나는 선실 씨를 따라서 미나리깡으로 갔다. 미나리깡 맨 위 다랑이를 비닐하우스로 만들고 미나리와 함께 물고기 치어를 기르고 있었다.

선실 씨가 설명을 하였다.

"자라고 있는 치어는 향어라고 하구요, 수량은 50만 마리라고 합니다. 향어는 자연 증식이 안 되는 물고기인데 성어가 되면 마리당 6천 원에 횟집과 유료 낚시터로 팔려 간다고 합니다."

내가 질문하였다.

"사료값 등 경비가 꽤 드는 일 같은데요?"

선실 씨가 "처음에는 심심풀이로 알고 제가 용돈처럼 주었고요, 지금은 연구수당이 나와서 경비는 충분하다고 하였습니다" 했다. 비닐하우스 한쪽에는 책상도 있고, 책상 곁에는 야전 침대도 있고, 세면도구도 갖추어져 있었다.

그날 저녁 식사가 끝나고 나는 이장님과 같이 최 장로님네 집을 찾아갔다. 저수지 건너편에 있는 늪지도 불하해서 봉구 민물고기 시험장으로 사용하면 좋겠다는 의견을 이야기하면서 불하받는 일은 최 장로님이 힘써달라고 부탁을 하였다.

순실 집사님이 커피를 내왔다. 나는 집사님을 보고 "강도사님 말에 의하면 사내아이라고 하던데요?" 하였다. 순실 집사님은 "네, 목사님. 사내아이가 맞아요" 하면서 미소를 지었다.

집으로 돌아와 거실로 들어가자 서원 씨 혼자서 나를 기다리고 있었다. 밖에는 어둠이 짙게 깔려들고 있었다. "주무시지 않구요?" 했다. 서원 씨는 "목사님 오시면 같이 자려고요" 하였다. 나는 서원 씨 손을 잡고 우리 방으로 왔다. 신애는 침대에서 깊은 잠에 취해 있었다.

서원 씨는 신애 침대 아래다 우리 요를 펴고 요 위에 앉았다. 나는 간단하게 목욕을 하고 서원 씨 곁에 누워서 팔베개를 해 주었다.

나는 서원 씨를 바라보고 말했다.

"일이 얼추 끝난 것도 같고 미진한 것 같기도 해서 가늠이 되질 않습니다."

서원 씨가 물끄러미 나를 바라보더니 "결국은 이번 휴가도 일만 하다가 가시는 것 같아서 마음이 무거워요" 하였다. 나는 "열매들이 아름답지 않습니까? 나는 열매들만 보고 있으면 피곤이 사라지곤 합니다" 했다.

서원 씨는 "제대하시면 목사님이 벧엘교회를 맡아 주셔야 한다는 것은 알고 계시지요?" 하였다. 나는 신중하게 말문을 열었다.

"우리 두 사람은 먼저 가지 맙시다. 아마도 벧엘교회는 강도사님이 이끌어가게 될 것 같은데요? 강도사님이 맺어 놓은 열매들을 생각하셔야지요. 어쩌면 저는 신학교로 복귀할 것 같다는 생각이 듭니다. 신학교 총장님은 신학교 교목으로 이래교회를 맡아달라고 하실 것 같고요. 저나 아버지 목사님이나 강도사님의 동역자로 있을 수밖에 없다는 것은 분명한 일이고 당연한 일이 아니요? 목회는 열매를 통해서 사랑의 진실도, 주님의 제자 되는 요건도 확인되고 있다고 보는 것이 옳다고 봅니다."

서원 씨가 이어갔다.

"저는 사랑의 싸개일 뿐, 머리는 될 수 없지요. 목사님은 제 머리가 되시니 벧엘교회를 맡아주시는 것이 옳다고 생각해요."

나는 서원 씨를 안아주며 힘주어 말했다.

"우리는 할 수 없어도 주님께서는 능히 하실 수 있다는 믿음은 어떻게 하구요? 또 하나는 역사적으로 주님의 성육신을 생각해 볼 때, 저로서는 의로운 요셉이는 될 수 있어도 성모 마리아는 될 수 없다는 역사적 사실은 어떻게 하구요? 교회는 또 다른 성육신으로 바라본다면 강도사님의 열매 맺는 목회는 교회를 세워가는 데 가장 이상적이라고 생각하고 있습니다."

나는 덧붙여 말했다.

"제가 알기로는 목회는 머리나 입으로 하는 것이 아니요, 가슴으로 해야 한다는 원칙에 비추어볼 때, 식구 됨의 원리로 열매 맺는 강도사님의 목회관이 바람직하다는 생각입니다."

나는 또 뜸을 들이다가 말을 이었다.

"너무 멀리 가지 맙시다. 주님 발자취를 잃을까 염려되고, 주님보다 앞서 갈까 두렵습니다. 그리고 우리가 잊지 말아야 할 것이 있습니다. 서원 씨도 나도 전부를 주고 이루어진 사랑이고, 믿음 안에서 한 몸을 이룬 주님의 교회라는 점입니다. 우리의 결합을 두고 말씀하신 바울 사도는 '그 비밀이 크도다' 하셨는데, 교회를 두고 말씀하신다고 하였습니다. 요약하면, 우리의 결합은 또 다른 성육신이라는 사실을 잊어서는 안 될 것입니다."

서원 씨가 내 가슴을 콩콩 두드리더니 "아멘" 하였다. 그러고는 내 가슴을 열고 코를 묻더니 잠을 청했다. 나도 서원 씨 머리에 코를 묻고 잠을 청하였다.

파도 소리를 타고 달려와서 들창을 두드리던 갈매기 울음소리가 잠결에 아득하게 멀어져 갔다.

나는 다음 날 아침 식사를 마치고 식구들의 배웅을 받으면서 귀대하였다. 큰 눈에 눈물이 가득 고인 채로 아쉬워서 손을 흔들고 서 있는 서원 씨를 뒤돌아보면서 나는 "아버지…" 하고 되풀이해서 불러보았다.

또 한 해가 지나갔다.

서원 씨가 보내온 소식에 의하면, 센터 어머니는 금년 1월에 아들을 순산해서 목사님은 요셉이라는 이름으로 불러주셨고, 순실 집사님도 같은 달에 아들을 순산해서 최 장로님은 이름을 대수라고 지었다고 했다. 선실 씨도 금년 5월달에 아들을 순산해서 명철 씨는 아이 이름을 창수라고 부르고 있다고 하였다.

우리 식구들에게 한 사람도 빠짐없이 아들을 주신 우리 아버지의 무한하신 사랑에 감사해서, 나는 아버지 앞에 감사기도를 드렸다.

나는 군 생활을 마무리지어 가면서 15일간의 마지막 정기휴가를 얻고 그해 8월 20일자로 지서리를 향해서 출발하였다. 녹색 생명의 바다를 이루고 있는 광활한 김제 들녘을 한 줄기 하얀 외길로 가르고 부안을 향해서 달려갔다.

변산반도를 휘돌아가는 해안도로에 접어들자 열린 창을 통해서 스쳐 가는 바람에 실려온 비릿한 바다 내음이 친근감으로 다가왔다.

오전 11시경에 지서리 벧엘교회 앞에 도착하였다. 서원 씨는 신애를 안고 교회 앞에 서 있다가 내게로 달려와 "보고 싶었어요" 하면서 반가워서 울먹였다. 나는 신애를 안고 서원 씨와 같이 교회로 들어갔다. 잠깐 기도하고 서원 씨와 같이 차에 올라서 센터로 향하였다.

신애는 나를 보고 "아빠! 아빠!" 하였다. 요셉이를 안고 계시던 센터 어머니도 부녀회장님도 반갑게 맞이하였다. 내가 신애를 서원 씨한테 맡기고 요셉이를 받아서 안고 "요셉이 아우님, 아버님 같은 훌륭한 목사님이 되십시오" 하면서 안아주자 요셉이가 까르르하고 웃었다.

센터 어머니는 나를 보시고 울먹거리셨다. 나는 요셉이 손을 센터 어머니 손에 올려주면서 "하나님께서 기뻐하십니다"라고 했다. 오전 낚시를 마치고 바다에서 돌아오신 목사님과 이장님이 센터로 들어서자 뒤를 이어서 최 장로님과 박 장로님도 들어서셨다. 목사님은 나를 안아주시면서 반가워하셨다. 센터 어머니는 요셉이를 안아 가셨다.

점심 식사 손님으로 홀이 가득해지자 우리는 자리를 포구 식당으로 옮겼다. 목사님은 내 손을 잡고 소파에 앉으셨다. 최 장로님이 말문을 열었다.

"저수지 건너편에 있는 늪지 불하는 힘들 것 같습니다. 백방으로 알아보았지만 개인에게는 불하가 불가능하다는 입장으로 결론이 났습니다."

나는 최 장로님 손을 잡고 "괜히 장로님만 고생하셨습니다. 하나님께서 주실 것입니다"라고 했다. 모두 한목소리로 "아멘" 하였다.

최 장로님이 얘기를 이어가셨다.

"국가에서는 우리 양봉단지가 자리를 잡아가자, 씨벌 1,500통의 밀원 조성을 목표로 부안군이 시행처가 되고, 농림부 감리 팀이 이곳에 상주하면서 반지를 중심으로 4킬로 이내에 밀원목 식재가 대대적으로 이루어지고 있습니다."

점심 식사 후에 우리 식구들은 교회에 모였다. 아이들 세례 받는 일로 서원 씨가 연락을 해서 모인 것 같았다. 서원 씨의 열매 맺는 목회가 결실되어 가고 있는 일면을 보여주는 것이라는 생각이 들었다.

서원 씨가 내게 말문을 열었다.

"오늘 유아세례는 요나 목사님이 집전하시고 말씀 증거도 해주십시오. 저도 아버지 목사님도 아이들 세례 때문에 세례를 집전할 수가 없습니다."

나는 찬송가 94장을 찬송하고 말씀 증거에 들어갔다. 요한복음 15장 1절부터 16절까지를 봉독하였다.

"오늘은 '열매 맺는 삶의 필연성과 당연성'에 대한 말씀을 증거하겠습니다. 말씀에 들어가기 전에 우리가 간직하고 있어야 할 전제조건은 포도나무 되시는 주님께서 포도나무 가지로 있는 우리에게 주신 말씀이라는 깨달음입니다. 따라서 줄기로 계시는 주님과 가지로 있는 우리의 관계는 생득적으로 필연적인 연합관계에 있다는 사실입니다. 다시 말하면, 주님과 분리된 우리의 존재는 있을 수 없다는 깨달음입니다.

또 하나는 열매를 얻기 위해서 포도나무 가지를 다듬어주고 거름을 주고 물을 주시는 농부가 되신 하나님 아버지께서 바라시는 오직 한 가지는 열매에 집중되어 있다는 사실입니다. 그래서 열매는 아버지께 기쁨이 되고 영광이 된다는 사실입니다. 따라서 하나님과 우리의 관계는 당연관계에 있음을 알고서 말씀에 들어가는 것이 옳다는 생각입니다.

우리에게 사랑으로 임하시는 주님을 우리는 생명의 싹개로 영접해서 열매로 맺어갈 때 하나님께 영광이 되고 기쁨이 되는 열매로 결실되어 간다는 사실을 명심하시고, 서로 사랑하는 성도의 교제가 우리 식구들 간에 이루어지기를 간절하게 축원합니다.

우리는 사랑할 수밖에 없는 사람들로 태어났고, 당연하게 열매 맺을 수밖에 없는 사람으로 태어났다는 사실을 다 같이 아멘으로 시인합시다. 하나님 아버지께는 우리가 맺은 열매가 기쁨이 되고 영광이 되며, 우리에게는 상급이 된다는 사실 앞에도 아멘 합시다."

나는 말씀 증거를 마치고 세례를 집전하였다. 이장님과 부녀회장님은 장수 손을 잡고 맨 먼저 나왔다. 부녀회장님 눈에서는 쉴 새 없이 눈물이 뺨을 타고 내렸다. 나는 장수에게 세례를 주었다. 나는 부녀회장님과 이장님 손을 잡고 "전능하신 하나님 아버지께서는 장수 어머니를 장한 어머니로 만들어주셨고, 상급으로 장수를 주셨습니다. 하나님께서 기뻐하십니다" 하였다. 부녀회장님은 "아멘" 하면서 이장님 손을 잡고 흐느끼셨다.

서원 씨는 신애를 안고, 순옥 집사님은 영수를 안고 나란히 섰다. 나는 신애한테도 영수한테도 세례를 주었다. 나는 서원 씨 손을 잡고 "강도사님은 하나님께서 함께하십니다. 힘내십시오" 하였다. 서원 씨가 "아멘" 하였다. 나도 "아멘" 하였다. 이어서 박 장로님과 순옥 집사님 손을 잡고 "하나님께서 기뻐하십니다" 하였다. 박 장로님도 순옥 집사님도 "아멘" 하면서 흐느끼셨다.

센터 어머니는 요셉이를 안고 목사님과 나란히 섰고, 순실 집사님은 대수를 안고 최 장로님과 나란히 섰다. 나는 요셉이와 대수한테 세례를 주었다. 나는 "아버님 어머님, 기뻐하십시오, 하나님께서 기뻐하십니다" 하였다. 센터 어머님 눈에 눈물이 가득 고였다. 나는 손수건을 꺼내서 눈물을 닦아드리면서 "마음 아파하지 마십시오, 하나님 아버지의 위로가 계십니다" 하였다. 센터 어머니도 목사님도 "아멘" 하셨다. 나는 순실 집사님과 최 장로님 손을 잡고 "집사님의 아름다운 헌신을 하나님께서 받으시고 대수를 상급으로 주셨습니다" 했다. 순실 집사님도 최 장로님도 흐느끼면서 "아멘" 하였다.

선실 씨는 창수를 안고 명철 씨와 나란히 섰다. 나는 창수한테 세례를 주었다. 나는 선실 씨와 명철 씨 손을 잡고 "하나님 아버지께서 기뻐하십니다. 선실 씨의 아름다운 헌신을 보시고 상급으로 봉구와 창수를 주셨습니다" 하였다. 선실 씨도 명철 씨도 울먹이면서 "목사님, 감사합니다" 하였다.

우리는 다 함께 우리 집 거실로 갔다. 다과상이 차려졌고 선물도 준비되었다. 나는 "이번에 세례받은 아이들에게 벧엘교회에서 마련한 선물로 우리 아이들이 소유하고 있는 사업소유권을 공동으로 소유하는 권리를 선물로 준비하였습니다. 이 일은 이장 형님과 최 장로님이 수고해 주십시오" 하였다. 그리고 "우리 하나님께서는 거친 세상을 살아갈 때에 능히 견뎌낼 수 있도록 사랑하는 자녀들에게 옷을 입혀 주신 것입니다"라고 하였다. 이장님도 최 장로님도 "아멘" 하셨다. 우리 식구들은 모두 박수로 화답하였다.

아이들 기념촬영을 끝으로 식구들이 일어서는데 봉구가 들어왔다.
"센터에 손님이 오셔서 아빠하고 엄마를 찾으셔요."
센터 어머니는 요셉이를 목사님에게 맡기고, 나는 신애를 안고 서원 씨와 같이 봉구를 앞세우고 센터로 갔다. 우리를 기다리던 손님이 자리에서 일어났다. "맹서원 선생님, 오랜만입니다" 하시면서 손을 내밀었다. 순간 서원 씨는 멈칫하다가 "강릉 양식장 사장님 아니십니까?" 하면서 반갑게 손을 잡았다. 나도 반갑게 사장님 손을 잡고 인사를 드렸다. 사장님은 "그러니까 그때가 두 분 선생님 신혼길이었던 게 맞지요?" 하셨다. 나는 "맞습니다, 사장님" 하며 사장님 손을 잡고 식탁을 마주하고 앉았다.

객실 손님과 예약 손님들의 식사는 끝나고 일반 관광객들 식사가 이루어지고 있었다. 서원 씨는 주방에 사장님 식사를 주문하였다. 나도 서원 씨도 사장님과 함께 점심상을 받았다.

센터 어머니는 홍어찜과 전어구이를 중심으로 점심을 내오셨다. 서원 씨가 센터 어머니에게 강릉 사장님을 소개하였다.

"강릉에 있는 수산자원연구센터 사장님이시구요…"

센터 어머니께서 사장님에게 인사를 하셨다. 이어서 센터 어머니를 사장님께 소개하였다.

"저희 어머니 되시는 노희환 한국 전통요리 요리장이십니다."

사장님은 "신문지상을 통해서 선생님 존명은 익히 알고 있습니다" 하셨다. 사장님은 식사를 맛있게 드셨다. 식사 중에 센터 어머니는 팔선주를 내오셨다. "홍어찜 요리는 술과 함께 먹는 요리가 되어서요" 하면서 사장님 잔에 팔선주를 따라주셨다. 사장님은 잔을 들고 향을 음미하시더니 "향이 아주 좋습니다" 하셨다.

식사가 끝나자 사장님이 먼저 말문을 여셨다.

"제가 오늘 이곳을 급하게 찾아온 이유는, 6년 전에 선생님들이 저희 연구센터에 기증한 재방어들이 해마다 산란을 잘해 주어서 분양을 하였는데, 저희 연구센터 내규에는 산란 중에 있는 물고기를 기증하신 분에게는 분양대금의 10분의 1을 지급하는 것으로 되어 있습니다. 그동안 선생님들께서 기증하신 재방어 분양대금이 총 60억 6천만 원이 되었고요, 총 분양대금의 10분의 1을 계정한 금액이 6억 600만 원이 되었습니다. 그동안은 저희 연구실이 보관하고 있다가 마냥 보관하고 있을 수가 없어서 찾아오게 된 것입니다."

사장님은 6억 600만 원을 국고수표로 나에게 주셨다. 서원 씨와 나는 영수증을 해 드리고 감사하게 받았다.

나는 뜸을 들이다가 사장님에게 질문하였다.

"수산자원연구센터에서는 민물고기 연구도 포함하고 있습니까?"

사장님은 "우리 연구센터에 민물과가 있습니다. 민물고기로는 송어 양식을 하고 있습니다" 하셨다. 나는 반기면서 사장님께 간절하게 물어보았다. "저희가 풀지 못하고 있는 숙제가 하나 있습니다. 사장님께서 도와주실 수 있다면 도움을 받고 싶습니다"라고 말하자 사장님은 의아한 눈으로 나와 서원 씨를 번갈아 보셨다.

나는 사장님을 우리 차에 모시고 야생화 단지를 경유해서 양봉연구소를 보여드리고, 곧바로 봉구가 만들어논 미나리깡에 있는 향어 치어 양식장으로 갔다.

나는 사장님을 보면서 말했다.

"우리 교회에 나오고 있는 고등학생인데 석청 벌을 길러서 양봉단지를 세워놓더니, 이제는 민물고기 연구에 심취해 있습니다. 우리가 가지고 있는 저수지는 야생화 단지를 조성하는 일과 석청 벌이 분봉할 때 용수로 사용하고 있는 실정이고요, 저희 저수지 옆에 있는 늪지를 매입할 수만 있다면 민물고기 양식사업의 연구용으로 만들어주고 싶은데 국유지가 되어서 어려움을 겪고 있습니다."

사장님은 미나리깡 속에서 자라고 있는 향어 치어를 보고 "본래는 미나리깡으로 사용하고 있던 곳이고, 지금도 미나리깡으로 쓰시는 데도 지장이 없고요! 도리어 미나리는 고기 때문에 건강하게 자라나고, 고기 또한 미나리 때문에 건강하게 자라고 있습니다" 하면서 탄복하셨다.

나는 봉구에 대한 소개를 이어갔다.

"고등학교 1학년이고, 성은 봉가에 이름이 구가 되다 보니까 성과 이름을 함께 부르고 있습니다."

순간 사장님이 깜짝 놀라며 "이름이 재미있는 학생입니다. 고등학교 1학년 학생이라고요?" 하셨다. 나는 "믿음이 가는 학생입니다. 신앙심도 좋고요" 했다.

우리 저수지를 거쳐서 건너편에 있는 늪지로 가서 나는 늪지 상황을 설명하고, 봉구가 추진하고 있는 민물고기 연구에 대해서 자초지종을 설명하면서 늪지 불하가 불가피한 상황에 있음을 설명드렸다.

사장님은 깊이 생각하시더니 말문을 여셨다.

"문제는 국가에서 사용하는 데는 문제가 없지만, 개인이 사용하는 데는 어려움이 있다는 뜻인데, 선생님 두 분께서 강릉에 있는 저희 연구실에 들러주셔야 하겠습니다."

사장님이 뜸을 들이시더니 자세히 설명하셨다.

"선생님이 추진하고 있는 민물고기 연구에 관한 사업계획서를 첨부해서 저희 연구센터에서 사업계획서를 작성하고, 선생님이 국가 양식사업에 끼친 공로를 부각하여서 저희 연구소가 사업계획서를 국가에 제출하는 방식이 되겠습니다. 선생님 두 분이 추진하고 있는 민물고기 연구 사업에 늪지 불하가 필수적 전제조건으로 제시한다는 취지입니다."

나는 사장님 손을 잡고 감사를 표하였다. 사장님은 "어쨌든 선생님 두 분은 저희 강릉 연구실에 들러주셔야 할 일이 있습니다. 선생님들께서 기증하신 재방어를 금년도 산란이 끝나면 자연의 품으로 돌려보내기로 되어 있는데, 재방어를 방생할 때 선생님 두 분의 노래를 들려주자는 저희 연구관들의 간곡한 요청이 있어서요" 하셨다. 나는 "이번 늪지 일도 하나님께서 계획하시고 함께하신다는 느낌이 왔습니다" 하였다. 사장님은 "아멘" 하셨다.

나는 "재방어가 돌아가는 시기는요?" 했다. 사장님은 "지금 산란준비가 시작되었으니까 다음주 월요일 오후가 산란 예정시간입니다" 하셨다. 나는 "다음주 월요일에 일찍이 출발하겠습니다" 하였다.

사장님이 간절히 당부하셨다.

"오실 때 봉구 학생도 같이 왔으면 하는 바람이 있습니다. 연구서적도 주고 싶고요."

서원 씨와 나는 봉구도 함께 가겠다는 약속을 드리고, 사장님과 함께 센터로 돌아왔다. 서원 씨는 선물 보자기에 곱게 싼 석청 두 병을 사장님 차에 실어 드렸다. 사장님은 센터 어머니와 우리 식구들의 배웅을 받으면서 출발하셨다.

저녁 식사 때가 되어서 우리 식구들은 포구 식당에 모두 모였다. 나는 식사 후에 식구들에게 강릉 수산자원연구센터에서 이곳에 방문한 자초지종을 설명하면서 서원 씨와 나에게 6억 6백만 원이 지급되는 내력에 대해서도 설명을 해주었다. 이어서 늪지가 불하될 것 같다는 설명도 곁들여서 하였다. 목사님도 최 장로님도 놀라셨다. 목사님은 "하나님께서 하신 일이시다" 하셨다. 나도 서원 씨도 "아멘" 하였다. 최 장로님도 이장님도 박 장로님도 "아멘" 하셨다.

내가 말했다.

"오늘 강도사님과 제가 수령한 배당금 6억 6백만 원은 벧엘교회 장학기금으로 사용하는 것이 좋겠다는 생각을 하였습니다. 정식으로 장학재단이 설립되기 전에는 아버지 목사님과 센터 어머니 통장에다 보관하고 있겠습니다."

우리 식구들은 모두 박수로 기뻐해 주었다.

나는 "우리 민물고기 사업계획서가 완성되면 다음주 월요일에 봉구를 데리고 강도사님과 같이 강릉 수산자원연구소에 다녀와야 할 것 같습니다"라고 덧붙였다.

그날 밤 나는 서원 씨와 함께 봉구가 미나리깡을 비닐하우스로 꾸며 민물연구실로 사용하고 있는 곳으로 찾아갔다. 나는 봉구와 의논해서 사업계획서를 작성하였다. 어둠이 짙게 내린 늦은 밤이 되어서야 나는 서원 씨 손을 잡고 집으로 돌아왔다.

나는 석청사업을 비롯해서 민물고기 양식사업에 이르기까지 봉구가 우리 사업의 시발점이 되고 있다는 사실을 가슴속에 새겨 담았다. 어린 봉구를 통하여 사업을 펼쳐가고 계시는 하나님 아버지의 손길이 느껴지는 순간이었다. 나는 서원 씨 손을 힘주어서 잡고 "아버지…" 하고 불러보았다.

나는 "아마도 봉구는 하나님께서 우리에게 보내주신 사자라는 생각이 내 가슴속에서 이어지고 있습니다" 했다. 서원 씨가 거들었다. "그렇다면 봉구는 목사님의 동역자인가요?" 하였다. 나는 "마음속에다 새겨 담아 두십시오. 내가 강도사님의 열매 맺는 목회의 동역자라는 사실도 함께 새겨 담아 두십시오" 하였다. 서원 씨가 "아멘" 하였다.

나는 집에 도착해서 서원 씨 가슴에서 곤하게 잠이 든 신애를 안아서 아기 침대에 누였다. 나는 신애 침대 곁에 우리 요를 펴고 서원 씨를 바라보았다. 서원 씨가 내 옷을 잠옷으로 갈아입혔다. 나도 서원 씨에게 잠옷을 입혀주었다. 나는 서원 씨를 안아서 요에 누이고 팔베개를 해 주었다. 서원 씨는 내 가슴을 헤치고 코를 묻어왔다. 나도 서원 씨 머리에 코를 묻고 잠을 청하였다.

파도 소리가 들창 앞까지 와서 기웃거리다가 선녀탕 계곡을 향하고 돌아서더니 멀어져 갔다.

❋ ❋

월요일 아침 6시가 되었다. 나는 아침 식사 전에 센터 어머니와 아버지 목사님에게 완성된 양식장 사업계획서를 보여드렸다. 목사님은 "이 일도 봉구가 시작한 일이고! 석청 벌 사업만큼이나 무한한가?" 하셨다. 나는 "아직은 모르겠지만 석청 벌 사업보다도 더 무한한 것 같다는 생각이 들고요, 이 일은 아버지와 센터 어머니의 합심기도가 필요한 사업이라는 생각이 듭니다" 했다. 목사님은 "이 일도 하나님께서 하시는 일이다. 애비를 통해서"라고 하셨다. 나는 "저도 그렇게 믿고 있습니다" 하였다.

아침 식사 후에 나는 서원 씨와 강릉에 갈 채비를 하고 있는데 봉구가 찾아왔다. 서원 씨가 의아한 눈빛으로 "이 시간에 무슨 일로?" 하고 묻자 봉구는 "아빠한테 급하게 승낙받을 일이 있어서요. 강릉 가실 때 영선이랑 같이 가도 될까를 여쭤보려고요" 했다. 내가 "안 될 거야 없지만, 영선이도 가고 싶다고 하였고?" 했다.

서원 씨가 거들었다. "영선이 어디가 좋은데?" 하였다. 봉구는 "전부요" 했다. 서원 씨는 "너도 아빠처럼 되려고?" 하였다. 봉구가 "저는 아빠처럼 되는 것이 저의 꿈인데요" 하자, 서원 씨는 "돈도 싫다, 권세도 싫다, 1등도 싫다고 떠나온 사람인데?" 하고는 웃고만 있는 봉구를 유심히 들여다보더니 "봉구 너 진짜로 천사냐?" 하였다. 봉구는 "아빠만 아십니다" 하였다. 나는 봉구를 안아주면서 "영선이랑 같이 가자" 했다. 봉구는 "아빠, 감사합니다" 하면서 뛰어나갔다. 봉구는 박 장로님네 집으로 달려간 것 같았다.

나는 신애를 안고 서원 씨와 차에 올라서 시동을 걸었다. 서원 씨는 신애를 안아 갔다. 나는 박 장로님 댁으로 차를 출발하였다. 봉구는 영선이와 함께 거실에서 나왔다. 나는 영선이를 보고 "엄마 아빠 승낙은 받아놓았고?" 하였다. 박 장로님이 거실에서 나오시면서 "내가 승낙을 거절했다가는 영선이 등쌀에 곤욕을 치르게요?" 하셨다. 내가 "이번 여행이 봉구 일이다 보니까 봉구가 영선이한테 부탁한 모양입니다"라고 했다.

나는 봉구와 영선이를 뒷자리에 나란히 태우고 출발하였다. 순옥 집사님도 영수를 안고 집 앞에 나와서 배웅해 주었다.

나는 뒷자리 의자를 넓게 해서 신애 침대로 사용할 수 있게 만들어주었다. 신애 때문에 승용차를 두고 봉고차를 타고 가기로 하였다. 서원 씨는 신애를 영선이한테 맡기면서 "유아교육 시간이다. 봉구도 함께" 하였다. 신애는 영선이 품에 안겨서 우유를 먹더니 이내 잠이 들었다.

나는 테이프를 골라서 틀어놓았다. 서원 씨가 카네기홀에서 만들어온 "트로이메라이" 원어 송이었다. 끝없이 펼쳐지고 있는 짙푸른 김제 들녘을 외길로 곧게 뻗어나가고 있는 하얀 길을 따라서 북쪽을 향하여 달려갔다. 여름 끝자락에 놓인 들녘은 열매를 맺느라고 분주한 생명들의 물결이 녹색 바다를 이루고 있었다.

점심때를 바라보는 시각에 소양강을 끼고 뻗어나간 경춘가도에 도착하였다. 길가에 핀 코스모스 꽃이 화사한 미소를 띠고 우리를 반겨주는 것만 같았다.

　강촌교를 뒤로하고 가슴을 활짝 열고 우리를 반겨주는 의암댐을 지나자 서원 씨와 나만의 비밀을 품고 있는 전원 식당이 잔잔한 설렘으로 우리를 맞이해 주었다. 우리는 전원 식당에서 한식으로 점심을 먹고 다시 강릉을 향하여 출발하였다.

　우리 차는 백사장을 끼고 솔숲 속에 숨어 있는 민박집에 도착하였다. 내가 고향집에 들어서는 설렘으로 마당에 차를 세우자, 아주머니가 알아보고 뛰어나오셨다. 서원 씨 손을 잡고 눈물이 글썽하시더니 신애를 안아 가셨다. 아주머니는 "첫째 아이입니까?" 하셨다. 서원 씨는 "둘째 아이입니다. 첫째 아이는 사내아이고요" 했다.

　민박집도 2층으로 리모델링이 되어서 정갈한 느낌을 주었다. 2층에서 아저씨가 우리를 발견하고 서둘러서 내려오셨다. 서원 씨가 아저씨 손을 잡고 "아저씨, 교회는요?" 하였다. 아주머니가 "교회에 출석이 나보다 더 열심이셔요. 교회 봉사도 열심이시고요, 장로님이 되셨는데요?" 하셨다. 서원 씨는 싱글벙글 웃고 있는 아저씨 손을 잡고 흔들어주었다. "장로님, 승리하셨네요!" 하였다. 아저씨는 서원 씨 손을 잡고 소년처럼 좋아하였다. 우리들 사이에 어느새 떨어져 있으면 보고 싶고, 만나서는 서로 기쁨을 주고받는 사이로 성도의 교제가 자리매김되어 있는 것을 보고 감사하였다. 나도 아저씨 손을 잡고 "장로님, 축하드립니다" 하였다.

　봉구는 영선이 손을 잡고 솔숲을 지나가더니 백사장으로 갔다. 봉구는 솔숲에 가려진다는 생각이 들자마자 영선이를 업고 백사장을 달려갔다. 오늘도 성난 파도는 심술이 나서 하얀 이빨을 드러내고 달려오고 있겠지! 모래사장에 이빨 자국을 내고는 포효하면서! 영선이의 해맑은 웃음소리가 솔숲을 헤치고 아스라하게 들려왔다. 이어서 영선이가 부르는 "트로이메라이"가 바람결에 실려서 은은하게 들려왔다.

나는 아저씨에게 "오늘은 강릉에 급한 볼일이 있어서 왔고요, 아저씨 아주머니 얼굴만 보고 떠나려고요" 했다. 서원 씨는 선물 보자기에 곱게 싼 석청 꿀 두 병을 아주머니에게 드렸다. 아주머니는 꿀 병을 받아들고 "식사 대접이라도 하고 싶었는데…" 하면서 아쉬워하셨다. 아저씨는 어느 사이에 다녀오셨는지, 장어 말린 것 한 박스에다 가자미 말린 것 한 박스에 오징어 말린 것 한 박스까지 봉고차에다 실어주셨다.

서원 씨는 신애를 안고 뒷좌석으로 갔다. 우리는 두 분의 배웅을 받으면서 민박집을 출발하였다. 아주머니는 눈물이 가득하게 담긴 눈으로 아쉬워하면서 한길까지 따라오시면서 손을 흔들어주셨다.

영선이가 "오늘 우리가 들러 온 곳들이 엄마 아빠 신혼여행 코스가 맞지요?" 했다. 나는 영선이의 예리한 추리에 깜짝 놀랐다. 서원 씨는 "그래, 맞다. 너희들이 업고 달리던 백사장을 나도 아빠 등에 업혀서 달려 보았고" 하면서 영선이 볼에 뽀뽀를 해주었다.

나는 운전을 하면서 말문을 열었다. "조금 전에 백사장에서 불렀던 영선이 노래는 호소력은 만점인데 힘이 조금 부족한 것 같기도 하다는 아쉬움이 있었고" 했다. 서원 씨가 바로 거들었다. "영선이 가슴이 지금대로라면 얼마 지나지 않아서 힘을 받아요, 그 힘의 비밀이 가슴의 크기에 비례하거든요" 하였다. 나는 이어서 "젖소 부인처럼요?" 했다. 영선이는 얼굴빛이 홍당무가 되었다. 봉구가 소리 내어 웃었다. 서원 씨는 "그래요, 젖소 부인처럼요!" 하였다.

영선이가 웃고 있는 봉구 가슴을 주먹으로 두들겼다. "오빠까지 그러기야?" 그러자 봉구가 "영철이 형하고 중학교 다닐 때, 지서리 사람들이 엄마를 보고 젖소 부인이라고 해서 형하고 울면서 마을 아주머니들과 싸운 일이 생각나서 그런 거야" 했다.

서원 씨는 봉구 이야기를 듣고 한술 더 거들었다. "하기는 나도 고등학교 3학년 때까지도 지금 영선이 것보다도 작았는데, 내 가슴이 갑자기 커지기 시작한 것이 대학교에 다닐 때부터인 것 같다. 아빠와 교제가 시작되면서 갑자기 자라난 것 같다는 생각이 들고, 그때 아빠는 짬만 나면 내 가슴을 기웃거렸으니까" 하였다.

나도 거들었다. "내가 기웃거린 것은 맞는데, 내가 기웃거릴 때마다 내 손을 끌어다가 가슴에 올려준 사람이 누구일까요?" 하면서 나도 소리 내어서 웃었다. 영선이는 서원 씨 가슴에 얼굴을 묻고 헤어나질 못하였다.

웃다 보니 우리는 어느덧 강릉 수자원연구센터에 도착하였다. 사장님이 우리 일행을 반갑게 맞아주셨다. 사장님은 우리를 안내해서 재방어 산란장으로 가셨다.

산란장에 설치된 고성능 스피커에서는 서원 씨의 "트로이메라이"가 원어송으로 흘러나오기 시작하였다. 미국 카네기홀에서 제작된 테이프였다. 넘쳐나는 성량으로 산란장을 압도하더니 간절한 호소력으로 흐느껴갔다. 순간 산란장을 회유하던 재방어가 수면 위로 솟구쳤다. 암컷의 산란 점프가 시작된 것이었다. 수컷은 암컷 주위를 맴돌더니 하얀 분비물을 암컷 주위에 뿌리면서 회유하였다. 암컷은 몸길이가 2.5미터에, 몸무게는 150킬로그램이라고 하였다. 수컷은 몸길이가 1.5미터에 몸무게가 100킬로그램 정도라고 했다.

영선이가 말했다.

"엄마가 이렇게 큰 고기를 낚시로 잡으셨다는 것이 상상이 되질 않고요, 도저히 믿기질 않아요."

봉구도 의구심 어린 눈으로 나와 서원 씨를 번갈아 바라보았다.

"내가 낚시로 잡았을 때는 암컷의 몸길이가 1.5미터에 몸무게가 60킬로그램이었고, 수컷은 몸길이가 1미터에 몸무게가 40킬로그램이었어."

서원 씨 말에 봉구는 "어찌 되었든 상상이 되질 않아요" 하였다.

내가 거들었다.

셋. 축복이다

"실상으로 접근해야 할 문제를 현상으로 접근하고 있기 때문에 이해가 어려워지고 있다. 너희들의 이해를 돕기 위해서 아빠가 설명을 할 수밖에 없구나. 믿음은 바라는 것들의 실상이라는 것을 알고 있지? 지금부터 아빠의 이야기를 잘 들어주기를 바란다.

오늘 우리가 들러 온 민박집은 아빠하고 엄마가 신혼여행 중에 묵었던 곳이었다. 민박집은 아주머니만 교회를 나가고 있었다. 아주머니한테는 대학교에 다니는 아들과 딸이 있었는데 등록금을 구하지 못해서 어려움을 당하고 있다는 사실을 엄마와 아빠는 알게 되었다. 엄마와 아빠는 아주머니의 고충을 도와주기로 결심하였고, 고기잡이를 나가는 아저씨 배를 타고 같이 가기로 하였다.

엄마와 아빠는 아저씨 배를 타고 낚시를 하면서 성경말씀이 떠올랐다. 예수님께서 베드로에게 고기를 잡아주신 말씀이었다. 순간 아빠하고 엄마는 아주머니의 아들과 딸의 등록금을 고기로 달라고 주님께 합심해서 기도를 하였다. 그때 엄마의 낚시에 고래같이 큰 재방어가 잡혀서 배에 가까이 따라온 것을 아저씨가 밧줄로 신속하게 재방어 꼬리를 묶어서 바다로 끌고 왔단다.

이제는 믿을 수 있겠지? 우리들의 유한한 경험으로는 하나님 아버지의 무한하심을 알 수 없기 때문에 더욱더 어렵게 되었지? 이럴 때 우리들은 기적을 보았다고 말할 수밖에 없지만 엄마와 아빠의 믿음은 이런 사실들을 하나님께서 하신 일로 당연하게 받아들여야 된다고 생각하였다.

이 사건의 키는 엄마와 아빠의 합심기도에 있었다. 엄마와 아빠는 '진실로 다시 너희에게 이르노니 너희 중에 두 사람이 땅에서 합심하여 무엇이든지 구하면 하늘에 계신 내 아버지께서 저희를 위하여 이루게 하시리라'는 마태복음 18장 19절 말씀을 믿고 구하였던 것이다."

나는 봉구와 영선이에게 예배드리기 전에 드리는 신앙고백을 할 때 "성도의 교제를 믿사오며"라고 고백을 하게 된 이유를 알게 되었느냐고 물었다. 성도의 교제를 통해서만 합심기도가 이루어질 수 있다는 것을 깨달아주었으면 한다고 힘주어서 당부하였다.

나는 성도의 교제는 주님께서 새 계명으로 주신 "서로 사랑하라 내가 너희를 사랑한 것같이 너희도 서로 사랑하라"는 말씀을 이루어가는 우리 믿음의 중요한 요소라는 사실을 마음속에 간직하고, 우리가 주님 안에서 서로 사랑하는 것이 주님께서 지상 명령으로 주신 새 계명을 이행하는 일이라는 것을 명심하라고 봉구한테도 영선이한테도 당부를 하였다.

그리고 나는 이어갔다.

"오늘 우리는 더 놀라운 일을 목격하였다. 우리가 목격한 대로 용왕님 타령만 하던 민박집 아저씨가 교인이 되어 있었고, 장로님이 되셔서 우리를 맞이해 준 일이다."

봉구하고 영선이가 "아멘" 하면서 박수를 쳤다. 서원 씨도 사장님도 "아멘" 하였다. 나는 봉구와 영선이를 안아주었다.

사장님은 봉구를 보고 "목사님 말씀은 진실이야. 봉구 학생도 믿음이 간다면 오늘 하나님께서 하신 일을 본 것이 되고" 하셨다. 서원 씨는 봉구 손과 영선이 손을 잡고 흔들어주었다.

재방어 산란은 계속되었다. 수족관 안에서 자라고 있는 해초 줄기마다 알을 포도송이처럼 매달아갔다. 산란이 끝나자 암컷이 점프를 중단하였다. 수컷도 암컷 주위를 회유하던 동작을 멈추고 암컷을 따라서 수면 아래로 잠기어 갔다.

산란이 끝나자 연구관들은 일제히 박수를 쳤다. 연구관들은 재방어의 산란 장면을 동영상으로 제작하였다. 나는 연구관에게 동영상 필름을 하나 만들어 달라고 부탁하였다.

늦은 해질녘이 되어서야 재방어 산란은 종료되었다. 오늘 이루어진 산란을 끝으로 재방어들은 자연으로 돌려보낸다고 하였다. 지금부터 먹이를 충분하게 섭취시킨 후에 안정에 이르는 내일 아침 썰물 때를 맞추어서 본래 있던 바다로 복귀시킨다고 했다.

우리는 사장님의 안내로 구내식당에서 준비한 저녁 식사를 하였다. 식사 후에 나와 서원 씨에게는 농림부 장관 명의로 제작된 감사장과 함께 감사패가 주어졌고, 부상으로 금일봉도 주어졌다. 우리를 중심에 두고 연구실 직원들과의 기념촬영도 끝났다.

이어서 다과 시간이 이어졌다. 다과 시간 중에 사장님은 오늘 산란한 재방어의 분양대금을 추정해서 만들어진 배당금 10분의 1을 봉투에 담아서 나한테 제시하였다. 나는 배당금 영수증을 만들어서 배당금 봉투와 함께 사장님에게 돌려드렸다.

"하나님께서 하신 일을 증거해 주신 사장님과 연구관님들로부터 하나님께서는 영광을 받으시고, 저는 사장님과 연구관님들에게 감사를 드릴 수 있게 된 것을 기쁘게 생각합니다."

우리가 박수를 치자 직원들도 박수를 쳤다. 사장님은 배당금 봉투를 받으시고 나와 서원 씨에게 감사를 표하였다.

우리는 사장님의 안내를 받고 연구실 서재로 들어갔다. 서재 한쪽에는 봉구의 민물고기 연구를 위해서 참고로 사용하라고 챙겨놓은 서적들이 10박스 정도 포장되어 있었다. 사장님은 직원들을 시켜서 포장된 서적들을 우리 차에 실어주셨다.

우리는 서재에 마련된 탁자를 중심으로 둘러앉았다. 사장님은 우리 앞에 자리를 하고 앉으시면서 말문을 여셨다.

"목사님께서 신청하신 늪지 불하 건은 국토부의 승낙이 떨어져 있는 상태입니다. 내일 돌아가시면서 국토부에 들르셔서 불하를 받으시면 됩니다. 부안군에는 농림부 양식부에서 발송한 공문이 도착해 있을 것이고요, 부안군에는 목사님의 양식사업에 대한 보조 지원 사업비가 도착되어 있을 것입니다. 목사님 명의로 된 늪지 토지등본이 첨부된 우량농지 개발 신청서가 부안군에 접수됨과 동시에, 본사업의 시행주체로 되어 있는 부안군에서는 늪지 준설 공사와 연구실 신축공사를 바로 시작하게 될 것입니다."

나는 봉구와 같이 작성한 민물고기 양식사업에 관한 사업계획서를 사장님에게 드리면서 감사를 표하였다. 사장님은 "특별하게 유의하실 점은, 두 개의 저수지 사이로 흐르게 되는 하천에 대한 안전성을 고려해서 우리 연구진들이 작성한 설계도를 필히 사업계획서에 첨부하시는 일과, 신축될 연구실 설계도는 우리가 현재 사용 중에 있는 송어양식장에 있는 설계도를 보완해서 만들었습니다. 부안군에 제출하실 사업계획서에 필히 첨부하시기를 바랍니다" 하셨다.

우리는 사장님 안내로 연구소를 나와서 사택으로 초대를 받고 갔다. 사택은 연구실 곁에 건축된 살림집으로서 사모님이 나오셔서 반갑게 맞이하셨다. 사장님이 먼저 사모님을 소개하셨다.

"우리 집사람은 충격적인 일로 실어증을 앓고 있습니다. 말은 못해도 듣는 데는 지장이 없으니 말씀하셔도 됩니다."

사모님은 미소를 띠고 서원 씨 손을 잡으셨다. 사모님은 인자한 모습에 전형적인 동양계 미인이셨다. 서원 씨가 사모님 손을 잡고 반갑게 인사를 드리고, 봉구가 인사를 드리자 사모님은 봉구 손을 잡고 울먹이셨다. 그러고는 영선이를 안고 흐느끼셨다. 서원 씨도 울먹였다.

순간 내 가슴이 뜨거워지는 것을 느꼈다. 나는 찬송가 217장을 부탁했다. 서원 씨는 흐느끼면서 찬송을 하였다. 나는 사모님에게 손을 내밀라고 부탁을 드렸다. 사모님이 손을 내미셨다. 나는 사모님 손을 잡고 "하나님께서 함께하십니다" 하였다. 순간 사모님은 "아멘" 하셨다. 나는 서원 씨와 같이 찬송을 뜨겁게 합창하였다. 사모님도 사장님도 우시면서 "아멘"을 계속하시더니 사모님도 찬송을 따라서 하셨다. 사모님 찬송은 놀라울 정도로 가창력이 훌륭하셨다. 찬송이 끝나자 사장님은 내 손을 잡고 감사하셨다. 나는 "하나님께서 기뻐하십니다" 하였다.

나는 사장님에게 "두 분께서는 교회에 출석하고 계셨던 것이고요?" 하였다. 사장님은 "저는 명색이 장로 직분자이고, 우리 집사람은 권사 직분자입니다"라고 하셨다. 그러면서 이어가셨다.

"집사람은 성악을 전공하였고 학교에서 학생들을 지도한 음악 선생이었습니다. 오래전에 하나뿐인 아들을 잃고 실어증이 왔고요. 아마도 봉구 학생 나이 또래가 되어서 봉구를 보고 울먹이게 된 것 같습니다."

내가 이어갔다.

"저는 군목으로 현역이고요, 집사람은 학교 일을 접고 부안에 있는 벧엘교회 강도사님으로 봉사하고 있습니다."

사장님은 "강도사님 이야기는 신문지상을 통해서 자세히 알고 있습니다" 하셨다.

사모님이 서원 씨 손을 잡고 눈물을 지으셨다.

"강도사님, 감사합니다. 머지않아 찾아뵙도록 하겠습니다."

나는 "우리가 만나게 된 것은 하나님께서 예비하신 만남이라는 깨달음이 옵니다" 하였다.

사모님은 봉구를 안아보셨다. 봉구가 사모님 품에서 서럽게 울었다. 사모님은 봉구 등을 다독이시더니 영선이를 안아주셨다. 사장님께서 하나님께 감사기도를 드리셨다.

사모님은 서원 씨와 함께 주방으로 들어가셨고, 나는 장로님과 함께 커피를 들면서 양봉사업과 민물고기 양어사업에 관한 이야기를 주고받았다.

영선이는 신애를 안고 봉구와 같이 사장님 서재를 구경하였다. 봉구는 사장님 책상 위에 펼쳐져 있는 생물도감을 보았다. 책 서두에 적힌 글에 봉구의 시선이 머물렀다. "4월 5일 영구 생일 선물로 이 책을 구입하였다. 아빠 구자인"이라고 친필 서명이 되어 있었다.

봉구는 신애한테 생물도감을 보여주면서 서재를 나왔다. 아름다운 식물들의 꽃들이 천연색으로 수록된 책이었다. 봉구가 사장님에게 "신애가 생물도감을 그림책으로 알고 들고 나왔습니다" 했다. 사장님은 신애를 안아주시더니 "나에게는 아픈 사연이 있는 책이지만 신애를 위해서 선물하기로 하지" 하시면서 봉구한테 생물도감을 주셨다. 봉구는 사장님에게 감사하면서 머리를 숙였다.

거실 탁자 위에 다과가 마련되어 있었다. 다과 시간이 끝나자 우리는 손님방으로 안내되었다. 서원 씨는 신애를 안고 영선이와 같이 한 방으로 들어가고, 나와 봉구도 한 방을 차지하였다.

아침 4시가 되자 거실에서 인기척이 들려왔다. 나는 봉구를 깨워서 거실로 나갔다. 서원 씨도 영선이도 세수까지 마치고 탁자에 모여앉아 있었다. 나도 서둘러서 세수를 마치고 서원 씨 품에서 곤하게 잠이 든 신애를 받아 안았다.

우리 식구들은 사장님과 사모님의 안내로 재방어 산란장으로 갔다. 넓은 산란장은 조명등이 한낮처럼 밝혀져 있었다. 연구관들은 모든 준비를 끝내고 우리가 오기만을 기다리는 중이었다.

서원 씨와 사모님이 마이크를 들자 연구관들은 박수를 보냈다. 나도 영선이와 함께 마이크를 들었다. "트로이메라이"가 시작되었다. 서원 씨의 메조소프라노와 사모님의 소프라노가 하모니를 이루어서 산란장 안이 가득하게 넘쳐났다. 뒤이어서 나의 바리톤과 영선이의 메조소프라노가 무겁게 바닥으로 가라앉다가 하늘로 치솟았다. 넘치는 성량과 강한 호소력으로 심령들을 휘저어 놓더니 가녀린 흐느낌으로 마무리가 되었다.

재방어들이 수족관 안을 선회하다가 거대한 몸을 공중으로 솟구치더니 수면을 꼬리로 후려쳐서 물을 사방으로 튀어 보냈다. 수족관 수문이 열리자 재방어들이 바다로 헤엄쳐 나갔다.

서원 씨와 사모님의 노래가 격해지자 바다로 나갔던 재방어들이 다시 수족관 안으로 들어오더니 또 한 번 수면 위로 점프를 시도하였다. 이번에는 암수 두 마리의 점프가 동시에 이루어져서 수족관의 물이 사방으로 튀었다. 재방어는 다시 수중으로 스며들더니 바다를 향해서 헤엄쳐서 나갔다. 사모님과 서원 씨는 서로 안고 울음을 터트렸다. 재방어는 다시는 돌아오지 않았다. 연구관들의 박수로 재방어의 방생 절차는 마무리되었다.

연구관들은 사모님에게 축하 인사를 드렸다. 사모님은 연구관들의 손을 일일이 잡아주시면서 "어젯밤에 목사님께서 하나님께 기도하셔서 저의 실어증을 고쳐주셨어요" 하셨다. 연구관들은 내게도 인사를 하였다. 나는 "하나님께서 여러분과 함께하셨습니다. 그리고 기뻐하셨습니다"라고 하였다. 연구관들이 한목소리로 "아멘" 하였다.

우리는 연구소 구내식당에서 마련한 아침 식사를 끝내고 사모님과 사장님과 연구관들의 환송을 받으면서 차를 출발시켰다. 우리가 담대한 마음으로 선한 소망을 향해서 가다 보면 순전한 사랑을 만나게 되고, 이 순전한 사랑은 우리들의 생명에 싸여서 필히 열매를 맺어간다는 진실을 가슴에 새겨 담고 국토부를 향해서 달려갔다.

봉구가 말문을 열었다.

"저는 지금까지 호기심으로 석청 벌도, 향어도 연구해 왔는데, 순전한 사랑이 없이는 좋은 열매를 맺을 수 없다는 진실을 목격한 귀한 시간이 된 것 같습니다."

영선이가 봉구의 등을 토닥이며 "오빠가 자랑스럽다. 그리고 존경스러운 마음이 드는데?" 하였다. 서원 씨가 영선이를 안아주었다. 영선이는 신애를 안고 진저리를 쳐주었다. 신애가 까르르하고 웃었다.

나는 찬송가 40장을 틀고 볼륨을 올렸다. 우리는 점심때가 다 되어서야 국토부에 도착하였다. 나는 국토부에서 요구하는 불하대금을 지불해 주고 늦지 이전에 필요한 일체의 서류를 받았다.

우리는 부안읍에 도착해서 늦은 점심을 먹고 등기소에 늪지 이전서류를 만들어서 제출해서 등기필증을 교부받았다. 나는 우량농지 개발신청서에다 등기필증을 첨부하고, 강릉 연구소에서 그려준 준설 설계도와 연구실 신축 설계도가 첨부된 사업계획서를 부안 군청에 제출하였다. 담당 공무원은 농림부에서 보내준 하명과 함께 공사 보조금까지 도착되어서 내일부터 공사가 시작된다고 귀띔을 해 주었다.

나는 일을 마치고 지서리를 향해서 달려갔다. 우리 식구들은 식자재를 수확하느라 모두 다 농장에서 일하고 있었다. 나는 일손을 멈추고 반갑게 맞아주는 우리 식구들에게 싸여서 탁자에 둘러앉았다.

최 장로님에게 늪지 등기필증을 보여드렸다. 센터 어머니는 음료수를 내오셨고, 목사님은 요셉이를 안고 탁자로 오셨다. 목사님은 "애비가 수고 많았다" 하셨다.

나는 식구들에게 말문을 열었다.

"이번에 이루어진 늪지 불하 건은 우리 아이들 이름으로 할 수가 없었습니다. 나와 강도사님이 국가 양식사업에 끼친 공로를 부각해서 주어진 공로성 불하이기 때문이고, 나와 강도사님으로 수혜자가 특정되어 있기 때문이었습니다."

최 장로님이 거들면서 "당연한 일입니다. 일반 국민에게는 불하할 수 없는 땅입니다" 하였다. 나는 "강릉 사장님이 머지않아 이곳에 다녀가신다고 하셨습니다"라고 하였다.

❋ ❋

늪지 준설공사가 시작된 다음 날, 강릉 사장님과 사모님이 맛 체험 센터에 오셨다. 나는 서원 씨와 같이 사장님 내외분을 모시고 야생화 단지를 둘러보았다. 이름도 알 수 없는 진귀한 야생화들이 아름답게 다투어서 피어났고, 바람결에 꽃향기를 보내왔다. 때맞춰 분수 쇼가 시작되어서 8개의 분수가 하늘로 까마득하게 물을 뿜어 올렸고, 거기서 분산되는 물보라가 낙조대의 기암절벽을 배경으로 하여서 거대한 쌍무지개를 만들어 냈다. 탄성과 함께 박수를 치시던 사모님은 서원 씨와 함께 차에서 내려서 도보로 걸어가면서 찬송가 78장, 40장 찬송을 뜨겁게 합창하였다.

나는 신애를 안고 양봉연구실에 들렀다. 사모님도 서원 씨도 손을 잡고 단지를 달려서 양봉연구실로 들어왔다. 나는 두 분에게 단지 전경을 영상으로 보여드렸다. 사모님은 선녀탕 계곡이 화면에 나타나자 박수를 치셨다. 서원 씨는 음료수를 내왔다.

나는 간단한 해설로 영상 관광을 끝내고 봉구에 대하여 말문을 열었다.

"우리가 본 야생화 단지보다도 더 아름다운 이야기가 있습니다. 봉구에 관한 이야기입니다."

사장님도 사모님도 호기심 어린 눈으로 나를 주시하셨다. 나는 뜸을 들이다가 자랑스럽게 이어갔다.

"이곳 양봉연구실은 벌 박사라는 별명에 걸맞게 이곳에 있는 석청 벌의 채취에서부터 안치에 이르기까지 모두 봉구가 하였고, 지금도 봉구가 중심이 되어서 양봉에 관한 작업이 이루어지고 있지만, 연구소를 한 살 위인 영철이 형에게 맡기고, 자신은 민물고기 연구를 한다는 이유로 비닐하우스 속에서 생활하고 있습니다. 우리 식구들은 봉구가 맡아줄 것을 사정하였지만 극구 사양하였습니다. 봉구는 영철이 형을 양봉박사로 만드는 일이 자신의 꿈이라고 합니다. 제가 봉구를 특별하게 생각한 이유가 여기에 있습니다."

사모님이 말문을 여셨다.

"봉구라는 학생이 아름답다는 생각이 자꾸만 드네요."

서원 씨가 "저는 봉구가 천사라는 생각으로 지금까지 살아왔습니다. 봉구는 우리 사업을 위해서 하나님께서 보내주신 수호천사라고 요나 목사님도 저도 이야기하고 있었습니다" 하였다.

사장님이 "그럼 봉구 민물연구소로 가보실까요?" 하셨다. 우리는 봉구가 만들어놓은 민물연구소로 출발하였다.

봉구가 만들어놓은 민물연구소는 저수지 위에 층계 다랑이로 조성된 미나리깡의 맨 윗 다랑이에 비닐하우스를 덮고, 치어 양식장으로 사용하고 있는 하우스 한쪽에 책상을 놓았으며, 책상 위 책꽂이에는 책이 진열되어 있고, 그 옆에 야전침대가 있고, 야전침대 곁에는 간단한 세면도구가 준비되어 있었다.

봉구 책상 위에는 사장님께서 신애한테 주신 생물도감이 펼쳐진 채로 있었다. "4월 5일은 영구 생일날이다. 나는 이 책을 영구 생일 선물로 구입하였다. 아빠 구자인"이라고 사장님이 친필로 서명해 둔 부분이었다. 사장님도 사모님도 봉구가 펼쳐놓은 생물도감을 보고 깜짝 놀라셨다. 사장님은 사모님을 바라보시고, 사모님은 사장님을 바라보시면서 의아한 눈빛이 되었다.

그 순간 사모님이 봉구 책상 위에 놓여 있는 딸랑이를 손에 들고 대성통곡을 하셨다.

"이 딸랑이 팔찌는 내가 영구 돌잔치 날 주려고 미리 제작해 놓은 팔찌구요, 딸랑이 상단 중앙에 새겨진 구자는 우리 영구 이름이고요, 팔찌 안에다 4자와 5자를 새겨 놓은 것은 영구 생일 날짜를 새겨 놓은 것입니다."

서원 씨는 사모님을 안고 다독였다. 사장님도 봉구 책상 위에 있는 생물도감을 들고 자세히 살펴보셨다.

내가 급하게 말문을 열었다.

"봉구는 젖먹이 때 업동이로 도선암에 들어와서 벧엘교회에서 자란 학생입니다. 도선암에서는 벌을 담당해서 길렀고, 여기서도 석청 벌이 안정되자 함께 자란 영철이한테 맡기고 자신은 민물고기 연구에 돌입한 것입니다. 매사에 신중하고 신앙심도 깊은 학생입니다. 사장님과 사모님은 괴로울지라도 오늘 일을 마음속에 숨겨두시고, 가실 때 세면대에 있는 봉구 칫솔을 가지고 가십시오. 친자 확인 검사 결과가 나오면 그때 저에게 알려주십시오. 봉구가 정황 판단을 통해서 진실을 추단하면서도 숨겨온 사실을 우리도 헤아려주어야 하기 때문입니다."

서원 씨는 봉구 세면대에서 봉구 칫솔을 가져다가 사모님에게 드렸다. 사장님도 눈물을 흘리셨다.

나는 사모님에게서 봉구 딸랑이를 받아서 제자리에 두고, 생물도감도 본래대로 펼쳐서 책상 위에 두었다. 나는 사장님과 사모님을 모시고 봉구 민물연구소를 나왔다.

우리는 준설공사가 진행되고 있는 늪지 공사현장을 둘러보고, 농장에서 일하고 있는 우리 식구들에게 사장님과 사모님을 소개하였다.

나는 농장에서 일하고 계시던 센터 어머니만 모시고 사장님과 사모님과 서원 씨를 태우고 맛 체험 센터로 돌아왔다. 센터 홀은 신혼 관광 예약 팀과 야생화 단지에 온 일반 관광객으로 발 디딜 틈도 없었다. 부녀회장님이 우리를 반갑게 맞이하였다.

서원 씨는 센터 어머니가 챙겨주신 음식을 서원호에 싣고, 나는 사장님과 사모님을 모시고 서원호에 올랐다. 곧 서원호에 시동을 걸어서 포구를 빠져나온 후에 채석강 앞에다 정박하였다. 나는 조타실 앞에 돗자리를 깔고 사장님과 같이 자리를 하고 앉았다.

서원 씨는 사모님과 같이 센터 어머니가 챙겨주신 음식을 돗자리로 내왔다. 문어에 미나리 초고추장 무침은 별미였다. 팔선주도 곁들였다. 서원 씨가 "궁중에서는 차로 상용되었다는 술인데 향이 좋고 취기도 은근합니다. 8가지 약재로 제조되었다고 하여서 팔선주라고 불립니다" 하면서 사장님과 사모님에게 따라 드렸다.

술잔을 들고 사모님이 말씀하셨다.

"아무리 생각해 보아도 저희가 이곳으로 이사를 오는 방법밖에는 달리 도리가 없다는 생각이 듭니다. 오매불망 찾아서 헤맸던 자식을 보고도 불러 볼 수도 안아 볼 수도 없는 상황에서 저희가 달리 뭘 할 수 있겠습니까."

내가 거들었다.

"봉구도 같은 생각일 것입니다. 봉구는 지난번에 강릉에 갔을 때 생물도감에서 사장님의 글을 보고 짐작했을 것 같습니다. 신애를 통해서 생물도감을 가지고 왔을 때는 짐작하고 있었다고 보아야 합니다. 봉구 입장에서는 생득적으로 알아지는 당연한 관계를 머리로 알아간다는 일이 조심스럽고 생소한 체험이었기 때문이었을 것입니다. 이곳으로 이사를 오셔서 자연스럽게 체득하여서 친자관계를 형성해 가는 방법으로 접근하는 것이 가장 좋을 것 같습니다."

사장님께서 사모님을 향해서 말문을 여셨다.

"이곳으로 이사를 옵시다. 봉구가 하고 있는 일에 도움을 주면서, 곁에서 지켜주는 아빠가 되고 싶습니다."

사모님이 반색을 하자 사장님이 이어가셨다.

"때마침 제가 금년 말로 정년퇴임을 합니다. 모교인 서울대학교에서는 학교에 복귀해 줄 것을 원하고 있지만, 이번 기회에 영철이하고 봉구가 지망하고 있는 전북 농과대학으로 임직 신청을 제출하고 싶은 생각입니다. 전북 농대라면 이곳에서도 출퇴근이 가능할 것 같다는 생각이 들어서요."

나는 "우리가 겪고 있는 모든 일들이 하나님 아버지의 오묘하신 섭리 가운데서 저하고 연결되게 하시다가, 봉구를 만나게 하시더니 이제는 때가 되어서 모으고 계신다는 생각이 듭니다. 하나님께서 무엇을 이루어가실지는 알 수 없지만, 분명한 것은 선한 사업이 이곳에서 열매로 맺어간다는 깨달음이 제게는 있습니다"라고 말했다.

모두가 침묵하였다. 내가 이어갔다.

"정황상으로 본다면 봉구가 사장님의 친자라는 판단이 분명하지만, 일가를 창립해서 친자로 입적을 시켰을 뿐만 아니라, 젖먹이 때부터 젖을 먹여서 봉구를 길러온 봉구 엄마인 봉선실 씨와 봉구의 관계를 헤아려서 신중하게 접근하기 위해서는 필히 친자 확인 후에 접근하는 것이 여러 가지 면에서 옳다는 생각이 듭니다. 우리가 또 하나 기억해 두어야 할 일은, 봉구가 부모님 슬하를 떠나서 비록 핏덩이로 세상에 왔지만 누구의 도움을 받아서 살아온 것이 아니고, 도리어 봉구에게 젖을 먹여서 길러준 봉선실 씨를 살려냈고, 봉선실 씨의 남편이 된 김명철 씨의 생명을 건져낸 생명줄 같은 임무를 수행한 삶으로써, 저하고 강도사님은 마음속으로 봉구를 수호천사라고 생각하며 살아왔습니다. 이 점도 마음속에 간직해 주시고, 또 하나는 꼭 저를 통해서 접근하시라는 부탁을 드리고 싶습니다."

사장님도 사모님도 서원 씨도 "아멘" 하였다.

나는 서원호에 시동을 걸어서 지서리 포구로 돌아왔다. 사장님은 내게 "목사님은 언제쯤 제대를 하시게 되는 것입니까?" 하고 물으셨다. 나는 "내년 3월 초가 됩니다" 했다.

나는 뜸을 들이다가 "저희가 펼쳐가고 있는 사업은 경제 원칙을 따라서 운영하고 있는 사업이 아니고, 특히 부나 이윤을 추구하기 위한 사업이 아님을 말씀드리고자 합니다. 하나님께서 선한 계획을 두고 직접 이끌어가시는 사업이라는 믿음을 가지고, 저희는 하나님의 뜻을 가늠하여서 조심하면서 따라가고 있다는 점을 생각해 주셨으면 합니다"라고 하였다.

나는 이어서 "하나님 뜻이 분명하게 드러난 시점에서 저는 모든 사업의 경영 주체로 되어 있는 우리 아이들이 선하게 아버지 영광을 위하여서 일할 수 있도록 충고하는 선에서 머물러 있을 것입니다"라고 하였다.

나는 사장님과 사모님을 예약이 취소된 객실에 모셨다. 오늘 수요 밤 예배시간에 교회에서 만나기로 약속을 하고 서원 씨와 같이 집으로 돌아왔다. 센터 어머니는 사장님 저녁 식사 준비 관계로 센터에 머물러 계셨다.

거실에는 목사님과 같이 봉구와 영선이가 기다리고 있었다. 나는 "강릉 연구실 사장님과 사모님이 오셔서 객실 303호에 머물고 계신다. 봉구가 찾아가서 인사드리는 것이 도리라고 생각하는데?" 하였다. 봉구가 "영선이하고 같이 가면 안 될까요?" 했다. 나는 "잘 생각한 일이다. 당연히 영선이도 찾아보는 것이 옳다고 생각한다" 하였다. 영선이와 봉구는 센터로 갔고, 나는 목사님을 모시고 저녁 식사를 하기 위해서 포구 식당으로 갔다.

포구 식당에는 우리 식구들이 모두 모여 있었다. 나는 우리 식구들에게 강릉 사장님과 사모님에 대해서 자상하게 설명을 드렸다.

잠시 후에 강릉 사장님이 봉구와 같이 포구 식당에 오셔서 봉구와 영선이를 가운데 두고 식탁을 향하여 나란히 앉으셨다. 목사님의 식사 기도로 우리 식구들의 저녁 식사가 시작되었다.

식사 후에 나는 요셉이를 안고 서원 씨는 신애를 안고, 목사님은 센터 어머니와 함께 교회로 나갔고, 강릉 사장님과 사모님은 봉구와 영선이 손을 잡고 우리 식구들과 같이 수요일 밤 예배를 드리기 위하여 교회로 나갔다.

성은이의 피아노와 순실 집사님의 바이올린과 최 장로님의 첼로가 합주로 연주되었고, 찬양은 나와 강릉 사모님과 영선이의 합창으로 구성되었다.

예배좌석을 살펴보면 순옥 집사님은 영수를 안고, 센터 어머니는 요셉이를 안고, 박 장로님은 대수를 안고, 이장님은 장수를 안고, 부녀회장님은 신애를 안고, 선실 씨는 창수를 안고 드리는 예배 풍경이 이채로웠다.

영철이, 봉구, 신영이, 은혜, 영구는 나란히 자리를 하였고, 목사님과 강릉 사장님과 명철 씨가 나란히 자리를 하였다.

　예배송으로 찬송가 30장과 설교송으로 찬송가 489장을 강릉 사모님과 나와 영선이가 합창으로 뜨겁게 찬송하였다.

　서원 씨의 말씀 증거가 시작되었다.

　"말씀 제목은 '애통하는 자는 복이 있다'로 하겠습니다. 증거할 본문 말씀은 마태복음 5장 4절 말씀으로 '애통하는 자는 복이 있나니 저희가 위로를 받을 것임이요'가 되겠습니다.

　본문 증거에 들어가기 전에 미리 간직하고 있어야 할 생각은 애통은 산 자에게만 주어지는 특권이라는 생각이고, 하나님은 '산 자의 하나님이시다'라는 성경말씀의 대전제를 앞세우고 들어가자는 말씀을 당부드립니다.

　죽은 자는 애통할 수 없다는 말이 당연하게 생각되는 것처럼, 산 자는 생명이 되시는 하나님을 가진 자라는 것이 당연하다는 진실 때문입니다. 따라서 본문 말씀은 생명이 되시는 하나님 아버지를 영접한 자 곧 믿는 자들에게만 주어진 말씀임을 알 수 있습니다.

　먼저 애통하는 자에 대한 개념의 정리부터 살펴보겠습니다. 우리가 사용하고 있는 애통이라는 말은 '단장지애'라는 고사에서 비롯된 말이라고 합니다. 어떤 사람이 아기 원숭이를 배에 싣고 떠나자 어미 원숭이가 물가에 앉아서 아기 원숭이를 싣고 떠나가는 배를 바라보면서 '끼끼끼' 하고 섧게 울더니 죽고 말았다고 합니다. 이 광경을 보고 있던 사람들이 하도 이상해서 죽은 원숭이의 배를 갈라 보니 죽은 원숭이의 창자가 마디마다 끊어져 있었다고 합니다. 그 후부터 사람들은 창자가 끊어지는 듯하는 아픔을 애통이라는 말로 사용하게 되었다고 합니다. 애통하는 아픔은 사람의 눈에 보이는 고통이 아니라고 합니다. 그래서 어느 누구도 사람으로서는 위로할 수 없는 고통이라고 합니다.

　다음에는 복에 대한 개념 정리를 하겠습니다.

　먼저 복은 하나님께서 주신다는 것을 믿는 사람들은 물론이요 믿지 않는 세상 사람들도 알고 있습니다. 성경상으로 정리된 복의 내용을 보면 창세기 제1장에 '그들에게 복을 주시며 이르시되 생육하고 번성하여 땅에 충만하라' 하셨습니다. 요약하면, 복이란 아들딸 잘 낳아서 잘먹고 잘살아가는 것, 곧 열매가 잘 열리는 것을 복이라고 하였습니다.

다음으로 복 있는 사람에 대한 개념 정리를 살펴보겠습니다. 개념 정리에 들어가기 전에 우리 마음속에 간직해야 할 것은, 앞으로 복을 받을 사람에 대한 이야기가 아니고, 지금 복을 가지고 있는 사람에 대한 말씀이라는 것입니다.

우리는 앞에서 복을 주시는 분이 하나님이라고 이야기했지요? 우리 생각에는 복이 없기 때문에 애통하게 되었다고 생각이 드는 것도 당연한 것 같고요!

그런데 분명한 것은 성경말씀에, 애통하는 자는 복이 있는 자라고 주님께서 선언을 하셨습니다. 애통하는 자는 복이 있는 자라는 주님의 말씀에 '아멘'입니까? 저도 '아멘' 하겠습니다.

이유는 하나님은 산 자의 하나님이시기 때문입니다. 애통은 산 자에게만 주어지는 특권이고, 산 자는 하나님을 가진 자이기 때문입니다. 하나님을 가진 자가 복을 가진 자라는 것은 너무도 당연한 일이지요?

복 있는 자가 되기 위해서 창자가 끊어지는 고통을 구하실 수가 있습니까? 십자가의 고통을 달라고 기도할 수가 있습니까? 우리는 할 수 없습니다. 할 수 있다고 한다면 오만이나 위선에서 나왔다고 보는 것이 옳다고 봅니다.

그래서 하나님께서는 애통하는 자에게 위로를 약속하십니다. 하나님의 위로는 완전하고 온전합니다. 십자가 고통 위에 주어진 부활을 우리는 알고 있고 믿고 있습니다. 위로는 하나님께서 애통하는 자에게 주어질 어루만져 주심이요, 챙겨주시고 가슴에 품어주시는 보상입니다."

서원 씨는 말씀증거를 마무리하고 찬송가 489장을 선창하였다. 나도 영선이도 뜨겁게 열창하였다. 강릉 사모님은 영선이를 안고 흐느끼시면서 찬송가를 합창해 주셨다. 강릉 사장님은 우시면서 찬송과 아멘을 섞어 가면서 하셨다.

예배가 끝났다. 서원 씨는 봉구와 영선이를 데리고, 나는 강릉 사장님과 사모님을 모시고 사장님이 묵고 계시는 객실로 갔다. 서원 씨는 밤참을 챙겨서 영선이와 같이 객실로 올라갔다. 홍어찜에 팔선주도 곁들였다.

봉구가 신애를 안고 앞서갔다. 강릉 사모님은 봉구와 영선이를 반갑게 맞이해 주었다. 서원 씨는 강릉 사장님과 사모님에게 팔선주를 권하고 내게도 권하였다. 사장님은 커피 잔에다 팔선주를 따라서 봉구와 영선이에게 내미셨다. 봉구가 "도선암에서는 팔선주는 주지 스님이 혼자서만 드시는 술입니다" 했다.

사모님이 물어보셨다.

"봉구 학생은 도선암에서 동자 스님으로 자랐다고요?"

봉구가 "밖에서 하시는 말씀이고요, 젖을 먹을 때부터 지금에 이르기까지 벧엘교회에서 영철이 형하고 성은이 누나와 같이 자랐습니다"라고 하였다.

사모님이 의아해하면서 다시 물으셨다.

"주지 스님이 어떻게 승낙하신 일이고?"

봉구가 자상하게 대답하였다.

"젖먹이 때는 엄마 때문이고, 자라서는 석청 벌 때문이고요."

사모님은 더욱더 알 수가 없다는 표정이 되셨다.

"봉구 학생은 어떻게 엄마와 같이 절에서 살게 되었던 건가요?"

봉구는 한참 동안 뜸을 들이더니 "저는 엄마 성을 따라서 봉 씨가 되었고요. 그러니까 저는 아빠와 엄마를 알 수 없는 업동이로 도선암에 들어왔습니다" 했다. 사모님은 "그런 이야기는 어떻게 알게 되었고?" 하셨다. 봉구는 "엄마가 중학교에 들어갈 때 알려주셨어요. 엄마는 하나님에 대한 신앙심이 높은 분이시고요, 하나님을 믿는 사람은 자신에 대해서 진실해야 된다고 하셨어요" 하였다.

사모님은 또 뜸을 들이시더니 "엄마가 훌륭한 분이시군요. 그런데 하나님을 믿는 사람이 어떻게 절에서 살게 되었고?" 하셨다. 봉구는 "저 때문에요. 저를 아들로 얻기 위하여 도선암 부엌일을 하시기로 주지 스님과 약속을 하셨고, 그 대신 주지 스님은 엄마와 내가 교회에 나갈 수 있게 해준다는 약속을 엄마에게 해주신 거고요. 저는 어려서부터 도선암에 있는 벌을 좋아하였고요, 결국은 양봉 책임을 맡게 되면서부터는 양봉 때문에 엄마도 저도 도선암을 떠날 수 없게 되었다가, 벧엘교회에서 석청 벌을 발견하고부터는 벧엘교회의 석청 벌을 양봉하기 위해서 저는 도선암을 떠날 수밖에 없었습니다" 하였다.

사모님은 흐느끼시면서 봉구를 안아주셨다. "봉구 학생이 그토록 벌이 좋은 이유를 물어보아도 될까?" 하면서 흐느끼시자 봉구도 울었다. 봉구는 훌쩍이면서 "그 이유는 저도 모르겠습니다" 하였다.

서원 씨는 "저희들이 가야 할 것 같습니다. 사장님도 쉬셔야 하니까요" 하면서 자리에서 일어났다. 나도 신애를 안고 일어났다. 사모님도 일어나시더니 영선이를 안아주셨다. 우리는 사장님과 사모님의 배웅을 받으면서 객실을 나왔다.

나는 봉구와 영선이를 양봉연구실에 내려주면서 아이들 공부방을 둘러보았다. 영철이가 반갑게 맞이하였다. 성은이가 신영이, 은혜, 영구에게 성경공부를 가르치고 있었다.

나는 아이들을 안아주고 연구실을 나왔다. 눅눅한 바람결에 실려온 야생화들의 은은한 향기가 상쾌한 여운으로 어둠 발에 묻어나고 있었다. 나는 경비실을 둘러보고 집으로 왔다.

신애를 침대에 재우고 일어나자 서원 씨는 욕조에 더운물을 받아두고 나왔다. 나는 서원 씨를 안고 욕실로 다시 들어갔다. 서원 씨는 서둘러서 내 옷을 벗겨서 옷걸이에 걸었다. 나도 서원 씨 옷을 벗기어서 옷걸이에 걸고 돌아섰다. 아름다운 여인의 나신이 요염한 자태로 내 가슴에 안겨들었다. 나는 양손으로 매끈한 둔부를 양손으로 움켜쥐고 가슴으로 안았다. 서원 씨 양팔이 내 목을 안고는 내 입술을 흡입해 갔다. 나는 둔부를 안고 일어났다. 서원 씨의 양발이 내 허리를 감쌌다. 그리고 진저리를 치더니 "이대로 조금만…" 하였다.

나는 서원 씨를 안고 욕실 안을 맴돌았다. 내 본능에 반응이 왔다. 내 목을 감고 있던 서원 씨의 양팔이 풀리자 내 허리를 감싸고 있던 양발이 열리면서 풍만한 유방이 내 가슴을 타고 미끄러져 내렸다. 내 본능 위에 화산이 얹혔다. 서원 씨의 양팔이 내 허리를 안아갔다. 내 가슴을 타고내리는 전율이 빈번해졌다.

나는 서원 씨를 안고 조심스럽게 욕조로 들어가서 따뜻한 물에 잠겨들었다. 욕조는 자궁이 되어서 쌍태아로 돌변한 우리 둘을 포근하게 품어주었다. 내 본능이 화산 입구를 서성대자 화산 입술이 열렸다. 서원 씨 입에서는 신음소리가 시작되면서 양팔에 힘이 주어졌다.

나의 본능이 화산 입술 안으로 침투해서 쳐들어갔다. 서원 씨의 용트림이 시작되면서 거친 진저리가 거듭되더니 드디어 화산이 분출되었다. 분출을 서두르고 있는 나의 본능을 나는 화급하게 탈출시켰다.

서원 씨가 눈을 번쩍 떴다. 나는 "이번에는 쌍둥이를 피하고 싶소!" 하였다. 고요한 정적 속에서 여진이 계속되고 있는 내게서 서원 씨는 몸을 살며시 세우더니 주먹을 만들어서 내 가슴을 콩콩 두드렸다. "나는 괜찮은데, 지나친 배려 같기도 하구요" 하였다.

나는 서원 씨를 안아서 무릎에 앉히고 타월에 비누칠을 하여서 전신을 닦아주었다. 나는 "강도사님의 지나친 욕심이 아니요? 지금 강도사님에게 달린 열매가 자그마치 12명이요, 이스라엘 12부족이 이미 채워진 것이요" 하면서 웃었다.

서원 씨는 내게서 타월을 가져가더니 비누칠을 다시 해서 내 전신을 꼼꼼하게 닦아갔다.

"목사님 제대하시면 저도 목사님 따라서 이래교회로 간다는 것을 예상해 두셔야 옳을 것입니다."

나는 깜짝 놀랐다.

"벧엘교회는 어떻게 하고요?"

서원 씨는 "아버지 목사님과 센터 어머니가 계시고요, 영철이하고 성은이가 준비하고 있는 것 같기도 하구요" 하였다.

나는 "먼저 가지 맙시다. 하나님께서 어떻게 하시는가를 보면서 결정해도 늦지 않습니다" 하였다. 서원 씨는 웃으면서 "아멘" 하였다.

다음 날 아침 식사 후에 사장님은 사모님을 차에 태우시고 출발하셨다. 서원 씨는 석청 꿀을 선물 보자기에 곱게 싸고, 팔선주도 호로병에 담아서 차에 실어드렸다. 서원 씨는 사모님에게 당부를 하였다. "다음에 오실 때는 꼭 아들을 안고 오셔야 합니다" 하였다. 사모님은 웃으시면서 작은 소리로 "아멘" 하셨다.

나는 등교하려고 모여 있는 우리 아이들을 태우고 센터를 출발하였다. 손을 흔들어주는 우리 식구들과 눈물이 가득히 고인 큰 눈으로 수많은 사연을 담아서 바라보고 서 있는 서원 씨를 보면서, 나도 손을 흔들어주었다. 나는 학교 앞에다 우리 아이들을 내려주고 서울을 향하고 달려갔다.

또 한 해가 지나갔다. 성은이는 서울 음대에 진학하였고, 영철이는 봉구의 간절한 요청으로 전북 농과대학교 양봉학과에 진학하였다.

봉구와 영선이는 고등학교 3학년 졸업반이 되었다. 나는 3월 7일자로 군을 제대하였다. 서원 씨가 보내준 소식에 의하면, 강릉 사장님은 지서리로 이사를 해서 최 장로님 댁 2층에서 살고 계시고, 석청 벌은 분봉을 잘 해 주어서 500통이 넘었다고 하였고, 금년 말에는 드디어 1,500통의 석청 벌통이 확보된다고 하였다. 민물 양식장 공사도 준공되어서 저수지에는 물이 채워졌고, 연구실도 준공되어서 봉구가 입주하였다고 했다. 놀라운 소식은 사모님이 임신이 되어서 7개월이 되었다고 하였다. 사장님은 전북 농대 생물학과 학장님으로 봉직이 되어서 대학교에 강의를 나가고 계신다는 소식이었다.

한편으로 우리 사업 소득이 센터 수입과 양봉 수입과 민물고기 판매대금을 합해서 예금상으로 입금된 유동자산이 500억이 넘는다고 하였다. 또한 야생화 단지가 관광명소로 급부상하면서, 우리가 경작하고 있는 농장 부지에 대해 호텔 업자들의 구매요청이 다투어 들어오면서 평당 가격이 1천만 원을 호가하고 있다는 것이었다.

나는 이 소식을 듣고 두려운 생각으로 마음이 무거워졌다. 하나는 세상 자랑이 될까 봐 두려움이 있었고, 또 하나는 하나님 것으로만 부요했던 우리 식구들의 마음이 지켜질까 하는 두려움이 밀려왔다. 나는 눈을 감고 하나님 아버지에게 기도를 하였다.

나는 서울 음대를 찾아갔다. 먼저 학장님을 찾아뵙고 인사를 드렸다. 학장님은 반가워하셨다. 성은이 강의 시간을 확인하고 강의실 밖에서 성은이를 기다렸다. 강의를 마치고 나오던 성은이가 나를 발견하고 달려와서 내 가슴에 안겼다.

"아빠, 언제부터 기다리신 거예요?"

성은이는 반가워서 눈에 눈물이 고였다. 나는 성은이를 안아주며 "조금 전에 왔지" 했다.

나는 성은이와 같이 학장실로 갔다. 학장님은 성은이에게 "목사님 따라서 집에 가려고?" 하셨다. 내가 대신 "집에 같이 내려갔다가 저도 학교에 들러야 하니 같이 올라오려고요" 하였다. 학장님은 "제대하시고는 벧엘교회를 이어가시는 것이 아니었습니까?" 하셨다. 나는 "아직은 특정되지 않았지만 신학교에서는 제가 제대하기만 기다리고 있는 것 같아서요"라고 하였다.

학장님이 성은이한테 말씀하셨다.

"목사님 모시고 집에 갔다가 올라와. 기숙사 사감에게는 내가 말해 줄게."

나는 학장님에게 감사를 표하고 성은이 기숙사에 들러서 간단한 옷가지만 챙겨서 들고 차에 올랐다.

하행도로는 비교적 한산하였다. 성은이는 옷가방을 뒷자리에 두고, 조수석에 앉아서 카세트에 서원 씨의 테이프를 찾아서 걸었다. "트로이메라이"였다. 성은이가 "엄마 노래는 항상 들어도 새로운 것 같아요" 하였다.

차창 밖에 펼쳐지고 있는 전원 풍경은 봄기운으로 기지개를 켜는 것 같았다. 나는 차창 밖을 바라보고 있는 성은이에게 말문을 열었다.

"영철이는 벌통 수가 500통이 넘었다고 기뻐하는 것 같고, 봉구는 향어 50만 마리를 첫 출하하고 기뻐하는 것 같고, 최 장로님은 우리 사업 소득이 500억을 돌파하였다고 기뻐하는 것 같은데, 우리 딸 성은이는 대학 콩쿨에서 장원하였다고 기뻐하는 것이 맞지?"

성은이가 나를 물끄러미 바라보면서 "아빠 마음이 무거우시지요?" 했다. 나는 운전을 하면서 "우리 식구들이 모두 기뻐하는 일뿐인데 왜?" 하였다. 성은이가 "과연 우리 식구들이 하나님 것으로만 부요한 자로 지켜질 것인가를 생각하시면서 마음이 무거워지신 것 같은데요?" 하였다.

나는 성은이 말을 듣고 깜짝 놀랐다. 그리고 침묵할 수밖에 없었다.

성은이가 침착하게 이어갔다.

"저희도 하나님 것으로만 부요한 자가 되기 위하여 노력하고 있어요. 영철이 오빠도 봉구도 영선이도 저와 같은 생각인 것 같고요."

나는 한가한 도로 한쪽에 차를 세웠다. 성은이는 뜸을 들이면서 내 표정을 살피고 있는 것 같았다. "우리 식구 모두가 아빠 제대 날을 기다리는 것은 똑같고요" 했다. 나는 "우리가 펼치고 있는 일들은 하나님께서 하시는 일들이다. 하나님께서는 부르심에도 후회가 없으시고, 시작하심에도 후회하심이 없으시다. 이 일도 하나님의 뜻을 기다리는 수밖에 없다고 생각한다. 우리가 염려하는 것은 믿음이 적은 연유다"라고 말해주었다.

내가 물었다.

"영철이는?"

성은이가 미소를 짓더니 말했다.

"오빠는 미련할 정도로 우직한 사람인 것 같아요. 봉구한테서 석청 벌 관리를 맡은 다음에는 수도 없이 벌에 쏘이면서도 자리를 지키고 있으니까요. 이제는 벌독에 면역이 생겼는지 벌이 쏘아도 끄덕도 없어요. 벌들도 포기를 하였는지, 근래에는 벌을 움켜쥐어도 쏘지 않는다고 하네요."

내가 이어갔다.

"나도 영철이의 그런 점을 생각하면서 참 좋은 청년이라는 생각을 하였다. 예수님께서 나다나엘을 보시고 '참 이스라엘 사람이다. 마음에 간사가 없다'고 하신 말씀이 영철이를 볼 때마다 떠오른단다."

성은이는 "아빠, 저도 오빠의 그 점을 좋아하는 것 같아요" 하면서 웃었다. 나는 넌지시 물어보았다.

"성은이가 영철이 오빠와 교제하는 것은 결혼을 두고 좋아하는 것이 맞나?"

성은이는 얼굴이 상기되면서 "네, 아빠" 했다.

나는 성은이를 안아주면서 이어갔다. "아빠와 엄마는 대학생으로 있을 때 결혼하였다. 결혼은 우리들의 선택사항이 아니라는 것이 아빠 생각이다. 그렇다면 성은이도 결혼을 굳이 미룰 것이 없다고 생각한다"라고 하면서 성은이를 살폈다.

성은이는 주먹을 쥐고 내 등을 콩콩 두드렸다. 나는 울컥하고 감동이 치밀어 올랐다. 나는 눈물이 글썽하여서 "어쩌면 엄마가 좋다고 할 때 하는 콩닥이를 성은이도 하는 거야?" 하면서 웃었다. 성은이는 손수건을 꺼내더니 내 눈물을 닦아주었다. 나는 "우리 성은이가 너무 좋아서 아빠도 모르게 눈물이 나왔구나" 하였다.

나는 차에 시동을 걸고 출발하였다. 차창 밖으로는 끝도 없이 펼쳐지고 있는 초록빛 지평선이 봄빛을 받고 넘실대고 있었다.

성은이가 먼저 말문을 열었다. "지금부터는 우리 교장 선생님 이야기를 해드리겠습니다. 아빠는 우리 교장 선생님이 누구인가 알고 계셔요?" 하였다. 내가 의아한 눈으로 성은이를 바라보자 성은이가 웃으면서 "우리 신영이 말이에요, 신영이가 얼마나 대견한지 몰라요. 우리 식구들이 신영이 앞에서는 모두가 말도 행동도 허투루 할 수 없다니까요" 하였다.

내가 "신영이하고 은혜는 학교에 들어갔지?" 했다. 성은이가 "영구도 입학하였어요. 엄마가 영구 혼자 둘 수 없다고 조기입학을 시켜서 3명이 똑같이 1학년이고, 같은 반이 되었어요. 신영이는 공부도 1등, 체육도 1등, 노래도 1등이에요. 집에 오면 신영이가 은혜하고 영구에게는 선생님이 되어서 공부를 시키고 있고요" 하면서 웃었다. 나도 따라서 웃었다.

성은이는 창밖을 바라보면서 생각에 골똘하더니 말문을 열었다.

"아빠는 언제까지 침묵하시겠어요? 성은이를 낳아주신 엄마와 아빠의 이야기를요."

나는 의아한 눈으로 성은이를 바라보면서 도로변에 차를 세웠다.

성은이가 이어갔다. "엄마 아빠는 그동안 침묵으로만 일관하셨고, 저도 묻지 못한 금기사항으로 6년이라는 세월이 흘러갔고요" 하면서 울먹였다.

나는 성은이 등을 다독여주었다.

"성은이는 겉옷 하나를 미리 벗었을 뿐이야. 성은이가 모르는 중에 벗었지만, 엄마와 아빠는 성은이의 벗은 몸에 그 옷을 만들어서 입혀주느라고 성은이에게는 말할 짬도 없었고, 엄마와 아빠에게는 성은이가 하나님께서 주신 상급으로 알고 감사하다 보니까. 하나님께서는 우리의 알몸에 옷을 지어서 입혀주시는 사랑으로 계시고, 그때마다 하나님의 사랑은 우리 삶 속에서 하나님의 방법으로 현현되고 있다는 것을 성은이가 깨달아 주었으면 한다."

나는 뜸을 들이다가 설명하였다.

"우리도 서로 사랑한다는 의미는 피차간에 벗은 알몸을 시인해 주고, 피차간에 서로 옷 입혀주는 삶이라는 것을 성은이가 깨달아주었으면 한다. 그래서 엄마 아빠는 허물이 허물 되지 않고 자랑이 자랑 되지 않는 식구 됨의 원리로 서로 옷 입혀주는 사람들이 모여서 주님을 세워가는 곳이 교회라는 생각을 가지고 있다."

성은이는 내 등에 얼굴을 묻고 흐느꼈다. 내가 손수건을 꺼내서 눈물을 닦아 주자 성은이는 다시 밝은 표정을 지어보였다.

"성은이를 낳아주신 엄마와 아빠 이야기는 어떻게 알았는데?" 하고 물으니 성은이는 "제가 대학교에 입학할 때 할머니께서 말씀해 주셨어요" 하였다.

나는 말을 이으며 성은이를 바라보았다.

"이제는 성은이가 엄마 아빠 일도 알았고, 그래서 아빠 생각에는 성은이가 결혼을 서둘러서 신혼여행지로 필리핀을 다녀와 주었으면 한다. 성은이 아빠와 엄마가 섬기시던 선교교회 실정도 알아보고, 우리가 도울 수 있는 일도 찾아보고."

성은이는 "아빠, 감사합니다"라고 하였다.

나는 대화를 바꾸었다.

"성은이 대학교 생활은? 학장님은 성은이가 대학 콩쿠르 대회에서 장원을 하였다고 내게 자랑이 대단하던데?"

성은이가 "엄마가 학교 다니실 때 대학 콩쿨에서 장원도 하셨고, 미국 카네기홀 초청을 받아 독창회도 가지신 세계적인 음악인이 되셨지만, 산골 여학교를 지망하신 마음을 조금은 알 것 같아요. 엄마는 세상 따라가는 삶이 하나님을 떠나가는 삶이 될까봐 미리미리 발걸음을 돌리신 것 같다는 생각이 들었거든요"라고 하였다.

나는 곧바로 성은이에게 물었다.

"성은이는?"

성은이가 대답하였다.

"저도 엄마처럼 교생으로 공부해서 부안여고로 지망할까 생각이구요, 오빠도 그렇게 하는 것을 소망하는 것 같고요."

나는 다시 물었다.

"엄마는?"

성은이가 "엄마는 저한테 편하게 결정하라고 하시지만 속마음은 제가 멀리 떠나는 것을 원하지 않으시는 것 같았어요"라고 하였다.

나는 대화를 또 바꾸었다.

"벧엘교회에 장학기금이 있다는 것은 알고 있지? 믿음 안에서 어려운 학생들을 우선해서 도와주고, 그다음은 교회에는 나가지 않지만 품행이 단정하고 열심 있는 학생이지만 형편이 어려운 가운데서 공부하고 있는 학생들을 너희들 주변에서 찾아봐주고, 도움을 주고자 할 때는 자랑이 되지 않게 조심해서 도와주었으면 한다. 이 문제는 영철이, 봉구, 영선이에게도 알려 주었으면 좋겠다는 생각이다."

나는 뜸을 들이다가 이어갔다.

"또 하나는 너희들이 어려운 소년 소녀 가장들을 찾아주었으면 좋을 것 같다는 생각을 하였다. 이 문제는 할아버지하고 할머니와 의논해 주고, 하나님께서 너희들에게 많이 주신 것은 많은 사람들에게 도움을 주라고 주셨다는 것을 기억해 주었으면 좋겠다. 또 하나는 우리 이웃에 살고 있는 독거노인들이나 어려운 일로 힘들어하는 이웃을 발견하거든 도와주는 것도 잊지 말고. 모든 구제는 가까운 데서부터 살펴보는 것을 원칙으로 하고 있는 성경말씀을 기억해 주었으면 한다."

성은이는 표정이 아주 밝아져서 "네, 아빠" 하였다.

나는 "우리 사업의 주인으로 너희들을 세워 둔 아빠의 마음을 읽어주기를 바란다. 너희가 회의할 때는 신영이, 은혜, 영구도 꼭 참여시켜 주는 것도 잊지 말고. 뜻은 몰라도 배워가는 일이 중요하다는 것을 마음에 두고" 하였다.

나는 또 "엄마가 중심이 되어서 이끌어가고 있는 성경공부는 잘되어가고 있고? 성은이가 결혼을 하면 엄마가 하고 있는 성경공부를 성은이가 맡아서 이끌어가야 할 것이야. 그런 뜻에서 성은이도 야간 신학을 이수해 주었으면 한다"라고 하였다.

내 말에 성은이는 "아빠, 알았어요. 순종하겠습니다. 엄마가 이끌어가고 있는 성경공부는 오빠 양봉연구실에서 밤마다 이루어지고 있어요. 모두 열심이고요, 신영이는 우리를 부끄럽게 할 정도로 열심이고 우리보다 말씀도 많이 알아요" 하였다. 나는 "성경공부는 머리로 하는 것이 아니고 가슴으로 해야 한다는 것을 깨달아 주었으면 한다"라고 덧붙였다.

나는 성은이를 안아주고 차에 시동을 걸었다. 우리 차는 부안읍을 지나서 변산 자락을 끼고 돌아가는 해안도로를 달려가고 있었다. 비릿한 바닷바람이 열린 창문으로 몰려오면서 우리 두 사람을 반겼다.

우리는 집에다 성은이 가방과 내 짐을 옮겨 두고 농장으로 달려갔다. 서원 씨가 나를 보고 달려왔다. 신애가 울면서 뒤뚱뒤뚱 따라왔다. 성은이가 달려가서 신애를 업어주었다. 서원 씨는 내 가슴에 안기더니 내 앞가슴을 콩닥콩닥 두드렸다. "너무나도 보고 싶었어요" 하면서 눈물이 가득하게 고인 눈으로 나를 바라보았다. 나는 "나도 보고 싶었습니다" 하였다.

나는 서원 씨 손을 잡고 비닐하우스로 들어갔다. 우리 식구들이 일손을 멈추고 모두 내게로 몰려왔다. 목사님도 이장님도 박 장로님도 반갑게 맞이해 주었다. 목사님은 나를 안아주시고는 "오전 낚시를 마치고 식자재가 급해서 대파와 미나리를 수확하였다"라고 하셨다. 센터 어머니와 부녀회장님만 센터에 계시고 우리 식구들은 모두 농장에 와 있었다. 순옥 집사님이 영수를 안고 와서 반겼다.

나는 서원 씨와 성은이를 태우고 세탁장으로 갔다. 명철 씨가 우리를 보고 달려왔다. 선실 씨는 창수를 안고 와서 반겼다. 선실 씨 눈에는 눈물이 가득하게 고였다. 나는 명철 씨 손을 잡아주면서 "쉬어가면서 일하세요" 하였다.

나는 다시 민물연구실로 출발하였다. 민물연구실에서 사장님도 사모님도 반갑게 맞이해 주셨다. 사모님이 말문을 여셨다. "친자검사에서 봉구가 친자로 확인이 되자 저희는 곧바로 이사를 하면서 구 박사님은 강릉연구소를 사임하셨고요, 전북농대 생물학과 학장님으로 임직이 되어서 출근하고 계시는 중입니다. 봉구 친자 확인서는 오늘 목사님 제대 날에 맞추어서 가지고 내려오기로 연락이 되어 있습니다. 또 하나는 전북농대에서 통근 버스를 이곳까지 보내주어서 구 박사님과 영철 군이 통근 버스로 출근하고 있고, 봉구하고 영선이도 출근 버스를 이용하여 학교에 등교하고 있습니다"라고 하셨다.

내가 "잘된 일입니다" 하고 일어서는데, 들어서던 사람이 나를 보고 깜짝 놀랐다. "교수님이 어떻게…?" 나는 "대학병원 원춘제 박사님께서는 어떻게?" 하면서 원 박사님 손을 잡고 반갑게 인사하였다.

나는 원 박사님 손을 잡고 탁자를 중심으로 다시 자리하고 앉았다. 내가 사모님을 보면서 "원 박사님은 제가 영성 세미나를 개최할 때 만나뵈어 알게 되었습니다" 하였다. 내 말에 원 박사님은 사모님을 보시면서 "우리 정희 실어증을 고쳐주신 목사님이…?" 하셨다. 사모님이 "오빠, 맞아요, 목사님께서 고쳐주셨어요" 하셨다.

사모님은 나를 보시면서 이어가셨다.

"원춘제 박사님은 제 친오빠가 되시고요, 봉구 친자검사를 하셨고요, 목사님 제대 날짜에 맞추어서 오늘 내려오셨습니다."

원 박사님은 기뻐하시면서 내 손을 잡고 흔들어주셨다.

"그때 영성 세미나에서 저는 침체된 한국교회에 새바람이 일어나고 있다고 기뻐하였고, 같이 온 동료들도 한결같이 기뻐하였습니다."

내가 "제가 알기로는 그때 세미나에 참가한 의사 선생님들이 5~6명은 된 것으로 알고 있는데요?" 하자 원 박사님은 "맞습니다. 의료선교를 목적으로 결성하고 있던 의사들인데 대학병원 측에서 저를 붙들고 놓아주질 않아서 지금까지 실현하지 못하고 있습니다만" 하셨다.

나는 "참으로 오묘하기 짝이 없는 우리 하나님 아버지의 솜씨로 이루어진 우리들의 만남이라는 깨달음이 주어졌습니다" 하였다. 구 박사님도 사모님도 원 박사님도 한목소리로 "아멘" 하셨다.

원 박사님은 손가방에서 서류 봉투를 꺼내서 탁자 위에 내어놓으셨다. 나는 서류를 들고 꼼꼼하게 읽어갔다. 99퍼센트 일치한다는 친자 확인서였다. 모두가 내 얼굴만 바라보고 있었다.

"내일 낮 예배 후에 원 박사님이 발표해 주십시오. 먼저 그동안 경위에 대하여서는 강도사님을 통해서 알려주기로 하구요, 저는 그전에 봉구도 만나보고 봉구를 길러준 선실 씨도 만나보겠습니다. 정황을 통해서 알고 있지만 함구하고 있는 봉구의 입장을 헤아려주어야 한다는 생각이 있기 때문입니다."

내가 이어갔다.

"저하고 강도사님의 신혼길에서 선한 소망 가운데 이루어진 재방어 낚시를 통해서 구 박사님을 만나게 하셨고, 원 권사님을 치료하게 하셨습니다. 구 박사님의 진심을 통해서 봉구를 만나게 하시더니, 원춘제 박사님을 만나게 하셨습니다. 저에게는 우리들의 만남 속에 하나님 아버지의 뜻하신 바 선한 계획이 있다는 깨달음이 있습니다."

우리는 모두가 한목소리로 "아멘" 하였다.

나는 성은이와 서원 씨를 동승해서 민물연구실을 나왔다. 우리가 집에 도착해서 센터에 들어서자 센터 어머니가 요셉이를 안고 소파에 앉아 계시다가 자리에서 일어나셨다. 나는 요셉이를 받아서 안고 "요셉이 아우님, 목사님처럼 훌륭한 목사님이 되십시오" 하면서 진저리를 쳐 주었다. 센터 어머니 눈에는 반가움으로 눈물이 고이셨다. 성은이가 내게서 요셉이를 안아 가더니 진저리를 쳐주었다.

센터에 모여 있던 영철이, 봉구, 영선이가 성은이를 반겼다. 나는 영선이 손을 잡아주면서 "노래 공부도 많이 하였고?" 하였다. 영선이는 "네, 아빠" 하였다.

나는 봉구에게 말했다.

"내일 낮 예배시간에 봉구를 낳아주신 친어머니와 친아버지를 만나게 될 것이다. 그동안 봉구 일을 은밀하게 진행하게 된 엄마와 아빠의 고충을 헤아려주었으면 한다. 지금 봉구와 같이 민물연구소에 계신 구자인 박사님이 봉구의 친아버지가 되시고, 사모님 되시는 원정희 권사님이 봉구의 친어머니가 되신다. 내일 낮 예배시간 후에 봉구 외삼촌 되시는 원춘제 박사님이 친자검사 결과를 발표할 것이고, 그동안 봉구를 길러주신 봉구 어머니께는 내가 자초지종을 설명해 드릴 것이다. 봉구가 아들이라는 정황을 알면서도 말을 못하고 이곳으로 이사를 오신 부모님의 마음을 봉구가 헤아려주었으면 한다."

센터 어머니도 한말씀하셨다.

"이렇게 서로 사랑하는 가운데 만나게 된 일들이 하나님께서 직접 하신 일이라는 것을 모두가 알아주었으면 한다."

영선이가 봉구에게 "오빠, 무엇이 달라지는데?" 하자 봉구는 "달라지는 것은 아무것도 없어. 다만 식구가 늘어나는 것뿐이야. 우리 식구가 늘어나는 것은 좋은 일 같은데?" 하였다.

　나는 센터를 나와서 급하게 최 장로님 댁을 방문하였다. 내가 거실에 들어서자 최 장로님도 순실 집사님도 반갑게 맞이하였다. "그렇지 않아도 목사님을 급하게 찾아뵈려고 나가던 길입니다" 하였다. 나는 "그 일 때문에 급하게 달려왔습니다" 했다.

　최 장로님이 먼저 말문을 여셨다.

　"저의 총괄 운영 자리를 내려놓으려고요."

　나는 최 장로님 손을 잡고 탁자를 마주하고 앉았다.

　"장로님을 부르신 이도, 쓰고 계시는 이도 하나님 아버지이십니다. 전능하신 하나님 아버지께서는 부르심에도, 시작하심에도 후회하심이 없으시다는 것이 성경말씀입니다."

　최 장로님이 거드셨다.

　"야생화 단지가 신혼 관광명소로 급부상을 하자, 우리나라 유명 호텔업자들이 우리가 농장으로 사용하고 있는 부지를 매입하려고 구매운동이 시작되는 중에, 일본과 중국 호텔업자들이 뛰어들면서 우리가 경작하고 있는 농장이 평당 1천만 원으로 호가되어서 대수 엄마에게 처분하는 일을 의논하였는데, 대수 엄마가 울면서 금식을 시작했습니다. 하나님께서 하시는 일을 가늠하는 일도 죄가 되는데, 처분까지 생각하는 일은 하나님 일을 훼방하는 죄가 된다고 울었습니다. 그들과 구체적으로 말을 섞은 일도 없다고 설명을 해도 금식을 멈추지 않으니 총괄운영 자리를 내려놓을 생각입니다."

　나는 순실 집사님에게 "하나님의 사자인 내가 그 일을 알고 달려온 것은 하나님께서 두 분을 사랑하셨기 때문임을 알아주셨으면 합니다. 최 장로님의 이번 일도, 순실 집사님의 금식도, 모두 아시면서 부르신 것입니다. 뿐만 아니라 두 분이 성도 간의 교제로 사랑하고 계심을 기뻐하십니다. 순실 집사님은 금식을 즉시 중단하십시오" 하였다.

나는 말을 이어갔다.

"알기 때문에 헤아린 것입니다. 일을 모르고야 어떻게 총괄운영 일을 할 수가 있겠습니까?"

순실 집사님은 "목사님, 도와주십시오" 하면서 흐느꼈다.

나는 "최 장로님이 순실 집사님에게 알몸을 보여주신 것은 최 장로님께서 순실 집사님을 사랑하셨기 때문이고, 순실 집사님이 금식을 하게 된 것은 최 장로님을 사랑하셨기 때문이 아닙니까? 제가 두 분의 사랑과 고통을 알고 달려온 것은 두 분을 하나님께서 사랑하셨기 때문이고요" 하였다.

나는 "장로님은 총괄운영 자리를 계속해서 끌어가십시오. 바람이 더욱 거세질 것입니다. 일단 외부 바람은 아버지 목사님을 통해서 막아가십시오. 목사님은 막아가십니다. 개성향우회에서 목사님은 회장 일을 보셨고, 장로님은 총무 일을 보셨습니다. 그때 순실 집사님은 노래를 하셨고요" 하였다.

순실 집사님은 최 장로님 손과 내 손을 잡고 "목사님, 감사합니다" 하면서 흐느꼈다. 최 장로님은 순실 집사님을 안아주셨다.

"우리가 참 소망을 좇아가는 삶은 하나님과 함께하는 삶입니다. 하나님과 함께하는 삶을 살아가면서 하나님보다 앞서가는 일이 가장 위험한 순간이 됩니다. 하나님과 함께하는 삶은 형통함이 보장된 삶이고요."

내 말에 최 장로님도 집사님도 "아멘" 하셨다.

나는 "내일 낮 예배 후에는 봉구를 낳아주신 아버지와 어머니를 상봉하는 시간이 마련되었습니다. 2층에 사시는 구 박사님과 사모님이 봉구를 낳아주신 부모님이 되십니다. 친자확인검사에서 친자로 확인이 되었습니다. 우리 식구가 늘어나는 복된 일이라는 생각입니다. 장로님께서 아버지 목사님과 의논하셔서 우리 식구로 발표해 주십시오"라고 당부하고는 순실 집사님의 배웅을 받으면서 최 장로님 댁을 나왔다.

나는 서둘러서 명철 씨 댁으로 갔다. 서원 씨도 미리 와서 내가 오기만 기다리고 있었다. 명철 씨도 선실 씨도 반갑게 맞이하였다. 나는 창수를 받아서 안고 소파에 자리를 하고 앉았다.

내가 먼저 말문을 열었다.

"저로서도 말문 열기가 어렵지만 진실은 외면할 수 없다는 생각으로 강도사님과 같이 왔습니다. 봉구가 낳아준 생모와 생부를 만나게 되었다는 소식입니다."

선실 씨의 표정이 심각해졌다. 서원 씨가 선실 씨 손을 잡아주었다. 내가 "구자인 박사님과 원정희 사모님이 봉구를 낳아준 부모님입니다"라고 하자 선실 씨가 차분하게 말문을 열었다.

"더할 수 없이 기쁘고 감사할 일이지요. 봉구에게 기쁜 일은 저에게도 기쁜 일이니까요."

내가 이어갔다.

"봉구한테 물어보았더니 봉구에게는 변할 것이 아무것도 없다고 하였습니다. 다만 식구가 늘어날 뿐이라고 하더군요."

선실 씨는 "저 역시 변한 것은 아무것도 없습니다. 우리 식구가 늘어나는 일은 좋은 일 아닌가요? 물론 저의 호적에서 떠나서 구 박사님네 호적으로 올라가겠지만 봉구의 진실을 찾게 되는 일을 기쁜 마음으로 응원해 줄 것입니다. 봉구는 처음부터 천사였고 지금도 제게는 천사입니다. 도선암에서는 저를 살려주었으며, 저를 당당하게 믿는 사람으로 만들어주었고, 지옥 문턱에 발을 딛고 있는 명철 씨를 건져내어서 살려준 수호천사가 봉구였습니다" 하였다. 선실 씨의 눈에서는 소리도 없이 눈물이 뺨을 타고 흘러내렸다. 서원 씨는 손수건을 꺼내서 눈물을 닦아주면서 조용하게 함께 흐느꼈다.

나는 명철 씨 손을 잡고 자리에서 일어났다. 서원 씨도 선실 씨 손을 잡고 자리에서 일어났다. 선실 씨는 창수를 안고 앞서서 홀로 내려갔다.

봉구가 오더니 창수를 안아 갔다.

우리 식구들이 모두 홀에 모여 있었다. 사모님이 선실 씨 손을 잡고 자리하고 앉았다. 목사님 기도로 저녁 식사가 시작되었다.

저녁 식사 후에 서원 씨는 우리 식구들에게 봉구에 관한 일을 발표하였다.

"오늘 제가 우리 식구들에게 알리고자 하는 소식은 복되고 위로가 되어서 감사 중에 전하게 된 소식임을 알려드립니다. 우리 봉구는 업동이로 도선암에 보내졌지만 하나님께서는 강권적인 은혜로 하나님의 집인 벧엘교회로 보내셨고, 우리 식구들의 사랑 속에서 자라게 하셨습니다. 하나님께서 하신 일임을 우리 식구들은 한결같이 믿고 있습니다. 오늘은 우리 봉구가 하나님의 위로 가운데, 봉구를 낳아주신 부모님을 만나게 된 기쁜 소식을 전해 드립니다. 구자인 박사님과 원정희 권사님이 봉구를 낳아주신 부모님이 되십니다."

구 박사님과 원 권사님은 자리에서 일어나 머리를 숙여서 식구들에게 감사를 드렸다. 우리 식구들은 뜨거운 박수로 축하를 보냈다.

서원 씨가 말을 이었다.

"지금부터 15년 전에 권사님은 교직에 계시면서 갓 태어난 어린 봉구를 유모에게 맡기고 학교에 출근하였습니다. 그런데 퇴근해서 집에 오니 유모가 봉구를 안고 사라진 것입니다. 권사님은 봉구를 잃고 애통하는 중에 실어증까지 앓게 되어서 말도 못한 채 지금까지 살아오셨습니다. 봉구의 민물고기 양식문제로 강릉 연구소에 들렀을 때 우리들은 구 박사님의 설명으로 원 권사님 이야기를 듣고 봉구도 울고 저도 울었습니다. 하나님의 은혜로 모자가 상봉하였으나 권사님도 봉구도 알아보지 못하였습니다. 요나 목사님은 가슴 아파하시다가, 하나님께 기도하셔서 권사님의 실어증을 고쳐주셨습니다. 구 박사님의 도움으로 늦지 불하하는 문제도 신속하게 해결되었습니다. 하나님의 위로는 온전하였습니다. 봉구 연구실 신축 관계로 구 박사님과 권사님이 이곳에 오셨다가 봉구가 향어를 기르고 있는 미나리깡에 들러서 봉구 딸랑이를 우연히 보게 된 것입니다. 봉구 딸랑이가 천국의 열쇠였습니다. 사모님은 봉구의 딸랑이를 손에 들고 대성통곡을 하셨습니다. 은방울 상단에 새겨진 구자는 영구라는 봉구의 본래 이름이고, 팔지 안에 새겨진 4자와 5자는 봉구 출생일을 표시하는 것이었던 것입니다. 권사님은 봉구의 칫솔을 가지고 가셔서 친자검사를 시행하였습니다. 결과는 친자로 확인이 된 것입니다. 이상과 같이 우리 봉구에 관한 복된 소식을 마무리하겠습니다. 부언하여 드리는 것은, 본래 발표를 내일 낮 예배 후에 발표하기로 하였으나, 그동안 봉구를 길러주신 선실 씨가 봉구에게 기쁜 일은 본인의 기쁨이라고 진심으로 기뻐하시는 것을 보고 한시라도 미루어서는 안 될 일이라고 공감해서 미리 발표하게 된 것입니다."

서원 씨가 덧붙였다.

"봉구를 낳아준 어머니는 봉구를 잃고 16년간을 말을 잃은 채 살아야 했고, 봉구를 길러준 어머니는 봉구를 지키기 위해서, 또 한편으로는 봉구를 벧엘교회 교인으로 키우기 위해서 16년간을 도선암 주방 일을 감당하고 살아야 했습니다."

두 어머니의 헌신으로 지켜진 봉구를 생각하면서 권사님도 선실 씨도 감사해서 서로 안고 우셨다. 센터 어머니가 찬송가 464장을 선창하시자, 우리 식구들은 모두 따라서 합창을 하였다. 구 박사님도 명철 씨도 흐느끼면서 찬송을 하였다.

찬송이 끝나자 서원 씨는 원춘제 박사님을 우리 식구들에게 소개하였다. "원 박사님은 대학병원 심장과 과장님으로 계시고 세계심장학회 회장님으로 계십니다. 봉구한테는 외삼촌이 되시고 봉구 친자검사를 시행하셨습니다" 하였다.

원춘제 박사님이 자리에서 일어나시더니 우리 식구들에게 정중하게 머리를 숙여서 인사를 하였다.

"봉구의 친자관계를 확인하고도 가슴속에 묻어두고 이곳으로 이사를 올 수밖에 없었던 구자인 장로님과 원정희 권사님의 고충을 먼저 알려드리고자 합니다. 우리들이 애타게 찾고 있었던 영구가 봉구라는 정황을 알고도 조심스럽게 다루어온 것은, 우리들의 삶이 혈족을 중심으로 하여 세력을 키워가고, 세상 자랑을 키워가는 삶이 아니고, 참 소망을 향하여 주님의 뜻을 이루어가는 삶이라는 목표가 있었기 때문이었습니다. 또 하나는 성도 간의 교제를 통해서 주님의 교회를 이루어가고자 하는 벧엘교회 식구들의 소망에 배치되는 일이 될까 해서 조심하였다는 점을 말씀드리고자 합니다."

우리 식구들은 박수로 화답하였다.

원 박사님은 설명을 이어갔다.

"오늘 날짜로 친자검사확인서에 의하여 봉구가 구자인 아버지와 원정희 어머니의 친자임을 확인하는 바입니다."

서원 씨가 봉구에게 신호를 하였다.

"우리 봉구도 한마디 하기 바란다."

봉구가 일어나서 식구들에게 머리 숙여서 인사를 하였다.

"먼저 저에게 젖을 먹여서 봉구로 자라게 하신 봉선실 엄마에게 깊은 감사를 드리고, 고통의 지난 세월을 잘 견뎌주신 원정희 어머니와 구자인 아버지에게 깊은 감사를 드립니다. 영의 젖을 먹여서 믿음 안에서 길러주신 김요나 목사님과 맹서원 강도사님에게 깊은 감사를 드리고, 할아버지 목사님과 할머니의 사랑에 감사를 올립니다."

봉구는 흐느끼며 우리 식구 모두에게 깊이 머리를 숙여서 감사를 드렸다.

서원 씨는 "이번에는 창수 어머니께서 한말씀해 주십시오" 하였다.

선실 씨가 자리에서 일어나더니 우리 식구들에게 머리를 숙여서 인사를 하였다.

"먼저 드리고 싶은 이야기는 우리 봉구는 수호천사였다는 고백입니다. 죽을 수밖에 없었던 저를 살렸고, 낙조대 암벽에서 뛰어내려서 지옥 문지방에 걸려 있는 명철 씨를 살려낸 우리 봉구 이야기를 우리 식구들은 모두 잘 알고 있습니다. 이제는 애통하셨던 봉구의 친어머니와 친아버지를 위로해야 할 때라고 저는 감사하고 있습니다. 우리들의 모든 감사가 모아져서 하나님 아버지에게 영광으로 드려지기를 기원합니다."

선실 씨의 말에 우리 식구들은 박수로 화답하였다. 봉구가 달려가서 선실 씨를 안고 "엄마, 감사합니다" 하면서 흐느꼈다.

서원 씨가 "봉구는 외삼촌을 모시고 민물연구실로 가고, 오늘 밤 성경공부는 쉬는 것으로 결정한다. 영철이는 성은이, 영선이와 같이 아이들을 돌봐주고, 아이들에게 성화를 보여주었으면 한다" 하고는 목사님을 모시고 센터 어머니와 같이 차에 올랐다.

봉구는 원춘제 박사님의 손에 이끌리어서 차에 올랐고, 구 박사님도 원정희 권사님도 차에 오르더니 출발하였다. 박 장로님은 순옥 집사님을 태우고 출발하였고, 최 장로님네도 순실 집사님을 태우고 출발하였다.

나는 일일이 배웅해 드리고 이장님과 부녀회장님과 명철 씨와 창수 엄마에게 인사를 드린 후에 목사님과 센터 어머니를 모시고 서원 씨와 함께 집으로 출발하였다.

밖에는 어둠발이 내리고 있었다. 센터 어머니는 요셉이를 안고 목사님과 함께 2층으로 올라가셨고, 나는 신애를 안고 건넛방으로 와서 곤하게 잠이 든 신애를 침대에다 재웠다.

나는 서원 씨가 받아놓은 더운물로 몸을 닦았다. 서원 씨도 비누칠한 목욕수건을 들고 욕조로 들어왔다. 나는 서원 씨로부터 타월을 받아서 서원 씨 몸을 닦아주었고, 서원 씨도 내게서 타월을 받아 비누칠을 새로 하여서 나의 전신을 닦아주었다. 부부란 서로 알몸을 시인하여 주고 서로 몸을 닦아주는 관계로 있다는 생각이 들었다.

선녀탕 계곡에서 밤 뻐꾸기 우는 소리가 아련하게 들려왔다.

❈ ❈

다음 날 낮 예배시간에 맞추어서 우리 식구들은 모두 교회로 나갔다.
성은이의 피아노에 순실 집사님의 바이올린과 최 장로님의 첼로가 합주를 하였고, 찬양은 나와 원 권사님과 영선이의 합창으로 구성되었다. 예배송으로 찬송가 30장이 찬송되었다. 예배기도는 구 장로님이 맡아주셨고, 성경 본문은 요한복음 13장 34절에서 35절로 영철이가 봉독하여 주었다. 서원 씨는 "주님께서 주신 새 계명"이란 말씀제목을 발표하였다.
"제가 오늘 증거할 말씀은 성도의 교제에 대하여서입니다. 성도의 교제는 믿음의 선배님들께서 예배드릴 때마다 신앙고백으로 하게 한 믿음의 대상이라는 것을 우리는 잘 알고 있습니다. 다시 말하면 주님께서 주신 새 계명을 우리들은 예배드릴 때마다 믿음의 대상으로 고백하고 있다는 말이 됩니다.
우리들의 믿음의 대상이 삼위일체이신 하나님으로, 성부 하나님과 성자 예수님과 성령님을 지칭하고 있음은 불문가지라고 하겠습니다. 하지만 성도의 교제를 믿음의 대상으로 고백하고 있다는 사실 앞에서 우리들은 의문을 가지고 있음을 부인할 수도 없습니다. 내가 과연 성도로 되어 있는가라는 의문을 떨쳐버릴 수가 없기 때문입니다. 내가 주님을 영접하였다면 내게는 주님의 사랑이 있다는 말이 되고, 내게 주님의 사랑이 있다면 전부를 주시는 주님의 사랑으로 내가 성도를 대할 수밖에 없다는 당위명령을 아멘 할 수 있어야 하기 때문입니다. 성도라고 불리는 사람들은 주님의 사랑에 입각하여 소명을 받고 주님을 영접한 사람으로 되어 있기 때문입니다.
주님께서는 돈 받고 주님을 팔아버린 가룟 유다가 나간 후에 11명의 제자에게 새 계명을 선포하셨습니다. 돈 받고 주님을 팔아버린 가룟 유다를 주님을 영접한 성도들과 같이 볼 수가 없었기 때문입니다. 성도님은 예수님의 지체들로서 예수님을 현현해야 할, 즉 예수님으로 열매 맺어야 할 소임을 필연적으로 가지고 태어났기 때문입니다.

이제 본문 증거로 들어가겠습니다. '새 계명을 너희에게 주노니 서로 사랑하라 내가 너희를 사랑한 것같이 너희도 서로 사랑하라'입니다. 새 계명에는 사랑의 방법과 내용이 구체적으로 특정되어 있습니다. 방법은 '서로 사랑하라'이고, 내용은 '내가 너희를 사랑한 것같이'입니다. 주님께서는 내용보다 방법을 더 강조하셨다는 점을 우리는 주의해서 살펴보아야 합니다. 주님의 말씀 속에 방법으로 '서로 사랑하라'가 거듭되어 있기 때문입니다.

어째서 새 계명의 시행은 짝사랑으로는 안 되는 것일까요? 성도님들은 주님의 지체들로서 혼자서는 주님을 이룰 수가 없는 제한적 존재이기 때문입니다. 두 사람의 합심과 합동을 최소 요건으로 하는 연합을 통한 열매로 현현되는 교회를 출생시켜야 하기 때문입니다. 이렇게 탄생된 교회는 또 다른 성육신이요, 주님께서 함께하므로 형통함이 있는 또 하나의 천국을 땅 위에 현현하는 일이 되기 때문입니다.

교회는 성도 간의 교통을 통해서 합심과 합동이 이루어지는 곳입니다. 교회는 하나님과 함께함으로 형통함이 주어지는 곳이요, 하나님과의 약속이 이루어지는 곳입니다. 따라서 교회는 끼리끼리 좋아서 결성된 친교단체가 아닙니다. 하나님의 사랑에 입각하고, 하나님의 불러주심에 입각하여 세움받은 성도님들이 서로서로 사랑해서 주님을 이루어가는 곳입니다.

따라서 주님의 교회는 음부의 권세가 이기지 못하는 곳이요, 천국 열쇠가 주어진 곳으로서 자랑이 자랑 되지 않고, 허물이 허물로 있을 수 없는 곳으로 세워지고 있습니다. 그래서 우리가 교회를 말할 때 천국의 모형도를 이루어가는 곳이라고 말하는 것입니다.

지금부터는 새 계명의 내용을 들여다볼까요? 새 계명의 내용은 '주님이 우리를 사랑한 것같이'입니다.

　주님의 사랑은 전부를 주는 사랑입니다. 조건도 없이 베풀어지는 아가페의 사랑을 말합니다. 믿음의 분량대로 깨달을 수밖에 없는 말씀입니다.

　우리들은 성도님들을 조건 없이 서로 사랑하고 있습니까? 우리들은 주님의 사랑과 같이 전부를 주는 사랑으로 성도님들 간에 서로 사랑하고 있습니까? 우리들은 주님께서 주신 새 계명으로 '서로 사랑하라 내가 너희를 사랑한 것같이 너희도 서로 사랑하라'는 말씀을 우리들의 믿음의 대상으로 고백하고 있다는 사실에 대하여서 아멘으로 화답할 준비가 되어 있습니까?

　우리 벧엘교회가 새 계명이 이행되는 교회로 세워져 가기를 기원하면서 말씀증거를 줄이고자 합니다."

　찬송가 427장을 부르고 축도로 예배를 마쳤다.

　우리 식구들은 낮 예배 후에 모두 포구 식당에 모였다. 점심 식사가 끝나고 최 장로님은 봉구를 낳아준 아버지와 어머니를 우리 식구로 발표하였다.

　이어서 "우리 식구들이 펼치고 있는 일의 효율성을 기하기 위하여 아버지 목사님을 우리 사업 전반을 대외적으로 관리하시는 회장님으로 모시고 월 판공비로 500만 원을 지급할 것을 발표하고, 구자인 장로님은 양봉연구실과 양어연구실을 관장해 주시고, 판공비로 월 500만 원을 지급하며, 봉구는 본인의 원에 따라서 성은 구씨로 이름은 봉구로 하여 구봉구로 호적을 정리하기로 하고, 식구 수당은 한 식구당 월 100만 원을 지급하기로 하겠습니다" 하였다.

　우리 식구들은 박수로 화답하였다. 봉구는 선실 씨와 명철 씨 손을 잡고 "엄마, 잊으시면 안 돼, 봉구는 그대로 봉구이고 구씨라는 성이 하나 더 불어났을 뿐이라는 것을" 하였다. 선실 씨는 봉구를 안아주었다.

나는 우리 식구들을 배웅해 주고 목사님과 센터 어머니를 모시고 집으로 돌아왔다. 목사님은 "애비도 에미도 수고가 많았다" 하시면서 나와 서원 씨를 안아주시더니 2층으로 올라가셨다.

센터 어머니는 요셉이를 안고 소파에 자리하고 앉으시면서 "목사님도 강도사님도 하나님께서 기뻐하시는 참으로 귀한 일을 이루셨습니다"라고 하면서 흐느끼셨다. 서원 씨가 손수건을 꺼내서 센터 어머니 뺨의 눈물을 닦아드리면서 "어머니, 기뻐하십시오. 하나님께서도 기뻐하십니다" 하였다. 나는 서원 씨 품에서 곤하게 잠이 든 신애를 받아서 안고 자리에서 일어나면서 "어머니, 이제 시작입니다. 하나님 뜻을 이루어가는 발걸음을 한 발자국 떼었을 뿐입니다" 하였다. 센터 어머니는 요셉이를 안고 자리에서 일어나시더니 나에게 목례를 하시고는 2층으로 올라가셨다.

우리는 건넛방으로 와서 나는 신애를 침대에다 재우고, 서원 씨는 욕조에 더운물을 받았다. 내가 신애를 재우고 욕실로 들어서자 서원 씨는 말없이 내 옷을 벗겨 옷걸이에 걸었다. 나도 서원 씨 옷을 벗겨서 옷걸이에 걸었다.

나는 서원 씨를 안고 욕실 안을 맴돌아주었다. 서원 씨는 주먹으로 내 가슴을 콩콩 두드렸다.

나는 서원 씨를 안고 욕조로 들어가서 물에 잠겼다. 따뜻한 물은 포근함으로 우리를 안아주었다. 우리는 평안함을 만끽하는 휴식으로 넉넉한 마음이 되었다.

나는 서원 씨를 바라보면서 조용하게 말문을 열었다.

"열매를 통해서 사랑의 진실도, 성도의 교제도, 주님의 제자 되는 요건도 확인되는 것을!"

서원 씨는 미소를 띠면서 "그러게요" 하였다.

나는 "좋은 나무 좋은 열매라는 말과, 좋은 열매 좋은 나무라는 말은 같은 말이었습니다" 하였다. 서원 씨는 주먹으로 내 가슴을 콩콩 두드리며 고개를 끄덕였다.

서원호의 진실

1판 1쇄 인쇄 _ 2025년 5월 10일
1판 1쇄 발행 _ 2025년 5월 15일

지은이 _ 김요나
펴낸이 _ 이형규
펴낸곳 _ 쿰란출판사

주소 _ 서울특별시 종로구 이화장길 6
편집부 _ 745-1007, 745-1301~2, 743-1300
영업부 _ 747-1004, FAX 745-8490
본사평생전화번호 _ 0502-756-1004
홈페이지 _ http://www.qumran.co.kr
E-mail _ qrbooks@daum.net / qrbooks@gmail.com
한글인터넷주소 _ 쿰란, 쿰란출판사
페이스북 _ www.facebook.com/qumranpeople
인스타그램 _ www.instagram.com/qrbooks
등록 _ 제1-670호(1988.2.27)
책임교열 _ 최진희·최찬미

© 김요나 2025 ISBN 979-11-94464-63-1 03230

책값은 뒤표지에 있습니다.
이 출판물은 저작권법에 의해 보호를 받는 저작물이므로 무단 복제할 수 없습니다.
파본(破本)은 구입처에서 교환해 드립니다.